Pesquisa de estudo de caso

Dados Internacionais de Catalogação na Publicação (CIP)
(Câmara Brasileira do Livro, SP, Brasil)

Gerring, John
  Pesquisa de estudo de caso : princípios e práticas / John Guerring ; tradução de Caesar Souza. – Petrópolis, RJ : Vozes, 2019.
  Título original : Case study research : principles and practices
  Bibliografia.
  ISBN 978-85-326-6089-3
  1. Ciências sociais – Pesquisa – Metodologia
  2. Método de estudo de caso I. Título.

19-24600   CDD-001.433

Índices para catálogo sistemático:
1. Pesquisa : Estudo de caso : Metodologia   001.433

Cibele Maria Dias – Bibliotecária – CRB-8/9427

Pesquisa de estudo de caso

PRINCÍPIOS E PRÁTICAS

JOHN GERRING

Tradução de Caesar Souza

EDITORA VOZES

Petrópolis

© John Gerring 2017.

Título do original em inglês: *Case Study Research – Principles and Practices*
Esta tradução é publicada por intermédio da Cambridge University Press

Direitos de publicação em língua portuguesa – Brasil:
2019, Editora Vozes Ltda.
Rua Frei Luís, 100
25689-900 Petrópolis, RJ
www.vozes.com.br
Brasil

Todos os direitos reservados. Nenhuma parte desta obra poderá ser reproduzida ou transmitida por qualquer forma e/ou quaisquer meios (eletrônico ou mecânico, incluindo fotocópia e gravação) ou arquivada em qualquer sistema ou banco de dados sem permissão escrita da editora.

CONSELHO EDITORIAL

Diretor
Gilberto Gonçalves Garcia

Editores
Aline dos Santos Carneiro
Edrian Josué Pasini
Marilac Loraine Oleniki
Welder Lancieri Marchini

Conselheiros
Francisco Morás
Ludovico Garmus
Teobaldo Heidemann
Volney J. Berkenbrock

Secretário executivo
João Batista Kreuch

Editoração: Leonardo A.R.T. dos Santos
Diagramação: Sheilandre Desenv. Gráfico
Revisão gráfica: Fernando Sergio Olivetti da Rocha / Nilton Braz da Rocha
Capa: SGDesign
Ilustração: © v_alex | iStock

ISBN 978-85-326-6089-3 (Brasil)
ISBN 978-1-316-63250-5 (Reino Unido)

Editado conforme o novo acordo ortográfico.

Este livro foi composto e impresso pela Editora Vozes Ltda.

Sumário

Figuras, 9

Tabelas, 11

Prefácio, 13

Agradecimentos, 21

Símbolos e termos-chave, 23

I – Estudos de caso, 25

1 Sondagens, 27

    1.1 Histórias intelectuais, 27

    1.2 Bibliometria, 32

    1.3 Exemplares, 34

    1.4 Sumário, 65

2 Definições, 67

    2.1 Caso, 68

    2.2 Estudo de caso, 69

    2.3 Termos adicionais, 71

    2.4 Sumário, 76

II – Selecionando casos, 79

3 Visão geral da seleção de caso, 81

    3.1 Estratégias e critérios, 81

    3.2 Clarificações, 88

3.3 Validação, 94

3.4 Sumário, 96

4 Estudos de caso descritivos, 97

4.1 Típicos, 97

4.2 Diversos, 99

4.3 Sumário, 104

5 Estudos de caso causais, 105

5.1 Exploratórios, 107

5.2 Estimativo, 135

5.3 Diagnóstico, 141

5.4 Sumário, 160

6 Algoritmos e amostras, 161

6.1 Amostragem aleatória, 162

6.2 Seleção de caso algorítmica ("quantitativa"), 165

6.3 A questão do tamanho revisitada, 171

6.4 Sumário, 176

III – Analisando casos, 177

7 Uma tipologia de *designs* de pesquisa, 179

7.1 Evidências de estudo de caso, 181

7.2 Estudos multimétodos, 186

7.3 Sumário, 193

8 Modos quantitativo e qualitativo de análise, 194

8.1 Análise quantitativa, 196

8.2 Análise qualitativa, 198

8.3 Padrões para a investigação qualitativa, 205

8.4 Regras fundamentais da investigação qualitativa, 210

8.5 Sumário, 228

IV – Validade, 231

9 Validade interna, 233

  9.1 Causas manipuláveis, 236

  9.2 Comparabilidade causal, 240

  9.3 Abordagens porta-da-frente, 244

  9.4 Transparência, replicabilidade, 246

  9.5 Separação de formação e testagem de teoria, 250

  9.6 Estimativas instrutivas de incerteza, 252

  9.7 Sumário, 254

10 Validade externa, 256

  10.1 Representatividade da amostra, 257

  10.2 Um jogo de dois níveis, 259

  10.3 Estabelecendo condições de escopo, 265

  10.4 Avaliando a validade externa, 271

  10.5 Sumário, 275

V – Conclusões, 277

11 Compensações, 279

  11.1 Validade: interna *versus* externa, 280

  11.2 Objetivo da pesquisa: profundidade *versus* extensão, 281

  11.3 Intuição causal: mecanismos *versus* efeitos, 282

  11.4 População: heterogênea *versus* homogênea, 289

  11.5 Variação em X e Y: raro *versus* comum, 293

  11.6 Dados: concentrados *versus* difusos, 295

  11.7 Hipóteses: geração *versus* testagem, 297

  11.8 De compensações a sinergias, 305

Referências, 309

Índice, 347

Figuras

1.1 Frequência de "estudo de caso" no Google Books, 31

2.1 Estudo de caso com dois casos, 74

2.2 Estudo *C-grande* com 40 casos/observações, 75

6.1 Médias amostrais de extrações de amostras grandes, 163

6.2 Médias amostrais de extrações de amostras pequenas, 164

8.1 A explanação de Skocpol do colapso do Estado francês (1789), 200

9.1 O caminho da porta-da-frente com confundidores potenciais, 245

Tabelas

1.1 Estudos mais citados na Web of Science, 33

1.2 Exemplares, 36

3.1 Estratégias e critérios de seleção de casos, 83

4.1 Estratégias de seleção de casos para estudos de caso descritivos, 98

4.2 Estudos de caso típicos, 100

4.3 Estudos de caso diversos (descritivos), 103

5.1 Estratégias de seleção de casos para estudos de caso causais, 108

5.2 Exemplares de casos extremos, 111

5.3 Exemplares de casos primários, 116

5.4 Exemplares de casos anômalos, 120

5.5 *Design* de caso exemplar mais-similar (exploratório), 122

5.6 Exemplares de casos mais-similares (exploratórios), 124

5.7 *Design* de caso exemplar mais-diferente, 126

5.8 Exemplares de casos mais-diferentes, 127

5.9 Exemplares de casos diversos (causais), 133

5.10 Casos diversos em Moore (1966), 134

5.11 Exemplares de casos longitudinais, 137

5.12 *Design* de caso exemplar mais-similar (estimativo), 138

5.13 Exemplares de casos mais-similares (estimativo), 140

5.14 Exemplares de casos influentes, 147

5.15 Exemplares de casos-caminho, 150

5.16 *Design* de caso-caminho com fatores binários, 151

5.17 Exemplo de casos-caminho com variáveis contínuas, 155

5.18 *Design* de caso exemplar mais-similar (diagnóstico), 158

5.19 Exemplares de casos mais-similares (diagnósticos), 159

6.1 Seleção de caso algorítmica, 167

6.2 Estudos de caso *C-médio*, 172

7.1 Tipologia de *designs* de pesquisa, 180

7.2 Exemplares multimétodos, 188

8.1 Testes qualitativos e seu papel inferencial presumido, 206

9.1 *Designs* de pesquisa arquetípicos comparados com respeito à validade interna, 235

9.2 Estudos de caso com tratamentos (em princípio) manipuláveis, 238

11.1 Sumário de compensações, 280

Prefácio

Há dois modos de aprendermos sobre um tema. Podemos estudar muitos exemplos ao mesmo tempo, focando algumas dimensões selecionadas dos fenômenos; ou podemos estudar um exemplo particular, ou vários exemplos, em maior profundidade.

Aqui, referir-me-ei ao primeiro como uma abordagem *C-grande* [*large-C approach*], caracterizada por um grande número de casos (designados por *C*) e um foco correspondentemente estreito de atenção. Referir-me-ei ao segundo como uma abordagem, ou *estudo de caso*, *C-pequeno* [*small-C approach*], caracterizada por um ou vários casos e um foco correspondentemente amplo de atenção[1].

Embora ambos estejam ocupados com o mesmo tema geral, seguem caminhos diferentes na direção desse objetivo. Mas não são igualmente considerados. No centro das ciências sociais reside um conflito fundamental entre modos extensivos e intensivos de análise.

Pelo padrão da práxis, o método do estudo de caso está florescendo (cf. cap. 1). Ao mesmo tempo, estudos de caso continuam a ser vistos com extrema circunspecção. Um trabalho que foca sua atenção em um único exemplo de um fenômeno mais amplo pode ser descrito como um "mero" estudo de caso, e é muitas vezes identificado com ideias vagamente formuladas, teorias não generalizáveis, seleção de caso enviesada, *designs* de pesquisa indisciplinados, alavancagem [*leverage*] empírica fraca (variáveis demais e muito poucos casos), conclusões subjetivas e não replicabilidade.

Essa é uma inversão histórica das origens do estudo de caso. Quando o termo "estudo de caso" entrou pela primeira vez no uso científico na virada

---

1. Reservo "*N*" para me referir ao número de observações em um estudo, que é muito diferente do número de casos (*C*) – uma distinção que se mostra crucial (cf. cap. 8).

do século XX, representava uma tentativa de pensar mais sistematicamente sobre evidências e inferências. Narrativas sobre X deveriam ser entendidas como "casos", significando sua conexão com um conjunto mais amplo de fenômenos e a possibilidade de desenvolver uma teoria geral sobre X. Desse modo, pensava-se que o conhecimento se acumularia e teorias gerais seriam formuladas e sistematicamente testadas.

Contudo, por volta da década de 1920, o termo havia se tornado suspeito. Em uma das primeiras tentativas de contrastar abordagens de estudo de caso e abordagens de não estudo de caso com as ciências sociais, Stuart Rice (1928: cap. 4) associa as primeiras à "história" e as segundas à "estatística" e "ciência" – um contraste revelador[2]. Alguns anos mais tarde, Willard Waller (1934: 296-297) descreveu a abordagem do estudo de caso como um processo essencialmente *artístico*.

> Aqueles que podem produzir bons estudos de caso, figuras acuradas e convincentes das pessoas e instituições, são essencialmente artistas; podem não ser cultos, e por vezes não são sequer inteligentes, mas têm imaginação e sabem como usar as palavras para expressar a verdade.

O produto de um bom estudo de caso é *discernimento*, e *discernimento* é

> a incógnita que iludiu os que estudam o método científico. É por isso que as personalidades realmente grandes da sociologia não tinham "método". Tinham um método; era a busca por *discernimento*. Procediam "por tentativa e erro", mas descobriam coisas (Waller, 1934: 296-297).

Várias décadas mais tarde, Julian Simon (1969: 267 apud Platt, 1992: 18) opina:

> O método específico do estudo de caso depende de perspicácia, bom-senso e imaginação da pessoa que faz o estudo de caso. Os investigadores constroem esse processo enquanto avançam.

Praticantes desse método tendem a evocar seu nome em vão – como uma desculpa versátil, uma licença para fazer o que quer que os pesquisadores desejem fazer com seu tópico particular. Zeev Maoz (2002: 164-165) observou recentemente:

---

2. Cf. tb. Lazarsfeld e Robinson (1940), Sarbin (1943, 1944).

Quase não existe documentação sobre a abordagem de coleta de dados, gerenciamento de dados e análise de dados e inferência na pesquisa de estudo de caso. Em contraste com outras estratégias de pesquisa, na pesquisa política, onde os autores dedicam tempo e esforço consideráveis para documentar aspectos de sua pesquisa, muitas vezes temos a impressão de que o uso do estudo de caso absolve esses autores de qualquer tipo de considerações metodológicas. Os estudos de caso se tornaram em muitas situações sinônimos de pesquisa de forma livre, na qual tudo vale e os autores não se sentem compelidos a explicar como pretendem realizar a pesquisa, por que um caso específico ou conjunto de casos específicos foram selecionados, que dados são utilizados e quais são omitidos, como os dados são processados e analisados, e como as inferências foram derivadas da história apresentada. Todavia, no fim das contas, muitas vezes encontramos generalizações abrangentes e "lições" derivadas desse caso.

Dizer que alguém está conduzindo um estudo de caso por vezes parece implicar que regras metodológicas normais não se aplicam; que essa pessoa entrou em uma zona metodológica ou epistemológica (talvez até ontológica) diferente. Aqui, o termo funciona como uma designação ambígua cobrindo uma variedade de "crimes inferenciais"[3].

No campo da psicologia, um abismo separa "cientistas" envolvidos com a pesquisa *C-grande* e "profissionais" envolvidos em pesquisa clínica, usualmente focados em um ou vários casos[4]. Nos campos da ciência política e da sociologia, pesquisadores do estudo de caso são reconhecidos como o lado

---

3. Achen e Snidal (1989: 160), cf. tb. Geddes (1990, 2003), Goldthorpe (1997), King et al. (1994), Lieberson (1985: 107-115; 1992, 1994), Lijphart (1971: 683-684), Odell (2004), Sekhon (2004), Smelser (1973: 45, 57). Na psicologia, Kratochwill (1978: 4-5) escreve: "A metodologia do estudo de caso era tipicamente caracterizada por numerosas fontes de variação não controlada, descrição inadequada de variáveis independentes/dependentes, era geralmente difícil de replicar. Embora isso tornasse a metodologia do estudo de caso de pouco valor científico, ajudou a gerar hipóteses para a pesquisa subsequente". Cf. tb. Hersen e Barlow (1976: cap. 1), Meehl (1954). Deveríamos destacar que esses escritores, embora críticos ao formato do estudo de caso, não são necessariamente contrários ao seu uso *per se*; ou seja, não deveriam ser classificados como *oponentes* ao estudo de caso.

4. Hersen e Barlow (1976: 21) escrevem que na década de 1960, quando essa divisão se deu, "os procedimentos clínicos eram amplamente julgados como não comprovados, a investigação naturalista predominante era inaceitável a muitos cientistas preocupados com a definição precisa de variáveis, relações de causa e efeito. Por outro lado, o *design* elegantemente projetado, cientificamente rigoroso da comparação de grupo, era visto por muitos clínicos como impraticável, incapaz de lidar com as complexidades, as idiossincrasias de indivíduos".

suave de disciplinas cada vez mais duras. E entre os campos, as orientações do estudo de caso da antropologia cultural, da educação, do direito, da assistência social e de vários outros campos os relegaram ao fim não rigoroso, não sistemático, não científico, não positivista do espectro acadêmico.

Mesmo entre seus defensores, há confusão sobre as virtudes e vícios desse *design* de pesquisa ambíguo. Profissionais continuam a exercer seu ofício, mas têm dificuldade em articular o que estão fazendo, metodologicamente falando. O estudo de caso sobrevive em um curioso limbo metodológico.

Isso leva a um paradoxo. Embora grande parte do que sabemos sobre o mundo empírico tenha sido produzido por estudos de caso e estudos de caso continuem a constituir uma proporção importante do trabalho produzido pelas disciplinas das ciências sociais (cf. cap. 1), o *método* do estudo de caso é inapreciado, e talvez inclusive sitiado.

Como podemos dar sentido à profunda disjunção entre as contribuições reconhecidas desse gênero e seu *status* difamado? Se estudos de caso são metodologicamente falhos, por que persistem? Deveriam ser reabilitados, ou suprimidos? Quão frutífero *é* esse estilo de pesquisa? E, finalmente, sob que aspectos as práticas correntes podem ser melhoradas?

Situando este livro

Este livro visa a fornecer uma compreensão geral do estudo de caso assim como das ferramentas e técnicas necessárias para sua implementação bem-sucedida. O subtítulo reflete minha preocupação dupla com princípios gerais e com práticas específicas. Para auxiliar os leitores, várias das diferenças entre esse trabalho e outros sobre o mesmo tópico geral serão assinaladas no começo.

Primeiro, este livro não tenta vindicar ou vilificar o método do estudo de caso. Há muito o que dizer "a favor" e "contra" ele. Penso que o gênero é mais bem servido por uma descrição perspicaz de seus prós e contras, de modo que os pesquisadores possam compreender os benefícios, assim como as limitações, de adotar um formato de estudo de caso. Se o tom do livro é ocasionalmente defensivo, é somente porque desejo dissipar certas impressões equívocas que (em minha opinião) servem para degradar as contribuições dos estudos de caso para o trabalho das ciências sociais.

Segundo, este livro adota o que poderia ser chamado (se alguém puder tolerar o termo) uma abordagem "positivista" para a pesquisa de estudo de caso. Ou seja, espero mostrar que os estudos de caso podem ser empregados de um modo rigoroso, sistemático, replicável e teoricamente fundamentado – que seja completamente consistente com o, e complementar ao, trabalho conduzido com uma amostra grande de casos (a pesquisa *C-grande*).

Terceiro, o livro dá atenção especial ao papel dos estudos de caso na facilitação da análise causal. Isso porque os aspectos descritivos dos estudos de caso são difíceis de distinguir dos métodos de coleta de dados, *e. g.*, sondagens entrevistas, etnografias, pesquisa arquival etc. Esses tópicos não são únicos à pesquisa de estudo de caso, são bem cobertos por outros textos, e não são especialmente problemáticos de uma perspectiva metodológica. O que é problemático – ao menos aos olhos de vários metodologistas – é a tentativa de obter inferências causais a partir de evidências do estudo de caso. Consequentemente, focamos nossa atenção nesse tema vexado. Mesmo assim, não deveríamos perder de vista o fato de que muitos dos estudos de caso mais influentes são de natureza descritiva. Espero, contudo, abarcar ambos os subgêneros nos capítulos que seguem.

Quarto, em vez de focar um único campo ou subcampo das ciências sociais, adoto uma visão ampla e interdisciplinar do tópico. Minha convicção é que as questões metodológicas implicadas pelo método do estudo de caso são gerais e não específicas ao campo. Além disso, examinando questões metodológicas básicas em contextos empíricos amplamente variados por vezes obtemos noções dessas questões que não são aparentes de uma perspectiva mais estreita. Exemplos discutidos neste livro são extraídos de todos os campos das ciências sociais, e ocasionalmente das ciências naturais e das humanidades. Sem dúvida, a discussão denuncia uma inclinação para minha própria disciplina, a Ciência Política. Contudo, os argumentos deveriam ser igualmente aplicáveis a outros campos nas ciências sociais.

Quinto, este volume não pretende fornecer uma revisão abrangente de questões metodológicas pertencentes à pesquisa nas ciências sociais[5]. Minha intenção, em troca, é me concentrar naquelas questões que pertencem especificamente à pesquisa de estudo de caso. Questões que se aplicam igualmente às análises *C-pequeno* e *C-grande* recebem pouca atenção.

---

5. Alguns manuais do estudo de caso parecem cobrir o tema da pesquisa social em sua inteireza – conceitualização, mensuração, *design* de pesquisa, análise, com reflexões sobre epistemologia e filosofia da ciência. Como tal, funcionam como textos de métodos introdutórios com um foco especial em métodos de pesquisa qualitativa (*e. g.*, Berg & Lune, 2011; Hancke, 2009; Somekh & Lewin, 2005; Yin, 2009).

Assim, não tenho muito a dizer sobre o processo de coleta de dados, a descoberta de novas ideias (a formulação de teorias), a natureza da inferência causal, a ética da pesquisa, ou questões de epistemologia e filosofia da ciência. Igualmente, técnicas extraídas do campo da estatística e da econometria – *regressão, pareamento* [*matching*], *análise de agrupamentos* [*cluster analysis*] etc. – não são completamente explicadas ou desenvolvidas. Fazer isso exigiria um tipo muito diferente de livro. Os leitores que desejarem saber mais sobre esses e outros tópicos brevemente tratados no texto podem consultar as referências citadas ou as introduções gerais à metodologia das ciências sociais e à estatística[6].

Mesmo com respeito a questões pertencentes diretamente à pesquisa de estudo de caso, o presente volume não pode esperar ser inteiramente abrangente. Felizmente, existe, agora, uma considerável literatura sobre esses tópicos. Leitores em busca de um tratamento mais detalhado de vários temas são aconselhados a seguir a trilha de citações no texto ou percorrer as volumosas referências no final do livro.

Finalmente, deveria ser enfatizado que o texto é destinado a tornar o material acessível aos leitores que são novos ao tema. A notação é mínima (cf. *Símbolos e termos-chave*). Debates com a literatura são minimizados, ou relegados a notas de rodapé. Termos-chave são definidos no texto, e podem ser localizados pela consulta às referências de página no Índice. No final de cada capítulo, uma seção de conclusão sumariza os pontos principais que foram apresentados.

Espero que o livro seja útil para aqueles que estão embarcando pela primeira vez em um campo das ciências sociais assim como para aqueles que já completaram várias viagens.

Esquema geral

A parte I do livro estabelece nosso tema. O capítulo 1 examina o campo da pesquisa de estudo de caso nas ciências sociais. O capítulo 2 propõe definições

---

6. Introduções gerais à metodologia das ciências sociais incluem Gerring (2012b) e King et al. (1994) – dirigido a alunos de pós-graduação – e Gerring e Christenson (2017), que é destinado a uma audiência de graduação ou de mestrado. Textos introdutórios de estatística são numerosos. Os leitores basicamente preocupados com a inferência causal podem considerar Angrist e Pischke (2009) ou seu texto mais curto e sucinto (Angrist & Pischke, 2015).

para "estudo de caso" e termos associados. Como muita coisa resulta dessas definições, sugerimos que o capítulo não seja desconsiderado.

A parte II trata da seleção de caso – a escolha de casos para analisar intensivamente. O capítulo 3 propõe um sumário de estratégias. Isso serve para introduzir os leitores a uma variedade ampla de trabalhos conduzidos na forma de estudo de caso e, mais especificamente, para ilustrar a diversidade de métodos que podem ser empregados para selecionar casos para análise intensiva. O capítulo 4 foca a seleção de casos para propósitos de descrição e o capítulo 5, a seleção de casos para o propósito da inferência causal. O capítulo 6 discute a aplicação da amostragem aleatória e outras abordagens algorítmicas à seleção de caso, assim como à viabilidade de amostras de *C-médio*.

A parte III trata dos métodos de análise – o que fazer com casos uma vez escolhidos. O capítulo 7 estabelece uma tipologia de *designs* de pesquisa, distinguindo entre estudos de caso, estudos *C-grande* e estudos multimétodos. O capítulo 8 distingue modos quantitativo e qualitativo de análise, focando basicamente o segundo.

A parte IV trata do problema da validade. O capítulo 9 foca a validade interna e o capítulo 10, a validade externa.

O livro conclui, no capítulo 11, com uma série de comparações e contrastes entre pesquisa *C-pequeno* e *C-grande* a fim de compreender suas afinidades distintivas. Argumento que muitos dos pontos fracos percebidos sobre estudos de caso são superados se forem complementados por estudos *C-grande* sobre o mesmo tópico geral. O trabalho multimétodo – seja incorporado no mesmo estudo ou em estudos diferentes – muitas vezes fornece uma solução razoável para situações nas quais estudos de caso por si sós são insuficientes.

Agradecimentos

Este livro foi desenvolvido a partir de uma série de trabalhos (Gerring, 2004b, 2006a, 2006b, 2007b, 2017; Gerring & Cojocaru, 2016; Gerring & McDermott, 2007; Gerring & Thomas, 2005; Seawright & Gerring, 2008). Sou grato aos meus colaboradores e também às editoras desses trabalhos pela permissão para adaptá-los para uso no presente volume.

Rascunhos da primeira edição foram apresentados na Universidade de Bremen em 2004, com o patrocínio do Transformations of the State Collaborative Research Center (CRC); no Terceiro Congresso do Grupo de Trabalho sobre Abordagens e Métodos em Política Comparativa, Liège, Bélgica; nos encontros anuais do Institute for Qualitative Research (IQRM); e nos encontros anuais da American Political Science Association. Sou grato pelos comentários e sugestões dos participantes nesses eventos.

Pelo retorno detalhado na primeira edição, devo agradecimentos a Andy Bennett, Melani Cammett, Kanchan Chandra, Renske Doorenspleet, Colin Elman, Gary Goertz, Shareen Hertel, Ronggui Huang, Staci Kaiser, Bernhard Kittel, Ned Lebow, Jack Levy, Evan Lieberman, Jim Mahoney, Ellen Mastenbroek, Devra Moehler, Howard Reiter, Kirsten Rodine, Ingo Rohlfing, Richard Snyder, Peter Starke, Craig Thomas, Lily Tsai e David Woodruff. Pela clarificação de vários temas, estou em dívida para com Bear Braumoeller, Patrich Johnston, Jason Seawright, Jas Sekhon e Peter Spiegler.

O ímpeto para uma segunda edição, quase uma década após a primeira, veio parcialmente em resposta à contínua trajetória de trabalho sobre metodologia do estudo de caso e tópicos relacionados. Trabalhos recentes importantes incluem Beach e Pedersen (2013), Bennett e Checkel (2015), Blatter e Haverland (2012), Fearon e Laitin (2008, 2014, 2015), Glynn e Ichino (2015, 2016), Goertz (2017), Herron e Quinn (2016), Humphreys e Jacobs (2015), Levy (2008a, 2008b), Lieberman (2015), Mahoney (2012), Mahoney e Thelen (2015), Nielsen (2016), Rohlfing (2012), Schneider e Rohlfing (2013,

2016), Seawright (2016a, 2016b), Soifer (2015), Waldner (2012, 2015a, 2015b, 2016) e Weller e Barnes (2014).

Leitores da segunda edição encontrarão um livro que é reescrito desde o começo, com um sumário revisado de métodos de seleção de casos, uma seção expandida focada na análise de casos, e uma notação parcialmente revisada.

Um rascunho preliminar do manuscrito revisado foi apresentado na Oficina de Autores [Author's Workshop] no Institute for Qualitative and Multimethod Research, na Universidade Syracuse, em junho de 2015. Quero agradecer aos membros dessa oficina e a outros que leram várias versões do manuscrito. Esses incluem Colin Elman, Danny Hidalgo, Nahomi Ichino, Kendra Koivu, Markus Kreuzer, Jack Levy, Jim Mahoney, Gerry Munck, Hillel Soifer e Nick Weller. Pela clarificação e retorno sobre questões específicas, sou grato a Jim Fearon, Adam Glynn e David Laitin. Carl Gershenson, com vários revisores da Cambridge University Press, fizeram uma leitura rigorosa do manuscrito e contribuíram enormemente para sua presente forma. Sou grato a Gary Goertz por partilhar o manuscrito de seu livro – que será publicado concomitantemente (Goertz, 2017) – e por seu retorno sobre o texto. Agradecimentos a John Haslam da Cambridge University Press, que conduziu o livro ao longo da revisão e produção.

Meu agradecimento final é para as gerações de estudiosos que escreveram sobre esse tópico – de cujas ideias me aproprio, deformo ou distorço ao ponto de se tornarem irreconhecíveis. (Em ambientes acadêmicos, o primeiro é reconhecido como citação, o segundo, como uma reinterpretação e o terceiro é chamado pesquisa original.) Especialistas perceberão em que medida este livro é um compêndio de ideias que remontam a uma geração anterior de trabalho metodológico sobre o método do estudo de caso de autores como Donald Campbell, David Collier, Harry Eckstein, Alexander George, Barney Glaser e Anselm Strauss, Arend Lijphart, Adam Przeworski e Henry Teune e Neil Smelser – para não mencionar o trabalho anterior de lógicos e filósofos como J.S. Mill, Cohen e Nagel. Meus débitos são aparentes nas inúmeras notas de rodapé e na extensa série de referências.

Símbolos e termos-chave

Fenômenos

D – Traços descritivos.

M – Mecanismo conectando X e Y.

X – Fator causal de interesse teórico – usualmente um único fator, mas ocasionalmente um vetor de fatores relacionados.

Y – Resultado.

Z – Vetor de fatores de fundo [background factors] que podem afetar X e Y e, assim, servirem como fatores de confusão ou confundidores [confounders].

Argumento causal

$X \rightarrow Y$ – Efeito causal aparente ou estimado de uma mudança em X sobre Y.

Hx – Hipótese sobre X $\rightarrow$ Y.

$P(Hx)$ – A probabilidade de Hx ser verdadeiro.

***Designs* de pesquisa**

K – Variáveis.

N – Observação(ões): as unidades de nível mais baixo em uma análise, que podem ou não ser de interesse teórico.

C – Caso(s): um fenômeno espacial e temporalmente delimitado de interesse teórico.

T – Períodos de tempo (T_1, T_2, T_3... T_n).

Amostra – Todas as observações em uma análise, independentemente de como são escolhidas.

População – Casos/observações de interesse teórico, geralmente muito maiores que a amostra.

Seleção de caso

Algorítmica – Por algoritmo, *e. g.*, estatística descritiva, regressão, pareamento [*matching*], Análise Comparativa Qualitativa – ACQ [Qualitative Comparative Analysis – QCA].

Não algorítmica – De um modo informal, qualitativo.

Análise

Estudo de caso C-pequeno – Um dos vários casos, cada um dos quais é analisado intensivamente a fim de elucidar uma população mais ampla.

C-médio – *Híbrida* – dezenas de casos, cada um dos quais é analisado intensivamente.

C-grande – Amostra considerável de casos, analisados com um algoritmo quantitativo.

Multimétodo – Análises *C-pequeno* e *C-grande* combinadas em um único estudo ou linha de pesquisa.

Caso transversal [*cross-case*] – Seccional transversal, entre casos [*across cases*].

Intracaso [*within-case*] – Dentro de um caso, seja longitudinalmente (ao longo do tempo) ou em um nível inferior de análise.

Quantitativa – Análise formal baseada em matrizes observacionais – geralmente com uma amostra grande.

Qualitativa – Análise informal baseada em observações não comparáveis – geralmente com uma amostra pequena.

I

Estudos de caso

1

Sondagens

Há uma tradição de pesquisa de estudo de caso dentro de todas as disciplinas de ciências sociais, assim como em campos adjacentes nas ciências naturais (*e. g.*, medicina) e nas humanidades (*e. g.*, história). Sem dúvida, essa tradição está mais proeminentemente em evidência em alguns campos do que em outros. Contudo, ela é essencial para examinarmos nosso tema – muito amplamente definido –, uma vez que permeia a história, a psicologia, a assistência social, a linguística aplicada, a medicina, a antropologia cultural, a sociologia, o estudo da ciência (sociologia da ciência, história da ciência e filosofia da ciência), a educação, a ciência política, a pesquisa histórica comparativa, o direito e a economia (com administração e pesquisa organizacional)[7].

Começamos com uma história intelectual dessas disciplinas. Essa é seguida por várias análises bibliométricas focadas no Google Books e na Web of Science, e, finalmente, por uma compilação de exemplares-chave da tradição do estudo de caso.

1.1 Histórias intelectuais

A abordagem do estudo de caso ao conhecimento começa com a disciplina mais antiga, a *História*, que se desenvolveu a partir das crônicas orais e

---

7. Vislumbres da história podem ser encontrados em Adcock (2008), Bromley (1986: cap. 1), Brooke (1970), Dufour e Fortin (1992), Feagin et al. (1991), Forrester (1996), Hamel (1993), Healy (1923), Platt (1992, 2007), Scholz e Tietje (2002: cap. 3) e no compêndio fornecido em David (2005).

escritas do tipo produzido por Homero, Heródoto e Tucídides. Utilizando as características específicas do caso disponível, essas crônicas transmitiam lições gerais pertencentes à política, sociedade, natureza humana ou aos deuses. Desse modo, abstraíam do particular para o geral. Histórias contemporâneas, embora focadas principalmente na explicação de resultados e eventos particulares, fornecem os elementos fundamentais para nosso conhecimento geral do mundo. A esse respeito, elas funcionam como estudos de caso[8].

A abordagem clínica da *psicologia* e da *assistência social* repousa em uma exploração detalhada de indivíduos específicos, considerados como casos. As histórias de casos de Sigmund Freud (*e. g.*, "Anna O.") foram determinantes no estabelecimento dessa tradição de investigação e registro. Outros pesquisadores baseados em casos na tradição psicodinâmica incluem Erik Erikson, Erich Fromm, Karen Horney, Carl Jung, Melanie Klein e D.W. Winnicott[9]. Há também uma tradição consolidada de pesquisa comportamental na psicologia, remontando a B.F. Skinner no começo do século XX, que foca os sujeitos individuais[10].

Na *linguística aplicada*, casos de interesse são usualmente compostos por alunos de línguas, *e. g.*, crianças ou imigrantes. Temas de interesse geralmente incluem "léxico, sintaxe, morfologia, fonologia, características de níveis de discurso, pragmática, estrutura narrativa, leitura e processos de escrita, aprendizagem da língua baseada em conteúdo, identidades social e linguística, atitudes e motivação, estratégias de aprendizagem e ansiedade" (Duff, 2007: 35).

Na *medicina*, a história do caso (também conhecida como história médica ou anamnese) remonta às origens do estudo científico. Hoje, a história do caso do paciente registra informações demográficas, informações pessoais (*e. g.*, ocupação, arranjos de vida), sintomas, história de qualquer doença presente, história médica geral da família do paciente, medicações e alergias

---

8. Cf. o compêndio em cinco volumes, *Oxford History of Historical Writing*.

9. Para a psicologia, cf. Bolgar (1965), Brown e Lloyd (2001), Corsini (2004), Fishman (1999), McLeod (2010), O'Neill (1968), Radley e Chamberlain (2012), Robinson (2001), Sealey (2011), Wedding e Corsini (2013). Para a assistência social, cf. Gilgun (1994), LeCroy (2014), Sheffield (1920), Stake (1995).

10. Benjamin (2006), Bromley (1986), Gast e Ledford (2009), Kaarbo e Beasley (1999), Oltmanns et al. (2014).

específicas. Estudos de caso publicados muitas vezes focam pacientes cujas fragilidades – ou resiliência – não são bem explicadas pela ciência médica. Essas anomalias são vigilantemente registradas para estudo posterior. Exemplos podem ser encontrados no *Journal of Medical Case Reports* e no "Case Records from the Massachusetts General Hospital", uma característica regular no *New England Journal of Medicine*[11]. Epidemiologistas, entretanto, constroem histórias de caso para cada epidemia, enquanto os historiadores médicos fazem o mesmo para surtos no passado[12].

Na *antropologia cultural*, a pesquisa tem focado tradicionalmente os grupos (*e. g.*, tribos, aldeias, comunidades) ou rituais (*e. g.*, rituais da chegada da puberdade). Precursores da antropologia moderna se basearam em descrições de missionários, expedições militares e colonizadores. Ao final do século XIX, antropólogos estavam conduzindo trabalho de campo original, geralmente voltado aos povos "primitivos" ao redor do mundo. Os exemplos mais importantes incluem todos os pioneiros da etnografia e da disciplina que se tornou conhecida como Antropologia Cultural – Gregory Bateson, Franz Boas, Mary Douglas, E.E. Evans-Pritchard, Bronislaw Malinowski, Margaret Mead, Gerhard Friedrich Mueller e Edward Sapir[13].

Na *sociologia*, uma tradição de trabalho conhecida como sociologia urbana adaptou as ferramentas etnográficas desenvolvidas por antropólogos ao estudo de áreas urbanas, focando especialmente famílias, grupos étnicos, imigrantes, gangues e bairros pobres. Um papel importante nesse movimento foi desempenhado pelo Departamento de Sociologia da Universidade de Chicago, que incluiu (em diferentes momentos) Herbert Blumer, Ernest Burgess, Everett Hughes, George Herbert Mead, Robert Park, Robert Redfield, William Thomas e Louis Wirth, bem como seus alunos Howard Becker, Erving Goffman e Anselm Strauss. Muitos dos primeiros locais de pesquisa a empregarem essa abordagem de trabalho de campo estavam situados em

---

11. Ankeny (2011, 2012, 2014), Aronson e Hauben (2006), Hunter (1991). A série Oxford de Histórias de Casos inclui títulos como "Neurological Case Histories", "Oxford Case Histories in Cardiology", "Oxford Case Histories in Gastroenterology and Hepatology", "Oxford Case Histories in Neurosurgery", "Oxford Case Histories in Respiratory Medicine", "Oxford Case Histories in Rheumatology" e "Oxford Case Histories in TIA and Stroke".

12. Jenicek (2001), Keen e Packwood (1995), Mays e Pope (1995), Vandenbroucke (2001), Zimmer e Burke (2009).

13. Bernard (2001), Eggan (1954), Eriksen e Nielsen (2001), Gluckman (1961), Mitchell (1983), Moore (2010), Rosenblatt (1981), Small (2009). Estudos de caso na antropologia forense são examinados em Steadman (2002).

Chicago – daí, o apelido "Escola de Chicago". Desse ponto, a tradição se expandiu a outras cidades nos Estados Unidos e, por fim, ao resto do mundo[14].

No estudo da ciência – *i. e.*, *sociologia da ciência, história da ciência* e *filosofia da ciência* – casos são geralmente constituídos por importantes anomalias, descobertas ou desacordos entre cientistas (Burian, 2001; Kuhn, 1962/1970).

No campo da *educação*, estudos de caso têm focado módulos, programas, salas de aula, escolas e universidades (*e. g.*, Bassey, 1999; Cousin, 2005; Crossley & Vulliamy, 1984; Delamont, 1992; Hancock & Algozzine, 2011; Simons, 2009; Thomas, 2011).

Na *ciência política*, a tradição da pesquisa de estudo de caso permanece altamente influente (Blatter & Haverland, 2012; Rohlfing, 2012). Nas relações internacionais, estudos de caso muitas vezes focam conflitos (incluindo guerras), crises e acordos internacionais[15]. Na política comparativa, as unidades de interesse são tipicamente nações, regiões ou localidades, embora estudos possam também focar partidos políticos, grupos de interesse ou eventos como golpes ou eleições (Collier, 1993; Nissen, 1998). Na administração pública, estudos de caso muitas vezes focam agências, programas ou decisões particulares (Bailey, 1992; Bock, 1962; Jensen & Rodgers, 2001). Na política urbana, os estudos geralmente focam municipalidades e organizações (Nicholson-Crotty & Meier, 2002).

Na pesquisa *histórica comparativa* – um campo que abrange tanto a sociologia como a ciência política –, os casos de interesse são unidades de nível macro como estados, religiões ou sociedades. Alexis de Tocqueville, Émile Durkheim, Karl Marx e Max Weber são considerados fundadores desse gênero interdisciplinar influente. Nos anos pós-guerra, foram produzidos importantes estudos por Seymour Martin Lipset, Barrington Moore, Theda Skocpol e Charles Tilly (Lange, 2012; Mahoney & Rueschemeyer, 2003; Mahoney & Thelen, 2015).

---

14. Trabalhos iniciais influentes incluem Smith e White (1921), Thomas e Znaniecki (1918), Wirth (1928) e Whyte (1943/1955). Para descrições secundárias, cf. Bulmer (1984), Hammersley (1989). Cf. tb. Platt (1992), que foca mais amplamente o desenvolvimento da sociologia do começo a meados do século XX. Para o trabalho na ciência ambiental, cf. Scholz e Tietje (2002).

15. Bennett e Elman (2007), Elman e Elman (2001), George e Bennett (2005: Apêndice), Harvey e Brecher (2002), Levy (2008a), Goertz e Levy (2007), Maoz et al. (2004), Sprinz e Wolinsky-Nahmias (2004), Tetlock e Belkin (1996). A economia política internacional é examinada em Odell (2004); Lawrence et al. (2005).

Na *profissão jurídica*, juristas examinam os fatos de um caso para determinar quais casos prévios são mais-similares a ele, e, portanto, quais precedentes podem se aplicar. É um caso de quê? Naturalmente, podem existir múltiplos modos de interpretar um caso, especialmente um complexo, e múltiplos precedentes podem se aplicar. Isso é basicamente do que trata a argumentação legal, como articulada em instruções e decisões legais. Em sua essência, o raciocínio legal é muito similar ao que podemos chamar classificação de caso em outros campos. A diferença é que o jurista sagaz apenas ocasionalmente se esforça para estabelecer um novo fundamento – criando uma nova teoria do direito. Enquanto cientistas buscam por inovação teórica, juristas buscam manter o precedente. A inovação é disfarçada sob a roupagem do *status quo* (Carter & Burke, 2015).

Figura 1.1 – Frequência de "estudo de caso" no Google Books

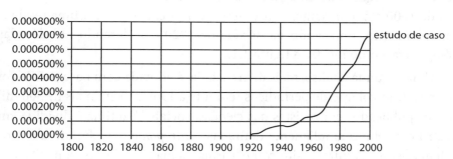

Fonte: https://books.google.com/ngrams/graph?content=casestudy&year_start=1800&year_end=2000&corpus=15&smoothing=3&share=&direct_url=t1%3B%2Ccase%20study%3B%2Cc0

Nos *negócios, economia, administração* e *teoria organizacional*, os estudos de caso de firmas, organizações, setores e redes (agrupamentos) permanecem centrais aos campos adjacentes do *marketing* e negócios, assim como ao desenvolvimento da nova economia institucional, como evidenciada no trabalho de Alfred Chandler, Ronald Coase, N.S.B. Grass, Avner Greif, Michael Porter e Oliver Williamson[16]. Igualmente, estudos de caso de países e regiões permanecem um elemento essencial da história econômica como

---

16. Alston (2008), Benbasat et al. (1987), Bonoma (1985), Dul e Hak (2007), Eisenhardt (1989), Ellram (1996), Grass e Larson (1939), Hartley (1994), Jones e Zeitlin (2010), Piekkari et al. (2009), Woodside e Wilson (2003), Woodside (2010).

praticada por Stanley Engerman, Alexander Gerschenkron, Charles Kindleberger, Douglass North, Kenneth Sokoloff e outros (Cipolla, 1991; Kindleberger, 1990; Mokyr, 2003). Mais recentemente, o trabalho macroeconômico de Dani Rodrik (2003) focou a qualidade do crescimento, requerendo atenção às trajetórias específicas do país. O trabalho sobre a relação entre política de comércio e crescimento muitas vezes integra análise de caso detalhada com evidência de regressão [*regression evidence*] transnacional (Srinivasan & Bhagwati, 1999; Stiglitz, 2002, 2005; Vreeland, 2003).

1.2 Bibliometria

Para examinar nosso tópico de um modo mais sistemático, várias análises bibliométricas são adotadas. Na primeira, busco por menções de "estudo de caso" no arquivo do Google Books, que inclui milhões de livros publicados de 1500 até o presente. O uso desse termo-chave mostra uma tendência ascendente começando na década de 1920 e acelerando nas décadas pós-guerra, como mostra a figura 1.1.

Uma segunda análise, mais diferenciada, é adotada com base na Web of Science. Essa coleção de periódicos remonta a 1965 e inclui mais de 300 mil artigos publicados em revistas nas ciências sociais. A última é dividida em quatro disciplinas amplamente definidas: *Antropologia*, incluindo a antropologia física e cultural assim como a arqueologia (54 revistas, com citações para um conjunto de 217.415 artigos e livros); *Economia*, incluindo negócios e administração (214 revistas, com citações para um conjunto de 683.034 artigos e livros); *Ciência Política*, incluindo assuntos internacionais e administração pública (202 revistas, com citações para um conjunto de 559.294 artigos e livros); e *Sociologia*, incluindo demografia, estudos culturais, estudos de gênero, estudos étnicos e estudos raciais (286 revistas, com citações para um conjunto de 312.060 artigos e livros).

Para determinar o trabalho mais influente, selecionei as 100 publicações mais citadas – artigos ou livros – em cada uma dessas áreas disciplinares. Assim, na antropologia identifiquei as 100 publicações mais citadas do conjunto da Web of Science, que inclui 217.415 artigos e livros. Essas publicações são depois codificadas em uma das quatro categorias: *C-pequeno (estudo de caso), C-grande, metodologia mista* (incluindo análises *C-pequeno* e *C-grande*) e outras. A última é uma categoria residual, incluindo estudos que são não empíricos (teóricos ou metodológicos) ou não possuem unidades de análise claras. Os resultados estão contidos na tabela 1.1.

Entre os 100 estudos mais citados nas quatro áreas disciplinares, a categoria residual é, sem dúvida, a mais comum, sugerindo que estudos especialmente importantes nas ciências sociais são geralmente não empíricos no sentido usual. A seguir, nas citações, estão estudos *C-grande*, constituindo aproximadamente um quinto do total. Estudos de caso ocupam o terceiro lugar nessa tipologia, congregando 7,5% de todos os estudos examinados.

Existe uma variação considerável na prevalência dos estudos de caso nas disciplinas, com a Antropologia e a Ciência Política mostrando mais entusiasmo do que a Economia e a Sociologia. Estudos de metodologia mista ocorrem muito pouco nessa análise, exceto na Ciência Política, onde 5% são classificados desse modo.

Tabela 1.1 – Estudos mais citados na Web of Science

	AN	EC	PS	SO	Total	Média
C-pequeno	14	1	11	4	30	7.50
Metodologia mista	1	0	5	1	7	1.75
C-grande	17	15	21	19	72	18.00
Outras	68	84	63	76	291	72.75
TOTAL	100	100	100	100	400	100.00

Notas: Os estudos mais citados nas quatro disciplinas, 1965-2014, como registrado pela Web of Science. AN = antropologia (cultural e física), arqueologia. EC = economia, negócios, administração. PS = ciência política, assuntos internacionais, administração pública. SO = sociologia, demografia, estudos culturais, estudos de gênero, estudos étnicos, estudos raciais.

Utilizando o padrão [*benchmark*] das citações de revistas, o formato do estudo de caso resiste bem quando contrastado com seu primo *C-grande*, ao menos para algumas disciplinas. Deixando de lado estudos de caso classificados como "outros", estudos de caso e estudos de metodologia mista, considerados juntos, são quase tão numerosos quanto estudos *C-grande* na antropologia e na ciência política (embora não na economia e na sociologia). Vale a pena observar que a categoria *C-grande* é enormemente heterogênea, incluindo todo tipo de análise experimental e observacional. Mesmo assim, essa categoria geral é apenas ligeiramente mais numerosa do que estudos de caso/estudos de metodologia mista na antropologia e na ciência política[17].

Análises bibliométricas focadas em revistas de ciência política encontram um conjunto similar de resultados. Herron e Quinn (2016) registram que "o estudo de caso" (e análogos) geram mais acessos entre as revistas de ciência política mais importantes do que técnicas associadas à análise *C-grande* como *"probit"**, "variável instrumental" e "experimento de campo" (embora não mais do que o termo versátil "regressão").

1.3 Exemplares

Para definir um tema metodológico, necessitamos ter uma noção não apenas do que é típico, mas também do que é exemplar. O que temos em mente quando descrevemos um estudo como um "estudo de caso"? Quais são os tipos ideais?

Uma compilação extensiva de estudos de caso é fornecida na tabela 1.2. Embora extensa ($N = 148$), essa é apenas uma pequena amostra dos estudos de caso produzidos nas ciências sociais. Contudo, ela ajuda a esclarecer o tópico em discussão, ilustrando a variedade e escopo desse gênero muito praticado.

Como essa tabela contém uma boa quantidade de informações sobre as várias dimensões da pesquisa de estudo de caso, será referida repetidamente ao longo do livro. Ou seja, cada tópico tratado no livro selecionará exemplos da tabela.

Por não ser uma amostra aleatória, é importante para esclarecer como essa lista de exemplares foi construída, e que tipo de vieses pode refletir.

---

17. Observe também que esse procedimento de amostragem pode sutilmente discriminar o trabalho do estudo de caso. Se escritores de artigos estão mais familiarizados com artigos do que com livros, como suspeitamos, tenderão a citar mais artigos do que livros. Dado que o formato de livro é geralmente mais preferido por pesquisadores do estudo de caso, a contagem de citação da Web of Science podem sub-representar a influência da pesquisa de estudo de caso nas ciências sociais hoje.

* Em estatística, a regressão (ou modelo) *probit* (de *"probability unit"*, i. e., *"unidade de probabilidade"*) é usada para modelar variáveis de resultado dicotômico ou binário. No modelo *probit*, o padrão inverso da distribuição normal da probabilidade é modelado como uma combinação linear dos preditores [N.T.].

Alguns exemplares são muito recentes e outros remontam à virada do século XX, concomitante à profissionalização das disciplinas centrais – Antropologia, Economia, História, Ciência Política e Sociologia. Incluo estudos que focam uma ou várias unidades (*C-pequeno*), assim como estudos que incorporam dezenas de unidades (*C-médio*) – contanto que cada caso seja estudado intensivamente. Também incluo estudos que combinam análises *C-pequeno* e *C-grande* (*multimétodos*).

Ao selecionar estudos, privilegio aqueles com influência demonstrável em um campo ou subcampo; aqueles que se tornaram referências em discussões metodológicas sobre o método do estudo de caso; e aqueles que fornecem diversidade de tópico, método de seleção de caso, método de análise, teoria ou de histórico disciplinar. Diversidade implica não redundância: se vários estudos são muito similares, somente um tende a ser incluído.

A inclusão nessa lista não significa que endosso os achados dos autores ou mesmo suas escolhas metodológicas. Significa somente que um trabalho serve como um bom exemplo de algo. O propósito de um exemplar é ilustrar um tema metodológico específico, não retratar a pesquisa de ponta em um campo. Mais especificamente, a disposição nessa tabela não deveria ser interpretada como significando que um estudo possua fortes pretensões à validade interna ou externa. Esses temas são difíceis de avaliar e exigiriam uma discussão extensa (cf. parte III). De qualquer modo, a contribuição de um estudo de caso ao conhecimento de um tema é muitas vezes exploratória (*e. g.*, a elaboração de uma nova teoria) em vez de confirmatória (testar uma hipótese existente). Desse modo, pretensões irrefutáveis de validade podem não ser sua característica mais importante.

Tabela 1.2 – Exemplares

Estudo	Campo	Citações	SELEÇÃO		CASOS		QUANTIDADE		FONTES				
			Algo	Não algo	Fenômenos	C	Caso trans-versal	Caso indivi-dual	Etno-grafia	Entre-vista	Son-da-gem	Pri-mária	Secun-dária
1	**2**	**3**	**4**	**5**	**6**	**7**	**8**	**9**	**10**	**11**	**12**	**13**	**14**
Abadie e Gar-deazabal (2003), *Costs of Conflict* [Custos do conflito]	EC	867		•	Regiões hispânicas	1/17		•					•
Acemoglu et al. (2003), *African Success Story* [História de sucesso africano]	EC	638		•	Desenvol-vimento econômico	1		•				•	•
Adamson (2001), *Democratization* [Democatização]	PS	53		•	Políticas estrangeiras	1							•
Alesina et al. (2001), *Why Doesn't US Have Welfare State?* [Por que os EUA não possuem um Estado de bem--estar social?]	EC	824		•	Estado de bem-estar social	1	•						•

Referência														
Allen (1965), *Nazi Seizure of Power* [A tomada do poder pelos nazistas]	HI	397		•	Cidades	1		•		•		•	•	•
Allison e Zelikow (1999), *Essence of Decision* [A essência da decisão]	PS	9.113		•	Crises estrangeiras	1			•		•			
Almond e Verba (1963), *Civic Culture* [Cultura cívica]	PS	12.679		•	Culturas políticas	5	•				•		•	
Alperovitz (1996), *Decision to Use Atomic Bomb* [A decisão de usar a bomba atômica]	PS	409		•	Emprego de energia nuclear	1							•	•
Alston et al. (1996), *Property Rights* [Direitos de propriedade]	EC	390		•	Estados brasileiros	2					•		•	
Amenta (1991), *Theories of Welfare State; American Experience* [Teorias do Estado de bem-estar social; a experiência americana]	SO	40		•	Estados de bem-estar	1								•

	SELEÇÃO				CASOS		QUANTIDADE			FONTES			
Anderson (1974), *Lineages of Absolutist State* [Linhagens do Estado absolutista]	HI	2.508		•	Construção nacional	10					•	•	
Aymard (1982), *From Feudalism to Capitalism in Italy* [Do feudalismo ao capitalismo na Itália]	HI	22		•	Capitalismo	1					•		
Banfield (1958), *Moral Basis of Backward Society* [A base moral da sociedade atrasada]	PS	3.882		•	Aldeias	1		•			•		
Becker (1961), *Boys in White* [Meninos de branco]	SO	3.142		•	Escolas de medicina	1	•	•			•		
Belich (2010), *Exploding Wests* [Ocidentes em explosão]	HI	5		•	Colonialismo	7					•		

Referência	Tipo	Nº			Tema	Nº								
Bendix (1978), *Kings or People* [Reis ou povo]	SO	664		•	Construção nacional	5							•	•
Benedict (1934), *Patterns of Culture* [Padrões da cultura]	AN	5.571		•	Culturas	3			•				•	
Bennett et al. (1994), *Burden-Sharing in the Persian Gulf War* [Compartilhamento de responsabilidade na Guerra do Golfo Pérsico]	PS	90		•	Alianças	1				•			•	
Bunce (1981), Do *New Leaders Make a Difference?* [Novos líderes fazem alguma diferença?]	PS	114		•	Sucessão	2		•		•				•
Caldwell (1986), *Routes to Low Mortality* [Rotas para diminuir a mortalidade]	DE	1.022		•	Mortalidade	3		•				•		•

			SELEÇÃO		CASOS	QUANTIDADE		FONTES				
Campbell (1968/1988), *Connecticut Crackdown* [Ofensiva de Chicago]	PY	384		•	Leis de velocidade	1			•			•
Chandler (1962), *Strategy and Structure* [Estratégia e estrutura]	EC	1.427		•	Firmas	4			•		•	•
Childs et al. (2005), *Tibetan Fertility Transitions* [Transições de fertilidade tibetana]	DE	19		•	Transições demográficas	3	•			•		•
Coase (1959), *Federal Communications Commission* [Comissão de comunicações federais]	EC	1.410		•	Agências	1			•		•	•
Collier e Collier (1991), *Shaping the Political Arena* [Formando a arena política]	PS	2.171		•	Relações de trabalho no Estado	8					•	

Collier e Sambanis (2005a, b) *Understanding Civil War* [Compreendendo a Guerra Civil]	PS	430	•		Guerras civis	21	•	•						•
Cornell (2002), *Autonomy as a Source of Conflict* [Autonomia como uma fonte de conflito]	PS	256		•	Grupos étnicos	9				•		•		
Curtiss (1977), *Psycholinguistic Study of "Wild Child"* [Estudo psicolinguístico de "Criança Selvagem"]	PY	933		•	Desenvolvimento humano	1				•				
Dafoe e Kelsey (2014), *Observing the Capitalist Peace* [Observando a paz capitalista]	PS	2	•		Díades nacionais	6								•
Dahl (1961), *Who Governs?* [Quem governa?]	PS	5.810		•	Cidades	1			•	•		•		

			SELEÇÃO		**CASOS**	**QUANTIDADE**		**FONTES**						
David (1985), *Clio and the Economics of QWERTY* [Clio e a economia do QWERTY]	EC	6.473		•	Dependência do caminho	1							•	
Dobbin (1994), *Forging Industrial Policy* [Forjando a política industrial]	SO	745		•	Políticas industriais	3							•	
Downing (1992), *Military Revolution and Political Change* [Revolução militar e mudança política]	PS	398		•	Formação do Estado	7							•	
Dreze e Sen (1989), *China and India* [China e Índia]	EC	2.936		•	Desenvolvimento econômico	2							•	•
Duneier (1999), *Sidewalk* [Calçada]	AN	997		•	Calçadas	1				•			•	
Dunlavy (1994), *Politics and Industrialization* [Política e industrialização]	HI	125		•	Políticas industriais	2							•	

Dunning (2008), *Crude Democracy* [Democracia crua]	PS	395		•	Democratização	5	•	•		•	•	•	•
Epstein (1964), *A Comparative Study of Canadian Parties* [Um estudo comparativo dos partidos canadenses]	PS	113		•	Sistemas de partido	2					•		
Evans (1995), *Embedded Autonomy* [Autonomia incrustada]	SO	5.281		•	Desenvolvimento econômico	3				•		•	
Fairfield (2013, 2015), *Going Where Money Is* [Indo para onde o dinheiro está]	PS	7		•	Propostas de reforma tributária	32				•		•	•
Fearon e Laitin (2008, 2014, 2015), *Random Narratives* [Narrativas aleatórias]	PS	85	•		Guerras civis	25	•					•	•
Fenno (1977, 1978), *Home Style* [Estilo caseiro]	PS	2.141		•	Deputados e distritos	17			•				

			SELEÇÃO	CASOS		QUANTIDADE		FONTES			
Fiorina (1977), *Congress* [Congresso]	PS	1.866	•	Legislação americana e distritos	2					•	•
Friedman e Schwartz (1963), *Monetary History of US* [História monetária dos EUA]	EC	6.208	•	Política monitária	1					•	•
Geertz (1963), *Peddlers and Princes* [Camelos e príncipes]	AN	977	•	Cidades	2		•				
Geertz (1978), *Bazaar Economy* [Economia de bazar]	AN	892	•	Comunidades	1		•				
George e Smoke (1974), *Deterrence in US Foreign Policy* [Dissuasão na política externa dos EUA]	PS	894	•	Crises	11				•	•	
Goldstone (1991), *Revolution and Rebellion* [revolução e rebelião]	SO	994	•	Revoluções	4					•	•
Gouldner (1954), *Patterns of Industrial Bureaucracy* [Padrões de burocracia industrial]	SO	3.075	•	Fábricas	1		•			•	

Referência	Tipo	Nº		Sel.	Tema	Nº				c10	c11		c13	c14
Gourevitch (1986), *Politics in Hard Times* [Política em tempos difíceis]	PS	1.112		•	Crises econômicas	5					•		•	•
Haber (2010), *Politics, Banking, and Economic Development* [Política, bancos e desenvolvimento econômico]	HI	3		•	Sistemas bancários	3							•	
Handlin (1941), *Boston's Immigrants* [Imigrantes de Boston]	HI	488		•	Cidades	1							•	
Harding et al. (2002), *Study of Rampage School Shootings* [Estudo sobre o tiroteio da Escola Rampage]	SO	77		•	Tiroteios em escolas	2				•	•			
Heclo (1974), *Modern Social Policies in Britain and Sweden* [Políticas sociais modernas na Grã-Bretanha e na Suécia]	PS	1.920		•	Políticas sociais	2					•		•	

			SELEÇÃO	CASOS		QUANTIDADE			FONTES			
Homans (1951), *Human Group* [Grupo humano]	SO	4.633	•	Grupos	5							•
Howard (2003), *Weakness Civil Society in Post--Communist* [Fraqueza da sociedade civil pós-comunista]	PS	1.284	•	Sociedade civil	2	•			•	•		
Hsieh e Romer (2001), *Was Federal Reserve Fettered?* [O Federal Reserve estava acorrentado?]	EC	19	•	Expansões monetárias	1						•	•
Hunter (1953), *Community Power Structure* [Estrutura de poder comunitário]	SO	2.393	•	Cidades	1		•					
Immergut (1992), *Health Politics* [Política de saúde]	PS	1.008	•	Política de saúde	3				•		•	

Referência	Tipo	Número		Foco	Núm.						
Johnson (1983), *Miti and the Japanese Miracle* [Miti e o milagre japonês]	PS	3.185	•	Políticas industriais	1				•		•
Kalyvas (1996), *Christian Democracy in Europe* [Democracia cristã na Europa]	PS	556	•	Partidos democráticos cristãos	6						•
Kanter (1977), *Men and Women of the Corporation* [Homens e mulheres da corporação]	SO	11.950	•	Corporações	1			•			
Karl (1997), *Paradox of Plenty* [Paradoxo da abundância]	PS	1.892	•	Desenvolvimento econômico	5/1				•		•
Kaufman (1960), *Forest Ranger* [Guarda florestal]	PS	1.073	•	Agências	1				•		
Kemp (1986), *Urban Spatial Conflict* [Conflito espacial urbano]	SO	5	•	Conflito étnico local	1		•			•	•

	SELEÇÃO			CASOS		QUANTIDADE		FONTES			
Key (1949), *Southern Politics in State and Nation* [Políticas do Sul no Estado e na nação]	PS	3.238	•	EUA	11		•	•	•	•	•
Khong (1992), *Analogies at War* [Analogias na guerra]	PS	564	•	Crises	4			•		•	
Kindleberger (1996), *World Economic Primacy* [Primazia econômica]	EC	213	•	Desenvolvimento econômico	8					•	
Kitschelt (1986), *Political Opportunity Structures and Protest* [Estruturas de oportunidade política e protesto]	PS	1.760	•	Movimentos sociais	4					•	•
Kocher e Monteiro (2015), *What's in a Line?* [O que uma linha significa?]	PS	0	•	Delegação	1	•				•	•

Kohli (2004), *State-Directed Development* [Desenvolvimento dirigido pelo Estado]	PS	723		•	Políticas industriais	4						•	
Kuehn (2013), *Game Theory Models and Process Tracing* [Modelos de teoria dos jogos e rastreamento de processos]	PS	3		•	Relações civis-militares	2						•	•
Lane (1962), *Political Ideology* [Ideologia política]	PS	695		•	Trabalhadores	18				•		•	
Lange (2009), *Lineages of Despotism and Development* [Linhagens de despotismo e desenvolvimento]	SO	69	•	•	Desenvolvimento econômico	4/11	•			•			•
Le Roy Ladurie (1978), *Montaillou*	HI	384		•	Culturas camponesas	1						•	

Referência		SELEÇÃO			CASOS	QUANTIDADE			FONTES				
Lerner (1958), *Passing of Traditional Society* [Passagem da sociedade tradicional]	PS	4.912		•	Sociedades	1			•				
Levi (1988), *Of Rule and Revenue* [Sobre governo e receita]	PS	1.821		•	Política fiscal	4						•	
Lewis (1959), *Five Families* [Cinco famílias]	AN	1.026		•	Famílias	5			•				
Lieberman (2003), *Politics of Taxation Brazil, South Africa* [Políticas de tributação do Brasil e África do Sul]	PS	172		•	Política fiscal	2	•		•			•	•
Lijphart (1968), *Politics of Accommodation* [Políticas de acomodação]	PS	2.026		•	Conflito étnico	1		•		•	•	•	
Linz e Stepan (1978a, 1978b) *Breakdown Demo. Regimes* [Deposição de regimes democráticos]	PS	1.765		•	Colapsos de democracias	11						•	

Lipset et al. (1956), *Union Democracy* [Democracia sindical]	SO	1.211		Democracia sindical	1				•		•	
Luebbert (1991), *Liberalism, Fascism, or Social Democracy* [Liberalismo, fascismo ou democracia social]	PS	356		Tipos de regime	15						•	
Lutfey e Freese (2005), *SES and Health in Routine Clinic* [SES e saúde na rotina clínica]	SO	144		Clínicas	2			•	•			
Lynd e Lynd (1929), *Middletown*	SO	2.199		Cidades	1		•	•	•	•		
Madrigal et al. (2011), *Community-Based Orgs* [Organizações baseadas na comunidade]	EC	20	•	Agências de água	4	•	•		•	•		

			SELEÇÃO		CASOS	QUANTIDADE		FONTES				
Mahoney (2002), *Legacies of Liberalism* [Legados do liberalismo]	PS	337		•	Tipos de regime	5					•	
Mansfield e Snyder (2005), *Electing to Fight* [Escolhendo lutar]	PS	627		•	Conflitos	10	•				•	
Martin (1992), *Coercive Cooperation* [Cooperação coerciva]	PS	700		•	Sanções	4	•				•	•
Martin (2008), *Permanent Tax Revolt* [Revolta fiscal permanente]	SO	121		•	Revoltas fiscais	1	•		•	•	•	•
McAdam (1982), *Political Process and Black Insurgency* [Processo político e insurgência negra]	SO	4.534		•	Movimentos sociais	1			•		•	•
Michels (1911), *Political Parties* [Partidos políticos]	SO	4.231		•	Partidos	2					•	

Miguel (2004), *Tribe or Nation: Kenya v. Tanzania* [Tribo ou nação: Quênia vs. Tanzânia]	EC	326		•	Construção nacional	2		•			•		•
Mondak (1995), *Newspapers and Political Awareness* [Jornais e consciência política]	PS	95		•	Cidades	2		•			•	•	
Moore (1966), *Social Origins of Dictatorship and Democracy* [Origens sociais da ditadura e da democracia]	SO	6.573		•	Tipos de regime	8						•	
North e Weingast (1989), *Constitutions and Commitment* [Constituições e compromisso]	EC	3.462		•	Governo limitado	1						•	•
Ostrom (1990), *Governing the Commons* [Governando os comuns]	PS	20.073		•	Recursos de uso comum	~14		•				•	•

			SELEÇÃO		CASOS		QUANTIDADE		FONTES					
Pearce (2002), *Integrating Survey and Ethnographic Methods* [Integrando sondagem e métodos etnográficos]	SO	47	•		Fertilidade	28	•		•	•	•			•
Peters e Waterman (1982), *In Search of Excellence* [Em busca da excelência]	EC	17.443		•	Firmas	43				•			•	
Pincus (2011), *1688: First Modern Revolution* [1688: Primeira revolução moderna]	HI	247		•	Revoluções	1							•	•
Pinfari (2012), *Peace Negotiations and Time* [Negociações de paz e tempo]	PS	5	•		Negociações	4	•	•						•
Porter (1990), *Competitive Advantage of Nations* [Vantagem competitiva de nações]	EC	31.857		•	Desenvolvimento econômico	10								•

Referência	Tipo	N		N.º	Unidade de análise						
Posner (2004), *Political Salience of Cultural Difference* [Importância política da diferença cultural]	PS	376	•	4	Grupos étnicos		•	•		•	•
Putnam et al. (1993), *Making Democracy Work* [Fazendo a democracia funcionar]	PS	29.712	•	20	Regiões italianas		•	•	•	•	•
Raaflaub et al. (2007), *Origins of Democracy* [Origens da democracia]	HI	98	•	1	Democratização	•	•				
Ray (1993), *Wars between Democracies* [Guerras entre democracias]	PS	157	•	5	Guerras	•	•				
Reilly (2000/2001), *Democracy, Ethnic Fragmentation* [Democracia, fragmentação étnica]	PS	80	•	1	Tipos de regime	•	•				

			SELEÇÃO		CASOS		QUANTIDADE		FONTES					
Richards (2011), *Cultural Explanations of War* [Explanações culturais da guerra]	AN	8		●	Guerras	2						●		
Romer e Romer (2010), *Effects of Tax Changes* [Efeitos das mudanças de tributação]	EC	800		●	Política fiscal	1	●							●
Rosenbaum e Silber (2001), *Matching* [Combinação]	PH	50	●		Pacientes	76		●			●			
Rosenberg (1991), *Hollow Hope* [Esperança vazia]	PS	2.761		●	Casos legais	2						●		
Ross (2004, 2013), *Natural Resources Influence Civil War* [Influência dos recursos naturais na guerra civil]	PS	566		●	Guerras civis	13	●					●		

Rueschemeyer et al. (1992), *Capitalist Development* [Desenvolvimento capitalista]	SO	2.727		•	Tipos de regime	22								•	•
Sagan (1993), *Limits of Safety* [Limites de segurança]	PS	876		•	Acidentes nucleares	4							•		
Sahlins (1958), *Social Stratification in Polynesia* [Estratificação social na Polinésia]	AN	726		•	Sociedades	17			•				•		
Schattschneider (1935), *Politics, Pressures and the Tariff* [Política, pressões e a tarifa]	PS	740		•	Leis tarifárias	1		•		•			•		
Scheper-Hughes (1992), *Death w/out Weeping* [Morte com ou sem choro]	AN	2.494		•	Comunidades pobres	1			•						•
Schmidt (1983), *Interaction, Acculturation, Acquisition* [Interação, aculturação, aquisição]	LI	515		•	Alunos de 2ª língua	1				•	•				

Estudo			SELEÇÃO		CASOS		QUANTIDADE		FONTES					
Schultz (2001), *Democracy and Coercive Diplomacy* [Democracia e diplomacia coercitiva]	PS	590		•	Crises	4	•					•		
Scott (1998), *Seeing Like a State* [Vendo como um Estado]	PS	8.634		•	Fracassos políticos	6			•			•	•	
Selznick (1949), *TVA and the Grass Roots* [TVA e a região rural]	SO	3.260		•	Agências	1				•		•		
Shaw (1930), *The Jack Roller* [O assaltante de bêbados]	SO	654		•	Delinquentes	1				•		•		
Shefter (1977), *Party and Patronage* [Partido e patronagem]	PS	237		•	Sistemas de partidos	3/2						•		
Simmons (1994), *Who Adjusts?* [Quem se ajusta?]	PS	348		•	Crises de políticas econômicas	3	•					•	•	

Skendaj (2014), *International Insulation from Politics* [Isolamento internacional da política]	PS	2		•	Agências	4				•	•	•	
Skocpol (1979), *States and Social Revolutions* [Estados e revoluções sociais]	SO	5.227		•	Revoluções	3/6						•	
Snow (1849), *Communication of Cholera* [Comunicação sobre a cólera]	PH	1.369		•	Quadras da cidade	N/A			•	•		•	
Snyder e Borghard (2011), *Cost of Empty Threats* [O custo de tratados vazios]	PS	78		•	Crises	4					•	•	•
Sombart (1906), *Why No Socialism in United States?* [Por que não há socialismo nos Estados Unidos?]	SO	356		•	Socialismo	1						•	

			SELEÇÃO		CASOS		QUANTIDADE			FONTES			
Tannenwald (1999, 2007), *Nuclear Taboo* [Tabu nuclear]	PS	480		•	Ocasiões de uso nuclear	4					•		•
Taylor (1911), *Principles of Scientific Management* [Princípios da administração]	EC	13.344		•	Instalações industriais	3	•				•		
Teorell (2010), *Determinants of Democratization* [Determinantes da democratização]	PS	153	•		Tipos de regime	14	•						•
Thompson (1963), *Making of English Working Class* [A formação da classe operária]	HI	9.584		•	Formação de classe	1						•	•
Tilly (1964), *The Vendée* [A Vendeia]	SO	274		•	Contrarrevoluções	1						•	•

Tsai (2007), *Accountability without Democracy* [Responsabilidade sem democracia]	PS	227		•	Governo da aldeia	4		•	•		•		•
Uphoff (1992), *Learning from Gal Oya* [Aprendendo com Gal Oya]	PS	467		•	Projetos de irrigação	1			•				
Useem e Goldstone (2002), *Riot and Reform US Prisons* [Revolta e reforma nas prisões dos EUA]	SO	32		•	Prisões	2			•			•	
Vaughan (1996), *Challenger Launch Decision* [Decisão de lançamento da Challenger]	SO	15		•	Lançamentos espaciais	1			•	•		•	
Veenendaal (2015), *Microstates* [Microestados]	PS	11		•	Democracia	4			•	•			•
Wade (1997), *How Infrastructure Agencies Motivate Staff* [Como as agências de infraestrutura motivam o pessoal]	PS	71		•	Agências de irrigação	2			•				•

Referência			SELEÇÃO	CASOS	QUANTIDADE	FONTES							
Walter (2002), *Committing to Peace* [Compromisso com a paz]	PS	821	●	Guerras civis	2	●			●			●	●
Warner e Lunt (1941), *Yankee City* [Cidade Ianque]	AN	239	●	Cidades	1			●				●	
Weber (1979), *Peasants into Frenchmen* [De camponeses a franceses]	HI	3.367	●	Construção nacional	1						●		
Weinstein (2007), *Inside Rebellion* [Rebelião interna]	PS	771	●	Grupos rebeldes	4	●	●	●	●	●			●
Whyte (1943), *Street Corner Society* [Sociedade da esquina]	SO	5.501	●	Gangues	3			●					
Wilson (1889), *The State* [O Estado]	PS	268	●	Constituições	10							●	●
Wood (2000), *Forging Democracy from Below* [Forjando a democracia a partir de baixo]	PS	353	●	Tipos de regime	2			●				●	

Ziblatt (2004, 2008), *Rethinking Origins of Federalism* [Repensando as origens do federalismo]	PS	36		•	Centraliza-ção	2						•	
SUMÁRIO													
Média		2.262				5,2							
Mediana		679				2							
Total (N = 148)		334.906	9	140		773	20	27	35	48	23	100	64
Total (%)			6	94.5			13,5	18,2	23,6	32,4	15,5	67,5	43,2

Nota: Os cabeçalhos são explicados no texto

A coluna 1 lista o(s) autor(es), data de publicação e título de um estudo ou conjunto de estudos estreitamente relacionais, *e. g.*, um artigo e uma versão em livro da mesma análise. (Se vários estudos são listados, inclusões de citação na coluna 3 registram aquelas do trabalho mais citado.)

A coluna 2 lista o campo disciplinar básico do autor principal, categorizado do seguinte modo: antropologia (AN, $N = 9$), demografia (DE, $N = 2$), economia, negócios e administração (EC, $N = 18$), história (HI, $N = 13$), linguística (LI, $N = 1$), psicologia (PY, $N = 2$) e sociologia (SO, $N = 30$). Os leitores perceberão que todas as disciplinas das ciências sociais são representadas, embora não igualmente. Essa distribuição enviesada reflete a proeminência de estudos de caso em diferentes campos, mas também, mais crucialmente, minha familiaridade desigual com os vários campos das ciências sociais.

A coluna 3 fornece um sinal aproximado da influência acadêmica – o número de acessos que um estudo obtém no Google Scholar. Tenha em mente que alguns estudos são mais antigos do que outros, e, assim, beneficiam-se de um período de tempo mais longo no qual acumulam citações. Apesar disso, fica claro que nossa seleção contém alguns estudos extremamente influentes, incluindo vários que têm ajudado a estabelecer novos paradigmas de pesquisa. O número médio de citações para estudos em nossa amostra é mais de 2 mil.

As colunas 4-5 indicam se a seleção de caso foi realizada pela aplicação de um algoritmo (uma abordagem "quantitativa") ou por um método informal (uma abordagem "qualitativa"). A segunda abordagem predomina, constituindo praticamente 95% da amostra total. Contudo, o uso de algoritmos parece preponderar cada vez mais: todos os exemplos foram produzidos mais ou menos na última década (para discussão adicional sobre esse tema, cf. cap. 6).

As colunas 6-7 descrevem os casos sob estudo intensivo – os fenômenos de interesse teórico e o número de casos (*C*). Muitos estudos de caso focam um pequeno número de casos. A mediana [*median*] em nossa amostra é dois e a média [*mean*] pouco mais do que cinco. Se existem casos "ancilares" [*shadow cases*]* adicionais que podem ser facilmente identificados, esses são

---

* De um modo geral, em pesquisas de estudo de caso, "*shadow case*" [literalmente, "*caso sombra*"] se caracteriza como um caso abreviado no qual somente certos elementos-chave são destacados para propósitos comparativos. Com base nessa característica geral de ser auxiliar, acessório, complementar, na presente tradução, optamos por traduzir "*shadow*" por "*ancilar*" por ser esse um termo que comunica igualmente esses sentidos sem interferir na tipologia de casos apresentada e discutida adiante pelo autor [N.T.].

listados após a barra (/). (Tipicamente, casos ancilares introduzem a narrativa de um modo *ad hoc* e não são, portanto, fáceis de enumerar.)

As colunas 8-9 registram se um caso transversal quantitativo ou uma análise intracaso [*within-case analysis*] é realizada no estudo. (Assumo que estilos informais, qualitativos de análises de casos transversais e intracasos são aplicados em *qualquer* análise de estudo de caso, de modo que isso não é exibido na tabela 1.2.) Se a análise de caso transversal é aplicada, o estudo resultante pode ser classificado como *multimétodo* uma vez que envolve análise *C-grande* e *C-pequeno* (cf. cap. 7). Esse é um *design* de pesquisa ainda relativamente raro, constituindo 14% da amostra, embora muito mais comum entre estudos recentes. A análise *intracaso* quantitativa é um pouco mais comum, caracterizando praticamente um quinto da amostra.

As colunas finais (10-14) indicam as fontes nas quais o estudo de caso se baseia, classificadas como *etnografia*/observação participante (~23%), *entrevista* não estruturada (~32%), *sondagem* (~16%), *primária* (~68%) ou *secundária* (~43%). Essas categorias não são mutuamente exclusivas; na verdade, muitos estudos empregam mais do que uma fonte de dados.

Estatísticas sumárias para cada coluna – incluindo *média, mediana, total* e [*percentagem*] *total* – são listadas no topo da tabela, quando apropriado. Contudo, os leitores deveriam ter em mente que essa é uma amostra não aleatória extraída de uma população indefinida. Deveríamos, portanto, ser cuidadosos quanto a formar generalizações baseadas nessas estatísticas.

1.4 Sumário

Este capítulo examinou o gênero conhecido como *pesquisa de estudo de caso*. Nosso exame incluiu uma análise discursiva das principais disciplinas das ciências sociais com análises bibliométricas do Google Books e da Web of Science. Ascendendo à proeminência no começo do século XX, *designs* de pesquisa de estudo de caso são hoje ubíquos. Entre nossa amostra dos estudos mais citados na Web of Science, estudos *C-pequeno* e *C-médio* e o número de estudos multimétodos é cerca de metade do número de estudos *C-grande* (cf. tab. 1.1). Ou seja, um terço dos estudos empíricos que são geralmente importantes nas ciências sociais (como inferido pelas contagens de citações) exploram um formato do estudo de caso. O resto é classificado como *C-grande* no sentido de repousarem exclusiva ou basicamente em um grande número de unidades, cada qual analisada de um modo esquemático por meio de algum algoritmo quantitativo.

Eu também introduzi uma compilação de trabalhos "exemplares", listados na tabela 1.2. Esses estudos serão referidos repetidamente nos capítulos que seguem. Eles constituem nosso material empírico, por assim dizer, e também servem para definir nosso tema de um modo ostensivo, fornecendo uma transição para o próximo capítulo onde definiremos nosso tema de um modo formal.

2

Definições

Até aqui, usei o termo "estudo de caso" imprecisamente, de acordo com o uso do discurso cotidiano. Estudos de caso são muito ubíquos, se definirmos o tema desse modo abrangente, como vimos. Contudo, as pessoas têm muitas coisas em mente quando usam esse termo[18]. Na verdade, o conceito é um caos definicional. A confusão é composta pela existência de um grande número de quase sinônimos – unidade singular, tema singular, caso singular, $N = 1$, baseado em caso, caso-controle [control-case], história do caso, método de caso, registro de caso, trabalho de caso, intracaso, caso clínico etc.

O excesso de significado vinculado ao estudo de caso é parcialmente responsável por sua desorganização metodológica. Proponentes e oponentes do estudo de caso reúnem uma série ampla de argumentos, mas não parecem de modo algum mais próximos de um acordo do que quando esse debate foi proposto pela primeira vez há várias décadas. Talvez isso não seja surpreendente, uma vez que estão muitas vezes falando sobre coisas diferentes[19].

---

18. Várias definições são introduzidas e discutidas em Blatter e Haverland (2012: 18-19), Flyvbjerg (2011), Platt (2007), Ragin e Becker (1992) e Swanborn (2010: cap. 1).

19. Platt (1992: 48) observa que "grande parte da teorização do estudo de caso tem sido conceitualmente confusa, devido a muitos temas diferentes terem sido agrupados na ideia 'estudo de caso'". Em outro ponto, nesse artigo perceptivo, Platt (1992: 37) comenta: "a diversidade dos temas que têm sido associados ao termo bem como a vagueza de algumas das discussões provocam uma certa dificuldade... Na prática, 'o método do estudo de caso' em seu auge [nos anos entreguerras] parece ter significado uma permutação dos seguintes componentes: dados de história de vida coletados por qualquer meio, documentos pessoais, dados de entrevistas não estruturadas de qualquer tipo, o estudo atento de um ou de um pequeno número de casos com tentativas feitas ou não para generalizar a partir deles, qualquer tentativa de estudo holístico e análise de dados não quantitativos. Esses componentes não possuem uma conexão lógica necessária nem uma conexão empírica regular entre si".

Para propósitos de discussão metodológica, é essencial adotarmos um léxico onde termos são clara e consistentemente delineados. Certamente, poderia ocorrer que tópicos associados ao estudo de caso se misturassem uns aos outros inconvenientemente, encobrindo quaisquer distinções que pudéssemos desejar impor. Vou me esforçar para mostrar que esse tipo de confusão não necessita surgir se formos cuidadosos com nossa linguagem.

2.1 Caso

No presente estudo, um *caso* representa um fenômeno espacial e temporalmente delimitado de importância teórica.

Casos podem ser compostos de estados ou entidades com forma de estados (*e. g.*, impérios estados-nação, regiões, municipalidades), organizações (*e. g.*, firmas, organizações não governamentais, partidos políticos, escolas), grupos sociais (definidos por, *e. g.*, etnicidade, raça, idade, classe, gênero ou sexualidade), eventos (*e. g.*, crise política estrangeira, revolução, transição democrática, ponto de decisão [*decision-point*]), ou indivíduos (*e. g.*, uma biografia, história de caso).

Independentemente de como um caso é definido, deve conter os fenômenos que um argumento tenta descrever ou explicar. Em um estudo sobre estados-nação, casos são compostos de estados-nação. Em um estudo que tenta explicar o comportamento de indivíduos, casos são compostos de indivíduos. E assim por diante.

Como ocorre, os limites espaciais de um caso são usualmente mais fáceis de definir do que os temporais. Usualmente, sabemos (mais ou menos) onde os limites de um país se encontram. Mas podemos ter dificuldade em especificar a data em que o país começou sua existência. Muitas vezes, limites temporais são arbitrariamente determinados. Isso é particularmente importante quando casos consistem em eventos discretos – crises, revoluções, atos legislativos etc. – dentro de uma única unidade. Casos são, portanto, equivalentes a *unidades*, com a implicação de que um caso possui um limite temporal.

Ocasionalmente, os limites temporais de um caso são mais óbvios do que os espaciais. Isso é verdadeiro quando os fenômenos sob estudo são "acontecimentais", mas a unidade que experiencia o evento é amorfa. Por exemplo, se estivermos estudando ataques terroristas, pode não ser claro como a unidade espacial de análise deveria ser compreendida, mas os próprios eventos podem ser bem delimitados.

2.2 Estudo de caso

Um *estudo de caso* é um estudo intensivo de um caso singular ou de um pequeno número de casos que se baseia em dados e promessas de elucidar uma população maior de casos. "Estudo de caso" e "estudo *C-pequeno*" são usados sinonimamente, uma vez que o pequeno número de casos define o gênero conhecido como pesquisa de estudo de caso. Várias clarificações e implicações resultantes dessa definição podem ser brevemente registradas.

Um estudo de caso é altamente *focado*, significando que um tempo considerável é despendido pelos pesquisadores analisando, e subsequentemente apresentando, o caso (ou casos) escolhido, e o caso é visto como fornecendo evidências importantes para o argumento. Nomes próprios são empregados (*e. g.*, "Rússia", "Primeira Guerra Mundial", "Stalin"). Narrativas que tocam brevemente em muitos casos – como é comum em trabalhos de síntese produzidos por autores como Jared Diamond, Samuel Finer, Samuel Huntington, Paul Kennedy, Michael Mann, William McNeill, Karl Polanyi, Immanuel Wallerstein ou Max Weber[20] – não se qualificam como estudos de caso porque cada caso introduz a narrativa apenas brevemente.

À medida que o número de casos aumenta, a atenção dedicada a cada um deve diminuir (assumindo que a extensão de um estudo é fixada). Muitos estudos de caso conhecidos incorporam um ou vários casos e são, portanto, estudos *C-pequeno*, como demonstrado na tabela 1.2. No ponto em que a ênfase muda de casos individuais para uma amostra, o estudo pode ser descrito como *C-grande*. (Amostras *C-médio* – de dezenas – constituem um ponto intermediário tênue, como discutido no cap. 6). Evidentemente, isso é um *continuum*. Quanto menos casos há, e quanto mais intensivamente são estudados, mais um trabalho merece a denominação *estudo de caso*. Quanto maior o número de casos, e quanto mais superficialmente são estudados, mais um trabalho merece a denominação *C-grande*. O número de casos em um estudo – *C* – é, portanto, uma questão de grau. Mesmo assim, o contraste

---

20. Diamond (1992), Finer (1997), Huntington (1968), Kennedy (1989), Mann (1986), McNeill (1963), Polanyi (1944/1957), Wallerstein (1974), Weber (1904-1905/1958).

C-pequeno/C-grande se mostra uma distinção essencial, e muita coisa resulta dela. (Na verdade, este livro inteiro resulta dela.)

O fator causal na pesquisa de estudo de caso (se o objetivo da pesquisa for de fato causal) não é intencionalmente manipulado pelos pesquisadores, e nesse sentido é *observacional* (não experimental). Note que, onde é possível manipular um tratamento, é também usualmente possível utilizar um grande número de casos, gerando um formato de caso transversal que minimiza ameaças estocásticas [*stochastic threats*] à inferência. Embora experimentos sejam ocasionalmente conduzidos em um caso singular ou em um número pequeno de casos, especialmente no campo da psicologia, problemas de análise e *design* de pesquisa são distintos daqueles que surgem em ambientes observacionais (Davidson & Costello, 1969; Kazdin, 1982; Kennedy, 2005). Assim, por razões de prática e praticabilidade faz sentido para nós definirmos a pesquisa de estudo de caso como uma forma observacional de análise. Isso posto, estudos de caso podem utilizar dados que exibam características de um experimento, *i. e.*, no qual a "natureza" dedica um tratamento aleatório ou supostamente aleatório. Argumento que qualquer estudo de caso orientado para a inferência causal é utilmente compreendido de acordo com um modelo experimental (cap. 5).

Podemos presumir que uma variedade de estilos de evidência (observacional) é empregada em um estudo de caso, conferindo-lhe um sabor *holístico*. Observe que a fim de descrever ou explicar um pequeno número de casos, é desejável – poderíamos inclusive dizer necessário – utilizar uma série ampla de evidências. Se o objetivo é a inferência causal, podemos medir X e Y ao longo de um ou vários casos e inferir uma relação causal de evidência covariacional apenas. Evidências de estudo de caso são geralmente extraídas de diferentes níveis de análise, uma forma de *inferência multinível*. Tipicamente, os pesquisadores comparam o caso escolhido com outros (uma comparação de caso transversal), seguem ao menos um caso ao longo do tempo e exploram observações *intracaso* em um nível inferior de análise (*e. g.*, indivíduos dentro de uma organização). Tipicamente, parte dessa evidência é qualitativa e parte é quantitativa (como discutido no cap. 8).

O objetivo de um estudo de caso é parcialmente explicar o(s) caso(s) sob investigação e também, ao mesmo tempo, elucidar uma classe maior de casos (uma população). A fim de se qualificar como um estudo de caso, deve ser possível colocar o estudo em um contexto mais amplo – mesmo que essa não fosse a intenção do autor. Isso é complicado, uma vez que, virtualmente, qualquer tópico pode ser considerado de uma perspectiva mais geral. Um estudo da Revolução Francesa pode também ser considerado como um estudo de caso da revolução. Todavia, esse movimento para generalizar é o que distingue um *estudo de Y* de um *estudo de caso de Y*. Um estudo geral da França que nos diz muito sobre esse país – e. g., a história em vários volumes de Theodore Zeldin (1973-1977) – não é um estudo de caso. Ela se torna um estudo de caso somente se existir um elemento desse estudo que possa ser generalizado. Em contraste, o estudo sobre a história francesa de Eugen Weber (1979), *Peasants into Frenchmen* [*De camponeses a franceses*], é muitas vezes vista como um estudo de caso de construção nacional. A unidade estudada é a mesma, mas o tópico é mais suscetível a generalização. É por isso que o estudo de Weber, mas não o de Zeldin, normalmente seria classificado como um estudo de caso.

Finalmente, resulta de nossa definição que pode haver uma considerável incerteza sobre quão bem o caso, ou casos, sob estudo representa uma população maior. Isso ocorre porque os casos são poucos, a população de interesse é geralmente grande e os fenômenos de interesse são heterogêneos. Enquanto um químico estudando uma única molécula de H_2O pode se sentir confortável em assumir que o comportamento dessa molécula é idêntico ao de outras moléculas de H_2O, nos ambientes das ciências sociais raramente encontramos fenômenos com essa consistência. Consequentemente, afirmar que um caso é representativo de uma população maior de casos é afirmar algo que é plausível, mas também sujeito a dúvidas – não somente sobre a representatividade do caso, mas também sobre os limites da população maior (para discussão adicional, cf. cap. 10).

2.3 Termos adicionais

Alguns termos adicionais podem agora ser formalmente definidos.

Um *argumento* se refere ao ponto central de um estudo – o que está se tentando demonstrar ou provar. O argumento pode ser articulado em uma *teoria* formal e pode também ser desagregado em *proposições* ou *hipóteses* específicas. (Esses termos são por vezes intercambiáveis no texto, quando suas funções metodológicas se sobrepõem.)

Uma *observação* (designada *N*) define a unidade de análise em uma análise particular. Diferente de um caso, não necessita incorporar unidades de interesse teórico. Considere a clássica teoria da "modernização" sobre a relação do desenvolvimento econômico com a democracia: países mais ricos e modernos têm tendência maior a atingir um tipo de regime democrático (Lipset, 1959). Como a teoria se ocupa de estados-nação, os casos devem ser compostos de estados-nação. Em contraste, observações poderiam ser compostas de quaisquer fenômenos contanto que formem as unidades de análise em algum tipo de estudo (qualitativo ou quantitativo). É por isso que a distinção entre casos (*C*) e observações (*N*) é tão crítica e sou escrupuloso na notação usada ao longo deste livro (cf. tb. cap. 8).

Um caso pode gerar uma única observação. Isso seria verdadeiro, por exemplo, em uma análise seccional transversal [*cross-sectional analysis*] de uma amostra grande de casos. Aqui, $C = N$. Em um estudo de caso, contudo, o caso sob estudo sempre fornece mais do que uma observação. Portanto, $C<N$. Esses também podem ser construídos observando o caso *longitudinalmente* (ao longo do tempo) ou levando em conta observações *intracaso* em um nível inferior de análise. Ambos os tipos de evidência são *baseados em caso*.

Note que estudos *C-pequeno* e *C-grande* usualmente operam em níveis diferentes de análise. O estudo de caso é tipicamente focado em variação longitudinal e intracaso; se existe um componente de caso transversal, é usualmente de importância secundária para a evidência baseada em caso. O estudo *C-grande* é tipicamente focado na variação de caso transversal, e talvez também em variação longitudinal. Se existe também evidência intracaso, é de importância secundária.

Por vezes, a distinção entre casos (*C*) e observações (*N*) é ambígua. Por exemplo, o estudo de Daniel Posner (2004) sobre a politização da identidade étnica no Sul da África inclui uma sondagem de indivíduos – membros dos grupos étnicos chewa e tumbuka em Malawi e Zâmbia. Isso fornece elementos para uma análise de regressão com indivíduos como unidades de análise ($N = 180$). Contudo, o tratamento de interesse teórico (tamanho relativo do grupo) está no nível do grupo. Do mesmo modo, indivíduos dentro de cada grupo partilham muitas características (agrupamento); eles se afetam (violando a suposição de não interferência); e são propensos a um conjunto similar de confundidores. O *design* de pesquisa é, portanto, análogo a um experimento agrupado com quatro grupos. Por essas razões, classifico o estudo de Posner e outros como o dele (*e. g.*, Childs, 2005; Miguel, 2004; Mondak, 1995) como estudos *C-pequeno*, nos quais *grupos* são definidos como casos – em vez de como estudos *C-grande* nos quais *indivíduos* são considerados como casos. Para Posner (2004), $C = 4$ e $N = 180$. Como sempre, vale a pena prestar atenção aos detalhes de um *design* de pesquisa e não apenas ao número de observações em uma tabela estatística.

Uma única observação pode ser compreendida como contendo várias dimensões, cada uma pode ser considerada (através de observações contrastantes) como uma *variável* – assumindo que a observação é de um tipo de matriz (como discutida no cap. 8). Naturalmente, características de interesse teórico não são sempre fáceis de medir de um modo sistemático, mas são ao menos potencialmente mensuráveis.

Variáveis podem assumir qualquer tipo de escala – nominal, ordinal, intervalar ou razão. Variáveis nominais podem reconhecer categorias múltiplas (cristão, judaica, hindu, muçulmana) ou categorias dicotômicas (variáveis "*dummy*)"*.

Onde um argumento é causal, distinguimos entre uma variável *de resultado* [*outcome variable*] (Y, também conhecida como variável dependente), um *fator causal* (ou condição) de interesse teórico (X) e *fatores de fundo* de nenhum interesse teórico, que podem afetar X e Y e podem, portanto, servir como confundidores (Z).

Uma *amostra* consiste em quaisquer casos ou observações que são sujeitas a análise. Elas são o tema imediato de um estudo *C-grande* ou *C-pequeno*. Meu uso do termo não implica amostragem aleatória [*random sampling*] (uma técnica para seleção de casos), embora não exclua essa opção também, como discutido na parte II.

A amostra de casos encontra-se em uma *população* de casos aos quais uma dada proposição se refere. A população de uma inferência é, portanto, equivalente à extensão ou escopo de um argumento.

Para aqueles familiarizados com o formato de matriz de um conjunto de dados, pode ser útil conceitualizar observações como linhas, variáveis como colunas e casos como grupos de observações ou como observações

---

* Em estatística, a variável *dummy* (ou indicadora) é uma variável numérica que representa dados categoriais, como gênero, raça, filiação política etc. [N.T.].

individuais. Duas possibilidades são ilustradas nas seguintes figuras: um estudo de caso com dois casos (fig. 2.1) e um estudo de *C-grande* com múltiplos casos seccionais transversais (fig. 2.2).

Figura 2.1 – Estudo de caso com dois casos

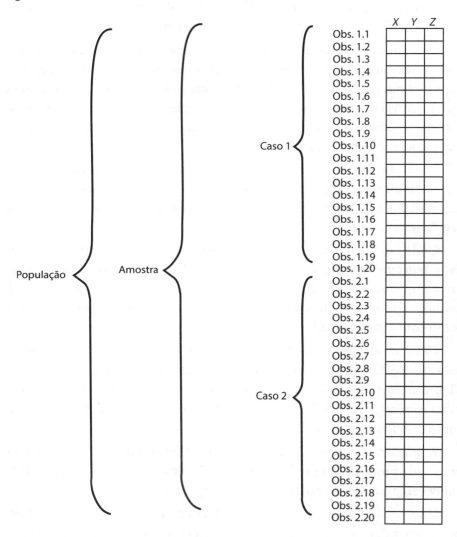

Notas: População = 1; Amostra = 1; Casos [C] = 2; Observações [N] = 40; Variáveis [K] = 3.

Figura 2.2 – Estudo *C-grande* com 40 casos/observações

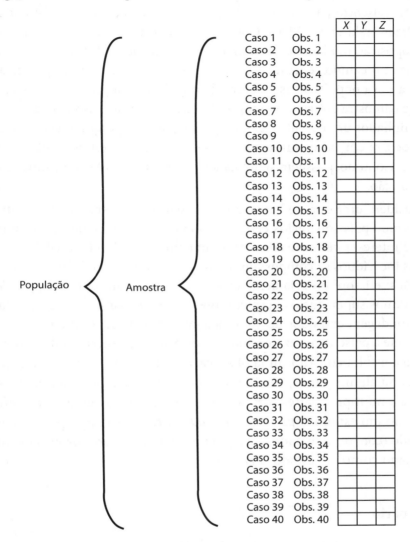

Notas: População = 1; Amostra = 1; Casos [C] = 40; Observações [N] = 40; Variáveis [K] = 3.

Observe que todos esses termos são definíveis somente por referência a uma proposição particular e a um *design* de pesquisa correspondente. Um país pode funcionar como um caso, uma observação ou uma população.

Tudo depende do que estamos argumentando. Em uma análise de regressão temporal entre países, casos são países e observações são países-anos (*e. g.*, Przeworski et al., 2000). Contudo, mudanças no nível de análise de uma proposição mudam necessariamente o significado referencial de todos os termos no campo semântico. Se nos movemos para baixo um nível de análise, a nova população está dentro da população antiga, a nova amostra dentro da amostra antiga, e assim por diante. População, caso e observação estão aninhados um no outro. Como grande parte da pesquisa nas ciências sociais ocorre em vários níveis de análise, esses termos estão muitas vezes em fluxo. Contudo, possuem significados distintos no contexto de uma única proposição.

Considere uma análise baseada em sondagem de respondentes dentro de um único país sob vários cenários. Sob o primeiro cenário, a proposição de interesse pertence ao comportamento de nível individual. É sobre como os indivíduos se comportam. Desse modo, casos são definidos como indivíduos, e isso é propriamente classificado como um estudo *C-grande*. Agora, vamos supor que os pesquisadores desejem usar esses mesmos dados de sondagem extraídos de um único país para elucidar uma inferência pertencente a países, em vez de a indivíduos. Sob esse cenário, cada respondente da consulta constitui uma observação intracaso. Se existe somente um país, ou alguns países, sob investigação – e a inferência, como antes, pertence a múltiplos países – então, esse estudo é propriamente classificado como um estudo *C-pequeno* ou *estudo de caso*. Se muitos países estão sob estudo (com ou sem dados de nível individual), então é propriamente classificado como um estudo *C-grande*.

2.4 Sumário

Este capítulo é dedicado à definição de termos – um exercício especialmente importante nesse ambiente onde não existe significado estabelecido para muitos conceitos-chave. Para revisar, um *caso* (*C*) é um fenômeno espacial e temporalmente delimitado de interesse teórico. Um *estudo de caso*, ou estudo *C-pequeno*, é um estudo intensivo de um caso singular ou de um pequeno número de casos que também promete elucidar uma população maior de casos. Um *argumento* se refere ao ponto central de um estudo – o que se está tentando demonstrar ou provar. O argumento pode ser articulado em uma *teoria* formal e pode também ser desagregado em *proposições* ou *hipóteses* específicas. Uma *observação* (*N*) é o elemento mais básico de qualquer iniciativa empírica. Um caso singular pode ser compreendido como contendo várias dimensões, cada uma delas pode ser medida (através de observações contrastantes) como uma *variável* ou fator. Quando um argumento é causal, distinguimos entre uma variável *de resultado* (*Y*), um *fator causal* de interesse teórico (*X*) e *fatores de fundo* de nenhum interesse teórico, que podem afetar *X* e *Y* e podem, portanto, servir como confundidores (*Z*). Uma *amostra* consiste em quaisquer casos a serem analisados. A amostra de casos encontra-se dentro de uma *população* de casos aos quais uma determinada proposição se refere, definindo sua extensão ou escopo.

II

Selecionando casos

3

Visão geral da seleção de caso

A parte I do livro examinou e definiu nosso tema. Nesta seção, discuto vários modos pelos quais um caso singular, ou um pequeno número de casos, pode ser selecionado para análise intensiva. Este capítulo apresenta uma visão geral das estratégias para seleção de caso, enquanto os capítulos posteriores elaboram essas estratégias.

Uma tipologia, além de vários critérios gerais, é apresentada na primeira seção do capítulo. Essa é seguida por algumas clarificações importantes relacionadas aos objetivos, limitações e ambiguidades da estrutura. Finalmente, discuto o problema da validação – como dizer se uma ou outra estratégia é mais útil para a tarefa escolhida.

3.1 Estratégias e critérios

Muitas tipologias de seleção de caso foram propostas ao longo dos anos, e uma boa quantidade de progresso pode ser discernido em trabalhos sucessivos sobre esse tema[21]. Mesmo assim, as tipologias existentes não são

---

21. Mill (1843/1872) propôs o método da diferença (também conhecido como método mais-similar) e o método da concordância (também conhecido como o método mais-diferente), junto a vários outros que não obtiveram adesão. Lijphart (1971: 691) propõe seis tipos de estudo de caso: a-teórico, interpretativo, gerador de hipóteses, confirmador de teoria, falseador de teoria e anômalo. Eckstein (1975) identifica cinco espécies: configurativo-idiográfico, disciplinado-configurativo, heurístico, examinadores de plausibilidade e caso crucial. Skocpol e Somers (1980) identificam três lógicas de história comparativa: análise macrocausal, demonstração paralela de teoria e contraste de contextos. Gerring (2007a) e Seawright e Gerring (2008) identificam nove técnicas: típico,

sempre explícitas com relação a regras para seleção de caso que definem cada tipo na tipologia[22], e muitas vezes combinam estratégias díspares de seleção de casos[23]. Com respeito a isso, espero melhorar os esforços passados (incluindo os meus).

As seções I e II da tabela 3.1 seguem a lógica de uma tipologia, na qual cada categoria é mutuamente exclusiva e, coletivamente, o conjunto de categorias é exaustivo. A característica organizadora dessa tipologia é o objetivo que um estudo de caso é destinado a atingir. Estudos de caso servem a uma ampla variedade de funções e essas funções estruturam apropriadamente o processo de seleção de casos.

A questão mais fundamental é se um estudo de caso visa à inferência *descritiva* ou *causal*. Se o objetivo é causal, os estudos de caso podem ser subdivididos ainda de acordo com sua função específica – *exploratória*, *estimativa* ou *diagnóstica*. Um estudo de caso exploratório é destinado a identificar uma hipótese, designada *Hx*. Um estudo de caso estimativo é destinado a avaliar o efeito causal de um fator sobre o resultado de interesse, designado $X \rightarrow Y$. Um estudo de caso diagnóstico é destinado a verificar se uma hipótese (compreendida amplamente) é verdadeira, que pode envolver um exame de mensuração de erro, condições de escopo, heterogeneidade causal, confundidores e mecanismos. Para cada objetivo geral ou função específica, existem várias abordagens potencialmente viáveis à seleção de casos, indicadas na coluna 1.

---

diverso, extremo, anômalo, influente, crucial, caminho, mais-similar e mais-diferente. Levy (2008a) identifica cinco *designs* de pesquisa de estudo de caso: comparável, mais provável, menos provável, anômalo e delineador de processo. Rohlfing (2012: cap. 3) identifica cinco tipos de casos – típico, diverso, mais provável, menos provável e anômalo – que são aplicados diferentemente de acordo com o propósito do estudo de caso. Blatter e Haverland (2012: 24-26) identificam três abordagens explanatórias – covariacional, delineadora de processo e análise de congruência – e cada uma delas oferece uma variedade de estratégias de seleção de caso. Tipologias adicionais são apresentadas em Thomas e Myers (2015: 59). Ocasionalmente, estudos de seleção de caso resistem ao exercício tipológico (*e. g.*, Goertz, 2017).

22. P. ex., estudos de caso descritos como a-teóricos, configurativos, idiográficos, configurativo-disciplinados, heurísticos ou examinadores de plausibilidade (Eckstein, 1975; George & Bennett, 2005: 75; Lijphart, 1971) não possuem métodos bem definidos para identificar casos relevantes.

23. Considere as três encarnações da análise mais-similar, como discutida abaixo.

Tabela 3.1 – Estratégias e critérios de seleção de casos

Objetivos/Estratégias	C	K	Critérios
I. DESCRITIVOS (para descrever)			
Típicos	1+	D	Média, moda ou mediana de D
Diversos	2+	D	Subtipos típicos
II. CAUSAIS (para explicar Y)			
1. Exploratórios (para identificar Hx)			
Extremos	1+	Y ou Y	Maximiza a variação em X ou Y
Índice	1+	Y	Primeira ocorrência de ΔY
Anômalo	1+	$Z\,Y$	Pobremente explicado por Z
Mais-similar	2+	$Z\,Y$	Similar em Z, diferente em Y
Mais-diferente	2+	$Z\,Y$	Diferente em Z, similar em Y
Diverso	2+	$Z\,Y$	Todas as configurações possíveis de Z (suposição: X ∈ Z)
2. Estimativo (para estimar Hx)			
Longitudinal	1+	$X\,Z$	X muda, Z constante ou enviesada contra Hx
Mais-similar	2+	$X\,Z$	Similar em Z, diferente em X
3. Diagnóstico (para avaliar Hx)			
Influente	1+	$X\,Y\,Z$	Maior impacto em $P(Hx)$
Caminho	1+	$X\,Y\,Z$	$X \longrightarrow Y$ forte, Z constante ou enviesada contra Hx
Mais-similar	2+	$X\,Y\,Z$	Similar em Z, diferente em X e Y
III. GERAIS (amplamente aplicáveis)			
Importância intrínseca			Importância teórica ou prática
Independência de caso			X e Y não afetados por valores para outros casos
Evidência intracaso			Compatibilidade da evidência baseada em caso
Logística			Acessibilidade da evidência para um caso
Representatividade			Generalizabilidade

Notas: C = número de casos. K = fatores relevantes para a seleção de caso. D = características descritivas (diferentes daquelas a serem descritas em um estudo de caso). Hx = hipótese causal de interesse. $P(Hx)$ = a probabilidade de Hx. X = fator(es) causal(is) de interesse teórico. $X \rightarrow Y$ = efeito causal aparente ou estimado, que pode ser forte (elevado em magnitude) ou fraco. Y = resultado de interesse. Z = vetor de fatores de fundo que podem afetar X e/ou Y.

A coluna 2 especifica o número de casos (C) no estudo de caso. Veremos que estudos de caso utilizam um mínimo de um ou dois casos, sem qualquer teto claramente definido. Esse tema foi discutido brevemente no capítulo 2 e será retomado no capítulo 6.

A coluna 3 esclarece que dimensões (fatores) de um caso são relevantes para a seleção de caso, *i. e.*, características descritivas (D), o fator causal de interesse teórico (X), fatores de fundo de nenhum interesse teórico (Z) e/ou o resultado (Y). Geralmente, X e Y são considerados variáveis únicas enquanto Z é considerado um vetor. Contudo, existem algumas exceções, como observamos nos capítulos seguintes.

A terceira seção da tabela 3.1 parte da teorização tipológica de modo a reconhecer vários objetivos "gerais" de seleção de caso – objetivos que se aplicam amplamente (embora não muito universalmente) aos estudos de caso. Não deveríamos perder de vista o fato de que a seleção de caso também possui algumas características genéricas. Essas incluem: *importância intrínseca, independência de caso, evidência intracaso, logística* e *representatividade*, como descrito nas seções seguintes.

Importância intrínseca

A seleção de casos é muitas vezes influenciada pela importância percebida de um caso. Alguns casos – como guerras mundiais, genocídios, invenções-chave, revoluções – importam mais do que outros porque possuem uma importância histórica mundial óbvia. Outros importam porque são importantes para um grupo específico de leitores. Presumo que cada grupo ou organização social esteja interessado em sua própria história, e isso pode justificar a escolha de casos.

Se esse é o interesse principal, ou único, o estudo resultante pode ser descrito como *idiográfico* (Eckstein, 1975; Levy, 2008a; Lijphart, 1971). Esses estudos parecem negar quaisquer pretensões à generalidade e não são, portanto, estudos de caso segundo nossa definição (cf. cap. 2). Contudo, casos escolhidos por razões idiográficas podem resultar em noções que têm uma aplicabilidade mais ampla – e, como tais, qualificam-se como estudos de caso.

Consequentemente, a seleção de um caso, por si só, não determina seu *status* futuro como um estudo de caso. Na verdade, existem muitos exemplos de estudos históricos – selecionados usualmente em razão de sua importância intrínseca – que passam a ser considerados, muito mais tarde, como estudos de caso de um fenômeno mais geral.

Igualmente, mesmo que os pesquisadores visem às verdades generalizáveis desde o começo, podem também desejar dizer algo sobre o(s) caso(s) sob investigação intensiva. (Essa tensão – entre os momentos idiográficos e nomotéticos de um estudo de caso – é explorada no cap. 10.) Dessa perspectiva, importa se o caso possui alguma importância intrínseca aos leitores.

Independência

Se um estudo de caso é destinado a esclarecer uma questão causal, os casos escolhidos deveriam, idealmente, ser *independentes* uns dos outros e de outros casos na população. Isso é implícito em nossa definição de um caso como uma unidade relativamente delimitada. Se casos não são delimitados – caso se afetem com respeito aos resultados de interesse – eles não estão fornecendo evidências independentes. Isso pode ser referido como o problema de Galton, interferência, ou uma violação de Sutva*. (A exceção seria uma situação na qual a interação de casos é o tema de investigação, como seria em um estudo de difusão.)

Evidências intracaso

Se um caso é acrescido ao nosso conhecimento de um tema, deve fornecer novas evidências – evidências que sejam presumivelmente não disponíveis – ou não facilmente disponíveis ou não sob uma forma tão precisa ou confiável – para uma amostra maior. Se as fontes não são confiáveis, escassas, ou, por uma razão ou outra, inacessíveis, o caso é de pouco valor. Usualmente, essa nova evidência existe em um nível inferior de análise, à qual nos referimos como *intracaso*. Evidências intracaso são muitas vezes o principal valor agregado oferecido por um estudo de caso relativo a uma análise *C-grande* que foi, ou pode ser, realizada.

Embora a tipologia na tabela 3.1 destaque características de nível de caso, é particularmente silente sobre características intracaso. Todavia, esses podem ser os elementos mais importantes. Qualquer caso escolhido para análise detalhada deve propiciar dados o bastante, do tipo correto, para tratar a

---

* Sigla de "*stable unit treatment value assumption*" [hipótese do valor de tratamento de unidade estável/hipótese do valor de tratamento unitário estável] [N.T.].

questão de interesse em um nível inferior de análise. Essa não é simplesmente uma questão de disponibilidade de dados, mas também – mais crucialmente – de compatibilidade dessas evidências com os propósitos dos pesquisadores. Se o objetivo do estudo de caso é esclarecer relações causais, então deveriam existir evidências intracaso que prometessem esclarecer essas relações. As próprias evidências podem ser qualitativas ou quantitativas. Podem consistir em pareamento de padrões [*pattern-matching*] – pareamento de predições [*matching predictions*] emanando de uma teoria para os fatos do caso. Podem consistir em um *design* semiexperimental com unidades que se encontram abaixo do nível do caso (para discussão adicional, cf. parte III).

Logística

A disponibilidade de evidências intracaso é parcialmente um produto do próprio caso e parcialmente um produto dos atributos pessoais dos pesquisadores – de suas competências linguísticas, conexões e familiaridade prévia com uma região, período ou tópico. Eu assumo que essas características lógicas são levadas em conta – implícita ou mesmo explicitamente – em qualquer processo de seleção de caso.

Por vezes, uma seleção logisticamente guiada de casos é referida como *amostragem de conveniência*, embora os pesquisadores possam resistir em admitir que escolheram um caso em detrimento de outro simplesmente porque é mais fácil estudá-lo. Contudo, se pesquisadores têm um acesso especial ao Local *A*, mas não ao Local *B*, deveríamos ser gratos caso escolham *A* em vez de *B* (conquanto outros critérios não sejam sacrificados). E devemos reconhecer que o fato de que muitos autores encontram seus casos por meio de processos serendipitosos que dificilmente poderiam ser previstos ou replicados, em vez de o contrário. Darwin não selecionou as Ilhas Galápagos a partir de um universo de casos potenciais[24].

O mesmo é verdadeiro para muitos estudos *C-grande*, devemos supor – embora aqui é o lugar que é escolhido por razões logísticas e não o caso. Considere o famoso experimento de campo de Ben Olken (2007) sobre corrupção, que foi conduzido na Indonésia. A decisão de Olken em escolher a Indonésia como um lugar de investigação não é explicitamente explicada ou

---

24. Gerry Munck, comunicação pessoal (2015).

defendida, embora possamos supor que teve muito a ver com fatores logísticos, como a existência de projetos de infraestrutura subsidiados pelo Banco Mundial naquele país e a cooperação que Olken foi capaz de obter do governo indonésio. (Essa cooperação é rara, especialmente com respeito a um tema tão sensível como a corrupção e em um país geralmente considerado repleto de corrupção.) Ninguém acha essa amostra de "conveniência" particularmente preocupante, uma vez que se considera que a seleção de lugar não diz respeito à validade interna.

O que diferencia a pesquisa de estudo de caso logisticamente guiada da pesquisa *C-grande* é que as relações de interesse são muitas vezes conhecidas de antemão pelos pesquisadores, permitindo-lhes ser seletivos na escolha de casos que provem sua teoria. Isso é mais do que uma amostra de conveniência. É uma amostra que confirma a teoria.

Contudo, se o resultado sob estudo não é conhecido pelos pesquisadores, ou se não desempenha um papel na seleção dos casos, então, a aplicação dos critérios logísticos à seleção de caso não deveria ser mais preocupante na pesquisa de estudo de caso do que na pesquisa do *C-grande*.

Representatividade

Para que um caso seja maior do que si próprio – um "estudo de caso" – o caso escolhido deve ser representativo de uma população maior de qualquer modo que seja relevante para o argumento maior.

Se um argumento é descritivo, então a representatividade pertence somente às características destacadas pela teoria (designada como D na tabela 3.1). É possível, em princípio, representar as características descritivas de uma população com um único caso, se existe pouca variação nessa característica, *i. e.*, se todos os casos na população são o mesmo com respeito à(s) característica(s) de interesse. Isso é inusual nos ambientes das ciências sociais. Consequentemente, o máximo que podemos usualmente obter com um único caso é representar a tendência central de uma distribuição – sua média, mediana ou moda. Esse é o objetivo explícito de um caso *típico*.

Se o argumento é causal, a representatividade usualmente se refere ao valor esperado de um resultado devido a seu *status* na variável causal de interesse. Especificamente, $E(Y|X)$ para o(s) caso(s) escolhido(s) deveria ser o mesmo que para os casos na população maior. Isso pode ser referido como *comparabilidade causal* ou *homogeneidade da unidade* (Glynn & Ichino, 2016; Holland, 1986; King et al., 1994).

Mesmo que a técnica de seleção de caso não priorize a representatividade, esse critério está presente. Observe que casos anômalos desempenham sua função – identificando novas causas de Y – somente se são representativos de uma população maior. (Se o resultado de um estudo de caso anômalo é desenvolver uma explanação idiossincrática – pertencente somente ao caso escolhido –, não é muito útil.) Igualmente, casos influentes tendem a ser descartados – como situando-se fora da população da hipótese – se são muito idiossincráticos. (Uma condição necessária pode ser refutada por um único caso apenas se, p. ex., esse caso é considerado parte da população de interesse. Em troca, estudiosos lidarão corretamente com a aparente exceção adotando condições de escopo mais restritas.)

Naturalmente, nunca podemos saber com certeza se uma amostra é representativa de uma população, especialmente com respeito a propriedades causais. A representatividade é uma questão de probabilidade. Algumas amostras tendem a ser mais representativas do que outras, um problema que é tratado com maior detalhe nos capítulos 6 e 10.

3.2 Clarificações

Várias características da tabela 3.1 merecem clarificações antes de continuarmos. Essas não são apenas sutilezas acadêmicas destinadas a proteger a posição do autor. São, de fato, bastante essenciais à iniciativa e deveriam ser lidas cuidadosamente, a fim de que o exercício não seja mal-interpretado e mal usado.

1) O propósito da tipologia sumarizada na tabela 3.1 é basicamente *descritivo* – descrever como casos são escolhidos. Mas também contém alguns elementos *prescritivos*. Uma vez que os pesquisadores definiram o objetivo ao qual um estudo de caso está destinado a servir, argumento que existe um conjunto limitado de estratégias disponíveis – como identificado na tabela 3.1. Dentre essas estratégias, discuto (em capítulos sucessivos) as suposições que reforçam seu emprego, o que pode ajudar os pesquisadores a escolherem entre elas.

Contudo, a decisão final sobre que estratégia empregar repousa nos fatores contextuais, *i. e.*, a questão ou hipótese de pesquisa e o estado de coisas empírico – questões sobre as quais seria inútil especular. Suponha que o objetivo de pesquisa seja avaliar um efeito causal de *Em X sobre Y*. Se um caso oferece comparações antes e depois de uma intervenção que não confunde, podemos decidir empregar um *design* longitudinal. Se existem também casos compatíveis de comparação disponíveis, podemos preferir o *design* mais-similar. Como não podemos prejulgar esses fatores contextuais, não podemos especificar, *a priori*, quais das várias estratégias de seleção de caso podem ser mais úteis em um contexto dado. Tudo que podemos fazer é exibir as opções possíveis.

2) A tabela 3.1 visa a abranger as práticas de seleção de caso comumente usadas nas ciências sociais. Não se estende aos procedimentos de seleção que são altamente idiossincráticos, embora possam ser justificáveis em raras circunstâncias. Tampouco se estende a casos que fornecem breves pontos de comparação para o(s) caso(s) de interesse básico, *i. e.*, casos ancilares[25].

3) A lista de estratégias possíveis é longa e talvez um pouco intimidadora, especialmente para aqueles que são novos a esse tema. Embora possa ser agradável ser capaz de reduzir a complexidade desse tema a um pequeno número de estratégias básicas, esse tipo de reducionismo provocaria uma confusão maior depois ao combinar objetivos ou técnicas que são, sob aspectos importantes, distintos. Por exemplo, existem três versões do *design* mais-similar – exploratório (selecionando em ZY), estimativo (selecionando em XZ) e diagnóstico (selecionando em XZY). Cada um serve

---

25. Um tipo de caso ancilar parece especialmente importante, e talvez subutilizado, e, portanto, merece uma pequena digressão. Se uma hipótese, Hx, sugere que X tem um efeito positivo sobre Y, é natural focar casos em que X muda (um caso "tratamento") e talvez também casos em que X não muda, mas nos quais fatores (Z) de fundo são similares (um caso "controle"). Isso estabelece a forma mais-similar de comparação, que discutimos nos ambientes exploratórios, estimativos e diagnósticos. Outro tipo de comparação surge entre o caso-controle e casos adicionais que exibem valores similares para X e Z. Esses casos servem a uma função "placebo": como não há exposição ao tratamento, não poderíamos esperar um resultado positivo para Y. Se $Y = 1$, a hipótese é colocada em questão; se $Y = 0$, é corroborada (Glynn e Ichino, 2015). Considero o caso placebo um caso ancilar porque parece menos importante do que outros casos em um estudo, *e. g.*, os casos tratamento e controle em uma análise mais-similar. O principal ponto de interesse em um caso placebo são os valores que o caso exibe em X, Z e Y – não o processo que conecta X a Y. Do mesmo modo, resultados díspares – nos quais um efeito placebo é encontrado – não falsificam necessariamente a hipótese, uma vez que um resultado assim poderia ser atribuído a fatores estocásticos. Essa é uma boa ilustração de como a incorporação de casos ancilares aborda o modo convencional de caso transversal de investigação – onde um grande número de casos é analisado de um modo esquemático.

a funções bem diferentes, e, como a seleção é sobre diferentes fatores, cada um tende a resultar em escolhas diferentes[26]. Onde técnicas são diferentes, compensa desagregar.

4) Todas as estratégias de seleção de caso repousam sobre uma relação de caso com uma população maior de casos. Por exemplo, um caso anômalo é aquele caso, ou casos, na população estudada (ou na amostra observada) que exibe as características mais anômalas. Além disso, duas estratégias gerais de seleção de caso (mais-diferente e mais-similar) requerem que os pesquisadores considerem o *status* dos casos escolhidos relativos *uns aos outros*.

5) Onde quer que estudos de caso sejam orientados a inferências causais, é importante considerar não apenas como um caso se compara a outros casos potenciais em um momento particular do tempo, mas também como se comparam *ao longo do tempo*. Por exemplo, é muito mais instrutivo apontar o momento no tempo em que valores para uma variável-chave mudam do que saber qual era seu valor no tempo T. Assim, sempre que possível, deveríamos considerar ΔX, em vez de X, ΔZ em vez de Z, e ΔY em vez de Y.

6) Virtualmente, todas as estratégias de seleção de caso podem ser executadas de um modo informal ("qualitativo") ou pelo emprego de um algoritmo formal ("quantitativo"). Por exemplo, um caso anômalo poderia ser escolhido com base em uma percepção dos pesquisadores sobre que caso, ou casos, é mal explicado pelas teorias existentes, ou poderia ser escolhido ao se buscar por resíduos de um modelo de regressão [*regression model*]. Uma discussão completa sobre os prós e contras da seleção de caso algorítmica é posposta até o capítulo 6.

7) Os fatores que guiam o processo de seleção de caso – D, X, Z e/ou Y – devem ser distinguidos das características que os pesquisadores desejam descobrir, que por definição são desconhecidas desde o começo da pesquisa. Se, por exemplo, a seleção é condicional em Y, isso significa que os pesquisadores conhecem o valor do resultado para casos que estão em consideração para estudo intensivo, mas não os valores de X ou Z. Se a seleção é condicional em Z e Y, os pesquisadores assumem conhecer os valores para essas dimensões do caso, mas não o valor para X. E assim por diante.

---

26. Preservo o termo comum (mais-similar) a fim de enfatizar o tema comum – similaridade em Z – e também para evitar a confusão posterior que poderia ocorrer caso inventasse neologismos para cada uma dessas estratégias.

8) É vital esclarecer o que os pesquisadores sabem, *ex ante*, antes de conduzir o estudo de caso. Alguns aspectos de um caso são relevantes para a seleção de caso enquanto outros não, e talvez mesmo contraproducentes na medida em que podem minar os objetivos dos pesquisadores na condução do estudo de caso. Por exemplo, se o objetivo de um estudo de caso é avaliar os efeitos causais (para uma população), seria inútil escolher casos com base em seus valores para o resultado, Y. Um procedimento assim, conhecido como "*escolha seletiva*" [*cherry-picking*], levaria obviamente a uma estimativa enviesada.

9) Embora estratégias de seleção de caso mencionem a decisão *inicial* para selecionar casos, devemos reconhecer que uma vez que um caso é escolhido tende a ser explorado por todas as informações que pode fornecer. Isso inclui possíveis hipóteses sobre Y (que podem ser consideradas parte de uma explicação total ou explicações rivais *vis-à-vis* uma hipótese preferida) e, para cada hipótese, o efeito causal, o mecanismo, as condições de escopo, heterogeneidade causal possível e confundidores possíveis. Casos intensivamente estudados são minados por quaisquer informações que pareçam relevantes a uma questão de pesquisa.

10) Pesquisadores normalmente desejam que seus casos escolhidos desempenhem múltiplas funções, formulando isso em seus critérios de seleção de caso desde o começo. Por exemplo, em um trabalho focado nas causas da guerra civil, Paul Collier e Nicholas Sambanis (2005a, 2005b) escolhem casos que maximizam a variação ao longo de muitas variáveis de interesse independentes – tipo de regime, violência, fragmentação étnica e dependência de recursos (*casos diversos*). Em seguida, selecionam países adequados ao seu modelo *C-grande* (casos-*caminho*) e países não adequados (casos *anômalos*) (Sambanis, 2004: 6). Outros exemplos de estratégias "compostas" de seleção de caso não são difíceis de encontrar (Fairfield, 2013, 2015; Ostrom, 1990; Pinfari, 2012). Contudo, a combinação de múltiplos critérios conflitantes em uma seleção de casos é relativamente rara, e tende a permanecer assim. Ao selecionarmos um conjunto de casos, somos forçados a priorizar entre vários objetivos. Na verdade, os exemplos de seleção combinada de casos que consegui encontrar geralmente empregam uma grande quantidade de casos (tipicamente, mais de uma dezena) – qualificando esses estudos como *C-médio* (para discussão adicional, cf. cap. 6).

11) A seleção de casos por vezes ocorre em vários níveis. Por exemplo, Fairfield (2013, 2015) primeiro seleciona os países e depois propostas de reforma tributária dentro de um período especificado para cada país. Os últimos são referidos como casos porque constituem o tipo de evento que sua teoria tenta explicar. Contudo, a seleção de países – Argentina, Bolívia e Chile – recebe pouca atenção. Se casos são escolhidos em vários níveis, cada nível constitui um evento distinto de seleção de caso, e merece ser tratado como tal. Para propósitos heurísticos, este livro assume que existem somente dois níveis de análise – o nível do caso e o nível intracaso. Mas os pesquisadores podem reconhecer que as coisas são com frequência muito mais complicadas.

12) O *status* de um caso pode *mudar* durante o curso da investigação dos pesquisadores, podendo durar muitos anos. Por exemplo, poderíamos escolher um caso singular extremo e depois acrescentar um segundo caso para formar uma análise mais-similar. Se os casos não são escolhidos ao mesmo tempo, há um problema de sequenciamento a ser resolvido. Do mesmo modo, poderíamos escolher um caso extremo e mais tarde decidir que está de acordo com um *design* longitudinal. Aqui, o caso permanece o mesmo, mas a descrição do caso muda. Por exemplo, Collier e Sambanis (2005a: 27) observam que suas diretrizes de seleção de caso "mudaram um pouco ao longo do tempo, enquanto nos afastávamos da ideia de usar casos para testar a teoria na direção da ideia de usarmos os casos para desenvolver a teoria e explorar outros temas como mecanismos, sequências, mensuração e homogeneidade da unidade"[27]. O *status* variável de um caso é praticamente inevitável quando os pesquisadores iniciam um modo exploratório. Métodos exploratórios de seleção de caso são muito vagos, e tendem a se transformar em *designs* de diagnóstico tão logo uma hipótese específica tenha sido identificada.

13) Isso deriva de uma característica importante da pesquisa de estudo de caso: seleção de caso e análise de caso estão *entremeadas*. Na verdade, os termos "seleção de caso" e "*design* de pesquisa" são praticamente intercambiáveis. Escolher um caso implica um método de análise (embora não determine inteiramente o método de análise). Como os métodos de seleção de caso também descrevem métodos de análise, é útil afirmar o papel de um

---

27. Para um outro exemplo de casos cujo *design* de pesquisa usa a transformação durante um estudo de caso, cf. Flyvbjerg (2006).

caso, *ex post*. Se um caso escolhido para um propósito termina servindo a outro propósito, essa é uma informação importante. E não necessita provocar confusão contanto que os pesquisadores sejam cuidadosos em distinguir entre o método *ex ante* de seleção de caso e o método *ex post* de análise de caso (*e. g.*, Fairfield, 2015: 300).

14) Isso levanta um problema final, que é o da *transparência*. Os pesquisadores deveriam ser claros sobre como escolheram seus casos e sobre quaisquer mudanças em seu tratamento desses casos enquanto a pesquisa progride. Como Allan Stuart (1984 apud Henry, 1990: 29) observa: "A própria amostra jamais nos diz se o processo que a engendrou foi livre de viés. Devemos saber qual foi o processo de seleção, para não sermos sempre perseguidos pelo espectro do viés de seleção". Infelizmente, muitos pesquisadores não são tão diretos como Collier e Sambanis ou Fairfield. Isso é especialmente verdadeiro para estudos anteriores, onde questões metodológicas não estão geralmente em proeminência.

Várias características aumentam a ambiguidade. Primeiro, os pesquisadores por vezes têm em mente coisas diferentes quando invocam termos de estudo de caso, e raramente os autores diferenciam entre versões do mesmo *design* genérico (*e. g.*, *designs* exploratório mais-similar, estimativo e diagnóstico). Segundo, por vezes é difícil diferenciar estudos cujo propósito principal é descritivo daqueles cujo propósito principal é causal. Isso ocorre porque argumentos são com frequência muito frouxamente estruturados e podem incluir uma mistura de ambos os elementos. Isso ocorre também porque muitos pesquisadores do estudo de caso adotam uma visão muito difusa de causalidade (cf. cap. 9). Terceiro, é muitas vezes difícil dizer que características dos casos eram conhecidas pelos autores antes da seleção de caso. Por exemplo, muitas vezes não é claro quando pesquisadores selecionaram em X e quando selecionaram em X e Y[28].

Assim, ao verificar técnicas de seleção de caso usadas em estudos publicados, como faço nos capítulos a seguir, sou muitas vezes forçado a aplicar minha própria intuição. Outros podem discordar de meus juízos. Esse é um problema resolvível na medida em que autores podem fazer um trabalho melhor de clarificar a técnica que empregaram para selecionar o caso, ou casos, escolhido (cf. cap. 9).

---

28. Glynn e Ichino (2015) discutem esse problema.

3.3 Validação

Existe algum modo de determinar empiricamente qual das várias estratégias destinadas a atingir o mesmo objetivo – como esboçado na tabela 3.1 – é a mais útil? Evidentemente, existem sérios problemas de *validação* com os quais lidar.

Várias tentativas foram feitas para examinar estratégias de seleção de caso usando técnicas de simulação. Herron e Quinn (2016) examinam estratégias estimativas, *i. e.*, onde o caso pretende mensurar efeitos causais. Seawright (2016b) examina estratégias de diagnóstico, onde o caso é destinado a ajudar a confirmar ou des-confirmar uma hipótese causal. Lucas e Szatrowski (2014) examinam estratégias baseadas em ACQ de seleção de casos.

Seria necessário mais tempo para discutir esses estudos complexos, assim, devo me contentar com vários juízos sumários. Primeiro, técnicas de seleção de caso têm objetivos diferentes, como mostrado na tabela 3.1 – qualquer tentativa de compará-los deve focar os objetivos que são apropriados a essa técnica. Uma técnica cujo propósito é exploratório (identificar uma nova hipótese sobre Y) não pode ser julgada por sua eficácia na identificação de mecanismos causais, por exemplo. Segundo, entre esses objetivos, estimar efeitos causais é o menos comum – e, sem dúvida, o menos bem-sucedido – desses objetivos, de modo que qualquer tentativa de medir a efetividade de métodos de seleção de caso deveria provavelmente focar basicamente as funções exploratórias e diagnósticas. Terceiro, técnicas de seleção de caso são mais bem praticadas quando levam em conta a mudança ao longo do tempo nas variáveis-chave, em vez de análises seccionais transversais, como enfatizado acima. Finalmente, e mais importante, é difícil e talvez impossível simular as características complexas envolvidas em uma análise de caso detalhada. A questão de interesse – qual caso, ou casos, melhor serviriam ao meu propósito se eu conduzisse uma análise intensiva dele? – é difícil de formular sem introduzir suposições que prejulgam os resultados do estudo de caso, e são a esse respeito endógenas à estratégia de seleção de caso[29].

---

29. P. ex., Herron e Quinn (2016: 9) pressupõem que os resultados potenciais inerentes a um caso (*i. e.*, a relação causal ao nível da unidade) serão descobertos pelos pesquisadores do estudo de caso no curso de uma análise intensiva do caso. Todavia, a "descobribilidade" [*discoverability*] é a própria coisa que as técnicas de seleção de estudo de caso estão destinadas a obter. Ou seja, uma técnica de seleção de caso é considerada superior na medida em que oferece uma probabilidade elevada de descobrir uma característica desconhecida de um caso.

Em minha opinião, testar a viabilidade de estratégias de seleção de caso de um modo rigoroso envolveria um experimento metodológico do seguinte tipo: primeiro, reunir um painel de pesquisadores com conhecimentos prévios similares sobre um tema. Segundo, identificar um tema considerado maduro para pesquisa de estudo de caso, *i. e.*, que não é bem estudado ou não recebeu tratamento confiável e que não é receptivo a manipulação experimental. Terceiro, selecionar casos algoritmicamente, seguindo o protocolo exibido no capítulo 6. Quarto, atribuir, aleatoriamente, esses casos a pesquisadores com instruções para buscarem todos os objetivos do estudo de caso – exploratório, estimativo e diagnóstico. Quinto, reunir um painel de juízes – versados no tema do foco teórico – para avaliarem quão bem cada estudo de caso atingiu cada um desses objetivos. Os juízes seriam instruídos a decidirem independentemente (sem consultarem-se), embora pudesse haver um segundo turno de juízos após um processo deliberativo no qual compartilhassem seus pensamentos e suas decisões preliminares.

Um experimento assim consumiria tempo e seria custoso (assumindo que os participantes recebam alguma remuneração), e necessitaria ser iterado ao longo de vários tópicos de pesquisa e com vários painéis de pesquisadores e juízes a fim de ambicionar à generalizabilidade. Isso presume, além disso, que os juízes especialistas sejam capazes de verificar quais abordagens funcionariam melhor, *i. e.*, quais delas produziriam respostas corretas e/ou linhas produtivas de investigação. Isso é problemático, dado que a verdade ontológica do tema é provavelmente contestada. Contudo, poderia ser válido realizá-lo, tendo em vista os possíveis benefícios posteriores[30].

---

30. Observe, contudo, que esse experimento desconsidera juízos qualitativos por parte dos pesquisadores que poderiam ser assumidos após uma seleção algorítmica de casos. Esses juízos qualitativos poderiam servir como mediadores. Poderia ocorrer, p. ex., que algumas estratégias de seleção de caso funcionassem melhor quando os pesquisadores fossem autorizados a fazer juízos finais – dentre um conjunto de casos potenciais que satisfizessem critérios de seleção de caso estipulados – baseados no conhecimento de casos potenciais. Devemos também considerar um problema de generalizabilidade que surge do uso de procedimentos algorítmicos de seleção de casos. Poderia ocorrer que temas para os quais a seleção algorítmica de caso fosse factível (*i. e.*, onde valores para X, Z e Y pudessem ser mensurados ao longo de uma grande amostra) sejam diferentes dos temas para os quais a seleção algorítmica de caso não seja factível. Sendo assim, não poderíamos generalizar os resultados desse experimento para o gênero de pesquisa de estudo de caso posterior.

3.4 Sumário

Neste capítulo, apresentei uma tipologia de métodos de seleção de caso, destinada a abranger a série (mais ou menos) completa de estratégias empregadas nas ciências sociais. Essas são categorizadas de acordo com seu objetivo básico – descritivo ou causal. Se causal, o objetivo secundário dos pesquisadores pode ser categorizado como exploratório (identificar uma nova hipótese), estimativo (estimar o impacto de *Em X sobre Y*) ou diagnóstico (verificar se X é uma causa de Y e, caso seja, que mecanismos poderiam estar operando e qual escopo de condições poderiam se aplicar). Esses objetivos determinam que estratégias de seleção de caso tendem a ser mais úteis, embora a escolha final deva ser feita com base nas características específicas do contexto (*e. g.*, a própria hipótese e os dados disponíveis para explorá-lo).

A parte final do capítulo discute esforços que foram, ou possam ser, realizados para validade diferentes métodos de seleção de caso. Minha conclusão é que isso é difícil de conseguir por meio de exercícios de simulação, embora possa ser satisfatoriamente tratado com um conjunto de experimentos.

Este capítulo é muito difuso, uma vez que lida com a seleção de caso em termos abstratos. Os capítulos subsequentes exploram esses métodos de seleção de caso em maior profundidade com a assistência de numerosos exemplos. Eles põem a tipologia para funcionar. Espero que a interação do esquema sumarizado na tabela 3.1 e as aplicações específicas desse esquema sejam produtivas.

4

Estudos de caso descritivos

Muitos estudos de caso são basicamente descritivos, o que equivale a dizer que não são organizados em torno de uma hipótese ou teoria causal central, abrangente. Eles podem, claro, propor afirmações causais sobre o mundo, mas essas afirmações são periféricas ao argumento principal. Alguns dos estudos de caso mais conhecidos são descritivos nesse sentido, como mostramos nas tabelas seguintes.

Embora autores nem sempre sejam explícitos sobre sua seleção de casos, muitas dessas decisões poderiam ser descritas como seguindo uma estratégia de caso *típico* ou *diverso*. Ou seja, visam a identificar um caso, ou casos, que exemplifiquem um padrão comum (típico) ou padrões (diversos). Sob esse aspecto, casos descritivos visam direta e explicitamente à representatividade enquanto outras estratégias de seleção de caso o fazem somente secundária ou mais obliquamente. Isso resulta dos objetivos mínimos da inferência descritiva. Onde o objetivo é descrever, não há necessidade de nos preocuparmos com exigências mais complexas que possam nos permitir obter alavancagem causal [*causal leverage*] sobre uma questão de interesse.

Os critérios de seleção para estudos de caso típicos e diversos são sumarizados na tabela 4.1 e discutidos em maior detalhe nas seções restantes deste capítulo.

4.1 Típicos

Um caso escolhido em virtude das características representativas que são comuns em uma população maior pode ser descrito como *típico*. O caso típico está destinado a representar a tendência central de uma distribuição, que não é, certamente, a mesma que a distribuição inteira. Dizer que um caso é típico, portanto, não é dizer que é "representativo" do modo que uma amostra maior pode ser representativa de uma população.

Tabela 4.1 – Estratégias de seleção de casos para estudos de caso descritivos

Objetivos/estratégias	C	K	Critérios
Típicos	1+	D	Média, moda ou mediana de D
Diversos	2+	D	Subtipos típicos

Notas: C = número de casos. K = fatores relevantes para a seleção de caso. D = características descritivas (diferentes daquelas a serem descritas em um estudo de caso).

Por exemplo, Le Roy Ladurie (1978) foca uma aldeia na França ("Montaillou") que é considerada representativa de várias outras na Idade Média Tardia. William Foote Whyte (1943/1955) escolhe uma gangue de rua que é considerada representativa de muitas outras na América urbana. E o estudo de Robert e Helen Lynd (1929) sobre "Middletown" foca uma cidade (em Muncie, Indiana) que era considerada representativa de muitas cidades de porte médio nos Estados Unidos.

Os Lynds são mais explícitos do que a maioria dos pesquisadores sobre seus critérios de seleção de caso. Eles declaram que estavam procurando por uma cidade com

> (1) um clima temperado; (2) taxa de crescimento suficientemente rápida para assegurar a presença de uma variedade abundante de dificuldades iniciais que acompanham as mudanças sociais; (3) uma cultura industrial com produção moderna, com máquinas de alta velocidade; (4) ausência de dominação da indústria da cidade por uma única fábrica (i. e., não uma cidade de uma indústria); (5) uma vida artística local substancial para equilibrar sua atividade industrial... e (6) a ausência de quaisquer peculiaridades excepcionais ou problemas locais agudos que caracterizassem a cidade do tipo médio de comunidade americana[31].

---

31. Lynd e Lynd (1929/1956), apud Yin (2004: 29-30).

Após examinar várias opções, os Lynds decidem que Muncie, Indiana, é mais representativa do que – ou ao menos tão representativa quanto – outras cidades de porte médio nos Estados Unidos.

Casos típicos podem ser sobre qualquer coisa, como nosso conjunto de exemplares na tabela 4.2 mostra. Estudos escolhidos focam agências, burocracias, cidades, comunidades, corporações, culturas, delinquentes, fábricas, famílias, gangues, decisões legislativas, escolas de medicina, culturas camponesas, instalações industriais, comunidades pobres, alunos de segunda língua, calçadas, grupos sociais, sociedades, leis tarifárias, aldeias e trabalhadores. Os exemplares também abarcam o universo das ciências sociais – de etnografias a história social, história econômica e escolha racional. Várias amostras são muito pequenas – entre uma e três – e somente uma é bastante numerosa ($C = 18$).

Todos os exemplares escolhidos empregam uma abordagem informal ("qualitativa") para a seleção de caso. Tipicamente pode também ser dada uma interpretação mais precisa como a média, mediana ou moda aritméticos. Se todas as dimensões de interesse dos Lynds fossem mensuráveis, poderíamos facilmente imaginar que eles poderiam ter usado um desses algoritmos para resolver seu dilema de seleção de caso. Observe, contudo, que sua última consideração é uma categoria residual abrangente – *a ausência de quaisquer peculiaridades excepcionais* – que, imaginamos, seria impossível de mensurar sistematicamente, e, assim, não passível de uma abordagem algorítmica à seleção de caso.

4.2 Diversos

Um estudo de caso descritivo pode focar também vários casos que, juntos, objetivam capturar a diversidade de um tema. Com efeito, o pesquisador procura casos típicos de cada tipo concebido. A partir dessa perspectiva, uma abordagem de caso diferente para a seleção de caso é uma abordagem iterada de caso típico à seleção de caso. Por exemplo, Gabriel Almond e Sidney Verba (1963) escolhem estudar culturas políticas nos Estados Unidos, Alemanha, México, Itália e Reino Unido com a ideia de que esses países, juntos, representam a diversidade das culturas políticas no mundo, que eles concluem poder ser sumarizada em três tipos ideais: participante, sujeito e paroquial.

Tabela 4.2 – Estudos de caso típicos

Estudo	Campo	Citações	SELEÇÃO Algoritmo	SELEÇÃO Não algoritmo	CASOS Fenômenos	C
Allen (1965), *Nazi Seizure of Power*	HI	397		●	Cidades	1
Banfield (1958), *Moral Basis of Backward Society*	PS	3.882		●	Aldeias	1
Becker (1961), *Boys in White*	SO	3.142		●	Escolas de medicina	1
Benedict (1934), *Patterns of Culture*	AN	5.571		●	Culturas	3
Coase (1959), *Federal Communications Commission*	EC	1.410		●	Agências	1
Dahl (1961), *Who Governs?*	PS	5.810		●	Cidades	1
Duneier (1999), *Sidewalk*	AN	997		●	Calçadas	1
Geertz (1978), *Bazaar Economy*	AN	892		●	Comunidades	1
Gouldner (1954), *Patterns of Industrial Bureaucracy*	SO	3.075		●	Fábricas	1
Handlin (1941), *Boston's Immigrants*	HI	488		●	Cidades	1
Homans (1951), *Human Group*	SO	4.633		●	Grupos	5
Hunter (1953), *Community Power Structure*	SO	2.393		●	Cidades	1
Kanter (1977), *Men and Women of the Corporation*	SO	11.950		●	Corporações	1
Kaufman (1960), *Forest Ranger*	PS	1.073		●	Agências	1
Lane (1962), *Political Ideology*	PS	695		●	Trabalhadores	18
Lerner (1958), *Passing of Traditional Society*	PS	4.912		●	Sociedades	1

Le Roy Ladurie (1978), *Montaillou*	HI	384	•	Culturas camponesas	1
Lewis (1959), *Five Families*	AN	1.026	•	Famílias	5
Lynd e Lynd (1929), *Middletown*	SO	2.199	•	Cidades	1
McAdam (1982), *Political Process and Black Insurgency*	SO	4.534	•	Movimentos sociais	1
Schattschneider (1935), *Politics, Pressures and the Tariff*	PS	740	•	Leis tarifárias	1
Scheper-Hughes (1992), *Death w/out Weeping*	AN	2.494	•	Comunidades pobres	1
Schmidt (1983), *Interaction, Acculturation, Acquisition*	LI	515	•	Alunos de 2ª língua	1
Selznick (1949), *TVA and the Grass Roots*	SO	3.260	•	Agências	1
Shaw (1930), *The Jack Roller*	SO	654	•	Delinquentes	1
Taylor (1911), *Principles of Scientific Management*	EC	13.344	•	Instalações industriais	3
Warner e Lunt (1941), *Yankee City*	AN	239	•	Cidades	1
Weber (1979), *Peasants into Frenchmen*	HI	3.367	•	Construção nacional	1
Whyte (1943), *Street Corner Society*	SO	5.501	•	Gangues	3

Notas: C = número de casos. *Algoritmo* = seleção de caso por algoritmo.

Oito exemplares desse tipo são listados na tabela 4.3. Eles lidam com constituições, crises econômicas, firmas, deputados e seus distritos, construção nacional, culturas cívicas nacionais e fracassos políticos. O número de casos (C) vai de 4 a 17. Casos diversos exigem um conjunto de casos, e o conjunto típico parece ser menos de uma dezena.

Como um exemplo detalhado, seguiremos o influente estudo de Richard Fenno (1978), *Home style* [*Estilo caseiro*], que explora a relação entre membros do Congresso Americano e seus distritos. Sua ótica sobre essa questão é o deputado, e não o eleitor. Embora possa parecer interessante saber como diferentes tipos de eleitores veem seu deputado, é também importante saber como o oficial eleito percebe a relação deputado-eleitor. Essa, de qualquer modo, é a perspectiva de Fenno sobre um tema consagrado, que é muito adequada ao método de análise que ele escolhe – observação participativa, ou etnografia. A melhor maneira de obter as visões dos deputados é observando-os, de perto, em sua interação com os eleitores.

Casos – *i. e.*, membros do Congresso – são escolhidos de um modo não aleatório, presumivelmente porque os sujeitos são difíceis de recrutar. Nem todos concordarão em se submeter à intrusiva "imersão" [*soaking and poking*] de Fenno.

Contudo, Fenno (1977: 884) pode razoavelmente afirmar que o grupo escolhido incorpora a diversidade na população de interesse, o Congresso Americano. Ele escreve modestamente:

> Os dezessete, incluíam nove democratas e oito republicanos. Geograficamente, três vêm de dois estados do Leste; seis, de cinco estados do Meio-oeste; três, dos estados do Sul; cinco, de três estados do extremo Oeste. Desde que comecei, um se aposentou, outro foi derrotado e um outro concorreu ao senado. Há alguma variação entre eles em termos de ideologia, tempo de casa, raça, sexo, e em termos de segurança e diversidade do distrito. Mas nenhuma afirmação é feita de que o grupo é idealmente equilibrado em relação a qualquer um desses aspectos.

Embora todos os exemplares na tabela 4.3 escolham casos de um modo informal, qualitativo, é também possível empregar um algoritmo para identificar um conjunto de casos de uma grande população de casos potenciais. Especificamente, os pesquisadores podem escolher casos com diferentes escores (*e. g.*, alto, médio, baixo) em parâmetros de interesse, examinar a

Tabela 4.3 – Estudos de caso diversos (descritivos)

Estudo	Campo	Citações	SELEÇÃO		CASOS	
			Algoritmo	Não algoritmo	Fenômenos	C
Almond e Verba (1963), *Civic Culture*	PS	12.679		●	Culturas políticas	5
Anderson (1974), *Lineages of Absolutist State*	HI	2.508		●	Construção nacional	10
Bendix (1978), *Kings or People*	SO	664		●	Construção nacional	5
Chandler (1962), *Strategy and Structure*	EC	1.427		●	Firmas	4
Fenno (1977, 1978), *Home Style*	PS	2.141		●	Deputados e distritos	17
Gourevitch (1986), *Politics in Hard Times*	PS	1.112		●	Crises econômicas	5
Scott (1998), *Seeing Like a State*	PS	8.634		●	Fracassos políticos	6
Wilson (1889), *The State*	PS	268		●	Constituições	10

Notas: C = número de casos. *Algoritmo* = seleção de caso por algoritmo.

interseção de diferentes parâmetros (separados em categorias discretas, se as variáveis forem de nível intervalar [*interval-level*]), ou utilizar técnicas mais complexas como análise de fator (Fabrigar & Wegener, 2011) ou análise de agrupamentos (Everitt et al., 2011).

4.3 Sumário

Possivelmente, estudos de caso sejam mais adequados à análise descritiva do que à análise causal. Surpreende que os campos onde estudos de caso permaneçam o modo dominante de análise – *e. g.*, antropologia, história, sociologia urbana e "estudos de área" da ciência política – sejam também campos onde estudos de caso descritivos permaneçam o modo dominante de pesquisa de estudo de caso. Onde estudos de caso são praticados com mais frequência, o formato mais frequente de estudo de caso é o descritivo. E muitos de nossos estudos de caso mais famosos vêm desses campos.

Esses estudos são também, poderíamos argumentar, menos problemáticos de um ponto de vista metodológico. Eles não formulam argumentos causais claramente definidos, e como tais não estão sujeitos a problemas de inferência causal. Com certeza, tendem a fazer uma série de pequenas afirmações causais, mas essas são ancilares a um argumento geral que é de natureza descritiva. A esse respeito, podemos dizer que são menos ambiciosos. Ou, talvez, mais apropriadamente, podemos dizer que sua ambição está focada em um objeto diferente.

Problemas surgem, contudo, se considerarmos a generalizabilidade de muitos desses estudos. Como uma regra, estudos descritivos são menos falseáveis do que estudos causais (Gerring, 2012a). Esse padrão pode ser visto em estudos de caso descritivos, onde é muitas vezes difícil especificar uma população claramente definida e um conjunto de critérios que nos permitiriam verificar, ou falsear, a hipóteses dentro de uma população maior. Esses problemas são retomados mais extensamente no capítulo 10.

5

Estudos de caso causais

Voltamo-nos agora para os estudos de caso onde o objetivo é esclarecer um argumento causal[32]. Antes de adentrarmos no tema, vários pontos gerais merecem destaque (para discussão adicional, cf. cap. 9.).

Primeiro, um estudo de caso é compreendido como causal quando é orientado em torno de uma hipótese central sobre como X afeta Y – o efeito causal, simbolizado como $X \rightarrow Y$. O estudo pode abarcar várias hipóteses inter-relacionadas, onde X é compreendido como um vetor e não como um fator único (*e. g.*, um estilo de análise *causas-de-efeitos*). Contudo, para propósitos heurísticos usualmente nos restringimos a um único fator causal.

Segundo, muitos estudos de caso não tentam estimar um efeito causal preciso e um intervalo de confiança que o acompanha, como seria esperado de uma pesquisa *C-grande*. Amostras de um ou vários não são muito adequadas para estimar os parâmetros da população[33]. Assim, neste livro,

---

32. Não deterei os leitores com uma longa discussão sobre o significado de causalidade e as várias estruturas para atingir a inferência causal. Um tratamento introdutório pode ser encontrado em Gerring (2012b) e tratamentos mais avançados, em Hernan e Robins (em processo), Imbens e Rubin (2015), Morgan (2013), Morgan e Winship (2014).

33. Certamente, podemos por vezes estimar amostras estatísticas. P. ex., se um único caso nos permite observar o valor de Y enquanto X muda, sem um número excessivo de confundidores potenciais, podemos estimar o impacto de X sobre Y com modelos de séries de tempo (Hamilton, 1944). Alternativamente, em uma amostra n-médio podemos empregar o pareamento sintético (Abadie, Diamond & Hainmueller, 2015) ou a inferência de randomização (Glynn & Ichino, 2015) para estimar efeitos causais. Contudo, esses procedimentos não são sempre aplicáveis. Além disso, parece muito improvável que essas estimativas precisas possam ser generalizáveis para uma população maior.

a noção de *inferência causal* abarca qualquer afirmação sobre o impacto de *Em X sobre Y*: precisa (*e. g.*, "Um aumento de uma unidade em *X* gera um aumento de duas unidades em *Y*") ou imprecisa (*e. g.*, "Um aumento em *X* provoca um aumento em *Y*").

Terceiro, alguns estudos de caso não tentam mensurar sequer um efeito causal muito impreciso. Eles adotam uma teoria sobre esse efeito causal, ou se baseiam em análises *C-grande* para estimarem o efeito. O estudo de caso é focado, em troca, em outros aspectos da relação – mensuração de variáveis-chave, mecanismos, confundidores potenciais, condições de escopo, e assim por diante. Assim, ao dizer que um estudo de caso é de orientação "causal" não pretendo implicar que o caso fornece a única base para a estimativa de um efeito causal.

Quarto, se um caso (ou conjunto de casos) *serve* de base para fornecer uma estimativa de efeitos causais, o caso deve exemplificar propriedades *semiexperimentais, i. e.*, replicar as virtudes de um verdadeiro experimento, mesmo que careça de um tratamento manipulado (Gerring & McDermott, 2007). Especificamente, a atribuição de tratamento [*treatment assignment*] deveria ser *como-se aleatória* – como se tivesse sido aleatoriamente atribuída pelos pesquisadores (embora seja de fato atribuída pela "natureza"). Com certeza, podemos também nos preocupar com a equivalência pós-tratamento. Um experimento bem construído obtém comparabilidade causal ao longo do experimento. O valor esperado de *Y*, condicional em *X* e *Z* (um vetor de fatores de fundo), deveria ser igual para todas as unidades, e em todos os períodos, sob estudo. Dito de outro modo, a variação em *X* não deveria estar correlacionada a outros fatores que também são causas de *Y*, que podem servir como *confundidores*, gerando uma relação (não causal) espúria entre *X* e *Y*. Essa é a lógica dos experimentos e se aplica com igual força a muitos outros *designs* de pesquisa onde o objetivo é a inferência causal[34].

Quinto, os critérios de seleção de caso podem ser compreendidos *seccional-transversalmente* ou *longitudinalmente*. Por exemplo, o teste de

---

34. Duas advertências deveriam ser acrescentadas. Primeiro, estratégias exploratórias de seleção de caso não levam em conta o valor de um caso sobre *X* porque *X* é desconhecido. Contudo, essas estratégias originam um *design* de pesquisa diferente, uma vez que os pesquisadores identificam uma hipótese. Nesse ponto, o ideal semiexperimental entra em jogo. Segundo, a análise de evidências *intracaso* se baseia nesse modelo experimental, mas introduz elementos adicionais, os quais nem todos caem satisfatoriamente nesse modelo, como discutido no capítulo 8.

"anormalidade" [*test of deviance*] pode ser o *status* de um caso em um momento particular no tempo, ou sua mudança de *status* ao longo de um período observado. Por vezes, mudanças temporais são implícitas no formato de seleção de caso. Por exemplo, presume-se que um caso que apresenta um resultado incomum mostre evidências de como esse resultado surgiu. A França é um caso "revolucionário" porque experienciou um reordenamento dramático e repentino do poder social e político no final do século. A Áustria não é um caso revolucionário porque não experienciou esse reordenamento. Contudo, é útil saber quando essa mudança ocorreu – o século XVIII é um foco mais lógico de estudo do que o XIX, se estivermos interessados na Revolução Francesa.

Casos exibindo mudança em parâmetros-chave de interesse são usualmente mais informativos do que casos que permanecem estáticos ao longo do tempo. Além disso, determinar o ponto preciso no tempo em que um caso experienciou uma mudança em X ou Y pode ser extremamente útil para propósitos analíticos. Assim, sempre que possível, os pesquisadores deveriam executar estratégias de seleção de caso usando informações sobre como casos funcionam ao longo do tempo e como se comparam a outros casos em um momento particular no tempo. Comparações seccionais transversais deveriam ser complementadas por comparação longitudinal[35].

Com esse pano de fundo, voltamo-nos para as estratégias de seleção de caso. Estudos de caso utilizados para propósitos de inferência causal podem servir a funções *exploratórias, estimativas* ou *diagnósticas*. Cada uma dessas funções evoca uma variedade de estratégias de seleção de caso, como sumarizado na tabela 5.1. Podemos agora explorar essas funções e estratégias em detalhe.

5.1 Exploratórios

Muitos estudos de caso visam a identificar uma nova hipótese e são, portanto, *exploratórios*. Por vezes, os pesquisadores começam com um fator que consideram ter uma influência fundamental em uma série de resulta-

---

35. Essa sabedoria se aplica a todos os métodos de seleção de caso empregados para inferência causal, incluindo aqueles que incorporam uma comparação seccional transversal (caso transversal) como as estratégias *mais-similar* e *mais-diferente* de seleção de caso.

dos. A questão de pesquisa é: que resultados $Y_1...n$ *são afetados por X*? Mais comumente, os pesquisadores trabalham, retroativamente, de um resultado conhecido para suas causas possíveis. A questão de pesquisa é, portanto, o que explica a variação em *Y*? Ou, se *Y* é um evento discreto, por que *Y* ocorre? Técnicas exploratórias específicas podem ser classificadas como *extremas, de índice, anômalas, mais-diferentes, mais-similares* ou *diversas*, e serão exploradas em detalhe abaixo.

Tabela 5.1 – Estratégias de seleção de casos para estudos de caso causais

Objetivos/estratégias	C	K	Critérios
1. *Exploratório* (identificar *Hx*)			
Extremo	1+	*X* ou *Y*	Maximizar a variação em *X* ou *Y*
Índice	1+	*Y*	Primeiro exemplo de ΔY
Anômalo	1+	*Z Y*	Inadequadamente explicado por *Z*
Mais-similar	2+	*Z Y*	Similar em *Z*, diferente em *Y*
Mais-diferente	2+	*Z Y*	Diferente em *Z*, similar em *Y*
Diverso	2+	*Z Y*	Todas as configurações possíveis de *Z* (suposição: $X \in Z$)
2. *Estimativo* (para estimar *Hx*)			
Longitudinal	1+	*X Z*	*X* muda, *Z* constante ou enviesada contra *Hx*
Mais-similar	2+	*X Z*	Similar em *Z*, diferente em *X*
3. *Diagnóstico* (para avaliar *Hx*)			
Influente	1+	*X Y Z*	Maior impacto em *P(Hx)*
Caminho	1+	*X Y Z*	$X \longrightarrow Y$ forte, *Z* constante ou enviesada contra *Hx*
Mais-similar	2+	*X Y Z*	Similar em *Z*, diferente em *X* e *Y*

Notas: C = número de casos. *K* = fatores relevantes para a seleção de caso. *Hx* = hipótese causal de interesse. *P (HX) = a probabilidade de HX. X = fator(es) causal(is) de interesse teórico. X → Y* = efeito causal aparente ou estimado, que pode ser forte (elevado em magnitude) ou fraco. *Y* = resultado de interesse. *Z* = vetor de fatores de fundo que podem afetar *X* e/ou *Y*.

Estratégias de seleção de caso que selecionam casos com base em seu resultado, *Y*, violam um lugar-comum de sabedoria popular das ciências sociais de não selecionar com base na variável dependente[36]. Isso é, na verdade, problemático se vários casos são escolhidos, quando todos eles repousam em uma ponta do espectro de uma variável (são todos positivos *ou* negativos), e os pesquisadores submetem essa amostra a uma análise de caso transversal como se fosse representativa de uma população[37]. Suponha que Theda Skocpol (1979) tivesse examinado três países revolucionários – França, Rússia e China – comparando-os entre si em uma investigação para compreender a revolução. Ou suponha que Peters e Waterman (1982) tenham examinado 42 firmas muito bem-sucedidas, comparando-as entre si para compreender as causas do sucesso. Os resultados para essas análises seriam certamente enviesados (Collier & Mahoney, 1996). Além disso, haveria pouca variação a explicar, uma vez que os valores do resultado de todos os casos são explicitamente restringidos.

Contudo, esse não é o emprego de casos próprio ou usual escolhido em um modo exploratório. Em primeiro lugar, quando casos são selecionados com base no resultado é usualmente a *mudança* no resultado (ΔY) que é de interesse fundamental. Skocpol olha para os períodos pré-revolucionário, revolucionário e pós-revolucionário de cada país escolhido. Peters e Waterman examinam histórias de firmas – como cada uma atingiu seu sucesso. Segundo, alguns *designs* exploratórios requerem variação no resultado entre casos (casos "negativos" e "positivos"), enquanto outros *designs* exploratórios incorporam variação de caso transversal em Y de um modo menos explícito, como nos casos *shadow*. Assim, Skocpol compara casos revolucionários a casos de não revolução ou de revolução parcial, e Peters e Waterman comparam firmas bem-sucedidas a firmas malsucedidas. Casos de fundo podem também ser formalmente integrados a um estudo ao longo da análise *C-grande*, gerando uma abordagem multimétodo à pesquisa (cap. 7).

Consequentemente, o problema de "selecionar em Y" pode não ser tão severo quanto alguns autores imaginaram. Certamente, selecionar em Y não é o melhor modo de selecionar uma amostra representativa. Mas esse é somente um de vários objetivos que fundamentam a seleção de caso, como discutido no capítulo 3. Quando o objetivo é exploratório, é difícil prever

---

36. Geddes (1990). Cf. tb. discussão em Brady e Collier (2004), Collier e Mahoney (1996), Rogowski (1995).

37. A exceção seria uma circunstância na qual os pesquisadores pretendessem desaprovar um argumento determinístico (Dion, 1998).

uma estratégia de seleção de caso viável que não leve em conta os valores dos resultados de interesse.

Imagine geólogos que estejam tentando compreender terremotos, mas não possuam uma hipótese particular em mente enquanto buscam descobrir causas potenciais desses cataclismos. Em sua investigação evitam uma amostra enviesada, recusam-se a considerar a prevalência de terremotos em sua seleção de local de pesquisa, terminando em Kansas – uma das localizações geológicas mais estáveis do mundo. O tempo despendido em Kansas pode ser frutífero. Contudo, parece tender a produzir menos indicações sobre o comportamento de terremotos do que locais situados ao longo de uma falha geológica maior, onde a atividade geológica seja frequente e deixe muitos traços observáveis.

Extremo

Um *design* de caso *extremo* maximiza a variação na variável de interesse, seja de X, seja de Y. Isso pode ser obtido por um caso singular ou por um conjunto de casos que, juntos, exibem resultados contrastantes. William James escreve que "momentos extremos muitas vezes revelam a essência de uma situação" (apud Singh, 2015). Não é inteiramente claro como compreender "essência" em um contexto das ciências sociais. Contudo, podemos assumir o ponto de que a variação substancial em X ou em Y torna uma relação mais transparente, e, portanto, ajuda a identificar hipóteses para pesquisa posterior.

Casos extremos são muitas vezes considerados prototípicos ou paradigmáticos de um fenômeno. Isso ocorre porque conceitos são muitas vezes definidos por seus extremos, que podem também ser compreendidos como uma incorporação parcial de um tipo ideal. O fascismo alemão define o conceito de fascismo porque oferece o exemplo mais extremo desse fenômeno. Igualmente, casos extremos podem ser intrinsecamente interessantes – talvez mesmo estranhos, exóticos – em virtude de seu caráter extremo ou raro. Contudo, o principal valor metodológico do caso extremo deriva de sua variação prometida em X ou Y.

A tabela 5.2 lista quinze estudos de caso extremo. Esses exemplares se estendem ao longo das disciplinas das ciências sociais e cobrem uma série de tópicos, incluindo democracia, desenvolvimento econômico, desenvolvimento humano, políticas industriais, mortalidade, acidentes nucleares, lançamentos espaciais, revoluções, tiroteios em escolas e o sucesso/fracasso de firmas. O número de casos varia de 1 a 43, com uma média de cerca de 8.

Tabela 5.2 – Exemplares de casos extremos

Estudo	Campo	Citações	SELEÇÃO		CASOS	
			Algoritmo	Não algoritmo	Fenômenos	C
Caldwell (1986), *Routes to Low Mortality*	DE	1.022		●	Mortalidade	3
Curtiss (1977), *Psycholinguistic Study of "Wild Child"*	PY	933		●	Desenvolvimento humano	1
Fearon e Laitin (2008, 2014, 2015), *Random Narratives*	PS	85	●		Guerras civis	25
Goldstone (1991), *Revolution and Rebellion*	SO	994		●	Revoluções	4
Harding et al. (2002), *Study of Rampage School Shootings*	SO	77		●	Tiroteios em escolas	2
Johnson (1983), *Miti and the Japanese Miracle*	PS	3.185		●	Políticas industriais	1
Kindleberger (1996), *World Economic Primacy*	EC	213		●	Desenvolvimento econômico	8
Linz e Stepan (1978a, 1978b), *Breakdown Demo. Regimes*	PS	1.765		●	Colapsos de democracias	11
Peters e Waterman (1982), *In Search of Excellence*	EC	17.443		●	Firmas	43
Porter (1990), *Competitive Advantage of Nations*	EC	31.857		●	Desenvolvimento econômico	10
Sagan (1993), *Limits of Safety*	SO	5.227		●	Acidentes nucleares	3/6
Skocpol (1979), *States and Social Revolutions*	SO	274		●	Revoluções	1
Tilly (1964), *The Vendée*	SO	15		●	Contrarrevoluções	1
Vaughan (1996), *Challenger Launch Decision*	PS	11		●	Lançamentos espaciais	4
Veenendaal (2015), *Microstate*	DE	1.022		●	Democracia	3

Notas: C = número de casos. *Algoritmo* = seleção de caso por algoritmo.

Muitos são focados na variação em Y, em vez de em X. A exceção é o estudo Wouter Veenendaal sobre microestados, escolhidos com base em seu tamanho diminuto. Veenendaal está interessado em como o tamanho afeta a natureza da política, com atenção particular aos resultados relacionados à democracia. Para fazer isso, ele escolhe quatro países minúsculos – Palau, St. Kitts e Nevis, San Marino e as Seychelles – que são, então, examinados intensivamente através de entrevistas, etnografia e fontes secundárias.

Olhando mais atentamente, podemos discernir três versões do caso extremo. A primeira exibe valores extremos em X ou Y (ou ΔX ou ΔY). Observe que estudos sobre desenvolvimento do Estado de bem-estar social [*welfare States*] muitas vezes focam os maiores estados de bem-estar social do mundo, localizados no norte da Europa. Estudos sobre a guerra muitas vezes focam uma das duas guerras mundiais. Estudos sobre genocídio muitas vezes focam o Holocausto[38]. Pela mesma lógica, aqueles que arriscam suas vidas para salvar outros fornecem informações mais valiosas sobre altruísmo do que aqueles que fazem pequenas doações a uma causa (Monroe, 1996). Companhias que são supremamente bem-sucedidas (Peters & Waterman, 1982), ou supremamente malsucedidas, são mais instrutivas do que companhias que seguem uma trajetória regular. Países com taxas de crescimento extremamente altas (Johnson, 1983), ou com taxas de crescimento negativas, podem oferecer mais informações do que países com taxas de crescimento modestas. Países com uma taxa de crimes violentos extremamente alta (*e. g.*, Guatemala), ou extremamente baixa (*e. g.*, Japão), podem ser mais instrutivos do que aqueles que se encontram próximos à média. E assim por diante.

Uma segunda versão se aplica quando um *input* ou *output* é conceitualizado de um modo binário e um dos valores (geralmente compreendido como o valor "positivo") é especialmente raro. Estudos de caso sobre guerra geralmente focam guerras – com a paz sendo a condição mais comum. Estudos de caso sobre democratização geralmente focam transições de regime – com a continuidade sendo a condição mais comum. Estudos de caso sobre revolução geralmente focam revolução – com a não revolução sendo a condição mais comum. Estudos de caso sobre lançamentos espaciais focam falhas (Vaughan, 1996).

---

38. A abordagem de caso "extremo" para a seleção de caso (Seawright & Gerring, 2008) é compreendida aqui como um subtipo da estratégia de caso de "resultado".

Quanto mais raro o valor, mais importante esse caso positivo se torna. Harding et al. (2002) estudam tiroteios "descontrolados" em escolas, observando que esses eventos são extremamente raros, chegando apenas de 30 a 50 (dependendo de como o evento é definido) ao longo de três décadas por todos os Estados Unidos. Isso reforça a determinação dos autores de focar ocorrências nas quais o terrível evento ocorreu. (Faria pouco sentido estudar uma escola sem violência.) Eles escolhem dois desses eventos, um na Heath High School em Paducah, Kentucky, em 1º de dezembro de 1997, e o outro na Westside Middle School, próxima a Jonesboro, Arkansas, em 24 de março de 1998. (Esses casos foram designados aos pesquisadores a partir de um conjunto de casos positivos por uma agência que cumpria um mandato da Academia Nacional de Ciências.)

Uma terceira abordagem para obter a variação no resultado é escolher casos situados em *ambas* as extremidades da distribuição, *i. e.*, casos *polares*. Aqui, podem ser feitas comparações diretamente entre casos escolhidos. Por exemplo, um estudo sobre a guerra pode focar casos exibindo paz *e* guerra (*e. g.*, Fearon & Laitin, 2008, 2014, 2015)[39]. Superficialmente, o caso polar é muito diferente do caso extremo, ou raro, uma vez que a variação é parte do *design* de pesquisa. Contudo, podemos ter em mente que estudos focados em casos situados em um lado da distribuição nunca são focados exclusivamente no(s) caso(s) escolhido(s); sempre fazem contrastes implícitos ou explícitos com outros casos que possuem valores menos extremos/raros, que podem ser considerados casos "*shadow*".

Todas as versões do *design* de caso extremo maximizam a variação em X ou Y, preferivelmente a variação ao longo do tempo (ΔX ou ΔY). Para identificar um caso, ou casos, desses, a partir de uma grande população de casos potenciais, uma abordagem informal pode ser suficiente. Skocpol sabia onde revoluções tinham e não tinham ocorrido. Mas nem todos os ambientes são autoevidentes. Aqui, podemos empregar um algoritmo, selecionando um caso, ou casos, que se situa mais distante da média, mediana ou moda da distribuição, ou casos que se situam em ambas as extremidades da distribuição.

---

39. Na prática, descobrimos que os pesquisadores geralmente focam somente uma extremidade da distribuição. Isso, em troca, poderia refletir uma característica persistente do mundo. Distribuições de extremidade longa – com escores de variância especialmente grandes – podem ser acompanhadas por desvio (para a direita ou para a esquerda). Isso é verdadeiro, por construção, para fenômenos como renda ou mortalidade, os quais são delimitados em 0.

Sem dúvida, qualquer caso com um valor inusual tem menor tendência a ser representativo de uma população maior, constituindo um problema potencial de generalizabilidade. Isso não é verdadeiro por definição. Um caso com um valor especialmente alto para Y *pode* ser perfeitamente previsto por X, tão logo X tenha sido descoberto. Pode situar-se exatamente na linha de regressão, por exemplo, se a regressão é usada para dar forma à inter-relação de X e Y. Casos extremos não deveriam ser confundidos com casos *anômalos*, discutidos abaixo. Certamente, se tudo o que sabemos sobre um caso é seu valor para Y, e que o valor está longe da média da distribuição, a possibilidade de viés de amostra é alta. Esse é um custo que devemos levar em conta. Contudo, se o objetivo de um estudo de caso extremo é exploratório – identificar uma hipótese – e se tende a ser percebido a partir do exame de um exemplo incomum de um fenômeno, o risco pode compensar o custo.

Primário

Um caso *primário* [*index case*] é a primeira ocorrência de um fenômeno. Em epidemiologia, refere-se ao primeiro paciente a contrair uma doença. Identificar o caso primário é útil para compreender a origem e a dispersão da doença, e por essa razão uma boa quantidade de esforço vai para a busca do *paciente zero*. Em outras disciplinas das ciências sociais, o foco nos casos primários é também motivado pelo desejo de compreender as origens de um fenômeno. A presunção pode ser que o caso primário desempenhe um papel causal – como um motivo principal ou como um caso ilustrativo ou de fixação de padrão, estabelecendo uma prática para emular ou evitar. A primazia dos "primeiros" está impressa na língua natural e no léxico das ciências sociais, onde novos fenômenos muitas vezes recebem o nome da pessoa, lugar ou evento de sua primeira ocorrência. Desse modo, a primeira ocorrência de um caso passa a *definir* o caso.

Existe uma razão adicional para focar casos primários. A primeira ocorrência de um fenômeno não pode ser influenciada por outras ocorrências desse fenômeno. Ela ocorre endogenamente. Em contraste, ocorrências subsequentes tendem a ser influenciadas pela experiência do caso primário, assumindo que a informação se difundiu através de uma população.

Em alguns ambientes podem existir múltiplos casos primários. Sujeitos podem contrair uma doença, descobrir uma tecnologia, ou implementar uma política independentemente uns dos outros. Arqueólogos especulam que a escrita foi inventada independentemente em duas ou mais ocasiões[40]. Uma variedade de características pode impedir a difusão. No mundo moderno, contudo, podemos esperar que processos de difusão sejam relativamente eficientes, o que limita o número de casos que poderiam se qualificar como indexicais.

Sempre que a difusão ocorre, podemos suspeitar de que a ocorrência de um evento deve algo ao que foi aprendido com ocorrências prévias. Isso introduz um problema de não independência entre as unidades (também conhecido como o problema de Galton). A vantagem de um caso primário é que ele – talvez sozinho entre todas as outras ocorrências de um fenômeno – é livre desse confundidor. (Estou assumindo que a difusão não possui qualquer importância teórica aos pesquisadores.)

Seis estudos de caso primário são listados na tabela 5.3. Esses envolvem a descoberta da democracia (Atenas, século VI a.C.), o emprego de armas nucleares (Estados Unidos, 1945), a imposição de governo limitado (Inglaterra, século XVI), a revolução (Grã-Bretanha, século XIX) e revoltas fiscais (Califórnia, 1973). A posição proeminente de historiadores, e de historiadores britânicos em particular, no gênero de casos primários não deve ser desprezada.

Naturalmente, pretensões à representatividade são muitas vezes suspeitas. O primeiro exemplo de algo pode ser diferente daqueles que seguem. Historiadores podem discordar da asserção de Steve Pincus (2011) de que a Revolução Inglesa é a primeira revolução moderna. Podem discordar do argumento de que a democracia na Grécia antiga pode nos ensinar alguma coisa sobre o desenvolvimento da democracia representativa nos séculos XVIII e XIX. Podem não estar de acordo quanto à luta pela "Proposição 13" na Califórnia ser indicativa das revoltas fiscais em outras partes nos Estados Unidos. Contudo, a pretensão de um caso primário repousa em seu *status* como primeiro em uma classe de fenômenos. Caso exista um precedente anterior (conhecido), ou se exemplos posteriores não são realmente exemplos da mesma coisa, então o *status* de um caso muda. Ele não exibe mais o vigor metodológico.

---

40. Daniels e Bright (1996).

Tabela 5.3 – Exemplares de casos primários

Estudo	Campo	Citações	SELEÇÃO		CASOS	
			Algoritmo	Não algoritmo	Fenômenos	C
Alperovitz (1996), *Decision to Use Atomic Bomb*	PS	409		●	Emprego de armas nucleares	1
Martin (2008), *Permanent Tax Revolt*	SO	121		●	Revoltas fiscais	1
North e Weingast (1989), *Constitutions and Commitment*	EC	3.462		●	Governo limitado	1
Pincus (2011), *1688: First Modern Revolution*	HI	247		●	Revoluções	1
Raaflaub et al. (2007), *Origins of Democracy*	HI	98		●	Democratização	1
Thompson (1963), *Making of English Working Class*	HI	9.584		●	Formação de classes	1

Notas: C = número de casos. *Algoritmo* = seleção de caso por algoritmo.

Anômalo

Um caso *anômalo* [*deviant case*] se desvia de um padrão causal esperado, como sugerido pelas teorias científicas ou pelo senso comum, registrando com isso um resultado surpreendente. O estudo da anormalidade pode também ser formulado como o estudo de *anomalias*, que são amplamente reconhecidas como desempenhando um papel central no progresso científico (Elman & Elman, 2002; Lakatos, 1978).

O objetivo de um estudo de caso anômalo é explicar o caso estranho e, além disso, explicar outros casos similarmente anômalos, fornecendo uma hipótese generalizável sobre o fenômeno de interesse. A explanação resultante pode envolver um novo fator causal, um efeito de interação (também conhecido como contextual) entre dois ou mais fatores, ou uma revisão das condições de escopo de uma teoria. Observe que os efeitos de interação e as condições de escopo são duas respostas diferentes ao problema da heterogeneidade causal. Em um ambiente, a fonte da heterogeneidade causal é incorporada a um modelo causal; no outro, casos discordantes são removidos da amostra.

Barbara Geddes observa a importância dos casos anômalos na ciência médica, onde pesquisadores estão habitualmente focados no que é "patológico" (de acordo com a teoria e prática padrões). A *New England Journal of Medicine*, uma das mais importantes revistas do campo, exibe uma coluna regular intitulada Case Records of the Massachusetts General Hospital [Registros de Casos do Hospital Geral de Massachusetts]. Esses artigos trazem títulos como: "An 80-year-old Womam with sudden unilateral blindness" [Uma mulher de 80 anos com repentina cegueira unilateral] ou "A 76-year-old man with fever, dyspnea, pulmonary infiltrates, pleural effusions, and confusion" [Um homem de 76 anos com febre, dispneia, infiltração pulmonar, efusões pleurais e confusão][41].

Um outro exemplo extraído do campo da medicina diz respeito ao estudo extensivo dedicado a um pequeno número de pessoas resistentes ao vírus HIV/Aids (Buchbinder & Vittinghoff, 1999; Haynes et al., 1996). Pesquisadores médicos estão intrigados. Por que são resistentes? O que é diferente sobre essas pessoas? O que podemos aprender sobre a Aids em outros pacientes observando pessoas que possuem defesas poderosas contra essa doença?

---

41. Geddes (2003: 131). Para outros exemplos de trabalho de casos dos anais de medicina, cf. "Clinical Reports" em *The Lancet*, "Case Studies" em *The Canadian Medical Association Journal*, e vários números da *Journal of Obstetrics and Gynecology*, dedicados frequentemente a casos clínicos (discutidos em Jenicek, 2001: 7). Para exemplos do subcampo da política comparativa, cf. Kazancigil (1994).

Em psicologia e sociologia, estudos de caso podem consistir em pessoas ou grupos anômalos. Embora esse seja um uso um pouco diferente do termo, o objetivo desses estudos é usualmente trazer os "anômalos" ao domínio da compreensão teórica – ou seja, explicar por que algumas pessoas não se comportam como outras. Na economia, estudos de caso podem consistir em países ou negócios com desempenho acima do esperado (*e. g.*, Botswana; Apple) ou com desempenho abaixo do esperado (*e. g.*, a Grã-Bretanha durante grande parte do século XX; a Sears em décadas recentes) com relação a um conjunto de expectativas. Na ciência política, estudos de caso podem focar países nos quais o Estado de bem-estar social é mais desenvolvido (*e. g.*, Suécia) ou menos desenvolvido (*e. g.*, Estados Unidos) do que se esperaria, dado um conjunto de expectativas gerais sobre o desenvolvimento do Estado de bem-estar social[42].

Observe que, embora casos extremos sejam considerados relativos à média de uma única distribuição (o resultado de interesse, Y), casos anômalos são considerados relativos a um modelo geral de relações causais incluindo tanto Z (um fator de fundo ou conjunto de fatores de fundo) e Y (o resultado). O método de caso anômalo seleciona casos que, em referência a uma relação *C-grande* geral, demonstra um valor surpreendente. Eles são "anômalos" na medida em que são pobremente explicados.

Em um modelo de regressão, a anomalia pode ser mensurada pelo resíduo para um caso determinado. Se há uma distância considerável entre seu valor previsto e seu valor efetivo, podemos nos sentir justificados a chamá-lo anormal. Como a anomalia é usualmente dada em graus, o resíduo fornece um método conveniente para avaliarmos a anomalia relativa em um grande número de casos.

Como a anomalia só pode ser avaliada de acordo com um modelo geral (quantitativo ou qualitativo), a anomalia relativa de um caso tende a mudar sempre que o modelo for alterado. Por exemplo, os Estados Unidos são um caso anômalo com respeito ao seu Estado de bem-estar social "lento" quando um modelo causal inclui somente o PIB *per capita*. Mas deixa de ser anômalo quando certos fatores adicionais que mensuram as instituições sociais e políticas são incluídos no modelo. A anomalia é sempre dependente do modelo, mesmo que o modelo seja de um tipo informal (qualitativo). Assim, ao discu-

---

42. Para mais exemplos e discussões sobre *designs* de pesquisa em casos anômalos nas ciências sociais, cf. Amenta (1991), Burawoy (1998), Burawoy et al. (1991), Eckstein (1975), Emigh (1997), Kendall e Wolf (1949/1955), Pearce (2002).

tirmos o conceito de caso anômalo é útil formularmos a seguinte questão: *Em relação a que modelo geral* (conjunto de fatores de fundo) o caso *A* é anômalo?

Para reiterar, o propósito da análise de caso anômalo é buscar por novas explanações, *i. e.*, por novas causas de *Y*. (Se o propósito de um caso desconforme é provar ou refutar uma teoria preexistente, ele é um caso *influente*, como discutiremos a seguir.) Assim, o método de caso anômalo é apenas ligeiramente mais determinado do que o método de caso extremo. Ele, também, é uma forma exploratória de pesquisa. Os pesquisadores esperam que as evidências encontradas no caso anômalo ilustrem algum fator causal que é aplicável a outros casos (anômalos). Isso significa que um estudo de caso anômalo bem-sucedido culmina em uma proposição geral – que pode ser aplicada a outros casos na população.

Tão logo essa proposição é descoberta, o caso não é mais anômalo; como foi explicado. Se a nova explanação pode ser acuradamente mensurada como uma variável única (ou conjunto de variáveis) numa amostra maior de casos, então um novo modelo *C-grande* é adequado. Nesse modelo *C-grande*, o caso previamente anômalo receberia um resíduo menor. É colocado na direção da linha de regressão.

Testar a nova explanação em uma amostra maior é também importante para aliviar preocupações sobre a representatividade. Naturalmente, quando alguém escolhe um caso altamente anômalo para atenção especial, deve se ocupar com generalizar a partir desse caso. Contudo, se a proposição resultante parece se adequar a outros casos – para além do caso estudado –, preocupações sobre a não representatividade são mitigadas.

Certamente, a análise de caso anômalo nem sempre culmina em uma explanação nova, generalizável, para *Y*. Pode culminar na conclusão dos pesquisadores de que o caso escolhido é anômalo por razões idiossincráticas – razões que são acidentais ou não se aplicam a outros casos. Essa seria uma conclusão menos satisfatória da perspectiva da construção da teoria. Mas pode corresponder aos fatos, e nesse sentido desempenha um papel importante no desenvolvimento do conhecimento das ciências sociais. Alguns casos anômalos são apenas "diferentes".

Nove estudos de caso anômalos são listados na tabela 5.4. Esses abrangem vários campos e tópicos, incluindo desenvolvimento econômico, desenvolvimento do Estado de bem-estar social, capitalismo, socialismo, conflito étnico, democracia sindical e fertilidade. Grande parte desses estudos escolhe casos de um modo informal e incorpora somente um ou

Tabela 5.4 – Exemplares de casos anômalos

Estudo	Campo	Citações	SELEÇÃO Algoritmo	SELEÇÃO Não algoritmo	CASOS Fenômenos	C
Acemoglu et al. (2003), *African Success Story*	EC	638		•	Desenvolvimento econômico	1
Alesina et al. (2001), *Why Doesn't US Have Welfare State?*	EC	824		•	Estado de bem-estar social	1
Amenta (1991), *Theories of Welfare State: American Experience*	SO	40		•	Estados de bem-estar social	1
Aymard (1982), *From Feudalism to Capitalism in Italy*	HI	22		•	Capitalismo	1
Lieberman (2003), *Politics of Taxation Brazil, South Africa*	PS	172		•	Política fiscal	2
Lijphart (1968), *Politics of Accommodation*	PS	2.026		•	Conflito étnico	1
Lipset et al. (1956), *Union Democracy*	SO	1.211		•	Democracia sindical	1
Pearce (2002), *Integrating Survey and Ethnographic Methods*	SO	47	•		Fertilidade	28
Sombart (1906), *Why No Socialism in United States?*	SO	356		•	Socialismo	1

Notas: C = número de casos. *Algoritmo* = seleção de caso por algoritmo.

dois casos anômalos na análise. A análise qualitativa domina o estudo de caso anômalo assim como outros gêneros de estudos de caso.

Um estudo, de Lisa Pearce (2002), aborda o tema de uma maneira algorítmica. Pearce começa seu estudo sobre escolhas em relação à criação de filhos no Nepal com uma sondagem padronizada sobre o tamanho ideal de família. A sondagem foi conduzida no distrito de Chitwan no Centro-sul do Nepal em 1996 e contém 5.271 respondentes. Com base na pesquisa existente e em antecedentes teóricos ela constrói um modelo inicial para prever preferências de tamanho de família. O modelo inclui medidas sobre identidade religiosa e étnica, gênero, idade, número de irmãos, educação, educação dos pais, exposição à mídia, viagens, distância até à cidade mais próxima e expectativas de uma herança. Com esse modelo de regressão, ela identifica respondentes cujas preferências não são bem previstas pelo modelo. Desses valores atípicos [*outliers*], ela escolhe 28 sujeitos para análise detalhada. Esses são seus casos anômalos. Seguindo seus interesses teóricos, ela escolhe valores atípicos que caem acima da linha prevista (eles desejam mais crianças do que o modelo prevê), possuindo resíduos padronizados de 6+.

Para cada sujeito, ela conduz entrevistas profundas com questões abertas destinadas a medir fatores não mensurados que possam influenciar o planejamento familiar (Pearce, 2002: 114). As informações obtidas a partir dessas entrevistas são então usadas para recodificar traços da sondagem e para reespecificar o modelo de regressão. Por exemplo, Pearce está impressionada com o quanto a prática religiosa está centrada na família. Consequentemente, ela constrói índices a partir da sondagem para mensurar práticas e crenças religiosas no nível familiar. Isso se torna um importante previsor no modelo revisado, que melhora a adequação geral e reduz o *status* "anômalo" de seus sujeitos de pesquisa.

Mais-similares (exploratórios)

Um *design* de pesquisa *mais-similar* (também conhecido como Método da Diferença) emprega um mínimo de dois casos[43]. Esses casos exibem condições de fundo [*background conditions*] (Z) similares e resultados di-

---

43. O método mais-similar (Przeworski & Teune, 1970) pode ser referido também como o *método da diferença* (Mill, 1843/1872), método de *casos comparáveis*, ou método *comparativo* (Collier, 1993; Glynn & Ichino, 2015; Lijphart, 1971, 1975). Frequentemente, esse tópico é tratado junto a outras técnicas para análise e seleção de caso transversal *N-pequeno* sob a rubrica de métodos de *comparação controlada, comparação pareada* ou *milleano* (Adcock, 2008; Cohen & Nagel, 1934; Gisselquist, 2014; Meckstroth, 1975; Sekhon, 2004; Slater & Ziblatt, 2013; Tarrow, 2010).

ferentes (Y). Se esses fatores forem binários, podem ser representados em um diagrama simples, como mostrado na tabela 5.5. Se esses fatores forem ordinais ou intervalares, os pesquisadores buscariam maximizar a variância [*variance*] em Y e minimizar a variância em Z entre os casos escolhidos. Como sempre, o *design* de pesquisa é mais instrutivo se analisa mudanças ao longo do tempo em vez de valores em um momento particular do tempo. Assim, preferiríamos comparar valores para ΔZ e ΔY.

Tabela 5.5 – *Design* de caso exemplar mais-similar (exploratório)

		Variáveis		
		X	Z	Y
Casos	A	?	0	1
	B	?	0	0

Notas: *Design* mais-similar exploratório com fatores binários, um ambiente exemplar. X = fator causal de interesse teórico (a ser determinado). Z = vetor de fatores de fundo. Y = resultado. A atribuição de 0s e 1s é uma escolha codificadora arbitrária. O ponto-chave é que casos A e B partilham os mesmos valores em todos os Z e diferem em Y.

Devemos destacar que, se os fatores de fundo diferem entre os casos, podem ainda satisfazer as exigências de um *design* mais-similar se (e somente se) essas diferenças enviesam o resultado *contra* o achado efetivo. Vamos imaginar, por exemplo, que Z_1 é um fator que podemos assumir (com base em antecedentes teóricos ou estudos existentes) como tendo um efeito positivo sobre um resultado, Y, mas que não possa ter um impacto negativo sobre Y. E vamos imaginar, digamos, que o arranjo dos dados é como segue:

Caso A: $Z_1 = 0$, $Y = 1$

Caso B: $Z_1 = 1$, $Y = 0$

Sob essas circunstâncias, podemos seguramente descartar Z_1 como uma causa de Y (para esses casos). Consequentemente, casos A e B se qualificam como mais-similares – ao menos sob esses aspectos.

Quanto ao arranjo, isso é o bastante. Conhecendo os valores para Z e Y, os pesquisadores esperam descobrir a identidade de X – uma causa previamente desconhecida de Y. Especificamente, explorando todas as causas possíveis de Y, espera-se que os pesquisadores descubram por acaso um fator que difira entre os casos e – em bases teóricas – pareça servir como uma causa de Y. Essa é a causa putativa.

Naturalmente, podemos descobrir *múltiplos* fatores que difiram entre os casos (e que pareçam teoricamente causas plausíveis de Y). Nessa circunstância, o *design* mais-similar não ajuda muito. Ainda assim, podemos ser capazes de reduzir o número de suspeitos plausíveis.

Muitas vezes, uma análise frutífera começa como uma anomalia aparente: dois casos são aparentemente muito similares e, todavia, demonstram resultados surpreendentemente diferentes. A esperança é que o estudo intensivo desses casos revele um – ou no máximo vários – fator que difira entre esses casos e seja causa plausível de Y.

Dezessete estudos de caso mais-similares são listados na tabela 5.6, indicando a relativa popularidade dessa forma de análise. Exemplares incluem todas as grandes disciplinas, uma série ampla de tópicos e uma combinação de estratégias de seleção de caso algorítmicas e qualitativas.

Considere o relatório inicial de John Snow sobre a cólera em Londres, publicado em 1849[44]. Na época, os médicos sabiam pouco sobre a fonte dessa terrível epidemia. Várias teorias circularam, incluindo uma baseada na qualidade do ar (miasma). Snow conjecturou que a fonte da contaminação poderia ser o abastecimento de água, tendo, assim, uma hipótese de trabalho. Contudo, sua seleção inicial de casos não se baseou em fontes diferentes de água (X). Em troca, Snow comparou as quadras da cidade onde a doença estava fora de controle com as quadras vizinhas onde não estava – seleção em Y, mantendo Z constante. Observe que a geografia serve como um substituto para fatores de fundo que poderiam afetar o resultado de interesse. Considera-se que as pessoas vivendo próximas umas das outras partilham várias características – uma suposição comum em *designs* de pesquisa mais-similar, se as unidades espaciais são quadras, bairros, cidades ou países. De qualquer modo, o trabalho do estudo de caso consistiu em estudar a fundo esses incidentes da doença – entrevistando profissionais médicos, residentes, companhias de abastecimento de água e pela observação direta dos próprios locais, que por vezes consistiam em pátios vizinhos – em uma tentativa de excluir traços que fossem comuns (Z), e, portanto, improváveis

---

44. Esse relatório precede a segunda edição, mais famosa, publicada em 1855. A última exibe a descrição de Snow da "Broad Street Pump" que, em anos recentes, atraiu grande atenção de epidemiologistas e metodologistas. Minha descrição segue Vinten-Johansen et al. (2003: 206-210). Para outras descrições, cf. Freedman (1991), Hempel (2007).

Tabela 5.6 – Exemplares de casos mais-similares (exploratórios)

Estudo	Campo	Citações	SELEÇÃO		CASOS	
			Algoritmo	Não algoritmo	Fenômenos	C
Alston et al. (1996), *Property Right*	EC	390		●	Estados brasileiros	2
Cornell (2002), *Autonomy as a Source of Conflict*	PS	256		●	Grupos étnicos	9
Dreze e Sen (1989), *China and India*	EC	2.936		●	Desenvolvimento econômico	2
Epstein (1964), *A Comparative Study of Canadian Parties*	PS	113		●	Sistemas partidários	2
Fiorina (1977), *Congress*	PS	1.866		●	Distritos legislativos americanos	2
Geertz (1963), *Peddlers and Princes*	AN	977		●	Cidades	2
Heclo (1974), *Modern Social Policies in Britain and Sweden*	PS	1.920		●	Políticas sociais	2
Key (1949), *Southern Politics in State and Nation*	PS	3.238		●	Estados americanos	11
Lange (2009), *Lineages of Despotism and Development*	SO	69	●		Desenvolvimento econômico	4/11
Luebbert (1991), *Liberalism, Fascism, or Social Democracy*	PS	356		●	Tipos de regime	15
Mahoney (2002), *Legacies of Liberalism*	PS	337		●	Tipos de regime	5
Miguel (2004), *Tribe or Nation: Kenya v. Tanzania*	EC	326		●	Construção nacional	2
Putnam et al. (1993), *Making Democracy Work*	PS	29.712		●	Regiões italianas	20
Rosenbaum e Silber (2001), *Matching*	PH	50	●		Pacientes	76
Sahlins (1958), *Social Stratification in Polynesia*	AN	726		●	Sociedades	17
Snow (1849), *Communication of Cholera*	PH	1.369		●	Quadras da cidade	N/A
Ziblatt (2004, 2008), *Rethinking Origins of Federalism*	PS	36		●	Centralização	2

causadores da doença, e em isolar o traço discriminador (*X*), que Snow concluiu ser o abastecimento de água.

Um segundo exemplo de um tipo muito diferente é fornecido pelo estudo de Leon Epstein (1964) sobre a coesão partidária, que foca dois países vizinhos. Considera-se que os dois casos, Estados Unidos e Canadá, partilham um grande número de características de fundo – *e. g.*, vastas extensões de terras ricas em recursos minerais e agrícolas e esparsamente povoadas por povos indígenas, uma herança colonial britânica, fracas tradições socialistas, populações heterogêneas, constituições federais e distritos eleitorais de votação majoritária. Todavia, o Canadá possui partidos altamente disciplinados, cujos membros votam juntos na câmara da Casa dos Comuns, enquanto os Estados Unidos possuem partidos comparativamente fracos e indisciplinados, cujos membros muitas vezes divergem da decisão da maioria do partido em votações no Congresso. Ao explicar esses resultados divergentes, persistentes ao longo dos anos, Epstein chama atenção para o fato de os dois países diferirem em uma característica constitucional potencialmente importante: o Canadá é parlamentarista, ao passo que os Estados Unidos são presidencialistas. É essa diferença institucional que Epstein identifica como a causa provável.

Mais-diferentes

O *design* mais-diferente (também conhecido como o Método da Concordância) é a imagem-espelho do *design* mais-similar. Aqui, os casos variam amplamente em fatores de fundo considerados como causas potenciais (*Z*), embora partilhando um resultado comum (*Y*). A suposição é que fatores de fundo que diferem ao longo dos casos sejam improváveis causadores de *Y*, uma vez que o resultado é constante através dos casos. A esperança é que se um fator causal potencial (*X*) é constante através dos casos, ele possa ser a causa de *Y*[45].

O arranjo básico é ilustrado na tabela 5.7 com dois casos, codificados de um modo binário. Se *Z* e *Y* são ordinais ou intervalares, os pesquisadores tentam minimizar a variância em *Z* e maximizar a variância em *Y*.

---

45. O método mais-diferente é também por vezes referido como o "método da concordância", seguindo seu inventor, J.S. Mill (1843/1872). Cf. tb. DeFelice (1986), Lijphart (1971, 1975), Meckstroth (1975), Przeworski e Teune (1970), Skocpol e Somers (1980). Para exemplos desse método, cf. Collier e Collier (1991/2002), Converse e Dupeux (1962), Karl (1997), Moore (1966), Skocpol (1979), Yashar (2005: 23). Contudo, a maior parte desses estudos é descrita como *combinando* métodos mais-similares e mais-diferentes.

Como com outros *designs* exploratórios, é muitas vezes difícil verificar se o valor de um caso em X era conhecido pelos pesquisadores antes da seleção de caso e – se era – se influenciou a seleção de caso. Deixaremos esse problema aberto para discussão. Contudo, o *design* mais-diferente é classificado como um *design* exploratório porque consideramos sua estratégia de identificação causal implícita como especulativa, na melhor das hipóteses, e, portanto, útil para identificar causas potenciais, mas não tão útil para testar uma hipótese causal, uma vez identificada.

Tabela 5.7 – *Design* de caso exemplar mais-diferente

		Variáveis					
		X	Z_a	Z_b	Z_c	Z_d	Y
Casos	A	?	1	0	1	0	1
	B	?	0	1	0	1	1

Notas: *Design* mais-diferente com fatores binários, um ambiente exemplar. X = fator causal de interesse teórico (a ser determinado). Z_{a-d} = vetor de fatores de fundo. Y = resultado. A atribuição de 0s e 1s é uma escolha codificadora arbitrária. O ponto-chave é que casos A e B diferem em todos os Z e são similares em Y.

Quatro estudos de caso mais-diferentes são listados na tabela 5.8. Esses exemplares – extraídos da história, demografia e ciência política – examinam histórias coloniais, transições demográficas, sociedade civil e desenvolvimento econômico. Os casos (C) vão de dois a sete.

Como um exemplo detalhado, sigo o estudo de Marc Howard (2003) sobre o impacto duradouro do comunismo na sociedade civil nas ex-repúblicas soviéticas. Pesquisas de sondagem transnacionais mostram uma forte correlação entre regimes comunistas anteriores e baixo capital social, levando em conta uma variedade de confundidores possíveis. Howard se pergunta por que essa relação é tão forte e por que persiste – e talvez inclusive se fortaleça – em países que não são mais socialistas ou autoritários. A fim de responder a essa questão, ele foca dois casos mais-diferentes, a Rússia e a Alemanha Oriental. Esses dois países eram muito diferentes antes da era soviética, durante a era soviética (uma vez que a Alemanha Oriental recebia subsídios substanciais da Alemanha Ocidental), e na era pós-soviética, quando a Alemanha Oriental foi absorvida pela Alemanha Ocidental.

Tabela 5.8 – Exemplares de casos mais-diferentes

Estudo	Campo	Citações	SELEÇÃO		CASOS	
			Algoritmo	Não algoritmo	Fenômenos	C
Belich (2010), *Exploding Wests*	HI	5		•	Colonialismo	7
Childs et al. (2005), *Tibetan Fertility Transitions*	DE	19		•	Transições demográficas	3
Howard (2003), *Weakness Civil Society in Post-Communist*	PS	1.284		•	Sociedade civil	2
Karl (1997), *Paradox of Plenty*	PS	1.892		•	Desenvolvimento econômico	5/1

Notas: C = número de casos. *Algoritmo* = seleção de caso por algoritmo.

Todavia, ambos se situam próximo à base de vários índices transnacionais destinados a mensurar a prevalência do engajamento cívico na era atual. Assim, o procedimento de seleção de caso de Howard satisfaz as exigências do *design* de pesquisa mais diferente: a variância é encontrada em muitas dimensões além do resultado de interesse, que é constante (Howard, 2003: 6-9). O fator que se mantém constante ao longo dos casos é a herança comunista que tanto a Rússia como a Alemanha Oriental partilham. Essa é a causa antecipada (X).

Naturalmente, devemos considerar a possibilidade de que fatores adicionais – não mensurados na análise, mas partilhados pela Rússia e pela Alemanha Oriental – expliquem seus baixos níveis de engajamento cívico. Embora essas sociedades sejam diferentes, também partilham algumas características culturais e históricas (não relacionadas ao comunismo) como um legado da autocracia. Do mesmo modo, a causa poderia ser um produto de uma interação de vários fatores – aqueles que são mensurados e/ou aqueles que são omitidos.

Os achados de Howard são mais fortes com a comparação da Rússia e Alemanha Oriental do que seriam sem ela. Todavia, seu estudo não se sustenta seguramente na fundação empírica fornecida apenas pela análise mais--diferente. Se eliminarmos os outros elementos da análise de Howard[46], resta pouco no qual basear uma análise de relações causais. Na verdade, muitos estudiosos que empregam o método mais-diferente o fazem juntamente a outros métodos[47]. Ele raramente é, se é que é, um método independente[48].

---

46. Deveríamos observar que a análise mais-diferente não é o único *design* de pesquisa empregado por Howard em seu admirável estudo. Essas análises perfazem a maior parte do trabalho analítico, em minha opinião.

47. Karl (1997), que pretende ser um sistema de análise mais-diferente (20), é um exemplo claro disso. Seu estudo, focado ostensivamente em petroestados (estados com grandes reservas de petróleo), faz dois tipos de inferências. O primeiro diz respeito ao papel (usualmente) obstrutivo do petróleo no desenvolvimento político e econômico. O segundo tipo de inferência diz respeito à variação *dentro* da população de petroestados, mostrando que alguns países (*e. g.*, Noruega, Indonésia) conseguem evitar as patologias trazidas em outros lugares pelos recursos petrolíferos. Ao tentar explicar o papel restritivo do petróleo em petroestados, Karl usualmente se baseia em contrastes entre petroestados e não petroestados (*e. g.*, cap. 10). Somente ao tentar explicar as diferenças entre petroestados ela restringe sua amostra a petroestados. Em minha opinião, o *design* de pesquisa mais-diferente é muito pouco usado.

48. Isso foi reconhecido, ao menos implicitamente, por Mill (1843; 1872: 258-259). O ceticismo foi ecoado por metodologistas nos anos intermediários (*e. g.*, Cohen & Nagel, 1934: 251-256; Skocpol & Somers, 1980). Na verdade, defesas explícitas do método mais-diferente são raras (mas cf. DeFelice, 1986).

Generalizando a partir dessa discussão, ofereço as seguintes observações sumárias sobre o método mais-diferente de seleção de caso.

Vamos começar com a necessidade de dicotomizar cada variável na análise. Recorde que diferenças entre casos devem ser geralmente consideráveis o bastante para serem interpretáveis de um modo essencialmente binário (*e. g.*, alto/baixo, presente/ausente) e similaridades devem ser próximas o bastante para serem compreendidas como essencialmente idênticas (*e. g.*, algo/algo, presente/presente). Caso contrário, os resultados não são interpretáveis. O problema dos "graus" é especialmente preocupante caso as variáveis sob consideração sejam intrinsecamente contínuas (*e. g.*, PIB). Essa é uma preocupação particular na análise de Howard, onde a Alemanha Oriental se encontra mais elevada que a Rússia em engajamento cívico; o grau de ambas é baixo, mas o da Rússia é um pouco mais baixo. Howard assume que essa divergência é mínima o bastante para ser compreendida como uma diferença de graus em vez de tipos, um juízo que pode ser questionado.

Naturalmente, se as suposições codificadoras forem sólidas, o *design* de pesquisa mais-diferente pode ser útil para *eliminar causas necessárias*. Os fatores causais que não aparecem através dos casos escolhidos – *e. g.*, Z_{a-d} na tabela 5.7 – são evidentemente desnecessários para a produção de *Y*. Contudo, não se segue que o método mais-diferente seja o *melhor* método para eliminar causas necessárias.

Usualmente, a análise de estudo de caso foca a identificação (ou clarificação) de relações causais, não a eliminação de causas possíveis. Nesse ambiente, a técnica mais-diferente é útil, mas apenas se suposições sobre a singularidade causal forem válidas. Com "singularidade causal" [*causal uniqueness*] tenho em mente uma situação na qual um resultado dado é o produto de apenas uma causa: *Y* não pode ocorrer exceto na presença de *X*. *X* é necessário, e em algumas situações (dadas certas condições de fundo) suficiente, para causar *Y*[49].

Considere o seguinte exemplo hipotético. Suponha que uma nova doença, sobre a qual se sabe pouco, tenha aparecido no País *A*. Existem centenas de pessoas infectadas em dezenas de comunidades afetadas nesse país. No País *B*, situado no outro extremo do mundo, vários novos casos

---

49. Um outro modo de afirmar isso é dizer que *X* é uma "condição necessária não trivial" de *Y*.

da doença surgem em uma única comunidade. Nesse ambiente, podemos imaginar dois tipos de análise milleana. O primeiro examina duas comunidades similares dentro do País A, uma delas desenvolveu a doença e a outra não. Essa é a comparação mais-similar, e foca consequentemente a identificação de uma diferença entre os dois casos que pode explicar uma variação na amostra. Uma segunda abordagem foca comunidades nas quais a doença apareceu nos dois países e busca por quaisquer similaridades que possam explicar esses resultados partilhados. Esse é o *design* de pesquisa mais-diferente.

Ambas são abordagens plausíveis a esse problema particular, e podemos imaginar epidemiologistas empregando-as simultaneamente. Contudo, o *design* mais-diferente exige suposições mais fortes sobre os fatores subjacentes envolvidos. Supõe que a doença surge da *mesma causa* em qualquer ambiente. Essa é uma suposição operacional razoável quando estamos lidando com fenômenos naturais (embora existam certamente muitas exceções), mas raramente é válida em ambientes científico-sociais. Muitos resultados de interesse para antropólogos, economistas, cientistas políticos e sociólogos possuem causas *múltiplas*. Existem muitos modos de vencer uma eleição, construir um Estado de bem-estar social, entrar em uma guerra, derrubar um governo, ou – retornando ao trabalho de Marc Howard – construir uma sociedade civil forte. E é por essa razão que a análise mais-diferente é raramente aplicada em trabalhos das ciências sociais – e, onde é aplicada, raramente é convincente.

Se isso parece um pouco severo, existe um modo mais generoso de abordar o método mais-diferente. Possivelmente, esse não é de modo algum um "método" puro, mas meramente um suplemento, um modo de incorporar a diversidade na subamostra de casos que fornece o resultado inusual de interesse. Se o resultado inusual é revoluções, podemos desejar incluir uma variedade ampla de revoluções na análise de alguém. Se o resultado inusual é a sociedade civil pós-comunismo, parece apropriado incluir um conjunto diverso de políticas pós-comunistas na amostra de estudos de caso de alguém, como Howard faz. A partir dessa perspectiva, o método (assim chamado) mais-diferente poderia ser mais bem denominado um método de *caso diverso*, como exploramos abaixo.

Diverso (causal)

Uma última estratégia de seleção de caso exploratória tem como seu objetivo a identificação de muitas das – ou talvez de todas as – causas de um resultado (assumindo que o resultado tem múltiplas causas, *i. e.*, equifinalidade). Isso é por vezes referido como estudo de causas-de-efeitos, em contraste com um estudo de efeitos-de-causas, que foca uma única relação $X \rightarrow Y$. Os casos escolhidos são *diversos* se representam todos os fatores potenciais (Z), incluindo conjunturas causais, que poderiam explicar a variação em Y. A suposição é que os verdadeiros fatores causais (X) devem ser encontrados entre os fatores causais putativos (Z)[50]. George e Smoke, por exemplo, desejam explorar diferentes tipos de falha de dissuasão – por "fato consumado", por "exame limitado" e por "pressão controlada". Consequentemente, desejam encontrar casos que exemplifiquem cada fator causal[51].

Onde o fator potencial causal é categórico (ligado/desligado, vermelho/preto/azul, judeu/protestante/católico), os pesquisadores normalmente escolheriam um caso de cada categoria. Para uma variável contínua [*continuous variable*], devemos construir pontos de separação [*cutoff points*] (com base nas compreensões teóricas do fenômeno ou pontos de ruptura [*breakpoints*] nos dados), *e. g.*, dicotomizar ou tricotomizar a variável, e depois escolher casos com cada valor discreto. Se suspeitamos de que fatores causais interagem, então buscaremos por casos que representem todas as interseções possíveis (ou reais) dessas variáveis (compreendidas como variáveis categóricas). Duas variáveis dicotômicas produzem uma matriz com quatro células possíveis, por exemplo. Se todas as variáveis são consideradas relevantes à análise, a seleção de diversos casos exige a seleção de um caso extraído de cada célula – assumindo que existe membros em cada uma. Digamos que se considere que um resultado seja afetado por sexo, raça (bran-

---

50. Esse método não recebeu muita atenção da parte de metodologistas qualitativos, por isso, a ausência de um nome geralmente reconhecido. Ele exibe alguma semelhança com o método da concordância e diferença de J.S. Mill (1843/1872), ou seja, uma mistura de análise mais-similar e mais-diferente, como discutido abaixo. Patton (2002: 234) emprega o conceito de "amostragem de variação (heterogeneidade) máxima".

51. Mais precisamente, George e Smoke (1974: 522-536, cap. 18; cf. tb. a discussão em Collier & Mahoney, 1996: 78) começaram a investigar rotas causais e descobriram, ao longo do curso de sua investigação de muitos casos, esses três tipos causais. Todavia, para nossos propósitos o que importa é que a amostra final inclui ao menos um representante de cada "tipo".

co/negro) e *status* marital. Aqui, uma estratégia de caso diverso de seleção de caso identificaria um caso em cada uma dessas células interseccionadas – um total de oito casos. Veremos que onde variáveis categóricas múltiplas interagem, a lógica da análise de caso diverso repousa em uma lógica *tipológica* (Elman, 2005; George & Bennett, 2005; Lazarsfeld & Barton, 1951).

Ao escolherem um pequeno conjunto de casos de uma grande população de casos potenciais, os pesquisadores podem se basear em algoritmos de análise comparativa qualitativa (ACQ) para identificar as várias conjunturas possíveis, selecionando um caso, ou casos, de cada configuração. Alternativamente, dentro de uma estrutura de regressão, os pesquisadores podem explorar vários efeitos de interação, escolhendo casos que exemplifiquem interações contrastantes.

Onze estudos de caso diverso são incluídos na tabela 5.9. Todos se originam dos campos da ciência política ou da sociologia, e muitos seriam descritos como análise histórico-comparativa. Os casos vão de 2 a 22, com uma média de cerca de sete, demonstrando que essa estratégia particular de seleção de caso seleciona tipicamente um conjunto de casos.

Desses estudos, um se destaca como especialmente influente, e, assim, serve como um exemplar detalhado. *Social origins of dictatorship and democracy* [*Origens sociais da ditadura e da democracia*], de Barrington Moore (1966), é por vezes considerado uma fonte original da investigação histórico-comparativa, influenciando uma geração de estudiosos nos campos adjacentes da sociologia e da ciência política. O estudo é extraordinariamente ambicioso – com o subtítulo "Lord and peasant in the making of the modern world" [Senhor e camponês na formação do mundo moderno] – e escrito com uma narrativa vívida que consegue entrelaçar eventos e análises de um modo lúcido. Embora extenso, poucos trabalhos contemporâneos nas ciências sociais são tão acessíveis quanto esse livro. Sem dúvida, isso ajuda a explicar sua influência duradoura na academia. Com respeito à seleção de caso, sigo a sinopse do livro de Theda Skocpol (1973), sumarizada na tabela 5.10 abaixo. Isso mostra que existem essencialmente três rotas para a modernidade, com dois ou três casos servindo para representar cada rota no estudo de Moore.

Tabela 5.9 – Exemplares de casos diversos (causais)

Estudo	Campo	Citações	SELEÇÃO		CASOS	
			Algoritmo	Não algoritmo	Fenômenos	C
Bunce (1981), *Do New Leaders Make a Difference?*	PS	114		●	Sucessão	2
Collier e Collier (1991), *Shaping the Political Arena*	PS	2.171		●	Relações estatais de trabalho	8
Downing (1992), *Military Revolution and Political Change*	PS	398		●	Construção do Estado	7
Evans (1995), *Embedded Autonomy*	SO	5.281		●	Desenvolvimento econômico	3
George e Smoke (1974), *Deterrence in US Foreign Policy*	PS	894		●	Crises	11
Kohli (2004), *State-Directed Development*	PS	723		●	Políticas industriais	4
Levi (1988), *Of Rule and Revenue*	PS	1.821		●	Política fiscal	4
Moore (1966), *Social Origins of Dictatorship and Democracy*	SO	6.573		●	Tipos de regime	8
Rueschemeyer et al. (1992), *Capitalist Development*	SO	2.727		●	Tipos de regime	22
Tsai (2007), *Accountability without Democracy*	PS	227		●	Governo da aldeia	4
Wood (2000), *Forging Democracy from Below*	PS	353		●	Tipos de regime	2

Notas: C = número de casos. *Algoritmo* = seleção de caso por algoritmo.

Tabela 5.10 – Casos diversos em Moore (1966)

	Rotas para a modernidade			
	1		2	3
Casos	Reino Unido, Estados Unidos	França	Alemanha, Japão	Rússia, China
Ponto de partida comum	Burocracia agrária	Burocracia agrária	Burocracia agrária	Burocracia agrária
Agrupamentos de variáveis-chave				
Impulso burguês	Forte	Forte	Médio	Fraco
Modo de agricultura comercial	Mercado	Às custas do trabalhador	Às custas do trabalhador	Às custas do trabalhador
Potencial revolucionário campesino	Baixo	Alto	Baixo	Alto
Evento político crítico	Revolução burguesa	Revolução burguesa	Revolução de cima	Revolução camponesa
Principal resultado político sistêmico	Capitalismo democrático	Capitalismo democrático	Fascismo	Comunismo

Fonte: Reproduzido de Skocpol (1973: 10).

Ao classificar Moore (1966), bem como outros estudos de caso listados na tabela 5.9, como exploratórios, estou fazendo uma suposição importante: que os autores usaram casos escolhidos para desenvolver suas teorias – selecionando em Y e Z e chegando a X. Uma leitura alternativa desses trabalhos é que os autores desenvolveram suas teorias *ex ante*, usando os casos de um modo confirmatório (para fornecer confirmação ou desconfirmação adicional da teoria) – selecionando, assim, em X e Y (e talvez também em Z). Se é assim, esses estudos de caso deveriam ser classificados como diagnósticos em vez de exploratórios. Como geralmente ocorre com a pesquisa de estudo de casos, é difícil dizer com certeza o que os autores sabiam e quando o sabiam. Basta dizer que, independentemente de como esses estudos particulares são classificados, resta um papel importante para os estudos de caso que empregam uma estratégia de seleção de caso diverso – ou seja, onde quer que os pesquisadores suspeitem de que possa haver rotas múltiplas para Y, mas não está claro quais sejam.

5.2 Estimativo

Até aqui, tenho lidado com *designs* de pesquisa de estudo de caso que são exploratórios, *i. e.*, destinados a identificar uma hipótese causal. Dirijo-me agora para estudos de caso cujo objetivo é testar uma hipótese pela estimativa de um efeito causal. Estimar pode significar uma estimativa pontual precisa com um intervalo de confiança (como pode ser obtido a partir de uma análise de pareamento [*matching analysis*] de série temporal ou sintética), ou uma estimativa menos precisa do "signo" de uma relação, *i. e.*, se X possui uma relação positiva, negativa ou não possui relação com Y. O último é mais comum, como observamos, não somente devido ao tamanho pequeno da amostra (no nível do caso), mas também porque é mais provável ser generalizável (cf. discussão no cap. 10). Em qualquer uma das duas situações, a seleção de caso deve repousar em informações sobre X e Z – e não sobre Y. Duas abordagens gerais são viáveis para estimar efeitos causais em um ambiente *C-pequeno – longitudinal* e *mais-similar* – como descrito abaixo.

Antes de entrarmos nessa discussão, pode ser apropriado observar que esse não é o uso mais comum da pesquisa de estudo de caso. Fui capaz de identificar apenas alguns exemplares, como demonstrado nas tabelas seguintes. Não estou sequer certo de que esses estudos de caso classificados como estimativos se qualificam, de fato, como tais (na medida em que é difícil por vezes discernir se os pesquisadores consideraram os valores do resultado (Y) em sua seleção de casos).

A razão para a raridade da estimativa causal de estudos de caso surge de uma característica lógica do mundo. Em uma situação em que pesquisadores identificaram uma hipótese específica (Hx) que pertence a uma população ampla, é usualmente possível estimar essa relação através de um grande número de casos, gerando um *design* de pesquisa *C-grande*. Esse modo de análise pode geralmente fornecer um teste mais forte da hipótese e é, portanto, o *design* de pesquisa preferido.

Contudo, existem algumas circunstâncias nas quais é possível, e aconselhável, estimar o impacto de *Em X sobre Y* usando uma amostra de casos muito pequena. A justificação para essa abordagem de amostragem pequena repousa na inabilidade, ou inconveniência, de estender a amostra para incluir casos adicionais. Ou seja, as evidências longitudinais fornecidas por um caso singular, talvez acompanhadas por um ou vários casos-"controle" [*control cases*], fornece bases mais fortes para inferência do que o correspondente *design C-grande* – presumivelmente porque casos adicionais são heterogêneos e, portanto, introduziriam confundidores potenciais à análise.

Longitudinal

Um estudo de caso longitudinal imita um experimento de um grupo, no qual X muda de um modo como-se aleatório enquanto Z permanece constante e Y é observado antes e após a intervenção. Pode ser referido também como uma *série temporal interrompida* (Campbell, 1968/1988) ou um *design* de *medidas repetidas* (ou *observações repetidas*), e é consistente com uma análise de série temporal de um caso continuamente observado (Hamilton, 1994).

A condição, é claro, é a de que, a fim de se qualificar como um estudo de caso, o número de casos deve ser limitado e a intensidade do estudo dedicada a eles deve ser correspondentemente grande. Mais especificamente, os pesquisadores devem examinar o(s) caso(s) escolhido(s) atentamente para ver se algum confundidor potencial pode ser identificado e, se puder, ver se pode enviesar o processo de geração de dados na direção da hipótese de interesse. Se não puder, ou seja, se os confundidores potenciais exercem um viés "conservador", o caso pode ser aceitável.

Cinco exemplares longitudinais são listados na tabela 5.11. Todos focam as mudanças políticas – política monetária, política fiscal, política de controle de tráfego e política de gerenciamento de irrigação. Por exemplo, a fim de compreender a relação entre política monetária e flutuações econômicas, Milton Friedman e Anna Schwartz (1963) examinam atentamente a história dos Estados Unidos, identificando quatro ocasiões nas quais o estoque de moeda mudou devido a escolhas políticas basicamente não relacionadas ao comportamento da economia (e, assim, exógenas à questão de pesquisa). Essas quatro intervenções consistiam no "aumento na taxa de desconto na primeira metade da década de 1929, do aumento na taxa de desconto em outubro de 1931, do aumento nas exigências de reserva em 1936-1937, e do fracasso do Federal Reserve em deter o colapso da oferta monetária em 1919-1931" (Miron, 1994: 19). O resultado foi que cada um foi seguido por uma mudança substancial no comportamento do estoque de moeda, validando um pilar central da teoria monetarista.

Tabela 5.11 – Exemplares de casos longitudinais

Estudo	Campo	Citações	SELEÇÃO		CASOS	
			Algoritmo	Não algoritmo	Fenômenos	C
Campbell (1968/1988), *Connecticut Crackdown*	PY	384		●	Leis de velocidade	1
Friedman e Schwartz (1963), *Monetary History of US*	EC	6.208		●	Política monetária	1
Hsieh e Romer (2001), *Was Federal Reserve Fettered?*	EC	19		●	Expansões monetárias	1
Romer e Romer (2010), *Effects of Tax Changes*	EC	800		●	Política fiscal	1
Uphoff (1992), *Learning from Gal Oya*	PS	467		●	Projetos de irrigação	1

Notas: C = número de casos. *Algoritmo* = seleção de caso por algoritmo.

Para identificar um caso, ou caso, longitudinal, a partir de uma população de casos potenciais, podemos buscar ocorrências nas quais a mudança em X não é acompanhada por uma mudança em Z. Essa transformação não é fácil de divisar em uma amostra *C-grande*, uma vez que exige que X e Z sejam medidos em um formato de painel para todos os casos potenciais, e Z é, com certeza, muito difícil de identificar de uma forma *a priori* (sem conhecimento dos detalhes de cada caso). Talvez não seja coincidência que nenhum dos exemplares escolha casos de um modo algorítmico.

Mais-similar (estimativo)

Estimar um efeito causal com um *design* mais-similar é similar a um *design* longitudinal com a adição notável de um caso-controle – que (idealmente) não experiencia mudanças em X nem em Z[52]. Ou seja, casos escolhidos exibem diferentes valores em X e valores similares em Z. Sob essas circunstâncias, e com uma variedade de suposições, resultados obtidos através dos casos (Y) nos permitem estimar um efeito causal.

Tabela 5.12 – *Design* de caso exemplar mais-similar (estimativo)

		Variáveis		
		X	Z	Y
Casos	A	1	0	?
	B	0	0	?

Notas: Design mais-similar estimativo com fatores binários, um ambiente exemplar. X = fator causal de interesse teórico. Z = vetor de fatores de fundo. Y = resultado (valores a serem determinados). A atribuição de 0s e 1s é uma escolha codificadora arbitrária. O ponto-chave é que casos A e B partilham os mesmos valores em todos os Z e diferem em X.

Como com o *design* exploratório mais-similar, diferenças e similaridades podem se manifestar de um modo binário, como ilustrado na tabela 5.12. Ou, podem ser uma questão de grau, circunstância na qual os pesquisadores buscam casos que maximizem a variância em X e minimizem a variância em Z. Se buscam identificar um pequeno número de casos mais-similares a partir de uma grande população de casos potenciais, os pesquisadores podem

---

52. Essa é a versão da análise mais-similar discutida em Glynn e Ichino (2015) e Lijphart (1975).

empregar algoritmos de pareamento [*matching algorithms*] que cumpram essas exigências[53]. Como sempre, o *design* de pesquisa é mais instrutivo se analisa a mudança através do tempo em vez de valores em um momento particular do tempo. Assim, seria preferível mensurar X e Z como ΔX e ΔZ.

Cinco estudos de caso mais-similar (estimativos) são listados como exemplares na tabela 5.13. Eles focam diversos temas e são conduzidos por pesquisadores em vários campos. Eles parecem partilhar pouco em comum exceto seu *design* mais-similar.

Como um exemplo inicial, vamos considerar o estudo de Jeffrey Mondak (1995) sobre duas cidades – Cleveland e Pittsburgh – que são consideradas similares em condições de fundo. Uma das cidades experiencia a greve de um jornal, exibindo uma mudança no fator causal de interesse teórico. O objetivo do estudo é determinar até que ponto a ausência de um jornal afeta o conhecimento dos cidadãos sobre política, como mensurado ao longo de uma sondagem pós-teste de consciência política. Um ponto fraco desse estudo é que mensura o resultado somente *após* a greve do jornal (pós-tratamento). Idealmente, seria preferível mensurar a mudança ao longo do tempo nos dois casos, eliminando um grande número de confundidores potenciais que são de natureza estática (específicos a cada cidade).

Uma extensão do método mais-similar chamada *controle sintético* foi desenvolvida por Alberto Abadie e colegas (Abadie et al., 2015). Aqui, existe tipicamente um caso-"tratamento" [*treatment case*] singular (no qual X varia) e um grande número de casos-controle (nos quais X é constante) que são compatíveis em características de fundo. Por exemplo, para testar o impacto do conflito violento no desempenho de crescimento, Abadie e Gardeazabal (2003) examinam atentamente uma região da Espanha que foi dividida por conflitos – o País Basco – que contrastam com outras regiões do país observadas durante o mesmo período de tempo. A Espanha é um regime bastante descentralizado, de modo que cada região desfruta de uma quantidade considerável de autonomia e o problema da não independência entre unidades é, portanto, minimizado. Os pesquisadores observam que uma simples análise de série temporal focada na região basca poderia elucidar o impacto econômico do terrorismo patrocinado

---

53. Cf. Nielsen (2016) e aplicação da web que o acompanha [disponível em: https://rnielsen. shinyapps.io/caseMatch/].

Tabela 5.13 – Exemplares de casos mais-similares (estimativo)

Estudo	Campo	Citações	SELEÇÃO Algoritmo	SELEÇÃO Não algoritmo	CASOS Fenômenos	CASOS C
Abadie e Gardeazabal (2003), *Costs of Conflict*	EC	867		●	Regiões espanholas	1/17
Mondak (1995), *Newspapers and Political Awareness*	PS	95		●	Cidades	2
Posner (2004), *Political Salience of Cultural Difference*	PS	376		●	Grupos étnicos	4
Skendaj (2014), *International Insulation from Politics*	PS	2		●	Agências	4
Useem e Goldstone (2002), *Riot and Reform US Prisons*	SO	32		●	Prisões	2

Notas: C = número de casos. *Algoritmo* = seleção de caso por algoritmo.

pelo ETA. Contudo, essa "intervenção" começou lentamente nas décadas de 1960 e 1970 (não havendo ponto de partida bem definido) e coincidiu com um declínio econômico geral na Espanha. Assim, padrões temporais são difíceis de interpretar.

Abadie e Gardeazabal identificam uma série de covariáveis [*covariates*] que poderiam ajudar a identificar um território – ou territórios – na Espanha que é mais-similar à região basca com respeito aos vários fatores que poderiam afetar o desempenho de crescimento, mas não experienciou conflitos violentos. Essas covariáveis incluem o PIB *per capita* real, investimento, densidade populacional, a forma da economia (*e. g.*, agricultura, indústria e outros setores), assim como vários medidores de capital humano. Contudo, não há combinação perfeita para o País Basco entre as outras 16 regiões espanholas. Em vez de se restringirem a uma comparação menos-que-perfeita, os autores, em troca, construíram um caso hipotético a partir dos dois casos que combinava relativamente bem com a região basca, Madri e Catalunha. Cada um é considerado de acordo com a força da combinação (com a região basca) ao longo das várias dimensões observadas anteriormente; os dois são, depois, combinados em um caso singular. Esse caso composto é visto como fornecendo um caso-"controle" melhor para o caso-tratamento, a região basca. "Nosso objetivo", os autores explicam, "é aproximar a trajetória do PIB *per capita* que o País Basco teria experienciado na ausência do terrorismo. Essa trajetória do PIB *per capita* contrafactual é calculada como o PIB *per capita* do País Basco sintético" (Abadie & Gardeazabal, 2003: 117). Com base nesse contrafactual sintético, os autores concluem que a região basca experienciou uma perda de 10% no PIB *per capita* devido à violência terrorista ao longo de duas décadas (as décadas de 1980 e 1990).

5.3 Diagnóstico

Estudos de caso, finalmente, podem desempenhar uma função *diagnóstica* – ajudando a confirmar, desconfirmar ou refinar uma hipótese (extraída da literatura sobre um tema ou das próprias ruminações dos pesquisadores) e identificar o agente gerador envolvido nessa relação. Estratégias específicas podem ser classificadas como *influentes*, *casos-caminho* ou *mais-similares*, como discutido abaixo.

Como todos os elementos de um modelo causal – X, Z e Y – estão geralmente envolvidos na seleção de um caso diagnóstico, os leitores podem se perguntar o que resta à pesquisa de estudo de caso realizar. Na verdade, muita coisa permanece sobre a mesa. Estudos de caso diagnóstico podem avaliar:

- **Erro de medição:** X, Z e Y são propriamente medidos? (Seawright, 2016b).

- **Condições de escopo:** O caso escolhido é corretamente classificado como parte da população? Quais são as condições de escopo apropriadas para a hipótese? (Ragin, 2000; Skocpol & Somers, 1980).

- **Heterogeneidade causal:** Os fatores de fundo que medeiam a relação $X \rightarrow Y$ existem? (Harding & Seefeldt, 2013: 98).

- **Confundidores:** o processo efetivo de geração de dados é consistente com o modelo causal escolhido? Qual é o mecanismo de atribuição? Existem confundidores pré ou pós-tratamento (Dunning, 2012; Harding & Seefeldt, 2013; Seawright, 2016b).

- **Mecanismos causais:** Qual é o caminho pelo qual X afeta Y? (cf. abaixo).

De particular interesse é a última característica – os mecanismos (M) que conectam X a Y (caso a relação seja de fato causal)[54]. Mecanismos não somente ajudam a confirmar ou desconfirmar uma hipótese, eles também a explicam – ao especificarmos um mecanismo, também especificamos o processo gerativo pelo qual X causa Y. Observe que, quando não há antecedente teórico forte sobre a natureza do mecanismo, a análise de caso assume uma investigação indutiva, aberta – para identificar M. Quando existe uma expectativa teórica, a análise assume um formato dedutivo – testar a existência de um padrão pré-especificado considerado indicativo de M (e. g., Dafoe & Kelsey, 2014). Isso é por vezes referido como *testagem de congruência*, *pareamento de padrões* ou *análise de implicação*.

Em suma, há muito a ocupar pesquisadores do estudo de caso envolvidos em um estudo de caso diagnóstico, mesmo que valores preliminares

---

54. Estudos de caso focados em mecanismos não tentam usualmente estimar o efeito causal preciso de X sobre M e sobre Y, como podemos em um contexto experimental ou – com muitas precauções – em um contexto observacional grande-N (Imai et al., 2010). O esforço é mais modestamente direcionado: esclarecer se um mecanismo está em funcionamento, e, assim, é responsável por algum efeito causal de X sobre Y (Goertz, 2017).

para X, Z e Y sejam conhecidos. Informações extraídas de um estudo de caso podem ser usadas para confirmar, rejeitar ou refinar uma teoria ou para revisar um modelo *C-grande, e. g.*, ao ajudarem a reespecificar esse modelo (Gordon & Smith, 2004; Seawright, 2016b).

Casos diagnósticos são provavelmente o tipo mais complexo de estudo de caso de uma perspectiva do *design* de pesquisa; assim, esta seção é um pouco mais longa do que as seções prévias e incluirá uma discussão detalhada sobre vários exemplos.

Influente

Um caso *influente* é aquele cujo *status* tem um efeito profundo sobre a probabilidade (subjetiva) de uma hipótese ser verdadeira, P(Hx). Podemos compreender a influência de um modo contrafactual. Ou seja, se valores para variáveis-chave – X, Z, M ou Y – para esse caso tivessem de ser reatribuídos, nossa avaliação de P(Hx) mudaria. Como os valores para esse caso importam mais do que os valores para outros casos, a análise intensiva é garantida. A análise de estudo de caso tende a afetar nossa avaliação da hipótese – seja fortalecendo, seja enfraquecendo P(Hx).

O caso mais influente é aquele que, por si próprio, falseia uma hipótese. Isso é possível caso a proposição seja estritamente determinística (Dion, 1998). Suponha que $X = 1$ é considerado uma condição necessária de um resultado $Y = 1$. Um caso falseador teria os atributos $X = 0$, $Y = 1$. Se, por outro lado, $X = 1$ é considerado uma condição suficiente de um resultado, $Y = 1$, um caso falseador exibiria os atributos $X = 1$, $Y = 0$. (Condições necessárias e suficientes são imagens-espelho uma da outra – qual terminologia usamos é uma questão de clareza e conveniência.)

A hipótese determinística mais proeminente na ciência política hoje é provavelmente a paz democrática – a ideia de que as díades democráticas não guerreiem entre si[55]. Há várias exceções possíveis a essa lei "universal", incluindo a Guerra Hispano-americana, a Guerra Kargil, a Guerra Paquisha, a participação libanesa na Guerra dos Seis Dias, a Guerra Franco-tailandesa e a invasão turca do Chipre. Cada uma chamou considerável atenção

---

55. Nem todos veem a paz democrática como determinística; mas alguns sim (Brown et al. 1996). Para uma lista de hipóteses adicionais que assumem uma forma determinística, cf. Goertz e Starr (2003).

de apoiadores e céticos sobre a hipótese da paz democrática (Bremer, 1992, 1993; Elman, 1997; Gleditsch, 1992; Owen, 1994; Ray, 1993). Até aqui, essa pesquisa não produziu um golpe final na teoria da paz democrática. Há um problema de mensuração na medida em que exceções aparentes são muitas vezes difíceis de classificar claramente como democráticas/autocráticas ou como pacíficas/belicosas. Mais fundamentalmente, muitos pesquisadores adotam uma visão probabilística da teoria – e, nesse caso, algumas exceções não são tão preocupantes para a teoria. Para os propósitos presentes, o que é importante é que esses casos são influentes. Seja a teoria interpretada como determinística, seja como probabilística, esses casos possuem uma importância maior sobre a validade da teoria do que outros casos que possam ser escolhidos para análise intensiva, o que explica sua centralidade no debate em curso sobre a paz democrática.

Casos influentes são muitas vezes valores atípicos, ou valores atípicos aparentes – casos que não parecem se encaixar na teoria, como vistos no caso da paz democrática. Isso é verdadeiro também para outros temas, incluindo aqueles compreendidos por quase todo mundo como probabilísticos. No estudo de Jeremy Weinstein (2007) sobre o conflito civil, quatro valores atípicos são identificados – Argélia (1962-1964), Argélia (1993-2000), Colômbia (1943-1963) e Líbano (1975-1991). Aqui, o número de mortes em conflitos durante guerras civis foi maior do que o previsto pela teoria de Weinstein, que depende inteiramente do acesso a fontes materiais. Weinstein considera que dois desses valores atípicos – Argélia (1962-1964) e Líbano – são o produto de erros de medição, que são, depois, corrigidos em análises subsequentes (Weinstein, 2007: 324). Na Colômbia e na Argélia (1992-2000), a exploração de caso detalhada revela fatores adicionais que parecem contribuir para a violência insurgente, permitindo a Weinstein uma oportunidade para reespecificar as características de fundo de seu modelo causal (para explicar a heterogeneidade causal) ou para estabelecer condições de escopo mais restritas para a teoria. Desse modo, a exploração de caso leva ao desenvolvimento da teoria[56].

Por vezes, casos influentes assumem a forma do "cão que não latiu", *i. e.*, um caso que deveria ter exibido um resultado positivo, mas terminou não

---

56. Minha exposição de Weinstein (2007) segue Soifer (2015). Para um outro exemplo desse tipo, pode-se considerar o caso da Dinamarca em Ertman (1997), discutido por Munck (2004: 118).

exibindo. Por exemplo, no estudo de Stathis Kalyvas (1996) sobre a democracia cristã na Europa, o caso da França – um país católico que nunca desenvolve um partido democrático cristão bem institucionalizado – é muito importante. Consequentemente, Kalyvas dedica atenção maior a esse caso do que aos casos mais merecedores. Casos "difíceis" muitas vezes merecem atenção mais detalhada, seja sua dificuldade oriunda de problemas de medição, de classificação, de ambiguidade na teoria, de confundidores ou de características estocásticas do mundo. Os pesquisadores devem lidar com eles.

Observe que, embora casos influentes sejam usualmente valores atípicos – e nesse sentido pareçam espelhar casos anômalos (discutidos acima) – podem também estar em conformidade. Na verdade, podem *definir* a relação de interesse (*e. g.*, casos menos prováveis, discutidos abaixo). O que torna um caso influente não é sua adequação ao modelo, mas sua influência sobre ele. Do mesmo modo, mesmo quando um caso influente é anômalo, o propósito desses dois gêneros é muito diferente. Um caso anômalo é destinado à descoberta (identificar uma nova hipótese), enquanto um caso influente é destinado a propósitos diagnósticos (avaliar uma hipótese existente).

Casos influentes podem assumir a forma de casos *cruciais* se certas condições de fundo são válidas (Eckstein, 1975; Rapport, 2015). Se o objetivo é provar uma hipótese, o caso crucial é conhecido como um caso *menos provável*. Aqui, a relação hipotetizada entre X e Y é válida mesmo quando fatores de fundo (Z) preveem de outro modo. Com respeito à hipótese de paz democrática, um caso menos provável seria uma díade composta de dois países democráticos com características de fundo que pareçam predispô-los à guerra, mas que estão em paz. Se o objetivo é refutar uma hipótese, o caso crucial é conhecido como caso *mais-provável*. Aqui, a relação hipotetizada entre X e Y não é válida mesmo quando fatores de fundo (Z) preveem que deva ser. Com respeito à hipótese da paz democrática, um caso mais-provável seria uma díade composta de dois países democráticos com características de fundo que pareçam predispô-los à paz (*e. g.*, são ricos, culturalmente similares, e economicamente codependentes), mas que se envolvem em um conflito violento. Distinguir casos mais prováveis de casos menos prováveis depende da hipótese, que pode ser formulada de diferentes modos. Por exemplo, se alguém escolhe enquadrar o resultado como "guerra" em vez de "paz" (uma decisão arbitrária, sob muitos aspectos), então, a terminologia é invertida. Contudo, a lógica que fundamenta o caso crucial permanece a mesma.

Como um outro exemplo, podemos considerar a afirmação batida de que países diversos têm uma tendência menor a estabelecer e manter uma forma democrática de governo (Diamond & Plattner, 1994). Um caso mais--provável é fornecido pela Papua Nova Guiné (PNG), que exibe o que é provavelmente o nível mais elevado de heterogeneidade etnolinguística do que qualquer outro país no mundo (X) junto a um nível muito baixo de modernização (Z), um fator de fundo que também deveria desencorajar a democratização. A despeito dessas características, PNG tem mantido uma vibrante democracia multipartidária desde sua independência em 1975. Em um estudo de caso detalhado, Ben Reilly (2000/2001) mostra que isso constitui uma forte evidência contra a visão predominante sobre a diversidade social.

Uma variedade de estudos de caso influentes é listada na tabela 5.14. Todos derivam da ciência política ou da sociologia (embora não veja razão particular de por que esse tipo de trabalho deve ser focado nessas disciplinas particulares). As amostras são pequenas, indo de 1 a 6.

Embora todos os estudos listados na tabela 5.14 tenham sido escolhidos de um modo informal, muitos poderiam também ter sido escolhidos de uma forma algorítmica. Para identificar um caso, ou casos, influente para hipóteses determinísticas a partir de uma grande população de casos potenciais, os pesquisadores necessitam somente comparar valores para X e Y, buscando por aqueles que pareçam desconfirmar a teoria. Para identificar um caso, ou casos, influente para hipóteses probabilísticas a partir de uma grande população de casos potenciais em um contexto de regressão, os pesquisadores podem utilizar um corpo bem desenvolvido de estatísticas de influência destinadas a identificar aqueles casos que desempenham um papel influente – compreendidos como casos, que, se removidos da amostra, teriam o maior impacto sobre o modelo total ou – mais utilmente – sobre coeficientes estimados para uma variável independente particular, como revelado pela estatística DFBETA (Andersen, 2008; Belsey, Kuh & Welsch, 2004; Bollen & Jackman, 1985).

Caminho

Um caso *caminho* [*pathway case*] é aquele em que o impacto aparente de *X sobre Y* está de acordo com as expectativas teóricas e é forte (em magnitude), enquanto as condições de fundo (Z) são mantidas constantes ou exercem um viés "conservador" (Gerring, 2007a, 2007b; Weller & Barnes,

Tabela 5.14 – Exemplares de casos influentes

| Estudo | Campo | Citações | SELEÇÃO | | CASOS | |
			Algoritmo	Não algoritmo	Fenômenos	C
Allison e Zelikow (1999), *Essence of Decision*	PS	9.113		•	Crises estrangeiras	1
Bennett et al. (1994), *Burden-Sharing in the Persian Gulf War*	PS	90		•	Alianças	1
Kalyvas (1996), *Christian Democracy in Europe*	PS	556		•	Partidos democráticos cristãos	6
Kemp (1986), *Urban Spatial Conflict*	SO	5		•	Conflitos étnicos locais	1
Michels (1911), *Political Parties*	SO	4.231		•	Partidos	2
Ray (1993), *Wars between Democracies*	PS	157		•	Guerras	5
Reilly (2000/2001), *Democracy, Ethnic Fragmentation*	PS	80		•	Tipos de regime	1
Rosenberg (1991), *Hollow Hope*	PS	2.761		•	Casos legais	2
Snyder e Borghard (2011), *Cost of Empty Threats*	PS	78		•	Crises	4

Notas: C = número de casos. *Algoritmo* = seleção de caso por algoritmo.

2014). Esse pode também ser chamado um caso *conforme, típico, online* ou *ilustrativo*, uma vez que se conforma a, tipifica ou ilustra, uma relação causal de interesse (Lieberman, 2005; Schneider & Rohlfing, 2013). Geralmente, o caso escolhido é *positivo, i. e.*, onde $X = 1$ e $Y = 1$, com a suposição de que, ao longo do tempo, esses tipos de casos incorporam mudanças que poderiam ser proveitosamente estudadas (Goertz, 2017). O rótulo "caminho" é usado aqui a fim de enfatizar critérios adicionais não capturados por esses outros termos (mesmo que essas características adicionais nem sempre sejam possíveis de averiguar).

Vamos considerar alguns ambientes nos quais casos-caminho podem ser empregados utilmente.

Em um ambiente em que a relação entre X e Y é altamente incerta – talvez por ainda não ter sido (ou não possa ser) testado em um formato *C-grande* – o caso-caminho serve a uma função ilustrativa. Ao mostrar que a teoria corresponde ao caso escolhido, o estudo de caso ilustra os conteúdos da teoria e demonstra sua plausibilidade. Se funciona aqui, diz a lógica, pode se aplicar em outra parte[57]. Modelos econômicos muitas vezes levam a estudos de caso que executam uma função ilustrativa (Bates et al., 1998; Goemans & Spaniel, 2014; Kuehn, 2013; Lorentzen et al., 2015; Pahre, 2005). Isso se deve presumivelmente ao fato de que a qualidade abstrata da teoria – concebida, talvez, com um modelo matemático– deve ser relacionada ao mundo real. Sem uma ilustração concreta – um caso – a teoria é desincorporada. Observe também que teorias formais são geralmente focadas nos *mecanismos*, que são muitas vezes difíceis de testar em um ambiente *C-grande* (Goertz, 2017: cap. 6).

Outras teorias, não originadas em modelos formais, também buscam casos ilustrativos. Por exemplo, ao apresentar a teoria da dependência do caminho, Paul David (1985) utiliza o curioso caso do teclado "QWERTY". Esse arranjo peculiar de teclas foi adotado pelos desenvolvedores da máquina de escrever como um modo para diminuir a velocidade das teclas para que não se sobrepusessem – um problema constante nas primeiras máquinas de escrever, mesmo com o arranjo QWERTY. Mais tarde, à medida que a tecnologia avançava, as máquinas de escrever puderam acomodar uma ação mais

---

57. Goertz (2017: cap. 6) se refere a esse gênero de estudo de caso como uma "prova de existência empírica".

rápida de teclado e os desenvolvedores sugeriram novos arranjos do teclado que prometiam acelerar o processo de datilografar. O sistema QWERTY havia "se firmado" tanto entre os consumidores como entre os fabricantes, ilustrando a teoria da dependência do caminho.

Em um ambiente no qual a relação entre X e Y é bem-estabelecida – talvez como um resultado da análise C-grande (dos pesquisadores ou de alguém outro) – o caso-caminho está em geral focado especificamente nos mecanismos causais (M). Um exemplo fornecido pela pesquisa de Edward Mansfield e Jack Snyder (2005) é sobre transições de regime e guerra. Os autores encontram uma forte relação entre democratização (incompleta) e comportamento belicoso em suas análises *trans*-nacionais C-grande. Para averiguar se seus mecanismos causais hipotetizados estão de fato envolvidos na geração dessa relação, eles examinam atentamente dez países nos quais o padrão covariacional postulado entre X e Y é claramente válido, ou seja, onde a democratização é seguida pela guerra[58].

Quatorze exemplares de casos-caminho são listados na tabela 5.15. Vários são selecionados por algoritmo (Dafoe & Kelsey, 2014; Teorell, 2010), embora muitos sejam selecionados de um modo informal. As amostras variam de 1 a 14 e cobrem uma série ampla de tópicos.

Em seções prévias, não dedicamos muito tempo à seleção de caso algorítmica, exceto para observar os métodos que poderiam ser empregados. Como esses métodos – usualmente variantes da regressão – são bem conhecidos (ou, de qualquer forma, bem trabalhados pelos textos estatísticos), não fazia muito sentido produzir uma discussão detalhada. Usar um algoritmo para escolher um caso-caminho não é, contudo um terreno bem trabalhado, de modo que devemos dedicar um tempo considerável a esse aspecto da seleção de caso. Fazer isso também deveria ajudar a ilustrar o procedimento, e o propósito subjacente, da análise de caso-caminho.

A lógica do caso-caminho é mais clara em situações em que todos os fatores de interesse (tanto causas como efeitos) podem ser compreendidos de um modo binário (0 ou 1). Para propósitos heurísticos, estipularei que

---

58. Os resultados C-grande de Mansfield e Snyder têm sido criticados, assim como sua abordagem à seleção de casos. Em particular, Narang e Nelson (2009) alegam que o modelo de seleção de caso dos autores não é fiel à sua teoria, um problema que não tenho competência para julgar. (Desconsidero a crítica de "selecionar na variável dependente", por razões discutidas acima).

Tabela 5.15 – Exemplares de casos-caminho

| Estudo | Campo | Citações | SELEÇÃO | | CASOS | |
			Algoritmo	Não algoritmo	Fenômenos	C
Adamson (2001), *Democratization*	PS	53		●	Políticas estrangeiras	1
Dafoe e Kelsey (2014), *Observing the Capitalist Peace*	PS	2	●		Díades de nação	6
David (1985), *Clio and the Economics of QWERTY*	EC	6.473		●	Dependência do caminho	1
Dunning (2008), *Crude Democracy*	PS	395		●	Democratização	5
Khong (1992), *Analogies at War*	PS	564		●	Crises	4
Kuehn (2013), *Game Theory Models and Process Tracing*	PS	3		●	Relações civis-militares	2
Mansfield e Snyder (2005), *Electing to Fight*	PS	627		●	Conflitos	10
Martin (1992), *Coercive Cooperation*	PS	700		●	Sanções	4
Richards (2011), *Cultural Explanations of War*	AN	8		●	Guerras	2
Ross (2004), *How Do Natural Resources Influence Civil War?*	PS	566		●	Guerras civis	13
Schultz (2001), *Democracy and Coercive Diplomacy*	PS	590		●	Crises	4
Simmons (1994), *Who Adjusts?*	PS	348		●	Crises de políticas econômicas	3
Tannenwald (1999, 2007), *Nuclear Taboo*	PS	480		●	Ocasiões de uso nuclear	4
Teorell (2010), *Determinants of Democratization*	PS	153	●		Tipos de regime	14

Notas: C = número de casos. *Algoritmo* = seleção de caso por algoritmo.

se X é uma causa de Y, há uma relação positiva entre os dois, *i. e.*, uma mudança de $X = 0$ para $X = 1$ aumenta a probabilidade de $Y = 1$. Do mesmo modo, estipularei que todos os fatores de fundo (representados pelo vetor Z) têm uma relação positiva com Y. Assumirei também que o impacto de *Em X sobre Y* é independente de Z (o vetor Z não serve como um mediador). E assumirei que valores positivos para X e Y correspondem a uma mudança naquelas variáveis no mesmo ponto no passado (e que, portanto, podem ser observáveis), embora valores negativos correspondam à estase (sem mudanças).

Tabela 5.16 – *Design* de caso-caminho com fatores binários

		Variáveis		
		X	Z	Y
	A	1	1	1
	B	0	0	0
	C	0	1	1
	D	0	0	1
Casos	E	1	0	0
	F	1	1	0
	G	0	1	0
	H	1	0	1

Notas: X = fator causal de interesse teórico. Z = vetor de fatores de fundo. Y = resultado (valores a serem determinados). O N para cada tipo de caso é indeterminado. H = caso-caminho.

Nesse cenário, podemos classificar tipos de caso em oito categorias, ilustradas na tabela 5.16. Observe que o número total de combinações de valores depende do número de variáveis de controle [*control variables*], que representamos com um único vetor, Z. Se esse vetor consiste em uma única variável, então existem somente oito tipos de casos. Se esse vetor consiste em duas variáveis (Z_1, Z_2), então o número total de combinações possíveis aumenta de oito (2^3) para 16 (2^4). Identificar esses tipos de caso é uma questão relativamente simples, e pode ser realizada em uma amostra *C-pequeno* pela construção de uma tabela-verdade, ou, em uma amostra *C-grande*, pelo uso de tabelas de contingência [*cross-tabs*].

O caso-caminho, seguindo a lógica do caso crucial, é aquele em que o fator causal de interesse é positivo ($X = 1$) e prevê corretamente Y enquanto todas as outras causas possíveis de Y (representadas pelo vetor, Z) fazem previsões "erradas". Isso é descrito como Caso H na tabela 5.16. Se X é uma causa e Y, essa relação deveria ser mais visível onde outros confundidores potenciais não estão envolvidos – ou, mais acuradamente, *provavelmente* não envolvidos. Isso não presume que a relação (como manifestada em uma população maior) é monocausal; meramente supõe que em um dado caso a relação pode ser monocausal, *i. e.*, onde $X = 1$ é causalmente suficiente para produzir $Y = 1$. Não presume o determinismo causal; pode haver muitas ocorrências em que $X = 1$ e $Y = 0$ (tipos de caso E e F). (Naturalmente, se X é uma causa de Y, esperaríamos encontrar menos ocorrências de E e F do que de outros tipos.)

Agora, vamos abordar um cenário mais complicado, em que todas (ou a maioria) das variáveis de interesse para o modelo são contínuas em vez de dicotômicas. Aqui, o trabalho da seleção de caso é consideravelmente mais complexo, pois a "suficiência" causal (no sentido usual) não pode ser invocada. Não é mais plausível assumir que uma causa dada pode ser inteiramente particionada, *i. e.*, fatores rivais eliminados. Contudo, a busca por um caso-caminho pode ainda ser viável em um ambiente *C-grande*.

O que estamos buscando nesse cenário é um caso que satisfaça dois critérios: (1) não ser um valor atípico, ou ao menos não um valor atípico extremo, no modelo completo (de modo que não viole o critério de representatividade de um modo óbvio) e (2) seu escore sobre o resultado (Y) ser fortemente influenciado pela variável teórica de interesse (X), levando outros fatores em conta (Z). Esse é o análogo da variável contínua do Caso H na tabela 5.16. Nesse tipo de caso, deveria ser mais fácil "ver" mecanismos causais que podem se encontrar entre X e Y.

Para identificar esse caso, é necessário um procedimento de três etapas. Primeiro, os pesquisadores constroem uma especificação *mínima* com todos os fatores de fundo relevantes (aqueles que podem servir como confundidores),

$$Y = Z + \varepsilon_1 \tag{5.1}$$

Segundo, os pesquisadores constroem uma especificação *completa*, incluindo o fator causal de interesse,

$$Y = Z + X + \varepsilon_2 \qquad (5.2)$$

O caso-caminho potencial é aquele caso – ou conjunto de casos – que mostra a maior diferença entre o valor absoluto do resíduo para a especificação mínima e o valor absoluto da especificação completa (ΔResíduo),

$$\text{Caminho} = |\varepsilon_1 - \varepsilon_2|, \text{se } |\varepsilon_1| > |\varepsilon_2| \qquad (5.3)$$

Observe que o residual para um caso deve ser menor na especificação completa do que na especificação mínima; do contrário, a adição da variável de interesse (X) *afasta* o caso da linha de regressão. Desejamos encontrar um caso onde a adição de X empurre o caso na direção da linha de regressão, *i. e.*, ajude a "explicar" esse caso, de acordo com os termos da teoria que está sendo avaliada.

Como um exemplo, vamos supor que estejamos interessados em explorar o efeito da riqueza mineral nos candidatos à democracia em uma sociedade. De acordo com vários trabalhos sobre esse tema, países com uma abundância de recursos naturais – particularmente, petróleo – têm menos tendência a se democratizar. Todavia, mesmo para aqueles que estão convencidos do argumento, os mecanismos causais permanecem muito obscuros. Considere a seguinte lista de possíveis caminhos causais, sumarizada por Michael Ross (2001: 327-328):

> Um "efeito rentista" [*rentier effect*] [...] sugere que governos ricos em recursos usam baixos índices de tributação e patrocínio para aliviar as pressões por maior responsabilidade; um "efeito repressão" [...] argumenta que a riqueza de recursos retarda a democratização ao habilitar governos a incrementarem seu custeio para segurança interna; e um "efeito modernização" [...] sustenta que o crescimento baseado na exportação do petróleo e de minerais falha em promover mudanças sociais e culturais que tendam a produzir um governo democrático.

Todos os três são mecanismos causais envolvidos? Estão presentes em todos os casos em níveis iguais? Embora Ross tente testar esses fatores em um ambiente *C-grande* entre países, suas respostas permanecem muito especulativas[59]. Vamos ver como isso pode ser tratado por uma abordagem de caso-caminho.

O fator de interesse teórico, a riqueza petrolífera, pode ser operacionalizado como produção de petróleo *per capita* (barris de petróleo produzidos, divididos pelo total da população de um país [derivado de Humphreys, 2005]). Medimos a democracia com uma variável, Polity2, extraída do conjunto de dados Polity IV. Fatores adicionais no modelo incluem PIB *per capita* (registrado), muçulmanos (como percentagem da população), língua europeia (percentagem falando uma língua europeia) e fracionalização [*fractionalization*][60]. Todos são considerados variáveis de fundo que podem afetar a propensão de um país a se democratizar (*Z*). Analisaremos esses em um simples modelo de regressão dos quadrados mínimos ordinários seccionais transversais focado em um ano recente (1995). Para simplificar as equações, apresentamos coeficientes para todas as variáveis do lado direito, mas não erros-padrão e valores-p (os leitores podem assumir que todos os fatores são estatisticamente significantes nos níveis limiares [*threshold levels*]). A especificação *mínima* inclui todos os fatores, exceto o fator de interesse teórico.

---

59. Ross testa esses vários mecanismos causais com dados entre países, empregando várias *proxies* para esses conceitos no modelo padrão [*benchmark model*] e observando o efeito desses – presumivelmente intermediários – efeitos sobre a principal variável de interesse (recursos de petróleo). Esse é um bom exemplo de como evidências de caso transversal podem ser reunidas para esclarecer mecanismos causais; não estamos limitados a formatos de estudo de caso, como discutimos no capítulo 1. Ainda assim, como Ross (2001: 356) observa, esses testes de modo algum são definitivos. Na verdade, o coeficiente na variável-chave petróleo permanece bastante constante, exceto em circunstâncias nas quais a amostra é severamente restrita.

60. Os dados do PIB *per capita* são do Banco Mundial (2003). Muçulmanos e língua europeia são codificados pelo autor. A fracionalização é extraída de Alesina et al. (2003).

Tabela 5.17 – Exemplo de casos-caminho com variáveis contínuas

	ε_1 (Eq. (5.4))	ε_2 (Eq. (5.5))	$\varepsilon_1 - \varepsilon_2$
Irã	-0.282	-0.456	0.175
Turcomenistão	-1.220	-1.398	0.178
Mauritânia	-0.076	-0.255	0.179
Turquia	2.261	2.069	0.192
Suíça	0.177	-0.028	0.205
Venezuela	0.148	0.355	-0.207
Bélgica	0.518	0.310	0.208
Marrocos	-0.540	-0.776	0.236
Jordânia	0.382	0.142	0.240
Djibouti	-0.451	-0.696	0.245
Bahrain	-1.411	-1.673	0.262
Luxemburgo	0.559	0.291	0.269
Singapura	-1.593	-1.864	0.271
Oman	-1.270	-0.981	-0.289
Gabão	-1.743	-1.418	-0.325
Arábia Saudita	-1.681	-1.253	-0.428
Noruega	0.315	1.285	-0.971
Emirados Árabes Unidos	-1.256	-0.081	-1.175
Kuwait	-1.007	0.925	-1.932

Notas: ε_1 = resíduo padronizado da especificação mínima, sem petróleo (Eq. (5.4)). ε_2 = resíduo padronizado da especificação completa, sem petróleo (Eq. (5.5)).

Polity2 = -.831 Constante + .909 PIB + - .086 Muçulmano + 2.242 Europeu
+ -3.023 Frac. étnico + ε_1

R^2adj = .428n = 149 (5.4)

A especificação completa – acrescentando petróleo – é a seguinte:

Polity2 = -3.71 Constante + 1.258 PIB + - .075 Muçulmano + 1.843
Europeu + - 2.093 Frac. étnico + - 7.662 Petróleo + ε_2

R^2adj = .450n = 149 (5.5)

O que revela uma comparação dos resíduos nas equações (5.4) e (5.5)? A tabela 5.17 exibe os casos ΔResíduos mais elevados. Vários desses podem ser sumariamente removidos da consideração em virtude do fato de que

$| \varepsilon_1 | < | \varepsilon_2 |$. Assim, vemos que a inclusão do petróleo aumenta o resíduo para a Noruega; esse caso é aparentemente mais bem explicado *sem* a inclusão da variável de interesse teórico. Desnecessário dizer que esse não é um bom caso para explorar se desejarmos examinar mecanismos causais. (Contudo, serve, provavelmente, como um caso influente, como discutido na seção anterior.)

Entre casos nos quais o resíduo declina da especificação mínima para a completa, vários são escolhas óbvias como casos-caminho. Os Emirados Árabes Unidos e o Kuwait têm os valores ΔResíduos mais elevados, significando que a variável de interesse teórico (riqueza de recursos) é uma influência importante nesses casos (dentro das suposições dos modelos); os Emirados Árabes Unidos, mas não o Kuwait, também possuem um resíduo modesto na especificação completa, significando que correspondem ao modelo muito bem e, por isso, têm uma tendência maior a ser representativos da população maior (embora não de seus valores atípicos). A análise sugere, portanto, que os pesquisadores que buscam explorar o efeito da riqueza petrolífera no tipo de regime fariam bem em focar esses dois casos (ou ao menos o dos Emirados Árabes Unidos), uma vez que seus padrões de democracia não são bem explicados por outros fatores – *e. g.*, desenvolvimento econômico, religião, influência europeia, ou fracionalização étnica. A presença de riqueza petrolífera nesses países pareceria ter um forte efeito *independente* sobre os candidatos à democratização nesses casos. Isso não quer dizer, é claro, que os outros casos podem, ou deveriam, ser ignorados. Quer dizer, simplesmente, que se formos obrigados a focar um ou alguns casos, os Emirados Árabes Unidos e o Kuwait deveriam estar entre eles.

Os exemplos anteriores de seleção de caso-caminho focam a variação seccional transversal (entre casos). A variação longitudinal, que é geralmente mais útil, está implicada. Contudo, é possível também incorporar informações temporais ao algoritmo da seleção de caso (como sugerido por Teorell, 2010: apêndice D). Suponha que sejamos capazes de medir características relevantes da amostra através do tempo e que existe variação considerável em X e Y no painel resultante. Sob essas circunstâncias, podemos regredir Y em X (junto a Z, se mensurável) para cada caso, uma simples análise de série temporal para cada unidade no mesmo conjunto de dados em painel. O caso ideal é aquele no qual βX é forte (e estatisticamente importante), ao mesmo tempo em que se leva em conta todos os fatores de fundo (Z).

Continuando com nosso exemplo estilizado, podemos fazer uma análise regressiva da variável democracia sobre a variável petróleo, levando em conta fatores de fundo que possam influenciar o tipo de regime de um país. Como essa é uma análise de unidade única, fatores que são constantes ao longo do tempo – como muçulmano, europeu ou fracionalização étnica – são omitidos. O modelo de série temporal resultante possui somente dois fatores do lado direito,

$$\text{Polity2} = \text{PIB} + \text{Petróleo} + \varepsilon_1 \tag{5.6}$$

Consequentemente, um país no qual mudanças na produção *per capita* de petróleo têm a relação mais forte (negativa) com a democracia durante o período observado é um país que corresponde ao paradigma caminho. Aqui, tendemos a ver o mecanismo causal de interesse envolvido.

Para assegurar que o caso não é idiossincrático (de acordo com os termos do modelo), podemos construir uma análise em painel de efeito determinado com [variáveis *dummy*] representando cada caso. A [variável] *dummy* para o(s) caso(s) escolhido(s) não deveria(m) possuir um coeficiente estimado elevado no modelo de efeito determinado [*fixed-effect model*].

Mais-similares (diagnóstico)

Quando empregado para propósitos diagnósticos, o *design* mais-similar consiste em um caso-caminho (como acima) mais um caso-controle, que exibe variação mínima em X e Z[61]. Ou seja, casos escolhidos exibem valores diferentes em X, valores similares em Z e valores diferentes em Y. Como discutido (em conexão com o *design* mais-similar exploratório), valores para Z podem diferir se (e somente se) essas diferenças não possam explicar a variação em Y através dos casos devido a suposições teóricas plausíveis.

Quando fatores de interesse teórico são binários, o *design* de pesquisa pode ser ilustrado de um modo esquemático, como mostrado na tabela 5.18. Quando fatores são ordinais ou intervalares, os pesquisadores buscam minimizar a variância (entre casos) em Z, embora maximizando a variância

---

61. Para um trabalho sobre o método mais-similar, compreendido de um modo geral, cf. o trabalho citado para o método mais-similar (exploratório) acima.

em X e Y. Nesse contexto, estamos assumindo mais ou menos que valores para X, Z e Y representam valores para os casos que são realizados ao longo do tempo em vez de em apenas um ponto no tempo. Assim, podemos ler X, Z e Y na tabela 5.18 como ΔX, ΔZ e ΔY.

Tabela 5.18 – *Design* de caso exemplar mais-similar (diagnóstico)

		Variáveis		
		X	Z	Y
Casos	A	1	0	1
	B	0	0	0

Notas: *Design* mais-similar diagnóstico com fatores binários, um ambiente exemplar. X = fator causal de interesse teórico. Z = vetor de fatores de fundo. Y = resultado. A atribuição de 0s e 1s é uma escolha codificadora arbitrária. O ponto-chave é que casos A e B partilham os mesmos valores em todos os Z e diferem em X e Y.

Essas características de *design* de pesquisa podem ser identificadas em uma amostra grande de casos potenciais pelo emprego de algoritmos de pareamento que maximizam diferenças entre casos em X e Y (ou ΔX e ΔY) de formas consistentes com a hipótese, embora minimizando diferenças no vetor Z (ou ΔZ)[62].

Dez exemplares do *design* mais-similar (diagnóstico) são listados na tabela 5.19. Esses são extraídos de uma série de disciplinas e pertencem a uma variedade de fenômenos – políticas industriais, sistemas bancários, políticas de saúde, movimentos sociais, clínicas, agências de abastecimento de água e irrigação e sistemas partidários. As amostras são limitadas a uma série restrita de dois a quatro.

Como um exemplo detalhado, vamos considerar um estudo recente de Karen Lutfey e Jeremy Freese (2005). Os autores estão interessados em descobrir os mecanismos envolvidos em uma relação persistente, e muitas vezes conhecida, entre *status* socioeconômico e saúde. Pessoas pobres experienciam saúde precária, que é presumivelmente – ao menos sob alguns aspectos – um produto de sua pobreza. (A doença também pode contribuir para

---

62. Cf. Nielsen (2016) e aplicação da web que o acompanha [disponível em: https://rnielsen.shinyapps.io/caseMatch/].

Tabela 5.19 – Exemplares de casos mais-similares (diagnósticos)

Estudo	Campo	Citações	SELEÇÃO		CASOS	
			Algoritmo	Não algoritmo	Fenômenos	C
Dobbin (1994), *Forging Industrial Policy*	SO	745		●	Políticas industriais	3
Dunlavy (1994), *Politics and Industrialization*	HI	125		●	Políticas industriais	2
Haber (2010), *Politics, Banking, and Economic Development*	HI	3		●	Sistemas bancários	3
Immergut (1992), *Health Politics*	PS	1.008		●	Política de saúde	3
Kitschelt (1986), *Political Opportunity Structures and Protest*	PS	1.760		●	Movimentos sociais	4
Lutfey e Freese (2005), *SES and Health in Routine Clinic*	SO	144		●	Clínicas	2
Madrigal et al. (2011), *Community-Based Orgs*	EC	20	●		Agências de abastecimento de água	4
Shefter (1977), *Party and Patronage*	PS	237		●	Sistemas partidários	3/2
Wade (1997), *How Infrastructure Agencies Motivate Staff*	PS	71		●	Agências de irrigação	2
Walter (2002), *Committing to Peace*	PS	821		●	Guerras civis	2

Notas: C = número de casos. *Algoritmo* = seleção de caso por algoritmo.

a pobreza, mas não devemos considerar esse ciclo de *feedback* aqui.) Lutfey e Freese comparam indivíduos de *status* elevado e baixo que sofrem de diabetes, com o conhecimento de que os últimos têm uma tendência maior de sucumbir aos efeitos da doença. Isso é obtido focando duas clínicas endocrinológicas, uma localizada em um bairro rico e a outra em um bairro pobre. Os casos são, então, selecionados em X (*status* socioeconômico do paciente) e Y (índices de mortalidade pelo diabetes), com a suposição de que outros fatores de fundo que poderiam contribuir para a mortalidade (Z) são equivalentes nas clínicas. O foco do estudo são os fatores dentro da clínica (continuidade do cuidado, recursos educacionais na clínica, organização burocrática), fora da clínica (limitações financeiras, restrições ocupacionais, redes de apoio social) e entre os pacientes (motivação, habilidade cognitiva) que poderiam afetar a obediência a uma dieta médica exigente. Esses são considerados mecanismos causais *prima facie* na relação entre *status* socioeconômico e saúde.

5.4 Sumário

Neste capítulo, discutimos estratégias de seleção de caso que são destinadas a identificar, medir ou avaliar uma hipótese causal. Para cada um desses objetivos, várias estratégias são possíveis. Essas são apresentadas de forma breve, com vários exemplos e orientações sobre como selecionar um caso, ou um pequeno conjunto de casos, a partir de um grande conjunto de casos potenciais.

Uma constatação importante deste capítulo é que existem muitos aspectos da inferência causal, cada uma delas exigindo um método um pouco diferente de seleção de caso. Sem dúvida, esses objetivos tendem a se unir no produto final, uma vez que os pesquisadores desejam extrair a maior quantidade de suco possível da fruta. Seria um desperdício para os pesquisadores tentarem medir um efeito causal sem qualquer atenção aos mecanismos potenciais, por exemplo. Contudo, o objetivo *inicial* dos pesquisadores estrutura corretamente a seleção de casos, com outros objetivos se alinhando em seguida (para serem tratados, o melhor possível, após o caso ser escolhido).

6

Algoritmos e amostras

Todas as estratégias de seleção de caso podem ser implementadas de um modo informal ("qualitativo"), revendo casos potenciais que os pesquisadores conhecem de acordo com os critérios listados na tabela 3.1. Por exemplo, digamos que o objetivo é descrever a vida social em cidades de porte médio nos Estados Unidos, uma iteração do *Middletown* de Lynds. Para esse propósito, podemos preferir um caso típico. Consequentemente, podemos pensar sobre aquelas cidades que nos são familiares a fim de determinar qual é mais representativa da população de interesse. Podemos também conduzir uma pesquisa preliminar baseada na literatura secundária, uma sondagem dos urbanistas, ou uma pesquisa de campo inicial.

Uma outra abordagem seria empregar um *algoritmo* para escolher casos. Essa abordagem, também conhecida como seleção de caso *quantitativa, ex ante, automática, formalizada, sistemática* ou *baseada em modelo* nos ocupará no presente capítulo[63].

O algoritmo mais simples é a seleção aleatória, *i. e.*, tirar amostras aleatoriamente da população de modo que cada unidade tenha uma chance igual de seleção. A primeira seção do capítulo trata dessa abordagem muito discutida (mas pouco praticada). A segunda seção trata de outras abordagens, usando como base o menu de técnicas de seleção de caso apresentado na tabela 3.1. A terceira seção revisita a questão do "tamanho", explorando a

---

63. Cf. Dafoe e Kelsey (2014), Gerring (2007a), Goertz (2017), Herron e Quinn (2016), Lieberman (2005), Nielsen (2016), Schneider e Rohlfing (2013, 2016), Seawright (2016b), Seawright e Gerring (2008).

viabilidade de amostras de porte médio (composta de uma dezena de casos). Este capítulo combina, portanto, dois tópicos que são difíceis de distinguir um do outro – o tamanho da amostra e o método de seleção de caso.

6.1 Amostragem aleatória

Amostragem aleatória significa que cada caso em uma dada população tem uma chance igual de ser selecionada. Isso pode ser obtido por uma extração aleatória de uma urna, um gerador aleatório de números ou de uma técnica de amostragem sistemática. O ponto-chave é que se casos são selecionados aleatoriamente e a amostra resultante é grande, a amostra tende a ser representativa da população geral com respeito a qualquer característica particular[64].

A amostragem aleatória é a abordagem preferida para a seleção de casos na maioria dos contextos *C-grande*. Contudo, não é amplamente praticada na pesquisa de estudo de caso. Para compreendermos por que isso ocorre, necessitamos apreciar dois problemas – o *erro estocástico* e a *alavancagem*.

O primeiro problema com a amostragem aleatória como uma abordagem à seleção de caso com amostras muito pequenas – *i. e.*, na pesquisa de estudo de caso – é que a amostra resultante tem muito menos chances de ser representativa. Erros resultantes (desvios [*deviations*] da média populacional) podem ser compreendidos como estocásticos, *e. g.*, erro de medição, erro no processo de geração de dados e/ou erro como uma característica fundamental do universo. Mas eles ainda são preocupantes, uma vez que desejamos extrair inferências sobre a população a partir dessa amostra (muito possivelmente enviesada).

Para dramatizar esse ponto, vamos considerar dois exercícios de amostragem, um com amostras grandes e outro com amostras pequenas. A figura 6.1 mostra um histograma dos valores médios de 500 amostras aleatórias, cada uma consistindo em mil casos. Para cada caso, uma variável foi medida: uma variável contínua que caia em algum lugar entre 0 e 1. Na população, o valor médio dessa variável é 0.5. Como podemos ver, todas as médias

---

64. A exceção envolve características da população que são muito raras, e que devem, portanto, ser sobreamostradas. Para restaurar a representatividade, as observações podem ser consideradas por sua prevalência na população. Para uma introdução geral à amostragem, cf. Henry (1990).

amostrais estão próximas à verdadeira (população) média. Sob esse aspecto, a amostragem aleatória é bem-sucedida, e cada uma das 500 amostras termina sendo bastante representativa da população.

Figura 6.1 – Médias amostrais de extrações de amostras grandes

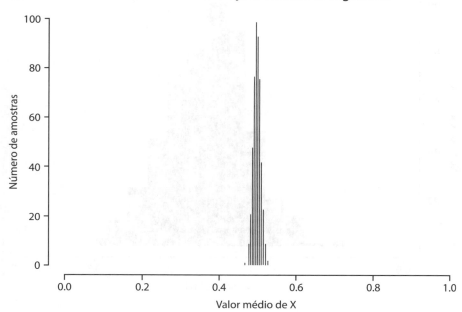

Notas: Amostras = 500. Tamanho da amostra (C) = 1.000. O gráfico mostra a distribuição dos valores médios em todas as amostras. Média populacional = 0.5.

Considere agora o que ocorre se reduzimos o tamanho da amostra de mil casos para cinco ($C = 5$). Os resultados (exibidos na figura 6.2) mostram que pequenas amostras aleatórias estão novamente centradas na média verdadeira, e, portanto, não enviesada. Contudo, muitas das médias amostrais se situam longe da média populacional, e algumas estão de fato muito distantes. Assim, mesmo que essa técnica de seleção de caso produza amostras representativas *em média*, qualquer amostra dada pode ser extremamente não representativa. Em termos estatísticos, o problema é que tamanhos pequenos de amostras tendem a produzir estimativas com uma grande variância – por vezes referidas como um problema de precisão (ou, um tanto equivocadamente, de "eficiência"). Por essa razão, a amostragem aleatória é inerentemente não confiável na pesquisa de estudo de caso na medida em que a pesquisa de estudo de caso envolve um número limitado de casos e uma população muito maior.

Figura 6.2 – Médias amostrais de extrações de amostras pequenas

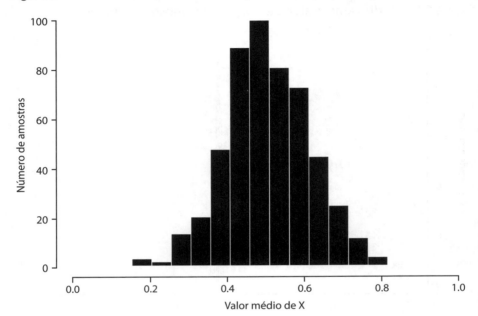

Notas: Amostras = 500. Tamanho da amostra (C) = 5. O gráfico mostra a distribuição dos valores médios em todas as amostras. Média populacional = 0.5.

Com certeza, a amostragem aleatória com pequenas amostras é mais defensável quando a população de interesse teórico é muito pequena. Vários países da Europa Ocidental escolhidos aleatoriamente ($N\sim10$) oferecem uma representação mais precisa dessa população do que vários países do mundo escolhidos aleatoriamente podem representar a população de todos os países soberanos ($N\sim200$). Isso é refletido no *fator de correção de população finita*, como empregado em estatísticas de amostragem (Knaub, 2008). Contudo, essa é uma circunstância muito inusual. Tipicamente, a população de interesse, mesmo que finita, é muito maior do que a amostra. Nessa circunstância, o fator de correção de população finita tem um impacto mínimo sobre a precisão das estimativas resultantes.

O segundo problema com a amostragem aleatória, como uma abordagem à seleção de caso no trabalho de estudo de caso, pode ser sumarizado como o da *alavancagem*. Não há garantia de que alguns casos, escolhidos aleatoriamente, fornecerão alavancagem à questão de pesquisa que move uma investigação. A amostra pode ser representativa, mas ainda assim não instrutiva, ou menos instrutiva do que outros casos que poderiam ter sido escolhidos usando-se uma estratégia de seleção de casos intencional. (A amostragem aleatória *estratificada* é algo completamente diferente, pois nos permite especificar o tipo de caso que tende a fornecer a maior alavancagem sobre a questão de interesse. Na verdade, quase todos os métodos de seleção de caso descritos na tabela 3.1 se prestam à amostragem aleatória estratificada, como discutida abaixo. Contudo, é importante ter em mente que a amostragem aleatória estratificada é ainda sujeita ao erro estocástico, se a amostra resultante for pequena.)

Esses dois problemas – o erro estocástico (variância de amostragem) e alavancagem – limitam a amostragem aleatória como uma estratégia para a seleção de caso na pesquisa de estudo de caso. Na verdade, não encontro sequer um único exemplo dela em meu exame dos estudos de caso nas ciências sociais[65].

6.2 Seleção de caso algorítmica ("quantitativa")

Embora uma pesquisa *C-grande* pretenda coletar aleatoriamente observações de um universo conhecido, a pesquisa de estudo de caso não, por razões discutidas acima. Em troca, pesquisadores selecionam com base nas dimensões particulares dos casos potenciais – D, X, Z e/ou Y – como sumarizado na tabela 3.1. Isso é por vezes referido como seleção de caso *intencional*. Contudo, não há razão pela qual uma especificação das dimensões não possa ser combinada com um elemento aleatório – uma amostra aleatória *estratificada* – como veremos. A seleção de caso intencional não sugere que a seleção de caso deva ser inteiramente qualitativa. Ela pode utilizar um algoritmo pré-especificado.

---

65. Observe que Fearon e Laitin (2008, 2014, 2015), que parecem defender a amostragem aleatória, utilizam, de fato, uma técnica de amostragem aleatória estratificada para seu projeto de "narrativas aleatórias", no qual os países são estratificados por resultado e região.

A seleção de caso algorítmica (também conhecida como quantitativa, estatística) segue um conjunto de regras executadas em uma sequência de etapas, que concebo da seguinte maneira:

1) Definir a questão de pesquisa e a população de interesse teórico.

2) Identificar uma amostra de casos potenciais. Idealmente, essa base de amostragem [*sampling frame*] deveria ser representativa da população de interesses.

3) Medir características relevantes dos casos – *e. g.*, D, X, Y e/ou Z (como especificado na tabela 3.1) – na amostra.

4) Combinar diversos indicadores de D, X, Y e/ou Z em índices, se necessário.

5) Construir um modelo causal, se exigido.

6) Aplicar um algoritmo de seleção de caso para identificar o caso, ou casos, e elegíveis para a investigação (como discutido nos caps. 4-5).

7) Se mais do que um caso satisfaz os critérios, selecionar casos aleatoriamente de dentro de um subconjunto de casos elegíveis (amostragem aleatória estratificada).

Algoritmos podem ser simples, como são para o caso típico, onde o caso – ou casos –, que se encontra mais próximo da média, mediana ou moda, é usualmente considerado como típico, como discutido no capítulo 4. Ou podem ser mais complexos, envolvendo modelos causais, como discutido no capítulo 5. Nossa discussão focou basicamente a regressão ou estimadores de pareamento [*matching estimators*] à medida que são as técnicas de estimativa *C-grande* mais comuns. Mas podemos também empregar algoritmos extraídos da família de análise comparativa qualitativa (ACQ) (*e. g.*, conjunto discreto [*crisp-set*], conjunto nebuloso [*fuzzy-set*] ou ACQ temporal)[66].

---

66. Desconfio de que métodos de seleção de caso baseados em ACQ (Análise Comparativa Qualitativa) também sigam as estratégias listadas na tabela 5.1, ao menos na medida em que casos são escolhidos de acordo com uma estratégia-caminho (onde cada configuração constitui um caminho e casos são escolhidos a partir de cada caminho) ou uma estratégia influente (focada em casos que não se enquadram nos padrões gerais descobertos pela ACQ). Sobre esse tópico, cf. Schneider e Rohlfing (2013), assim como Rohlfing e Schneider (2013).

Tabela 6.1 – Seleção de caso algorítmica

| Estudo | Campo | Citações | CASOS | |
			Fenômenos	C
Collier e Sambanis (2005a, b), *Understanding Civil War*	PS	430	Guerras civis	21
Dafoe e Kelsey (2014), *Observing the Capitalist Peace*	PS	2	Díades nacionais	6
Fearon e Laitin (2008, 2014, 2015), *Random Narratives*	PS	85	Guerras civis	25
Lange (2009), *Lineages of Despotism and Development*	SO	69	Desenvolvimento econômico	4/11
Madrigal et al. (2011), *Community-Based Orgs*	EC	20	Agências de abastecimento de água	4
Pearce (2002), *Integrating Survey and Ethnographic Methods*	SO	47	Fertilidade	28
Pinfari (2012), *Peace Negotiations and Time*	PS	0	Negociações	4
Rosenbaum e Silber (2001), *Matching*	PH	50	Pacientes	76
Teorell (2010), *Determinants of Democratization*	PS	153	Tipos de regime	14

Notas: C = número de casos.

Qualquer que seja a técnica escolhida, merece ser enfatizado que todas as estratégias de seleção de caso podem ser implementadas de um modo algorítmico. Ao mesmo tempo, os leitores deveriam estar conscientes de que essa abordagem à seleção de caso é ainda muito inusual. Entre os 151 exemplares listados na tabela 1.2, somente nove utilizam procedimentos algorítmicos de seleção de caso, como listado na tabela 6.1[67]. Contudo, é agora um método estabelecido de seleção de caso e parece estar crescendo em importância, garantindo, assim, muita atenção.

---

67. Em um desses estudos (Lange, 2009), a análise inicial é suplementada por deliberação posterior, *ex post*, anterior à seleção de caso final.

Vantagens

Quatro vantagens importantes podem ser creditadas à abordagem algorítmica. Primeiro, a seleção de caso é explícita e replicável. Seria difícil, em contraste, descrever e replicar os juízos complexos envolvidos na seleção de caso qualitativa.

Segundo, o algoritmo auxilia os pesquisadores na identificação do melhor caso, ou casos, sempre que os critérios de seleção de caso são complicados e/ou o número de casos potenciais é grande – talvez centenas, milhares ou mesmo milhões. Contanto que um critério possa ser reduzido a uma fórmula, e que possa ser medido nos casos potenciais, a abordagem algorítmica é segura.

Terceiro, pretensões à representatividade de amostras – relativas a uma população maior – são mais fáceis de definir e de defender. Ou seja, é mais fácil saber sobre o que tratam o(s) caso(s) escolhido(s) (de que população estamos extraindo a amostra). Certamente, essa população pode não ser contígua à população da hipótese que resulta da pesquisa. Por exemplo, se escolhermos o(s) caso(s) para maximizar a variação em Y, não afirmaremos que a amostra resultante do(s) caso(s) extremo(s) é representativa da população de casos para os quais $X \rightarrow Y$ (uma vez que X foi identificado). Mas podemos afirmar que a amostra é representativa de uma população para a qual Y é "alto" ou "baixo".

Quarto, a abordagem algorítmica permite (mas não assegura por si mesma) uma clara separação entre geração e testagem de teoria. Somente desse modo o problema da "escolha seletiva" (escolher casos que se encaixam na teoria ou pressuposições dos pesquisadores) pode ser evitado.

Por todas essas razões, uma abordagem algorítmica à seleção de caso merece ser considerada.

Limitações

Existem também razões para desconfiarmos de procedimentos algorítmicos "automáticos".

Primeiro, o protocolo para a seleção de caso algorítmica descrito acima é exigente. Devemos ter uma questão de pesquisa e uma população de interesse teórico claramente definidos. Devemos possuir dados suficientes para medirmos os parâmetros relevantes para uma amostra grande de casos, e os dados devem ser relativamente confiáveis. Se um modelo causal é exigido, devemos ser capazes de construir um modelo que seja plausível. Se qualquer uma dessas exigências não é satisfeita, então, pode ser mais conveniente um método informal de seleção de caso.

Segundo, preocupações com separar formação de teoria de testagem de teoria são irrelevantes se o objetivo do estudo de caso é exploratório, *i. e.*, descobrir uma nova causa de Y. O trabalho exploratório sempre envolve uma interação de teoria e evidências (Rueschemeyer, 2009), uma função que o formato de estudo de caso é apropriado para facilitar.

Terceiro, embora a seleção de caso algorítmica possa fazer sentido quando escolhemos uma amostra de tamanho médio de casos, muitos estudos de caso focam somente um ou vários casos. Em uma amostra tão pequena, surgem problemas com um procedimento de seleção puramente algorítmico. Especificamente, qualquer amostra dada tende a se distanciar muito do parâmetro populacional de interesse teórico, como mostrado na seção prévia deste capítulo. Além disso, um conhecimento detalhado do caso pode ser suficiente para colocar em questão a representatividade de um caso. Se, após um exame atento, um caso parece não representativo, faz mais sentido descartar esse caso – com base em considerações "qualitativas" – do que persistir com um caso que é obviamente falho.

Mais importante, alguns critérios, quase por definição, são difíceis de medir, *ex ante*, em uma amostra grande de casos e, portanto, não são características às quais um método algorítmico de seleção de caso possa se condicionar. Acima de tudo, entre esses "i-mensuráveis" encontram-se critérios gerais (discutidos no cap. 3) como a independência de um caso, a disponibilidade e compatibilidade de evidências e a logística intracaso.

Para casos que desempenham um papel na inferência causal, devemos também considerar até que ponto o caso, ou casos, escolhido exibe qualidades experimentais, como discutido no capítulo 5. Um caso com muitos confundidores potenciais é menos útil – na verdade, talvez, nem sequer útil – do que um caso que é relativamente "limpo", *e. g.*, onde X muda sem mudanças correspondentes em Z. Embora algoritmos de seleção de caso muitas vezes tentem controlar características de fundo, confundidores são notoriamente dúbios e, portanto, nem sempre fáceis de medir – especialmente em uma estrutura *C-grande*. Se casos semiexperimentais pudessem ser identificados por algoritmos, poderíamos encontrar bons experimentos naturais simplesmente aplicando algoritmos de seleção a milhares de locais potenciais de investigação. Na prática, os pesquisadores devem investir uma quantidade enorme de tempo examinando intricados detalhes de um local antes que possa ser confirmado se – ou sob que aspectos – satisfaz os critérios metodológicos de um experimento natural, *i. e.*, atribuição aleatória como-se e a ausência de confundidores pós-tratamento. O que vale para locais (adequados para experimentos naturais *C-grande*) vale também para casos (adequados para experimentos naturais *C-pequeno*): não há instrumentos mecânicos para encontrá-los (Dunning, 2012).

Conclusões

A seleção de caso algorítmica faz muito sentido se estivermos escolhendo uma amostra de casos *C-médio*, pelas mesmas razões que faz sentido para amostras grandes. Aqui, a teoria tradicional de amostragem se aplica. Na verdade, não está claro como selecionaríamos várias dezenas de casos de um modo informal (qualitativo). Quando uma amostra é expandida para além de uma dezena, estamos mais ou menos presumindo que um critério de seleção automatizado possa ser aplicado. Os proponentes mais ressoantes da seleção de caso baseada em modelo, James Fearon e David Laitin (2008, 2014, 2015), incorporam 25 casos de países em seu projeto de "narrativas aleatórias", em que cada um é intensivamente estudado. Com uma amostra desse tamanho, faz muito sentido aplicar um procedimento de seleção algorítmica porque as ameaças de erro estocástico são minimizadas e é provável que a amostra resultante contenha alavancagem suficiente em fatores de interesse teórico.

Mesmo onde a amostra é muito pequena, *i. e.*, em trabalhos tradicionais de estudo de caso, algoritmos de seleção de caso são provavelmente uma ferramenta subutilizada. Contudo, a escolha algorítmica não deveria provavelmente ser seguida servilmente na seleção final de casos por todas as razões discutidas acima. Um caso que parece bom da perspectiva de um algoritmo pode não parecer tão atrativo quando nos tornamos familiares às intricácias do ambiente.

Tendo ponderado os prós e contras da seleção de caso algorítmica, ofereço uma consideração final sobre por que essa abordagem de seleção de caso requer uma grande quantidade de informações reunidas ao longo de uma amostra grande assim como de um modelo descritivo ou causal confiável. Esses são critérios exigentes. Se os critérios não são satisfeitos, somos provavelmente desaconselhados a escolher casos de um modo algorítmico. Se, por outro lado, os critérios são satisfeitos, a necessidade de análise adicional focada em um ou vários casos é minimizada. Esse é o paradoxo.

Quanto menos sabemos sobre uma população de interesse, mais podemos aprender com um estudo de caso. Ao mesmo tempo, nossa ignorância sobre a população torna difícil empregar procedimentos algorítmicos de seleção de caso com segurança. É por isso talvez que a seleção de caso algorítmica não seja comumente empregada para estudos de caso exploratórios.

Quanto mais sabemos sobre uma população, melhor podemos conceber algoritmos para nos auxiliar a escolher casos – mas, ao mesmo tempo, menos instrutivo um estudo de caso tende a ser. Se um estudo de caso é conduzido em um tal cenário, tende a desempenhar um papel secundário. É provavelmente por isso que a seleção de caso algorítmica seja mais comumente empregada para estudos de caso diagnósticos.

6.3 A questão do tamanho revisitada

Até aqui, assumi que estudos de caso incorporarão uma amostra muito pequena de casos, *e. g.*, um ou vários. Contudo, as vantagens de uma amostra um pouco maior – *C-médio*, consistindo em dez ou mais casos – são provavelmente aparentes. Em particular, uma amostra *C-médio* pode ser escolhida algoritmicamente, obtendo todas as vantagens da seleção algorítmica (incluindo pretensões mais fortes de representatividade) sem sacrificar a alavancagem sobre o problema em questão (uma vez que os casos escolhidos tendem a fornecer variação suficiente nas dimensões de interesse). À luz dessas vantagens, pode convir aos pesquisadores do estudo de caso seguir a indicação de Fearon e Laitin. Talvez os problemas da pesquisa de estudo de caso possam ser mitigados pelo simples expediente de aumentar *C*, o tamanho do exemplo. Se estudos de caso são bons, um maior número de casos pode inclusive ser melhor[68].

Para nos auxiliar a nos envolvermos nessa questão, todos os exemplares de estudo de caso com mais de dez casos (sem contar os casos ancilares) são listados na tabela 6.2. Os leitores perceberão que, embora uma minoria distinta, essa abordagem à pesquisa de estudo de caso não é, de modo algum, rara. Vinte e dois exemplos são identificados, abrangendo diversos tópicos e uma variedade de disciplinas.

Na avaliação da viabilidade de estudos de caso *C-médio*, vamos começar com um ponto bastante óbvio. Se todas as coisas fossem iguais, amostras

---

68. Para discussão e exemplos complementares, cf. Goertz (2017: cap. 8). Para uma discussão de um ângulo não positivista, cf. Stake (2006).

Tabela 6.2 – Estudos de caso C-médio

Estudo	Campo	Citações	SELEÇÃO		CASOS	
			Algoritmo	Não algoritmo	Fenômenos	C
Anderson (1974), *Lineages of Absolutist State*	HI	2.508		•	Construção nacional	10
Collier, Sambanis (2005a, 2005b), *Understanding Civil War*	PS	430	•		Guerras civis	21
Fairfield (2013, 2015), *Going Where Money Is*	PS	7		•	Propostas de reformas tributárias	32
Fearon e Laitin (2008, 2014, 2015), *Random Narratives*	PS	85	•		Guerras civis	25
Fenno (1977, 1978), *Home Style*	PS	2.141		•	Deputados e distritos	17
George and Smoke (1974), *Deterrence in US Foreign Policy*	PS	894		•	Crises	11
Key (1949), *Southern Politics in State and Nation*	PS	3.238		•	Estados americanos	11
Lane (1962), *Political Ideology*	PS	1.765		•	Trabalhadores	11
Linz e Stepan (1978a, 1978b), *Breakdown Demo. Regimes*	PS	356		•	Colapsos de democracias	15
Luebbert (1991), *Liberalism, Fascism, or Social Democracy*	PS	627		•	Tipos de regime	10
Mansfield e Snyder (2005), *Electing to Fight*	PS	20.073		•	Conflitos	~14

Obra		C			Caso	C
Ostrom (1990), *Governing the Commons*	SO	47		•	Base comum de recursos	28
Pearce (2002), *Integrating Survey and Ethnographic Methods*	EC	17.443		•	Fertilidade	43
Peters e Waterman (1982), *In Search of Excellence*	EC	31.857		•	Firmas	10
Porter (1990), *Competitive Advantage of Nations*	PS	29.712		•	Desenvolvimento econômico	20
Putnam et al. (1993), *Making Democracy Work*	PH	50		•	Regiões italianas	76
Rosenbaum and Silber (2001), *Matching*	PS	566	•		Pacientes	13
Ross (2004), *How Do Natural Resources Influence Civil War?*	HI	2.508		•	Guerras civis	10
Rueschemeyer et al. (1992), *Capitalist Development*	PS	430		•	Tipos de regime	21
Sahlins (1958), *Social Stratification in Polynesia*	PS	7		•	Sociedades	32
Teorell (2010), *Determinants of Democratization*	PS	85	•		Tipos de regime	25
Wilson (1889), *The State*	PS	2.141		•	Constituições	17

Notas: C = número de casos. *Algoritmo* = seleção de caso por algoritmo.

C-médio seriam, na verdade, preferidas a amostras *C-pequeno*. Contudo, compensações são inevitáveis quando um grande número de casos é incorporado a um estudo. Estudar casos adicionais intensivamente requer tempo e recursos adicionais – para acessar informantes ou locais de pesquisa, para aprender novas línguas, para processar as informações e registrar os resultados, e assim por diante. Por vezes, essas tarefas podem ser divididas entre um time de pesquisadores – isso, é claro, requer uma força de trabalho maior que a do estudo de caso tradicional (usualmente empreendido por um(a) pesquisador(a) individual com o auxílio, talvez, de um(a) pesquisador(a) assistente), e levanta problemas de coordenação. Todavia, se o único obstáculo à pesquisa de estudo de caso *C-médio* fosse logístico, poderíamos esperar que ocorresse mais frequentemente. Afinal, trabalho de equipe é cada vez mais comum nas ciências sociais, e alguns projetos são capazes de contar com grandes orçamentos e com uma equipe considerável.

Um problema mais fundamental surge quando consideramos o que fazer com os resultados dos 25 estudos de caso. (Assumirei que a população de interesse é muito maior – centenas, milhares ou milhões.) Para integrar os resultados dos 25 casos, algum tipo de redução de dados é requerido, *i. e.*, os casos necessitarão ser reduzidos a números. Isso pode ser uma simples contagem do número de casos que pareça mostrar um mecanismo causal particular envolvido, ou o número de casos que validam ou invalidam a hipótese de interesse, ou algum novo fator causal sugerido pelos casos. Pode ser um modelo causal, para ser empregado na amostra dos 25 casos. O ponto é que, uma vez que uma amostra chega às dezenas, não é mais possível analisar padrões de um modo puramente informal, qualitativo.

Se o produto final de um estudo *C-médio* é uma análise quantitativa, surge a questão: o estudo *C-médio* oferece alguma vantagem sobre o estudo *C-grande*? O estudo *C-grande* pode envolver casos de codificação manual ou coleta de dados de fontes existentes – seguindo, em cada caso, um protocolo padronizado que mitiga problemas de equivalência de caso transversal e aumenta vastamente a eficiência da análise de caso relativa à laboriosa tarefa de pesquisa aberta baseada em caso.

Um exemplo de codificação padronizada entre casos é fornecido por um estudo recente de Stephan Haggard e Robert Kaufman (2012), que examina mais de 100 transições de regime a fim de determinar o papel do conflito distribucional nesses eventos. Os perfis de caso são armazenados em um extenso documento online. O estudo publicado apresenta os dados derivados dessa análise extensa, condensados em formatos tabulares. O papel da investigação qualitativa detalhada é, portanto, chegar a uma codificação binária de cada caso, como "distributivo" ou "não distributivo". É um estudo engenhoso, e evidência do trabalho extraordinário da parte de uma equipe de pesquisa coordenada. Contudo, dificilmente é um estudo de caso no sentido no qual tenho definido o termo. Na verdade, o protocolo é indistinguível de um projeto de coleta de dados *C-grande*, no qual os autores conduzem uma cuidadosa, e árdua, codificação e preservam suas observações em um livro de códigos[69].

O ponto, portanto, é que uma amostra grande de casos pode ser integrada por meio de um cuidadoso conhecimento baseado em caso se a coleta de dados for dirigida por um protocolo de sondagem sistemático. O processo pode ser centralizado (alguns pesquisadores fazem toda a codificação, como nos projetos de Haggard e Kaufman) ou descentralizado (a codificação é conduzida por especialistas em diferentes temas ou diferentes partes do mundo, como no projeto Variedades de Democracia [Coppedge et al., 2015]). Em ambos os casos, o estudo resultante possui pretensões mais fortes de representatividade e maior proteção contra erro estocástico do que a análise *C-médio* correspondente. Pareceria, em suma, superior à análise *C-médio* em todos os aspectos nos quais a análise *C-médio* é superior à análise *C-pequeno*.

Isso prenuncia nossa conclusão. Estudos de caso *C-médio* são muito mais caros (em termos de tempo e recursos) do que estudos de caso *C-pequeno*, e o resultado final é geralmente inferior a uma análise *C-grande*. Como tal, a análise *C-médio* baseada em caso é uma forma híbrida de pesquisa que parece não ter área na qual desfrute vantagem comparativa relativa às alternativas *C-pequeno* e *C-grande*. Por essas razões, tanto logísticas como metodológicas, considero a pesquisa de estudo de caso de um modo tradicional, *i. e.*, como uma iniciativa *C-pequeno*. Embora possa fazer sentido em algumas circunstâncias acumular uma amostra de tamanho médio de casos, cada um estudado intensivamente, desconfio de que essa permanecerá uma abordagem relativamente rara à pesquisa das ciências sociais[70].

---

69. Cf., *e. g.*, Kreuzer (2010), Mainwaring e Pérez-Liñán (2014), Narang e Nelson (2009), Snyder e Borghard (2011), e o livro de códigos Archigos (Goemans et al., 2009). Para uma discussão complementar, cf. Goertz (2017: caps. 7-8).

70. Ragin (2000: 25) fornece um histograma revelador dos estudos das ciências sociais compreendidas em termos de seu número de casos. O histograma exibe uma curva em forma de U, com vários estudos *C-pequeno*, vários estudos *C-grande* e muito poucos estudos *C-médio*.

6.4 Sumário

Os capítulos 3-5 focaram estratégias específicas de seleção de caso. Este capítulo explora várias características genéricas desse processo.

A primeira seção discute a aplicação da *amostragem aleatória* à seleção de casos em uma pesquisa de estudo de caso. Mostramos que essa abordagem padece de duas falhas. A amostra escolhida de casos, embora pequena, está sujeita a várias ameaças de erro estocástico e também tende a não produzir alavancagem suficiente sobre a questão de interesse teórico.

A segunda seção trata do tema da seleção de caso *algorítmica*, na qual uma fórmula governa a seleção de um caso, ou casos, a partir de um grande número de casos potenciais. Apresento um protocolo para a seleção de caso algorítmica e discuto seus prós e contras. Minha visão, em essência, é que algoritmos são úteis sempre que um grande número de casos potenciais está disponível e sempre que os dados para esses casos permitem a aplicação de um algoritmo adequado. Contudo, não acredito que um algoritmo deva fornecer a escolha final entre casos se a amostra de casos escolhidos for muito pequena – como tipicamente ocorre na pesquisa de estudo de caso. Isso ocorre porque é difícil, senão impossível, incorporar todas as exigências da seleção de caso em um algoritmo. Algumas coisas, como as qualidades semiexperimentais de um caso, só podem ser conhecidas a partir do conhecimento detalhado do caso. Se, por outro lado, os pesquisadores desejam incorporar um grande número de casos – uma amostra *C-médio* – o uso de algoritmos se torna defensável, e provavelmente indispensável.

Na seção final, comento sobre a viabilidade de amostras *C-médio* (consistindo em várias dezenas de casos). Embora impressionado pelos estudos recentes que utilizam um grande conjunto de casos, não estou certo de que esse seja o método mais eficiente de investigação. Estudos de caso *C-médio* exigem um trabalho muito mais intenso do que estudos *C-pequeno*, e também exigem que os pesquisadores possuam um conhecimento detalhado de um grande número de casos. O material resultante – estudos extensos de cada caso – é difícil de integrar, exceto por métodos quantitativos, que, certamente, requerem uma abordagem mais reducionista aos casos, uma vasta simplificação do que foi aprendido. O processo começa a parecer mais com codificação, onde um questionário sistemático é aplicado a cada caso, e menos com estudos de caso. Em suma, estudos *C-médio* parecem ocupar uma zona metodológica nebulosa entre estudos *C-pequeno* e *C-grande*. Desconfio de que o tempo e os recursos dos pesquisadores seriam mais bem aplicados fazendo um ou o outro, ou combinando ambos em um estudo multimétodo, como discutimos no próximo capítulo.

III

Analisando casos

7

Uma tipologia de *designs* de pesquisa

Tendo explorado métodos de seleção de caso na parte II, voltamo-nos agora para métodos de análise – o que fazer com os casos uma vez escolhidos. Com certeza, esses dois momentos em um estudo de caso nunca são inteiramente separados um do outro. Uma característica-chave da pesquisa de estudo de caso é o entrelaçamento de seleção de caso com análise de caso. Qualquer método de escolha de casos implica um método para analisá-los, e alguns métodos (especificamente, aqueles que são orientados para estimar um efeito causal ou diagnosticar uma hipótese causal) são bastante explícitos sobre como fazer isso. Consequentemente, este capítulo revisita alguns problemas introduzidos nos capítulos 3-6. Contudo, vale a pena percorrer esse terreno cuidadosamente uma vez que não é de modo algum redundante.

Neste capítulo, apresento uma tipologia de *designs* de pesquisa, começando com o contraste fundamental entre estudos *C-grande* e *C-pequeno*, com a pesquisa *multimétodo* descrevendo a união desses dois formatos.

Esses métodos arquetípicos podem ser distinguidos conforme explorem ou não a variação de caso transversal, *longitudinal* ou *intracaso*, e conforme essa variação seja ou não analisada *quantitativamente* (com observações de processo causal) ou *quantitativamente* (com observações matriciais [*matrix observations*]). A interseção desses conceitos fornece uma tipologia tripartida de *designs* de pesquisa, mostrada na tabela 7.1, que guiará nossa discussão.

Brevemente, um *estudo de caso* utiliza a variação de caso transversal de um modo qualitativo, uma vez que o número de casos é muito limitado. (Esses podem ser casos que são formalmente definidos ou podem ser casos ancilares.) Ele também utiliza evidências longitudinais, que podem ser analisadas qualitativa ou quantitativamente (uma série temporal). E utiliza evidências intracaso, que podem também ser analisadas qualitativa ou quantitativamente. Em suma, o estudo de caso utiliza evidências nos três níveis e geralmente combina observações qualitativas e quantitativas – exceto para a análise de caso transversal, que deve ser qualitativa em virtude da pequena amostra de casos. C é pequeno, mas N pode ser grande, facilitando a análise quantitativa em outros níveis.

Tabela 7.1 – Tipologia de *designs* de pesquisa

	ANÁLISE		
	Caso transversal	Longitudinal	Intracaso
C-pequeno	Sim (Qual.)	Sim (Qual. e/ou Quant.)	Sim (Qual. e/ou Quant.)
C-grande	Sim (Quant.)	Talvez (TSCS*)	Não
Multimétodo	Sim (Quant.)	Sim (Qual. e/ou Quant.)	Sim (Qual. e/ou Quant.)

Um estudo *C-grande* abarca um grande número de casos e – em consequência do tamanho da amostra – uma forma quantitativa de análise. A análise pode repousar sobre comparações seccionais transversais e/ou comparações longitudinais (um painel ou seção transversal repetida). Há pouca oportunidade para explorar uma variação intracaso[71].

Um estudo *multimétodo*, que ocupa a linha final na tabela 7.1, combina ambos os formatos e, assim, aparece como uma forma híbrida de pesquisa – a união de métodos *C-pequeno* e *C-grande*.

Prosseguimos, agora, para dar uma roupagem a essa descrição nua. Começo com uma discussão sobre evidências de estudo de caso, compreendida

---

* Sigla de "*Time-Series Cross-Sectional Data*" [Dados Transversais Seccionais de Série Temporal] [N.T.].

71. Podemos fazer uma exceção parcial aos modelos hierárquicos. Contudo, esses modelos são em geral teoricamente focados no nível mais baixo da análise, com os dados de níveis elevados executando um papel de especificação do modelo (Arceneaux & Nickerson, 2009). P. ex., um modelo que combina dados de nível nacional e individual focará provavelmente a explicação do nível individual de comportamento. Como tal, o nível individual deve ser considerado como os casos de interesse teórico e não há evidências intracaso.

como casos transversais, longitudinais ou intracasos. A seguir, exploro o gênero composto de estudos multimétodos.

Aqui, como em outras partes deste livro, meu foco principal é a análise causal. Contudo, grande parte do que tenho a dizer é também aplicável à análise descritiva. Na verdade, as duas formas de inferência nem sempre são fáceis de distinguir.

7.1 Evidências de estudo de caso

Estipulei que evidências de estudo de caso podem ser categorizadas como casos transversais, longitudinais ou intracasos. Agora, podemos examinar essas categorias em maiores detalhes.

Caso transversal

A análise de caso transversal é exigida por alguns métodos de seleção de caso, *i. e.*, aqueles que assumem um formato *mais-similar* ou *mais-diferente*. Aqui, a variação entre casos estudados fornece evidências essenciais e explícitas para obtenção de inferências causais, como descrito no capítulo 5.

Virtualmente, todos os estudos de caso fazem referência a casos adicionais de um modo informal, *i. e.*, como *casos ancilares*. Por exemplo, Louis Hartz (1955), em seu influente estudo sobre a cultura política americana, refere-se repetidamente aos países europeus que parecem oferecer trajetórias de desenvolvimento fortemente contrastantes. "Qualquer tentativa de descobrir a natureza de uma sociedade americana sem o feudalismo pode ser obtida somente pelo estudo conjunto dela com uma sociedade europeia na qual a estrutura feudal e o etos feudal sobreviveram de fato", Hartz (1955: 4) escreve. A importância dos casos ancilares é aparente em muitos outros estudos de caso, mesmo que nem sempre sejam reconhecidos de um modo tão direto (Soifer, 2015).

Segue-se que C (número de casos), em um estudo de caso, é geralmente maior do que a quantidade de casos declarada do autor. Isso é especialmente verdadeiro para estudos focados em um caso singular. Observamos que o significado e interpretação desse caso é sempre dependente de comparações com outros casos. Um caso extremo ou anômalo não pode ser compreendido sem uma estrutura de referência, que ocupa um segundo plano em qualquer explanação proposta. Assim, embora estudos de caso possam parecer ridiculamente míopes, a análise de caso transversal nunca está inteiramente ausente. Outros casos são contrabandeados, podemos dizer, pela porta dos fundos – *i. e.*, por meio de comparações implícitas com uma população maior de casos.

Longitudinal

Estudos de caso sempre empregam alguma forma de análise *longitudinal*, focada no(s) caso(s) escolhido(s) ao longo do tempo. A linha de tempo pode se estender por séculos, *e. g.*, a história da Itália da Idade Média ao século XX (Putnam et al., 1993), ou por dias, *e. g.*, os 13 dias da crise dos mísseis de Cuba (Allison, 1971). Qualquer que seja o período escolhido, existe geralmente variação ao longo do tempo junto a dimensões-chave – X (o fator, ou fatores, causal), Y (o efeito) ou D (o fator, ou fatores, descritivo).

Muito ocasionalmente, um caso não mostra mudança nas variáveis de interesse teórico – o cão proverbial que não late. Por exemplo, o influente trabalho de Nina Tannenwald (1999, 2007) foca o não uso de armas nucleares pelos Estados Unidos após a Segunda Guerra Mundial. Contudo, esse período de restrição é implicitamente contrastado com o emprego de armamento nuclear no final da guerra. A esse respeito, Tannenwald incorpora a variação temporal na variável de interesse.

Intracaso

O elemento mais importante de qualquer estudo de caso é a oportunidade de explorar a variação "dentro [*inside*]" do ou "no [*within*]" caso de interesse teórico. Se os casos são estados-nação, essas entidades imensas podem ser decompostas em regiões, cidades ou indivíduos. Se os casos são partidos políticos, esses podem ser decompostos em representantes eleitos, ativistas, eleitores e facções ideológicas. Qualquer unidade pode ser decomposta, e evidências extraídas de cada uma dessas subunidades tendem a fornecer informações vitais para o argumento principal, dirigido ao nível do caso básico.

Dada a ubiquidade das evidências intracaso, parece justo afirmar que toda pesquisa de estudo de caso é também uma pesquisa de caso de nível transversal. O estudo de caso opera no nível das unidades principais de análise (os casos), assim como dentro de casos selecionados. É aqui que as vantagens de restringir o foco têm efeito. Existem os tipos de fundações de nível micro que são geralmente impossíveis de replicar em um formato *C-grande* (Campbell, 1975/1988; George & McKeown, 1985; King et al., 1994; Smelser, 1976).

Ao mesmo tempo, essas observações envolvem uma complexidade adicional não encontrada na variação latitudinal e longitudinal. Especificamente, os pesquisadores devem inferir as características do caso (no nível macro) das características derivadas de um nível inferior de análise (o nível micro). Esse salto "para cima" é talvez menos complicado do que o salto "para baixo" de uma unidade maior para seus componentes, para os quais temos um termo reconhecido (*inferência ecológica*). Mas ele é raramente autoevidente. A *falácia da agregação* assume que o comportamento no nível agregado pode ser inferido do comportamento nos níveis inferiores. Isso é por vezes verdadeiro, e por vezes não. De qualquer modo, não pode ser pressuposto (Achen & Shively, 1995; Alexander et al., 1987).

Conclusões provisórias

Parece justo concluir que todos os estudos de caso combinam todos os três tipos de evidência – casos transversais, longitudinais e intracasos. Eles são por vezes claramente separáveis, *e. g.*, em diferentes capítulos ou sob diferentes cabeçalhos dentro de um capítulo ou artigo. Mas são, tipicamente, *variados* [*gemischt*].

Qualquer que seja o modo de apresentação, combinar esses estilos de evidência fornece uma forma valiosa de triangulação. Uma proposição é mais segura se foi corroborada com evidências de casos transversais, longitudinais *e* intracasos.

Mas nem todas as evidências são iguais, e pode ser útil discernir os "pontos fracos" dos "pontos fortes" da pesquisa de estudo de caso antes de deixarmos esse tema. Com o tempo, um consenso parece ter surgido sobre a utilidade das evidências intracaso. Poucos metodologistas questionam o valor agregado de espiar dentro da caixa, buscando em um nível inferior de análise evidências que possam corroborar ainda mais, ou enfraquecer, uma inferência causal. Do mesmo modo, ninguém argumentaria com o adágio de explorar a variação ao longo do tempo. Casos que mudam em parâmetros-chave são mais úteis do que aqueles que não mudam.

Em contraste, existe considerável ceticismo sobre a utilidade de comparações de caso transversal na pesquisa de estudo de caso (George & Bennett, 2005: 152; Glynn & Ichino, 2015; Goertz, 2017; Seawright, 2016b; Sekhon, 2004; mas cf. Slater & Ziblatt, 2013). Como casos ancilares não representam uma carga pesada nas inferências causais de qualquer estudo (por definição) e *designs* de caso mais-diferentes são raros (como discutido no cap. 5), nossa discussão focará o *design* de caso transversal dominante, o estudo de caso *mais-similar*. Aqui, consideramos todas as três versões (*exploratório, estimativo* e *diagnóstico*) juntas, já que utilizam a mesma lógica de inferência tão logo os casos sejam selecionados.

Recorde que a análise mais-similar depende de encontrarmos casos que sejam similares em características de fundo (Z) e diferentes no fator causal de interesse (X). Com certeza, casos escolhidos para propósitos exploratórios selecionam o condicional em Y e Z, em vez de em X. Contudo, para que esses casos cumpram sua função – identificar uma nova causa de Y –, devem fornecer o requisito da variação de caso transversal condicional em X.

Ocorre que essa configuração não é muito comum no terreno das ciências sociais. Raramente encontramos casos que sejam similares em todas as causas, exceto em uma causa potencial de Y. Casos que são similares entre si condicionais em Z tendem também a ser similares entre si condicionais em X, e vice-versa.

E quando se apresenta uma situação que parece incorporar uma comparação mais-similar, com frequência verificamos que existem *muitos* casos potenciais com essa característica, um ambiente que se presta à análise *C-grande*. Experimentos naturais *C-grande* são raros (Dunning, 2012); experimentos naturais de estudo de caso (nos quais somente um ou vários casos incorporam as condições de tratamento e controle) são ainda mais raros. O ceticismo sobre comparações de casos transversais na pesquisa de estudo de caso é, portanto, um produto do mundo social tal como se apresenta.

Esse ceticismo não está limitado aos ambientes de estudo de caso. Mesmo em um ambiente *C-grande*, metodologistas desconfiam de inferências baseadas somente, ou principalmente, em comparações de caso transversal (seccional transversal) de dados observacionais. Recorde que qualquer inferência causal repousa na suposição central da comparabilidade causal: o valor esperado de Y, condicionado em X, deve ser igual para todas as unidades, e todos os períodos de tempo, sob estudo. (Se esse critério é compreendido de um modo determinístico ou probabilístico não necessita nos preocupar aqui.) Sempre que o tratamento não é atribuído aleatoriamente (*i. e.*, em ambientes não experimentais), essa suposição tende a não ser satisfeita pela observação da variação seccional transversal. Casos expostos ao tratamento ($X = 1$) tendem a diferir de casos que exibem a condição de controle ($X = 0$) de modo que afetem o resultado, introduzindo confundidores. Em um ambiente *C-grande*, podemos tentar controlar esses confundidores condicionando em covariáveis (em uma estrutura de regressão) ou restringindo a análise a casos que são compatíveis com as covariáveis (em uma estrutura de pareamento [*matching framework*]). Contudo, é inevitável haver dúvidas sobre se todas as condições de fundo relevantes são corretamente identificadas, medidas e controladas, e se fatores irrelevantes (talvez afetados por X) são evitados. Os desafios à inferência causal são formidáveis.

Em contraste, é de certo modo mais provável que a suposição da comparabilidade causal seja satisfeita ao compararmos um caso consigo próprio, pré e pós-tratamento. Frequentemente, X muda enquanto outras condições de fundo (representadas pelo vetor Z) permanecem constantes. Experimentos naturais longitudinais (onde X muda de um modo como-se aleatório) são mais comuns do que experimentos naturais latitudinais. Por essa razão, comparações longitudinais são muitas vezes consideradas mais plausíveis do que comparações seccionais transversais, ao menos com respeito aos efeitos causais compreendidos como efeitos médios do tratamento sobre o tratado (EMT). Esse princípio básico é refletido na preferência geral por modelos causais que privilegiam a mudança ao longo do tempo (*e. g.*, modelos de diferença-na--diferença ou de efeito fixado) em detrimento de modelos causais que privilegiam comparações entre unidades (*e. g.*, secções transversais agrupadas).

Essas normas metodológicas são baseadas em nossa noção geral de como o mundo funciona. Naturalmente, há muitas exceções, explicando a persistência da análise de caso transversal em ambientes tanto *C-grande* quanto *C-pequeno*. Cada ambiente de pesquisa deve ser avaliado em seus próprios termos. Ainda assim, é importante observar a preferência geral pelas evidências longitudinais em detrimento das latitudinais, que parece ser partilhada por quase todos que lidam com dados observacionais, seja nos formatos qualitativos, seja nos quantitativos.

Dito isso, não queremos perder de vista um ponto importante. Todos os estilos de evidências são úteis, e todos são geralmente combinados em um estudo de caso. Quando se trata de analisar casos, não há análise mais-similar "pura", onde a inferência causal se baseie somente em comparações de caso transversal. Estudos de caso mais-similar, como outros tipos de estudos de caso, se baseiam igualmente em análise longitudinal para o caso-"tratamento" (onde há uma mudança observável em X) assim como em análise de caso transversal. E todos os estudos de caso empregam alguma forma de análise intracaso. Sob essa luz, não é prático se fixar nas vantagens e desvantagens comparativas dos diferentes estilos de evidências. Todas são boas.

7.2 Estudos multimétodos

Alguns estudos combinam o estudo intensivo de um ou mais casos com uma análise *C-grande*, gerando um estilo *multimétodo* (ou de método-misto) de pesquisa. Essa forma de estudo parece cada vez mais comum, e é muitas vezes elogiada por metodologistas[72].

Dezessete exemplares são listados na tabela 7.2[73]. Alguns selecionam casos (para estudo intensivo) por meio de algoritmos e outros não. Todos empregam uma análise quantitativa de variação de caso transversal – isso, é claro, é o que os qualifica como "multimétodos" em nosso léxico. Alguns também analisam observações intracaso de um modo quantitativo. (Todos utilizam métodos qualitativos para analisar a variação intracaso; isso é mais ou menos assumido em um estudo de caso.)

Considere o estudo de Alesina et al. (2001) sobre o Estado de bem-estar social. Os autores empregam análise de regressão para olhar para os resultados de estados de bem-estar social (medidos por gastos). Sua explanação preferida é a fracionalização étnica, que é negativamente correlacionada ao desenvolvimento do Estado de bem-estar social na Ocde (Organização para a Cooperação e Desenvolvimento Econômico), sugerindo que em países di-

---

72. "Multimétodo", amplamente entendido, refere-se simplesmente à combinação de diversos métodos, *e. g.*, experimental e observacional, qualitativo e quantitativo, teoria dos jogos e empirismo, inferência de nível transversal, e assim por diante (Seawright, 2016b). Aqui, o termo é usado de um modo mais restrito, *i. e.*, como um estudo – ou, ocasionalmente, uma linha de pesquisa – que combina análise *C-grande* e *C-pequeno* (Goertz, 2017; Kauffman, 2012; Lieberman, 2005, 2015). Para críticas a essa abordagem, cf. Ahmed e Sil (2012), Rohlfing (2008).

73. Para exemplos adicionais, cf. Goertz (2017: apêndice A).

versos os cidadãos sentem menos obrigação de fornecer proteções sociais para outros cidadãos. Isso é corroborado por evidências de nível de caso extraídas dos Estados Unidos.

Uma questão importante surge com respeito ao sequenciamento de análise *C-grande* e *C-pequeno* em estudos multimétodos. Logicamente, existem três possibilidades: uma pode preceder a outra ou podem ocorrer conjuntamente (ou de um modo para frente e para trás, o qual considerarei equivalente ao conjuntamente).

Quando o estudo de caso precede a análise *C-grande*

Se a pesquisa de estudo de caso precede a análise *C-grande*, então o estudo de caso desempenha um papel seminal – como na abordagem de pesquisa conhecida como "teoria fundamentada [*grounded theory*]" (Glaser & Strauss, 1967). O estudo de caso identifica o tópico, *i. e.*, as variáveis e hipóteses relevantes, que a pesquisa *C-grande* pode testar de um modo mais amplo – e talvez mais sistemático. Os leitores devem estar familiarizados com a pesquisa de estudo de caso que começa com um caso e depois generaliza – talvez na seção final de um livro ou artigo – para uma população maior. Se a última análise é formal, *i. e.*, realizada com um algoritmo extraído da lógica ou da estatística, então, se encaixa em nossa definição de multimétodo.

Alternativamente, o movimento para a análise *C-grande* pode ser executado por estudos posteriores. Nesse sentido, já houve tentativas para generalizar a teoria do capital social associado ao estudo de caso de Robert Putnam et al. (1993) sobre regiões italianas (*e. g.*, Knack & Keefer, 1997); além disso, a teoria da coesão partidária desenvolvida na comparação mais-similar de Leon Epstein (1964) sobre os Estados Unidos e o Canadá foi realizada para uma amostra muito maior em estudos posteriores (Carey, 2007). Contudo, para os propósitos presentes, reservarei o termo "multimétodo" para trabalhos que incorporam ambos os elementos no mesmo estudo.

Quando a análise *C-grande* precede o estudo de caso

Se os pesquisadores já sabem bastante sobre um tópico de análise *C-grande* (sua ou de alguém outro), o estudo de caso desempenha um papel suplementar, como descrito na abordagem de "análise aninhada [*nested analysis*]" à pesquisa multimétodo (Lieberman, 2005). Aqui, a seleção algorítmica de casos também é comum.

Tabela 7.2 – Exemplares multimétodos

Estudo	Campo	Citações	SELEÇÃO		CASOS		QUANT.	
			Algoritmo	Não algoritmo	Fenômenos	C	Caso transversal	Intracaso
Alesina et al. (2001), *Why Doesn't US Have Welfare State?*	EC	824		•	Estados de bem-estar social	1	•	
Collier e Sambanis (2005a, 2005b), *Understanding Civil War*	PS	430	•		Guerras civis	21	•	•
Dafoe e Kelsey (2014), *Observing the Capitalist Peace*	PS	2	•		Díades de nações	6	•	
Fearon e Laitin (2008, 2014, 2015), *Random Narratives*	PS	85	•		Guerras civis	25	•	
Lange (2009), *Lineages of Despotism and Development*	SO	69	•	•	Desenvolvimento econômico	4/11	•	
Lieberman (2003), *Politics of Taxation Brazil, South Africa*	PS	172		•	Política fiscal	2	•	
Madrigal et al. (2011), *Community-Based Orgs*	EC	20	•		Agências de abastecimento de água	4	•	•
Mansfield e Snyder (2005), *Electing to Fight*	PS	627		•	Conflitos	10	•	

		C						
Martin (1992), *Coercive Cooperation*	PS	700		•	Sanções	4	•	
Pearce (2002), *Integrating Survey and Ethnographic Methods*	SO	47		•	Fertilidade	28	•	
Pinfari (2012), *Peace Negotiations and Time*	PS	5		•	Negociações	4	•	•
Romer e Romer (2010), *Effects of Tax Changes*	EC	800		•	Política fiscal	1	•	
Ross (2004), *How Do Natural Resources Influence Civil War?*	PS	566		•	Guerras civis	13	•	
Schultz (2001), *Democracy and Coercive Diplomacy*	PS	590		•	Crises	4	•	
Simmons (1994), *Who Adjusts?*	PS	348		•	Crises de políticas econômicas	3	•	
Teorell (2010), *Determinants of Democratization*	PS	153	•		Tipos de regime	14	•	
Walter (2002), *Committing to Peace*	PS	821		•	Guerras civis	2	•	

Notas: C = número de casos. *Algoritmo* = seleção de caso por algoritmo.

Em trabalhos descritivos pode ser possível medir certas características ao longo de um grande número de casos, deixando outras – talvez mais difíceis de medir – características para a análise de caso detalhada. Em trabalhos causais pode ser possível estabelecer uma associação robusta entre X e Y em uma amostra grande, deixando questões sobre casos ou mecanismos influentes para a análise de caso detalhada. A última pode ser essencial para estabelecer a inferência causal, especialmente se a correlação *C-grande* entre X e Y estiver sujeita a numerosos confundidores. Mas mesmo que evidências *C-grande* permitam estabelecer inferência causal, como pode ocorrer em um ambiente experimental ou semiexperimental, o trabalho de modo algum está terminado. Pesquisadores desejam estabelecer não apenas qual é o efeito causal de X em Y, mas também como – por que mecanismo(s) – é gerado. O último é essencial para construir a teoria, ou seja, generalizar para além da amostra, estendendo os resultados a novos tópicos, e conectando-a à pesquisa existente.

Para explorar a viabilidade de duas teorias sobre a guerra civil – uma gerada por Paul Collier e Anke Hoeffler (2001) (modelo CH) e a outra por James Fearon e David Laitin (2003) (modelo FL) – uma série de estudos de caso foi empreendida por uma equipe liderada por Paul Collier e Nicholas Sambanis. Sambanis (2004: 259-260) sumariza o benefício desses casos deste modo:

- Eles nos ajudam a identificar vários mecanismos causais por meio dos quais variáveis independentes nos modelos CH e FL influenciam a variável dependente – *i. e.*, o risco do começo de guerra civil. Rapidamente fica claro que a distinção entre "ganância" e "descontentamento" do modelo CH como motivos concorrentes para a guerra civil é ilusória, porque ganância e descontentamento são usualmente matizes do mesmo problema.
- Eles questionam suposições e premissas sobre os estudos quantitativos e tornam claro que os modelos CH e FL estão muitas vezes certos pelas razões erradas, e também errados pelas razões erradas. (Em outras palavras, os casos identificam mecanismos que são diferentes daqueles subjacentes às suas teorias, tanto onde os modelos estatísticos fazem boas predições quanto onde fazem más predições.)
- Eles por vezes indicam uma pobre adequação entre *proxies* empíricas [*empirical proxies*]* e variáveis teoricamente significativas – *i. e.*, eles identificam problemas de medida nos estudos estatísticos.

---

* Na estatística, *proxy* [representante, substituto], ou variável *proxy*, é uma variável que não é em si diretamente relevante, mas que desempenha a função de uma variável não observável ou imensurável [N.T.].

• Eles nos ajudam a identificar novas variáveis que poderiam explicar a guerra civil, mas são omitidos dos modelos CH e FL (*e. g.*, intervenção externa, ou difusão e contágio de violência na "região"). Adicionar essas variáveis a modelos quantitativos poderia reduzir o risco de viés de variável-omitida e facilitar a construção de teoria indutiva.

• Eles destacam efeitos interativos de variáveis nos modelos estatísticos e nos ajudam a identificar variáveis exógenas e endógenas ao apresentarem as narrativas das séries de eventos e dos processos que levam à guerra civil.

• Eles sugerem heterogeneidade de unidade substancial nos dados, uma vez que os mecanismos que levam à guerra civil parecem diferir substancialmente em diferentes conjuntos de países e tipos de guerra civil.

Dizer que esses estudos de caso são suplementares a uma análise *C-grande* não significa que sejam desimportantes.

Parte de sua importância, devemos observar, está no refinamento de modelos *C-grande*. Collier e Sambanis (2005a: 25) reconhecem que "estudos de caso podem... realimentar a análise estatística, à medida que são identificadas novas variáveis possíveis para expandir a teoria do começo de guerra civil, e essas variáveis são codificadas de modo que possam ser integradas no conjunto de dados. Com as novas e refinadas *proxies* adicionadas ao conjunto de dados, o novo e expandido modelo CH pode ser reavaliado em uma outra iteração dessa pesquisa". Isso oferece uma transição conveniente para nossa próxima seção.

Conjuntamente

Uma possibilidade final é que as pesquisas *C-grande* e *C-pequeno* ocorram juntas, ou de um modo contínuo para frente e para trás. Por exemplo, o estudo de Lisa Pearce (2002) sobre escolhas de criação de filhos no Nepal, discutidas no capítulo 6, começa com um modelo de regressão de tamanho ideal de família, extraído da literatura e de seus antecedentes teóricos. Ela, então, conduz uma pesquisa detalhada sobre casos anômalos, que usa para reespecificar seu modelo. Do mesmo modo, o estudo de Lieberman sobre política tributária utiliza o conhecimento detalhado de casos de países – África do Sul e Brasil – junto à análise estatística transnacional. De acordo com o autor, ambos os elementos da pesquisa avançaram conjuntamente[74].

---

74. Comunicação pessoal (2015).

Essa pode ser a abordagem mais comum para estudiosos que fazem pesquisa multimétodo, uma vez que os pesquisadores começam com algum conhecimento prévio sobre a população e sobre alguns casos específicos que chegaram a visitar ou estudar, e prosseguem iterativamente.

Conclusões

O papel de um estudo de caso dentro de um trabalho multimétodo varia de acordo com sua sequência no processo. Quando uma análise *C-pequeno* segue de uma análise *C-grande*, ela desempenha um papel suplementar. Quando um estudo de caso precede a análise *C-grande*, desempenha um papel seminal. E quando os dois elementos são conduzidos conjuntamente, seus papéis são difíceis de distinguir. Isso parece claro.

Contudo, deveríamos estar conscientes de que o trabalho efetivo realizado por um estudo de caso nem sempre é fácil de discernir do produto final, *i. e.*, um artigo, livro, tese ou relatório publicado. É especialmente difícil reconstruir as sequências seguidas por estudos multimétodos como aquelas listadas na tabela 7.2. Os autores raramente são transparentes sobre os protocolos empregados, deixando questões sobre qual procedimento foi conduzido em que ponto da pesquisa[75].

Desconfio de que a pesquisa de estudo de caso desempenhe um papel orientador em um estágio inicial, enquanto os pesquisadores catam aqui e ali um tópico e uma tese. Isso pode ser seguido por uma análise *C-grande*, que depois se torna a espinha dorsal evidencial do projeto. O estudo de caso original pode ser inteiramente elidido, ou mencionado apenas brevemente, no relatório final. Alternativamente, um estudo pode começar com uma análise *C-grande*, que é depois suplementada por um caso cuidadosamente escolhido, cujo papel é avaliar os casos influentes ou elucidar mecanismos causais. Nesse cenário, é possível imaginar que o estudo de caso desempenhe um papel bastante justo no relatório final, mesmo que tenha desempenhado um papel menor no desenvolvimento e teste do argumento.

Assim, é bem possível que a influência de um estudo de caso em um projeto seja inversamente proporcional à sua proeminência no produto final –

---

75. Isso serve como um lembrete de que os métodos quantitativos não são automaticamente traduzidos em trabalho replicável. Além disso, deve haver clareza sobre os protocolos seguidos.

com estudos de caso enfatizados onde desempenhem uma função auxiliar e des-enfatizados onde desempenhem uma função generativa. Não podemos saber com certeza. O que pode ser seguramente concluído é que a ordem na qual estudos de caso são utilizados em um estudo multimétodo estrutura seu papel no processo de pesquisa.

7.3 Sumário

Este capítulo apresentou uma tipologia simples de *designs* de pesquisa de estudo de caso, que nos permite distinguir estudos de caso (a) *C-pequeno*, (b) *C-grande* e (c) multimétodos, por meio do exame do tipo de evidências que utilizam e do tipo de análise que executam. O esquema, sumarizado na tabela 7.1, fornece ainda mais clareza ao problema da definição, que encontramos inicialmente no capítulo 2.

Também demonstra que a análise do estudo de caso é complexa, envolvendo variação entre casos, ao longo do tempo e nos limites de cada caso (em um nível inferior de análise). Em contraste, estudos *C-grande* geralmente exploram somente um nível de análise, permanecendo no nível do caso.

Observe, finalmente, que, embora a análise de caso transversal na pesquisa de estudo de caso deva ser empreendida de um modo qualitativo (devido ao número limitado de casos), a análise longitudinal e a intracaso podem ser conduzidas qualitativa e/ou quantitativamente. Isso significa que a análise de caso é aberta e essencialmente contígua à metodologia das ciências sociais. A única coisa que é categoricamente rejeitada é a análise quantitativa da variação de caso transversal – a característica distintiva da pesquisa *C-grande*. Contudo, a pesquisa multimétodo faz precisamente isso, cominando métodos *C-grande* e *C-pequeno*. Isso leva ao tópico do próximo capítulo, onde investigamos a distinção qualitativo/quantitativo.

8

Modos quantitativo e qualitativo de análise

Tradicionalmente, o estudo de caso tem sido identificado com métodos qualitativos e a análise *C-grande* com métodos quantitativos. É assim que Franklin Giddings (1924: 94) conceitualizou o tema em seu influente manual, publicado há quase um século. Lá, ele contrastava dois procedimentos fundamentalmente diferentes:

> Em um, seguimos a distribuição de um traço, qualidade, hábito ou outro fenômeno particular até onde podemos. No outro, atribuímos, na medida do possível, quanto podemos o número e variedade de traços, qualidades, hábitos, ou outras tantas coisas, combinados em uma ocorrência particular. O primeiro desses procedimentos é há muito conhecido como o método estatístico... O segundo procedimento tem sido conhecido há quase tanto tempo quanto o primeiro como o método do caso.

Nos anos intermediários, essa dicotomia se tornou ainda mais arraigada: um contraste entre estatística e narrativa, variáveis e casos, quanti e quali[76].

Como veremos, a visão tradicional é parcialmente verdadeira, e parcialmente não. Especificamente, amostras *C-grande* devem ser analisadas quantitativamente. Contudo, estudos de caso podem conter tanto evidências

---

76. Abbott (1990), Abell (1987), Bendix (1963), Bernard (1928), Burgess (1927), Giddings (1924: 94), Jocher (1928: 203), Meehl (1954), Przeworski e Teune (1970: 8-9), Ragin (1987; 2004: 124), Rice (1928: cap. 1), Stouffer (1941: 349), Znaniecki (1934: 250-251). Uma visão geral desses dois modos de ver o mundo social é fornecida por Goertz e Mahoney (2012).

quantitativas como qualitativas. Para esclarecer esse ponto, necessitaremos primeiro esclarecer os termos-chave[77].

Defino análise *quantitativa* qualquer análise formal baseada em observações matriciais. Uma observação matricial é o tipo convencional, representado como uma linha em um conjunto de dados retangular (ilustrado nas figuras 2.1 e 2.2). Cada observação é codificada junto a várias dimensões, compreendidas como colunas na matriz e como variáveis em uma análise. Todas as observações são consideradas exemplos do mesmo fenômeno geral e extraídas da mesma população. Cada uma é considerada comparável a todas as outras (com algum grau de erro) com respeito a qualquer que seja a análise realizada. A análise é "formal" na medida em que repousa em uma estrutura de inferências como teoria lógica/de conjuntos, estatística bayesiana, estatística frequentista ou inferência de aleatoriedade[78].

Em contraste, a análise *qualitativa* se refere a uma análise informal de observações não comparáveis. Observações não comparáveis não podem ser arranjadas em um formato matricial porque são exemplos de coisas diferentes, extraídas de populações diferentes. A análise é "informal" na medida em que é articulada com a linguagem natural e é não conectada a uma estrutura de inferência explícita e geral. Quando aplicada no contexto da inferência causal, esse tipo de evidência pode ser referido como *observações de processos causais* (Brady, 2004), *indicações* (Collier, 2011; Ginzburg, 1983; Humphreys & Jacobs, 2015), *coligação* (Roberts, 1996), *congruência* (Blatter & Blume, 2008), *explanação genética* (Nagel, 1961), *análise narrativa* (Abell, 2004; Abbott, 1990; Griffin, 1993; Roth, 1994), ou *rastreamento de processo* [*process tracing*] (Bennett & Checkel, 2015; Trampusch & Palier, 2016; Waldner, 2012)[79].

---

77. Definições alternativas (basicamente, mas não inteiramente, consistentes com as minhas) podem ser encontradas em Berg e Lune (2011), Brady e Collier (2004), Denzin e Lincoln (2000), Goertz e Mahoney (2012).

78. Poucos escritores tentaram definir a análise quantitativa, embora possamos inferir que seja uma categoria residual definida pela análise qualitativa, como abaixo.

79. Não pretendo implicar que esses termos sejam idênticos, meramente que são sobrepostos. O rastreamento de processo (a principal alternativa à "análise qualitativa") é usualmente definido como uma investigação de mecanismos causais (Bennet & Checkel, 2015: 5-9). É geralmente implicado que a investigação assume a forma de observações qualitativas: uma análise de série temporal, por si só, não se qualifica. Minha leitura do termo é que ele se refere a dados qualitativos utilizados para esclarecer mecanismos causais. Assim definido, o termo parece muito restrito para

Meu uso dos termos qualitativo e quantitativo, portanto, inclui dois elementos: o tipo de *dados* (matricial/não matricial) e o tipo de *análise* (formal/informal). Esses são combinados – talvez não por necessidade, mas por hábito e conveniência. Observe também que existe uma afinidade eletiva entre análise quantitativa e amostras grandes, assim como entre análise qualitativa e amostras pequenas. Seríamos pressionados a aplicar estilos informais de análise a uma amostra de mil. Do mesmo modo, seríamos pressionados a aplicar uma análise formal a uma amostra de dois. O tamanho de uma amostra, portanto, influencia o estilo de análise. Contudo, não a determina. Isso é aparente no nível intermediário. Uma amostra de 20 pode ser analisada formal ou informalmente. Assim, quando usamos os termos quantitativo e qualitativo, os leitores deveriam compreender que o último usualmente (mas não sempre) corresponde a amostras grandes, e o primeiro usualmente (mas não sempre) corresponde a amostras pequenas. A distinção quali/quanti não é meramente uma questão de N.

Com base nessas definições, passo a discutir a aplicação da análise quantitativa aos métodos do estudo de caso, uma área que não é bem compreendida. O resto do capítulo é dedicado à análise qualitativa, incluindo uma consideração sobre padrões gerais que podem guiar esse modo de investigação, junto a um conjunto de "regras fundamentais" informais.

8.1 Análise quantitativa

Um modo quantitativo de análise é utilizado em três áreas da pesquisa de estudo de caso. Primeiro, pode ser empregado para escolher casos, referido como seleção de caso "algorítmica", como discutido no capítulo 6. Aproximadamente 6% dos estudos examinados na tabela 1.2 utilizam esse método de seleção de caso.

---

os propósitos presentes, uma vez que necessitamos falar sobre a inter-relação de fatores causais (X) e resultados (Y), assim como de suas interconexões (M). Também desejamos falar sobre outras indicações de inferência causal como causas prévias, confundidores, resultados alternados e congruência/pareamento de padrões. Esses fatores adicionais parecem estender as fronteiras do rastreamento de processo, como tradicionalmente definido (mesmo que sejam muitas vezes incluídos em trabalhos publicados sob o título de "rastreamento de processo"). Por todas essas razões, escolhemos o termo mais geral – "análise qualitativa". Mas os leitores devem estar cientes de que as discussões contemporâneas sobre rastreamento de processo cobrem praticamente o mesmo terreno. Para uma discussão complementar sobre a divisão qualitativa/quantitativa, cf. Gerring (2017).

Segundo, pode ser utilizado para analisar um grande número de casos em um formato *C-grande*. Quando combinado a um estudo de caso, esse é referido como uma pesquisa multimétodo, discutida no capítulo anterior. Aproximadamente 13% dos estudos de caso examinados na tabela 1.2 são multimétodos nesse sentido especial.

Terceiro, a análise quantitativa pode ser utilizada para conduzir uma análise intracaso. Por exemplo, se a unidade básica de interesse teórico (o "caso") é o Estado-nação, observações intracaso podem ser construídas a partir de províncias, localidades, grupos ou indivíduos. As possibilidades para análise intracaso são, em princípio, infinitas. Em seu estudo pioneiro sobre o Sindicato Tipográfico Internacional [*International Typographical Union*], Lipset et al. (1956: 422) observam a variedade de evidências intracaso, que incluíam sindicatos locais, cláusulas de exigência de sindicalização (dentro de cada local), e membros individuais do sindicato.

Importa mencionar que observações (intracaso) (*N*) muitas vezes inundam casos (*C*), como indicado por Donald Campbell (1975) há muitos anos. Isso tende a ser verdadeiro sempre que os indivíduos incluem observações intracaso. Uma única sondagem nacional produzirá uma amostra muito maior do que qualquer análise entre países concebível. Não existem tantos países.

Na verdade, uma análise recente de estudos sobre gerenciamento de recursos naturais descobriu que o tamanho da amostra varia inversamente ao escopo geográfico. Especificamente, estudos de caso focados em comunidades únicas tendem a ter amostras grandes uma vez que muitas vezes empregam observações de nível individual (intracaso). Estudos *C-grande* têm uma tendência maior a tratar comunidades como incluindo observações, e, assim, possuem amostras menores (Poteete & Ostrom, 2005: 11).

Esse padrão comum remonta ao começo das ciências sociais modernas. O estudo de Robert e Helen Lynd (1929/1956) sobre Muncie, Indiana, apresentou sondagens de centenas de respondentes em "Middletown". *Yankee city* [*Cidade ianque*] (Warner & Lunt, 1941), um outro estudo pioneiro sobre comunidades, incluía entrevistas com 17 mil pessoas. Não surpreende que a análise intracaso seja o ambiente comum para a análise quantitativa dentro de um formato de estudo de caso, caracterizando aproximadamente 18% dos estudos examinados na tabela 1.2.

Podemos concluir que a análise quantitativa é uma característica regular – e, até onde podemos ver, uma característica cada vez mais comum – em estudos classificados como estudos de caso. Ainda assim, devemos observar o fato de que em nossa amostra (admitidamente não aleatória) somente uma minoria de estudos de caso emprega análise quantitativa original. A maioria depende apenas, ou basicamente, de uma análise qualitativa dos dados disponíveis. Devido a isso, e porque os padrões de análise qualitativa são menos bem estabelecidos – e muito mais controversos – o restante deste capítulo será dedicado aos modos não quantitativos de análise.

8.2 Análise qualitativa

Embora uma grande quantidade de pesquisa explore as fundações inferenciais dos modos quantitativos de análise, comparativamente pouco foi escrito sobre os modos qualitativos de análise. (Isso está começando a mudar, como testemunhamos pelo compêndio de referências neste livro.) Devido à sua centralidade à pesquisa de estudo de caso, é importante termos uma noção do que a última oferece e dos tipos de ambientes nos quais pode ser útil. Nosso foco será a inferência causal, onde o papel dos dados qualitativos é mais controverso (Beck, 2010). Minha abordagem ao tema se baseia em exemplos de observações qualitativas efetivas. Isso segue do fato de que métodos informais não possuem um formato claramente prescrito e, portanto, são mais bem compreendidos em um contexto de uso.

Para começar, vamos considerar a teoria da revolução social de Theda Skocpol (1979), que depende criticamente do colapso do Estado francês nas décadas anteriores a 1789. James Mahoney (1999) explica esse elemento do argumento em detalhes meticulosos, identificando três fatores causais gerais – subdesenvolvimento agrário, pressão internacional e autonomia do Estado – que são, em troca, decompostos em 37 etapas discretas. O argumento inteiro é reproduzido na figura 8.1.

Para nossos propósitos, o interessante é que a evidência para cada etapa nessa cadeia causal é única, ou seja, a evidência coletada para prover a etapa (1) é de caráter diferente da evidência aduzida para a etapa (2), e assim por diante, linha abaixo. Cada uma é um argumento separado, aninhada em um argumento maior sobre as causas do colapso do Estado na França em 1789.

E esse, em troca, está aninhado em um argumento maior sobre a revolução social no mundo moderno. Mahoney (1999: 1.168) chama atenção para o fato de que a teoria geral de Skocpol se torna mais plausível por sua habilidade para "ordenar numerosas características idiossincráticas da história francesa, russa e chinesa em descrições significativas de processos em curso que são consistentes com um argumento macrocausal mais amplo e abrangente". Observações qualitativas permitem uma descrição dos mecanismos causais que simplesmente não seriam possíveis se Skocpol tivesse se restringido a uma análise formal com observações matriciais.

Cada evidência utilizada no caso de Skocpol – a Revolução Francesa – é relevante para o argumento central. Todavia, elas não incluem observações em uma amostra maior. São mais corretamente compreendidas como uma série de observações únicas ($N = 1$). Embora o procedimento pareça confuso, podemos ser convencidos por suas conclusões. Assim, podemos concluir que, em algumas circunstâncias ao menos, inferências baseadas em observações qualitativas oferecem uma abordagem razoável para um problema, mesmo que o "método" beire ao inefável.

Nossa confiança repousa em proposições e observações específicas; ela é, nesse sentido, *ad hoc*. Embora observações matriciais possam ser compreendidas de acordo com suas propriedades covariacionais, observações qualitativas requerem uma lógica mais complexa – requerida por trabalho de detetive, informes legais, jornalismo e descrições históricas tradicionais. O analista busca dar sentido a uma série de evidências díspares, algumas das quais podem esclarecer um único evento ou decisão. A questão de pesquisa é sempre singular. O que provocou a Revolução Francesa? Quem atirou em John Kennedy? Por que os Estados Unidos invadiram o Iraque? O que provocou a Primeira Guerra Mundial? Contudo, a explanação extraída de uma descrição focada com base em observações qualitativas pode ser muito geral. O esquema explanatório de Skocpol utiliza as minúcias da história francesa para demonstrar uma descrição macroteórica maior, pertencente a todos os países (sem um passado colonial) na era moderna.

Note também que observações qualitativas podem ser numéricas ou não numéricas. Contudo, como cada observação numérica é muito diferente do resto elas não constituem coletivamente uma amostra. Cada observação é coletada para amostra em uma população diferente. Isso significa que cada observação é qualitativamente diferente – reforçando meu argumento de que

Figura 8.1 – A explanação de Skocpol do colapso do Estado francês (1789)

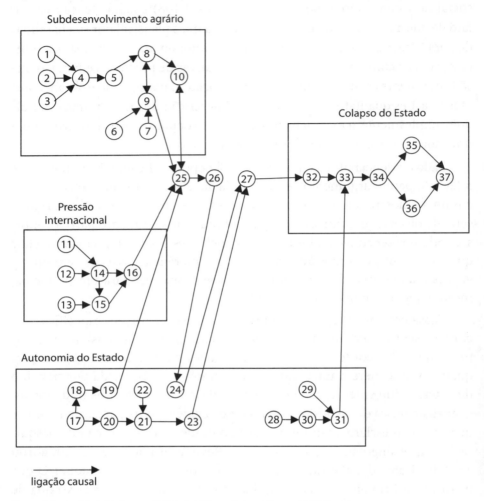

Fonte: Adaptado de Mahoney (1999: 1.166) conforme Skocpol (1979).

1. Relações de propriedade impedem a introdução de novas técnicas agrícolas.
2. Sistema tributário desencoraja a inovação agrícola.
3. Crescimento sustentado desencoraja a inovação agrícola.
4. Subdesenvolvimento da agricultura francesa.
5. Mercado doméstico fraco para produtos industriais.
6. Problemas de transporte interno.
7. Crescimento populacional.
8. Fracasso em atingir o avanço industrial.
9. Fracasso em sustentar o crescimento econômico.
10. Incapacidade de competir satisfatoriamente com a Inglaterra.

cont.

11. Sucessos militares iniciais durante o reinado de Luís XIV.
12. Ambições expansionistas do Estado.
13. Localização geográfica francesa *vis-à-vis* com a Inglaterra.
14. Guerras prolongadas.
15. O Estado necessita dedicar recursos para o exército e para a marinha.
16. Repetidas derrotas na guerra.
17. Criação da monarquia absolutista; persistência de instituições medievais descentralizadas.
18. A classe dominante muitas vezes isenta de impostos.
19. O Estado enfrenta obstáculos gerando empréstimos.
20. A classe dominante socialmente coesa baseada na riqueza de propriedades.
21. A classe dominante possui direito legal de retardar a legislação régia.
22. A classe dominante exerce firme controle sobre os cargos públicos.
23. A classe dominante é capaz de bloquear reformas.
24. A classe dominante resiste a reformas financeiras.
25. Grandes problemas financeiros do Estado.
26. Estado tenta reformas financeiro-tributárias.
27. Reformas financeiras fracassam.
28. Recrutamento de oficiais militares de classes privilegiadas.
29. Oficiais militares guardam ressentimentos contra a coroa.
30. Oficiais militares se identificam com a classe dominante.
31. Exército relutante em reprimir a resistência da classe dominante.
32. Aprofundamento da crise financeira.
33. Pressões para a criação dos Estados Gerais.
34. O rei convoca os Estados Gerais.
35. Protestos populares se espalham.
36. Conflitos entre membros da classe dominante nos Estados Gerais; paralisia do antigo regime.
37. Revolução municipal; o antigo Estado colapsa.

é a não comparabilidade de observações adjacentes, não a natureza de observações individuais, que diferencia modos de análise qualitativa e quantitativa.

Observe, finalmente, que, como cada observação é qualitativamente diferente da outra, o número total de observações em um estudo é indeterminado. Certamente, o número cumulativo de observações qualitativas pode ser muito grande. Contudo, como essas observações não são bem definidas, é difícil dizer exatamente quantas existem. Observações não comparáveis são, por definição, difíceis de contar. Em um esforço para isso, podemos recorrer a listas do que parecem ser evidências discretas. Isso se aproxima dos sistemas de numeração empregados em informes legais ("Existem 15 razões pelas quais é improvável que *X* tenha matado *Y*"). Mas listas podem sempre ser compostas de modos múltiplos, e cada argumento individual possui um peso diferente na avaliação geral dos pesquisadores. Assim, o número total de observações permanece uma questão aberta. Não sabemos, e pela natureza da análise não podemos saber, precisamente quantas observações estão presentes no estudo de Skocpol sobre a revolução ou em outras descrições qualitativas como em *Homestyle* [*Estilo caseiro*] de Richard Fenno (1978) ou em *The forest ranger* [*O guarda florestal*] de Herbert Kaufman (1960).

Observações qualitativas não são exemplos diferentes da mesma coisa; são *coisas diferentes*. Consequentemente, não está claro onde uma observação termina e outra começa. Elas fluem discretamente juntas. Não podemos reler os estudos precedentes com o auxílio de uma calculadora e esperar descobrir seu verdadeiro *N*; nem obtemos qualquer alavancagem analítica [*analytic leverage*] fazendo isso. Pesquisadores quantitativos são inclinados a assumir que se observações não podem ser contadas, não devem estar lá, ou – mais generosamente – que deve haver muito poucas delas. Pesquisadores qualitativos podem insistir em que possuem muitas observações "ricas" ao seu dispor, que lhes oferecem a oportunidade para descrição densa [*thick description*]. Mas são incapazes de dizer, precisamente, quantas observações possuem ou quantas observações são necessárias para a análise densa. As observações permanecem indefinidas.

Essa ambiguidade não é necessariamente preocupante, pois o número de observações em um estudo baseado em observações qualitativas não se relaciona diretamente à utilidade ou confiabilidade desse estudo. Embora o número de observações em uma amostra extraída de uma população bem definida contenha informações diretamente relevantes a quaisquer inferências que possam ser extraídas dessa amostra, o número de observações em um estudo não baseado em amostra não possui qualquer relevância óbvia para inferências que possam ser extraídas desse estudo. Considere que se fosse meramente a quantidade que importasse, poderíamos concluir que estudos mais longos, que presumivelmente contêm mais observações qualitativas, são mais confiáveis ou válidos do que estudos mais curtos. Todavia, é risível afirmar que livros longos são mais convincentes do que livros curtos. É a qualidade das observações e como são analisadas, não a quantidade de observações, que são relevantes na avaliação das pretensões à verdade de um estudo baseado (ao menos em parte) em observações qualitativas. Em algumas circunstâncias, uma única observação é suficiente para provar uma inferência. Caso estejamos investigando a causa da morte de Joe, e sabemos que foi baleado a queima-roupa, podemos eliminar suspeitos que não estavam nas imediações. Uma observação – digamos, um videoteipe de uma câmera de vigilância – é suficiente para fornecer uma prova conclusiva de que um suspeito não foi, de fato, o assassino.

Não deveríamos nos precipitar em concluir que observações qualitativas são superiores a observações matriciais. Isso depende. E depende de quais são as circunstâncias do caso. Nada há de inerentemente bom ou mau sobre observações qualitativas. Mas existem circunstâncias em que podemos julgá-las úteis.

Em suma, observações qualitativas são úteis sempre que observações matriciais não podem ser coletadas, por uma razão ou outra, ou onde uma análise de amostra grande não passar no teste do riso (validade aparente). Elas são também muitas vezes utilizadas juntamente à análise quantitativa. Nesse contexto, dados qualitativos servem como cotejo, uma triangulação, no contexto de pesquisa de metodologia mista. Estudos baseados em um *design* de pesquisa formal e em um conjunto de observações matriciais observarão por vezes parenteticamente que sua descrição é consistente com evidências "anedóticas" ou "narrativas", *i. e.*, com evidências que caem fora do *design* de pesquisa formal. Elas dão sentido às sentenças feitas pelos atores, aos seus motivos plausíveis, e assim por diante. Essas são muitas vezes evidências extremamente importantes e merecem um título mais respeitoso do que "anedótico" e mais revelador do que "narrativo" (qual é o *status* evidenciário de uma narrativa?). Dizer que um método é informal não é dizer que as evidências extraídas desse método são fracas ou periféricas ao ponto em questão. É dizer somente que as informações não podem ser (ou não necessitam ser) compreendidas como uma série de observações comparáveis.

Um bom exemplo de observações qualitativas como um modo adjunto de análise é fornecido por um estudo recente examinando o comportamento do Federal Reserve americano durante a Grande Depressão. A questão central é se o Federal Reserve foi forçado a adotar políticas monetárias estritas porque qualquer desvio desse padrão teria levado a uma perda de confiança no compromisso da nação para com o padrão ouro (*i. e.*, uma expectativa de uma desvalorização geral), e, assim, a um pânico geral[80]. Para testar essa

---

80. Essa linha de argumentação é seguida por Eichengreen (1992).

proposição, Chang-Tai Hsieh e Christina Romer (2001) examinam um incidente na política monetária durante a primavera de 1932, quando o Federal Reserve iniciou um breve programa de expansão monetária rápida. "Em apenas quatorze semanas", os autores observam, "o Federal Reserve comprou papéis do governo americano no valor de 936 milhões de dólares, mais do que dobrando seus títulos de débitos do governo". Para determinar se as ações do Federal Reserve contribuíram para a insegurança de investidores, Hsieh e Romer rastrearam a taxa de câmbio futura [*forward exchange rate*] do dólar durante a primavera de 1932, que é depois comparada à taxa atual [*spot rate*], usando "uma medida de desvalorização esperada do dólar em relação às moedas de quatro países consideradas firmemente vinculadas ao ouro durante esse período" (Hsieh & Romer, 2001: 2). Uma análise de regressão de série temporal não revela essa desvalorização, sugerindo que a teoria dominante é falsa – a confiança do investidor não poderia ter forçado as ações do Federal Reserve durante a Grande Depressão. Essa é a evidência quantitativa padrão à qual estamos acostumados – especialmente entre estudos de economistas.

Contudo, essa conclusão seria questionável caso não fosse apoiada por evidências adicionais relativas a prováveis motivações dos funcionários do Federal Reserve. A fim de esclarecer esse tema, os autores examinaram o *Commercial and Financial Chronicle* (uma revista profissional amplamente lida, presumivelmente representativa da comunidade bancária) e outras evidências documentais. Hsieh e Romer (2001: 2) descobriram que "os líderes do Federal Reserve... expressaram pouca preocupação com uma perda de credibilidade. Na verdade, eles consideravam as fugas de ouro [*gold outflows*] um sinal de que as operações de mercado aberto expansionárias eram necessárias, não um sinal de problema". Essa evidência informal é importante para auxiliar o argumento dos autores. Ela também esclarece uma nova teoria sobre o comportamento do Federal Reserve durante essa era crítica[81]. Naturalmente, as observações qualitativas utilizadas por Hsieh e Romer podem ter sido convertidas em observações padronizadas (quantitativas). Por exemplo, os autores podem ter conduzido uma análise de conteúdo do

---

81. "Nossa leitura dos registros do Federal Reserve sugere que um modelo equivocado da economia, junto à rivalidade interna entre os doze bancos do Federal Reserve, explica o fim da ação concertada. O Federal Reserve basicamente a suspendeu porque pensou que havia atingido seu objetivo e porque era difícil atingir consenso entre seus doze bancos" (Hsieh & Romer, 2001: 3).

Commercial and Financial Chronicle e/ou dos registros do Federal Reserve. Isso teria exigido a codificação de sentenças (ou de alguma outra unidade linguística) caso tivessem registrado ansiedade sobre uma perda de credibilidade. Aqui, a sentença se torna a unidade de análise e o número de sentenças inclui o total *N* em um *design* de pesquisa quantitativa.

Em princípio, é *sempre* possível converter análises informais em análises formais. Evidências não comparáveis podem ser transformadas em evidências comparáveis – *i. e.*, observações padronizadas – simplesmente pela obtenção de mais evidências e pela sua codificação de acordo com o tipo. Essa é uma das funções de programas de *software* qualitativos como o NVivo[82].

Contudo, pode não ser possível fazer isso *na prática*. Além disso, podem existir poucas vantagens em fazê-lo. No exemplo prévio, não está claro que se ganharia alguma coisa com esse tipo de formalização. Se não existem, como os autores afirmam, evidências, quaisquer que sejam, de ansiedades quanto a credibilidade nas evidências documentais, então os leitores não tendem a estar mais convencidos por um elaborado exercício de contagem (codificado como 0, 0, 0, 0, 0, ...). Mais útil, penso, são exemplos específicos do que os líderes do Federal Reserve de fato disseram, como fornecido pelos autores desse estudo. Às vezes, a quantificação é útil, às vezes não.

8.3 Padrões para a investigação qualitativa

Como é informal, a natureza da evidência qualitativa é mais do que um pouco misteriosa. Estudiosos quantitativamente inclinados a consideram com suspeita, enquanto estudiosos qualitativamente inclinados tendem a ser mais confiantes (talvez, muito confiantes). De qualquer modo, é difícil articular em que uma inferência convincente poderia consistir, ou como reconhecê-la quando nos deparamos com ela. Que padrões se aplicam à investigação qualitativa?

Para remediar essa situação, vários trabalhos recentes tentam dar sentido aos dados qualitativos de nível de caso (por vezes referido como processo de rastreamento), impondo ordem ao caos aparente. A estrutura proposta assume a forma de uma teoria de conjuntos (Mahoney, 2012; Mahoney &

---

82. Franzosi et al. (2013). Cf. tb. Lieberman (2010), que discute a coleta sistemática de dados históricos.

Vanderpoel, 2015), gráficos acíclicos (Waldner, 2015b), ou – mais comumente – inferência bayesiana[83]. Esse conjunto de estudos reforça minha impressão de que dados qualitativos e quantitativos não participam de mundos diferentes. Podem ser compreendidos como parte de uma estrutura unificada de inferência.

Contudo, estabelecer uma estrutura geral não produz necessariamente um guia prático para a conduta de investigação. Até hoje, as estruturas propostas parecem estar focadas em dar sentido à análise qualitativa em vez de fornecer orientação aos pesquisadores. Podemos nos perguntar se é possível formalizar um processo de análise que seja – possivelmente, por sua própria natureza – informal.

Tabela 8.1 – Testes qualitativos e seu papel inferencial presumido

| | | Papel inferencial | |
		Necessário	Suficiente
	da argola [hoop]	✓	
	da arma fumegante [smoking-gun]		✓
Testes	duplamente decisivo [doubly decisive]	✓	✓
	da palha no vento [straw-in-the-wind]		

Considere a tipologia quádrupla de testes, proposta pela primeira vez por Van Evera (1997), que se tornou um critério para metodologistas em todas as estruturas precedentes (Bennett & Checkel, 2015: 17; George & Bennett, 2005; Mahoney & Vanderpoel, 2015; Waldner, 2015b). Em suma, um teste de argola [*hoop test*] é necessário (mas não suficiente) para demonstrar uma hipótese, *Hx*. Um teste da *arma fumegante* [*smoking gun test*] é suficiente (mas não necessário) para demonstrar *Hx*. Um *teste duplamente decisivo* [*doubly decisive test*] é necessário e suficiente para demonstrar *Hx*. Um teste da *palha no vento* [*straw-in-the-wind test*] não é necessário nem suficiente,

---

83. Beach e Pedersen (2013: 83-99), Bennett (2008, 2015), Crandell et al. (2011), George e McKeown (1985), Gill et al. (2005), Humphreys e Jacobs (2015), McKeown (1999), Rohlfing (2012: 180-199).

constituindo uma evidência fraca ou circunstancial. Esses conceitos, mostrados na tabela 8.1, são úteis para classificar a natureza da evidência de acordo com o julgamento dos pesquisadores. Contudo, a difícil questão – o próprio julgamento – é elidida. Quando uma evidência particular se qualifica como um desses testes (ou algo entre eles)?

Igualmente, estruturas bayesianas podem ajudar a combinar evidências de diversos lugares de um modo lógico com o uso de avaliações subjetivas, e. g., a probabilidade de que uma hipótese seja verdadeira, *ex ante*, e avaliações da probabilidade de que a hipótese seja verdadeira se uma evidência (estipulada de antemão) for observada. A difícil questão, novamente, é o julgamento do caso específico.

Considere o longo debate que ocorreu sobre as razões para a escolha do sistema eleitoral na Europa (Kreuzer, 2010). Humphreys e Jacobs (2015) usam esse exemplo para esboçar sua aplicação da inferência bayesiana à pesquisa qualitativa. Em particular, eles exploram a hipótese da "ameaça da esquerda", que sugere que a presença de um grande partido de esquerda explica a adoção da representação proporcional (RP) no começo do século XX (Boix, 1999). Os autores enfatizam que, "para casos com alta ameaça da esquerda e uma mudança para a RP, a tarefa inferencial é determinar se teriam... ou não teriam... mudado para a RP sem a ameaça da esquerda" (Humphreys & Jacobs, 2015: 664). As estruturas bayesianas nada fazem para facilitar essa tarefa inferencial, que assume a forma de um experimento de pensamento contrafactual. Julgamentos similares são requeridos por outras estruturas – a teoria de conjuntos, gráficos acíclicos, e assim por diante.

Para nos familiarizarmos com o nível de detalhe requerido na pesquisa qualitativa, podemos nos beneficiar de um olhar mais atento a uma investigação particular. Utilmente, Tasha Fairfield (2013: 55-56; cf. tb. 2015) fornece uma descrição pormenorizada da perquirição requerida para atingir a inferência em nível de caso em seu estudo sobre como os formuladores de políticas evitam retaliação política quando tentam tributar elites econômicas. Um de seus três casos de países é o Chile, que é observado durante e depois de uma recente eleição presidencial. Fairfield explica:

> Durante a campanha presidencial de 2005, o candidato da direita Lavín culpava a esquerda pela persistente desigualdade do Chile e acusava o Presidente Lagos de falhar em cumprir sua promessa de crescimento com igualdade. Lagos respondia desafiando publicamente a direita a eliminar o *57 bis*, um benefício tributário

altamente regressivo para acionistas que ele chamava "um tremendo patrocinador da desigualdade". A direita aceitou o desafio e votou a favor da eliminação do benefício tributário no congresso, afastando-se de sua posição anterior sobre essa política e das preferências de seu eleitorado principal.

As seguintes três hipóteses abrangem os principais componentes de meu argumento com relação a por que a direita votou a favor da reforma:

Hipótese 1: O apelo por igualdade de Lagos motivou a direita a aceitar a reforma, devido à preocupação com a opinião pública.

Hipótese 2: O momento oportuno do apelo por igualdade – durante uma importante campanha eleitoral – contribuiu para seu sucesso.

Hipótese 3: A elevada importância do tema da desigualdade contribuiu para o sucesso do apelo pela igualdade.

As quatro observações seguintes, extraídas de diferentes fontes, fornecem apoio circunstancial indireto à Hipótese 1:

Observação 1a (p. 48): A administração de Lagos considerava eliminar o *57 bis* na reforma antievasão de 2001, mas a julgou politicamente impraticável dada a oposição da direita empresarial (entrevista: *Finance Ministry-a*, 2005).

Observação 1b: A administração de Lagos tentou subsequentemente obter um acordo com empresários para eliminar o *57 bis* sem sucesso (entrevista, *Finance Ministry-b*, 2005).

Observação 1c: Iniciativas para eliminar a isenção foram bloqueadas em 1995 e 1998 devido à oposição da direita (Fontes: registros do congresso, múltiplas entrevistas).

Observação 1d: Esforços anteriores para eliminar o *57 bis* não envolveram apelos concertados por igualdade. Embora governos de *Concertacíon* tenham mencionado a igualdade em esforços anteriores, predominou a linguagem técnica, e as afirmações do governo focaram muito mais o fracasso do *57 bis* em estimular investimentos do que em seu impacto distributivo regressivo (registros do congresso, *La Segunda*, 27 de março de 1998, *El Mercurio*, 1º de abril de 1998, Entrevista, *Ffrench-Davis*, Santiago, Chile, 5 de setembro de 2005).

Inferência: Essas observações sugerem que os votos da direita para eliminar o *57 bis* teriam sido altamente improváveis sem alguma nova e distinta dinâmica política. O destacado e forte apelo de Lago por igualdade, no contexto usual da competição eleitoral da direita sobre o tema da desigualdade, torna-se um forte candidato para explicar a aceitação da reforma pela direita.

O apêndice continua nessa direção por várias páginas, focado seriamente em explicar o comportamento de um conjunto particular de atores em um evento, *i. e.*, em por que membros da direita favoreceram a reforma. Esse evento é apenas um de uma multidão de eventos discutidos em conexão com o estudo de caso chileno, ao qual deve ser acrescentado o igualmente complexo conjunto de eventos que ocorreram na Argentina e na Bolívia (seus outros casos de países). Claramente, obter inferências de nível de caso é uma tarefa complicada e que demanda tempo, exigindo uma grande quantidade de conhecimento local.

Podemos concluir que *se os pesquisadores acordaram sobre julgamentos de nível de caso*, então, as estruturas gerais podem ser bem-sucedidas na acumulação desses julgamentos em uma inferência de nível mais elevado, acompanhada por um intervalo (muito útil!) de confiança. Mas se não podemos assumir consenso no nível de caso, conclusões baseadas em julgamentos qualitativos combinadas por meio de uma estrutura bayesiana representam nada mais do que as visões dos pesquisadores, que podem variar apreciavelmente entre si. Leitores não versados na complexidade da política chilena terão dificuldade em verificar se os julgamentos de Fairfield são corretos.

Esse problema poderia ser parcialmente superado com uma abordagem à pesquisa baseada em grandes grupos [*crowd-based approach to research*]. Especificamente, podemos examinar um painel de especialistas – escolhidos aleatoriamente ou com um objetivo de representar diversas perspectivas – sobre cada ponto de julgamento. Poderíamos, então, fundir esses julgamentos em uma inferência geral com um intervalo de confiança que reflete (dentre outras coisas) o nível de desacordo entre os especialistas. Infelizmente, não bastará qualquer grande grupo. A extrema dificuldade da pesquisa de estudo de caso deriva principalmente do conhecimento profissional que os pesquisadores do estudo de caso levam para sua tarefa. Não posso conceber um mundo no qual aplicar codificadores, obtidos através do Amazon Turk* ou do Facebook, substituiria esse conhecimento profissional, aperfeiçoado ao longo de anos de trabalho sobre um problema particular e em um local particular (um período histórico, país, cidade, aldeia, organização...).

---

* *Amazon Mechanical Turk* (MTurk): plataforma web de colaboração coletiva [*croudsourcing*] que capacita indivíduos e empresas a coordenarem o uso da inteligência humana para realizarem tarefas que os computadores não são capazes de realizar [N.T].

Para ser crível, uma abordagem baseada em grandes grupos ao problema do julgamento necessitaria recrutar a pequena comunidade de especialistas que estudam um tema e que são considerados capazes de fazer julgamentos fundamentados sobre questões altamente específicas como a "ameaça da esquerda" na França no começo do século XX ou a economia política do Chile contemporâneo. Esse procedimento é concebível, mas difícil de implementar. Como identificaríamos uma amostra aleatória, ou, ao contrário, representativa? (Qual é a formulação da amostra?) Como poderíamos motivar os estudiosos a assumirem a tarefa? Como poderíamos obter julgamentos honestos sobre as questões específicas em um questionário, não corrompidas por julgamentos amplos sobre a questão teórica em discussão (que eles provavelmente seriam capazes de inferir)?

Do mesmo modo, se nos dermos ao trabalho de construir uma estrutura de codificação (um questionário), um sistema online para registrar respostas, um sistema de recrutamento e uma estrutura bayesiana (ou alguma outra) para integrar julgamentos, o investimento considerável de tempo e o custo de uma tal iniciativa provavelmente justificaria estender a análise a muitos casos, escolhidos aleatoriamente, de modo que uma amostra representativa pudesse ser obtida e ameaças estocásticas à inferência minimizadas. Desse modo, parece provável que procedimentos para integrar dados qualitativos a uma estrutura quantitativa se transformem de pesquisa qualitativa *C-pequeno* em exercícios de codificação *C-grande*. Isso não é argumentar contra a ideia. É simplesmente salientar que qualquer padronização de procedimentos tende a trabalhar contra o foco intensivo em um ou vários casos, que define a pesquisa de estudo de caso.

8.4 Regras fundamentais da investigação qualitativa

Minha conclusão provisória – baseada na discussão da seção anterior e pendente de desenvolvimentos futuros nesse campo que se move rapidamente – é que é difícil melhorar as "regras fundamentais" informais que têm sido aperfeiçoadas e praticadas por pesquisadores qualitativos ao longo de muitos séculos. Elas têm suas falhas (cf. parte IV). Mas remediar essas falhas pode não ser possível dentro das restrições de uma estrutura de estudo de caso.

Nesta seção final do capítulo, tento identificar procedimentos que guiam (ou ao menos deveriam guiar) a elucidação de relações causais para um caso singular utilizando evidências intracaso de uma natureza informal (qualitativa)[84]. Minhas sugestões se baseiam na crescente literatura citada acima e cobrem vários tópicos inter-relacionados: (a) utilização de fontes, (b) identificação de uma hipótese ou teoria, (c) decisão entre explicações rivais, (d) construção de hipóteses testáveis, (e) experimentos de pensamento contrafactuais, (f) análise de relações temporais, e (g) exame de suposições.

Utilização de fontes

O método do estudo de caso não é definido por suas fontes de evidências. Contudo, pode ser útil categorizar essas fontes de uma maneira simples de modo que tenhamos uma noção dos tipos de evidência que esse gênero tipicamente suscita. Consequentemente, distingo entre cinco fontes na tabela 1.2: *etnografia* (pesquisa de observação participante), *entrevista* (entrevistas pessoais estruturadas ou não estruturadas), *sondagem* (informações coletadas – pelos pesquisadores ou por outros – de informantes especialistas ou não especialistas com um questionário padronizado e opções limitadas de resposta), *fontes primárias* (diferentes daquelas listadas acima), e *fontes secundárias* (incluindo conjuntos de dados existentes caso se apoiem em fontes que não sejam de sondagem).

Na tabela 1.2, cada estudo foi codificado de acordo com os tipos de evidência que utiliza, que pode ser um ou vários. Uma categoria é reconhecida somente se forma uma parte importante do corpo inteiro de evidências consideradas no estudo (referências esparsas não contam). Naturalmente, essas categorias não são ordenadas; distinguir entre fontes primárias e secundárias, por exemplo, é sempre uma questão de julgamento. Contudo, dá-nos uma noção do estado de coisas.

Julgando pelo total na linha inferior da tabela 1.2, a fonte mais comum de evidências em estudos de caso são as fontes primárias (67,5%), seguidas pelas fontes secundárias (43,2%), entrevistas (32,4%), etnografia (23,6%) e sondagens (15,5%). Mas o ponto mais importante pode ser que os estudos

---

84. Naturalmente, os objetivos específicos do estudo de caso (como discutido no cap. 2) afetam essa discussão. Contudo, existem certas características genéricas da análise qualitativa intracaso que se aplicam amplamente, independentemente dos objetivos específicos dos autores. Esta seção se baseia nos seguintes trabalhos: Beach e Pedersen (2013), Bennett e Checkel (2015), Brady e Collier (2004), Collier (2011), George (1979), Hall (2006), Jacobs (2015), Mahoney (2012), Roberts (1996), Schimmelfennig (2015), Waldner (2012, 2015a, 2015b), Winks (1969).

de caso combinam tipicamente evidências de várias fontes. Existem algumas etnografias "puras" – incontaminadas pela pesquisa nas fontes primárias e secundárias – por exemplo. Uma panóplia de evidências extraídas de diferentes tipos de fontes parece ser a norma.

Não ofereço discussão complementar sobre o aspecto da coleta de dados da pesquisa de estudo de caso uma vez que isso nos levaria muito longe, e está, de qualquer modo, bem coberta por outros textos[85]. Contudo, é importante dizer algo sobre como diversas fontes poderiam ser integradas em uma análise intracaso. Afinal, interpretações de um caso são baseadas em interpretações de fontes, e fontes nem sempre concordam. Na verdade, elas sequer tratam dos mesmos problemas. Suponha que as fontes 1-3 sugerem uma interpretação enquanto as fontes 4-6 sugerem outra. Para piorar as coisas, existe sempre a possibilidade de que as fontes 7-9, desconhecidas aos pesquisadores, forneçam outro ângulo ainda, ou ofereçam uma evidência "arma fumegante" [*smoking gun*] para uma ou outra perspectiva. Evidentemente, nossa conclusão sobre um tema repousa, em parte, nas fontes que calhamos consultar – e em nossa compreensão dessas fontes[86].

O problema de avaliar evidências das ciências sociais não é diferente do problema de avaliar evidências jornalísticas, históricas ou criminais. As fontes são importantes, e como importam os cientistas devem julgar a qualidade delas.

Ao fazer esses julgamentos, as seguintes considerações entram em jogo:

- *Relevância*: A fonte expressa a questão de interesse teórico.

- *Proximidade*: A fonte está em uma posição de saber o que você quer saber. Está próxima à ação.

- *Autenticidade*: A fonte não é falsa ou adulterada, ou está sob a influência de alguém outro.

---

85. Para sondagens recentes, cf. Gerring e Christenson (2017), Kapiszewski et al. (2015). Para coleta de dados etnográficos, cf. Bernard (1988). Cf. tb. fontes listadas sob vários títulos no Methods Coordination Project [Projeto de Coordenação de Métodos] [disponível em: https://qdr.syr.edy/mcp].

86. Para trabalhos relevantes a vários pontos levantados nesta seção, cf. Chandler et al. (1994), Fischer (1970), Gilovich (1993), Ginzburg (1991), Gottschalk (1969), Harzing (2002), Hill (1993), Howell e Prevenier (2001), Jupp (1996), Lieberman (2010), Lustick (1996), Mahoney e Villegas (2007), Mariampolski e Hughes (1978), Markoff (2002), Milligan (1979), Moravcsik (2010), Prior (2003), Thies (2002), Trachtenberg (2006). Para exemplos específicos sobre como a documentação histórica pode enganar, cf. Davenport e Ball (2002), Greenstein e Immerman (1992), Harrison (1992), Lieshout et al. (2004).

• *Validade*: A fonte não é enviesada. Ou é enviesada de formas que (a) são prontamente aparentes e podem, portanto, ser levadas em conta, ou (b) não afetam a questão de interesse teórico.

• *Diversidade*: Coletivamente, as fontes escolhidas exemplificam uma diversidade de pontos de vista, interesses e/ou métodos de coleta de dados, permitindo-nos triangular através daquelas que possam conflitar entre si.

Vamos explorar esses problemas mais detalhadamente, com atenção particular aos problemas potenciais do viés.

Dados reunidos de um modo intrusivo (*e. g.*, entrevistas ou sondagens) estão sujeitos ao viés dos pesquisadores. Os sujeitos podem dizer aos pesquisadores o que pensam que desejam ouvir, ou o que pensam ser apropriado em um determinado contexto. Dados coletados em um modo não intrusivo são usualmente mediados por alguém outro que não os pesquisadores, de modo que podem também estar sujeitos a esses vieses. Em particular, se estivermos vendo um evento pelos olhos de analistas posteriores, podemos estar conscientes de quaisquer lentes (ou tapa-olhos) que possamos estar usando. Nossa interpretação da atividade pode não ser a única possível, ou podemos ter cometido erros de natureza factual.

Mesmo quando as fontes primárias estão disponíveis, devemos ser cautelosos com o processo de coleta de dados. Considere que a principal fonte de informações sobre crimes, rebeliões e protestos políticos em eras históricas anteriores vem dos registros oficiais das investigações policiais. A polícia e as autoridades militares têm um interesse natural em suprimir a desordem, de modo que não surpreende que mantenham registros cuidadosos desse tipo de atividades. Assim, um conjunto extenso de registros acumulados pelas autoridades francesas durante e após a revolta da Comuna de Paris, incluindo interrogatório de atores-chave na rebelião, fornecem a fonte primária mais importante para nossa compreensão desse evento-chave (Bourgin & Henriot, 1924); do mesmo modo, para outros episódios de rebelião, protesto e crime ao longo da história registrada. Desnecessário dizer que não desejaríamos aceitar acriticamente as interpretações das autoridades sobre esses eventos (embora também não desejássemos simplesmente rechaçá-las).

Uma combinação de fontes primárias e secundárias poderia nos dar uma visão mais completa sobre o que está de fato ocorrendo do que o uso de cada gênero em separado. Assim como deveríamos ser cautelosos em confiar somente em fontes secundárias, deveríamos ser igualmente cautelosos em confiar somente em fontes primárias. Pode haver segredos que observadores posteriores tenham descoberto e que nos ajudariam a interpretar eventos ocorridos há muito tempo ou muito distantes.

Mas o problema da interpretação resultante do material da fonte é apenas parcialmente capturado pela distinção consagrada entre fontes primárias e secundárias. Não é simplesmente uma questão de se aproximar ou de se afastar da ação, é também uma questão das perspectivas que cada fonte leva ao sujeito sob investigação. Um exemplo contemporâneo é oferecido por Christian Davenport e Patrick Ball (2002) em sua pesquisa sobre a repressão do Estado na Guatemala. Como parte dessa pesquisa, conduzida ao longo das últimas décadas, eles examinaram "17 jornais da Guatemala, documentos de quatro organizações dos direitos humanos dentro e fora do país, e 5 mil entrevistas conduzidas pelo Centro Internacional para Investigações em Direitos Humanos dentro da Guatemala". Organizando esse material, encontraram padrões recorrentes. Especificamente, "jornais tendem a focar ambientes urbanos e desaparecimentos; as organizações de direitos humanos destacam eventos nos quais um grande número de indivíduos foram mortos e quando grandes números de indivíduos estavam sendo mortos pelo país em geral; e... entrevistas tendem a destacar a atividade rural, criminosos e desaparecimentos, assim como aqueles eventos que ocorrerem mais recentemente" (Davenport & Ball, 2002: 428). Em suma, cada fonte possui uma janela distinta sobre o tópico, que esclarece alguma faceta particular do tópico. Ninguém está errado, mas todos são parciais. E isso, em troca, resulta da posição que cada uma dessas fontes ocupa. Os autores resumem:

> jornais, vinculados tanto a lugares/mercados urbanos como a autoridades, tendem a destacar eventos que ocorrem durante períodos de excessiva repressão do Estado (*i. e.*, durante anos nos quais o número geral de assassinatos é o mais elevado). Essa identificação/distribuição ocorre predominantemente em um ambiente no qual o regime não é abertamente restritivo. Essas fontes se tornam úteis na documentação do comportamento óbvio ou daquele que é considerado politicamente importante em um contexto político-geográfico especificado. Ao mesmo tempo, fontes jornalísticas podem ser relativamente mais fracas em identificar eventos em áreas mais remotas que ocorrem durante períodos de relativamente menos repressão do Estado e que são relativamente menores em escala... Em contraste, organizações de direitos humanos na Guatemala

tendem a destacar violações onde são mais frequentes, mais destrutivas (*i. e.*, onde ferem o maior número de indivíduos ao mesmo tempo), e onde o contexto é mais extremo (*i. e.*, geralmente durante períodos históricos em que indivíduos estão sendo mortos em grande número e em que a abertura política é limitada). Como resultado, essas fontes são úteis ao tentarem abrangentemente documentar os abusos dos direitos humanos – especialmente aqueles de uma natureza particularmente destrutiva... Finalmente, entrevistados ligados inexoravelmente aos seus lares, perdas, vinganças e/ou cura tendem a destacar eventos que ocorrem na área com a qual são mais familiares... Entrevistados também preferem destacar o criminoso que abusou de vítimas e especificamente o que foi feito durante a transgressão. Como resultado, essas fontes são úteis para identificar o que ocorreu e quem cometeu o crime em lugares particulares (Davenport & Ball, 2002: 446).

Tipicamente, diversas fontes revelarão diferentes aspectos de um problema. Essas diferenças estão "vinculadas ao lugar no qual os observadores estão situados, a como coletam as informações e aos objetivos da organização" (Davenport & Ball, 2002: 446). Se essas fontes puderem ser combinadas, como Davenport e Ball se esforçam por fazer, os pesquisadores serão usualmente capazes de formar uma figura mais completa do fenômeno sob estudo – nesse caso, a localização, extensão e tipo de violação de direitos humanos ocorrendo na Guatemala.

Por vezes, contudo, observadores possuem visões francamente discordantes sobre um fenômeno, que não podem, portanto, ser reunidas para formar um todo coerente. Ocasionalmente, esse é o produto de um documento falso, *i. e.*, um documento escrito por alguém outro que não aquela pessoa que o autor afirma ser, ou em algum outro momento, ou em um diferente conjunto de circunstâncias. A autenticidade das fontes deve ser cuidadosamente monitorada. Esse antigo conselho se torna ainda mais verdadeiro na era eletrônica, uma vez que a proveniência de um *e-document* é provavelmente mais fácil de forjar ou adulterar, e mais difícil de autenticar, do que documentos impressos.

Mais comumente, visões discordantes sobre o registro histórico se originam de interesses ou ideologias diferentes. Considere que os interesses das autoridades do Estado devem ter se refletido em sua coleta de dados sobre crime e desordem, como discutido no exemplo anterior. Os vieses potenciais das fontes devem, portanto, ser cuidadosamente julgados sempre que os pesquisadores usam essas fontes para chegarem a conclusões sobre um tema.

Isso não é supor que algumas fontes são completamente enviesadas, enquanto outras são completamente confiáveis. Mais tipicamente, cada fonte é confiável por *algumas* características de um evento, mas não por outras. É a tarefa dos pesquisadores determinar quem pode ser confiável, e por qual tipo de informações. Determinar isso é uma questão de compreender quem são, o que tendem a saber (e a não saber) e quais podem ser seus interesses e inclinações.

Por vezes, conhecer o viés potencial de uma fonte é suficiente para estabelecer um limite superior ou inferior para as informações em questão. Por exemplo, podemos supor que quaisquer violações de direitos humanos admitidas por órgãos do Estado, ou órgãos estreitamente afiliados ao Estado, forneceriam um limite inferior. Do mesmo modo, estimativas fornecidas por organizações zelosas de defesa dos direitos humanos podem ser consideradas um limite superior. Em algum lugar entre esses casos extremos (mas não necessariamente no meio!), podemos supor, repousa o valor verdadeiro.

Observe que, na busca por uma "visão de consenso" sobre uma questão particular de fato ou de interpretação, não basta enumerar as fontes de acordo com suas visões. Suponha que cinco fontes assumam uma visão sobre um tema e três assumam outra. Isso não oferece necessariamente uma justificação para a primeira visão. Primeiro, nunca é inteiramente claro quando alguém exauriu completamente as fontes sobre um tema. Mais importante, algumas fontes estão provavelmente em uma posição melhor de conhecer a verdade. Outras podem não possuir conhecimento de primeira mão sobre a matéria, e, assim, simplesmente repetem o que ouviram em outra parte. Desse modo, embora seja bom averiguar quem diz o quê, não devemos imaginar que todo testemunho pode ser igualmente considerado.

As questões levantadas nesta seção são muitas vezes difíceis de avaliar. Como podemos saber se uma fonte é enviesada, e de que modo? Se você está tendo problema em chegar a conclusões sobre essas questões, consulte alguém que trabalhou intensamente com as fontes com que você está lidando. Esse tipo de conhecimento da fonte – mesmo que saibam pouco sobre seu tópico escolhido – é imensamente útil, precisamente porque grande parte do material sobre fontes é específico ao contexto. Alguém com conhecimento sobre uma era histórica pode ser inútil para elucidar uma outra era histórica, por exemplo. Alguém com experiência em trabalhar em uma parte particular do mundo, ou com um tipo particular de tema de pesquisa (*e. g.*, advogados ou atacadistas), pode lhe ajudar a distinguir entre fontes confiáveis e não confiáveis.

Além disso, tenha em mente que julgamentos sobre fontes são raramente finais ou definitivos. É por isso que cada trabalho das ciências sociais inclui uma longa seção classificatória focada na natureza de suas fontes. Ela é longa porque é complicada. E é complicada porque as fontes – por meio das quais compreendemos o mundo – não falam por si mesmas. Mais precisamente, elas podem falar por si mesmas, mas sua fala requer interpretação.

Identificação de uma hipótese/teoria

Alguns estudos de caso são destinados a testar uma teoria existente, seja ela extraída da literatura ou formulada *ex ante* pelos pesquisadores. Outros estudos de caso são destinados a identificar um fator que está ausente ou não é bem compreendido a partir das teorias existentes – *i. e.*, um novo fator causal (X) ou conjunto de fatores (onde X é compreendido como um vetor). Onde o estudo de caso exerce essa função exploratória, o campo de trabalho é menos estruturado. Contudo, existem algumas diretrizes que pesquisadores do estudo de caso podem seguir.

Primeiro, na medida em que os pesquisadores desejam fazer uma contribuição original a um corpo de literatura, é aconselhável que foquem um fator causal que outros negligenciaram, ou que é malcompreendido. Uma nova causa, ou uma nova interpretação de uma causa bem-estabelecida, é uma boa causa.

Segundo, na medida em que um estudo de caso é generalizável, deve centrar-se em causas que possam concebivelmente se aplicar em outra parte. Fatores causais idiossincráticos não deveriam ser protagonistas importantes na narrativa. O problema é que nem sempre é fácil discernir que fatores poderiam ser generalizáveis. Além disso, a mesma causa pode ser diferentemente formulada. "O nariz de Cleópatra" (que Pascal presumiu que possa ter motivado a política imperial romana no Egito) pode ser generalizado como "beleza", e, assim, considerado uma teoria geral da guerra. O assassinato do arquiduque Ferdinando (muitas vezes considerado uma causa proximal da Primeira Guerra Mundial) pode ser reformulado como um "ativador [*trigger*]", e, assim, considerado parte de uma teoria geral da guerra. A fim de serem considerados causas gerais, os fatores devem ser declarados de um modo que tenha aplicação plausível a outros casos em uma população maior.

Terceiro, na medida em que uma causa parece aumentar a probabilidade de um resultado (embora binário) ou explicar a variação nesse resultado (embora de nível intervalar), não é trivial, e, assim, vale a pena estudá-la. Não foca as causas que possuem pouco poder exploratório.

Quarto, na medida em que uma causa é independente de outros fatores – um originador [*prime mover*] –, também vale a pena estudá-la. Em contraste, se X é inteiramente explicado por Z, pode haver pouco sentido em focar X. Com certeza, todas as características generalizáveis do universo possuem causas, e essas podem, em princípio, ser remontadas a uma regressão infinita. Contudo, se essas causas anteriores são difíceis de especificar (talvez o produto de muitos fatores agindo juntos) ou são essencialmente aleatórias (inexplicáveis), então, X tem maior probabilidade de ser considerado como *a* causa de Y.

Explicações rivais

Uma vez que uma hipótese foi identificada, é importante você buscar extensamente por explicações rivais. Essa varredura deveria incluir trabalhos existentes sobre o caso particular em exame, formulações teóricas gerais podem ser utilizadas para tratar do tema, assim como sua própria intuição. Pense sobre explicações rivais que leitores críticos de seu trabalho possam construir.

Ao testar explicações rivais, devemos tratá-las justamente – não como "especiosas". A fim de descartar uma explicação rival, ela deve receber uma boa chance de ser bem-sucedida. Por exemplo, não deveríamos descartar uma teoria probabilística com um único contraexemplo. De um modo mais geral, a tarefa de testar explicações rivais envolve pensar sobre cada uma como proponentes dessa poderiam pensar sobre ela. Isso requer uma abordagem nova ao tópico, sem toda a bagagem (preconceitos) que possamos ter adquirido no processo de desenvolvimento de nossa própria teoria.

Com certeza, o objetivo é gerar uma explicação razoavelmente parcimoniosa para um caso. Isso não significa que devamos adotar um argumento monocausal (a causa X sendo a única causa de Y no Caso A). Mas é importante reduzir o número de alternativas possíveis.

Essa evocação à parcimônia deriva da característica diferenciadora da análise do estudo de caso. Embora a análise de caso transversal com uma amostra grande possa acomodar praticamente qualquer número de fatores causais como fatores de fundo (representados como covariáveis em um modelo ou como partes do termo de erro [*error term*]), a análise do estudo de caso não é muito satisfatória se existirem muitos fatores causais envolvidos. Já é bastante difícil mostrar que X_1 causa Y no Caso A. Se $X_{2\text{-}10}$ também estão envolvidos, o problema de muitas variáveis se torna agudo. Observe cada um desses fatores alternativos como um confundidor potencial. Se Z pode explicar Y, também pode explicar X. Embora esse seja um aspecto problemático do trabalho de caso transversal, é debilitador na análise em nível de caso – a menos que, em outras palavras, algumas dessas explicações alternativas possam ser eliminadas como causas nesse caso particular. (Não assuma, contudo, que a refutação de X_1 como uma causa para o Caso A implique a refutação de X_1 como uma causa para a população B.)

Onde causas rivais podem ser (convincentemente) eliminadas como fatores em um caso particular, essa eliminação serve a duas funções importantes: (1) mitiga preocupações com confundidores potenciais e, por razões inteiramente diferentes, (2) aumenta a probabilidade de que X seja a causa de Y.

O raciocínio por trás dessa segunda característica merece clarificação. Primeiro, devemos assumir que um número limitado de fatores está envolvido na geração de Y em um caso singular. Segundo, devemos assumir que o resultado em questão não é estocástico (*i. e.*, um resultado sem qualquer explicação identificável). Com essas suposições estabelecidas, torna-se claro por que a "lógica de eliminação" – embora bem-sucedida – aumenta a confiança na explicação favorecida. Suponha que o vetor Z contenha todas as causas possíveis de Y, das quais X é uma. Se Z_1 puder ser eliminado, a probabilidade de que X seja uma causa de Y aumenta (Gerring, 2012b: cap. 11).

O processo de comparar diversas expectativas teóricas com fatores conhecidos do caso exibe uma forte semelhança com o que Peirce (1931) chamava *abdução* e o que filósofos da ciência chamavam *inferência para a melhor explicação* (Lipton, 2004). Existem muitos exemplos dessa lógica envolvidos.

Considere o celebrado caso de John Snow, que descobriu que a transmissão da cólera se dava pela água. Descrições da descoberta de Snow sugerem que sua descoberta começou com sua insatisfação com a teoria reinante do "miasma" – segundo a qual a cólera era transmitida pelo ar (Johnson, 2006). A teoria do miasma fez um péssimo trabalho ao explicar o padrão de infecções no bairro do Soho, em Londres, onde Snow vivia. Por exemplo, casos confirmados da doença foram encontrados em diferentes bairros, enquanto entre pessoas vivendo próximas umas às outras algumas contraíam a doença e outras não. Presumivelmente, se o ar ruim causasse a cólera, então, todos vivendo na mesma área deveriam ser afetados. Além disso, havia o padrão biológico da infecção, que afetava o intestino delgado, mas não o sistema respiratório. Por uma variedade de razões, a teoria do miasma parecia problemática – tão problemática, de fato, que Snow foi capaz de eliminá-la como uma causa possível da cólera. Tendo eliminado a única explicação amplamente reconhecida, sua alternativa ganhou plausibilidade. Com uma praga cuja chegada foi tão repentina, e com sintomas tão únicos, era muito certo que havia uma causa única. E, de posse dessa suposição, a eliminação das explicações rivais é um método poderoso de persuasão – mesmo que não possa, por si só, convencer. (A alternativa proposta deve fazer um trabalho melhor de dar sentido aos fatos do caso, o que, no fim, Snow foi capaz de fazer.)

Hipóteses testáveis

Para uma teoria ser falseável, ela deve fornecer predições empíricas sobre o mundo. E essas predições, ou hipóteses, devem ser aplicáveis ao caso sob investigação quando se trata de decidir entre explicações rivais.

Uma predição diz respeito à relação de X com Y, o efeito causal de interesse teórico. Essa é a peça central da análise C-grande, e também desempenha um papel na análise do estudo de caso. Evidentemente, a covariação observada entre C e Y deve se conformar às expectativas teóricas de modo que a teoria seja corroborada. Suponha que alguém esteja avaliando a teoria dos "recursos de poder" [*"power resource" theory*] do crescimento do Estado de bem-estar social – segundo a qual o desenvolvimento de programas redistributivos são um produto do poder e da consolidação da classe trabalhadora, como incorporada nos sindicatos e partidos de esquerda (Stephens, 1979). Evidências covariacionais poderiam assumir a forma de mostrar, para o caso escolhido, que a expansão do Estado de bem-estar social ocorre em períodos em que os partidos de esquerda estão no poder.

Contudo, o estudo intensivo de um caso abre muitas possibilidades adicionais para testar a teoria. É, portanto, vital examinar todas as hipóteses relevantes sugeridas por uma teoria – sua teoria assim como teorias alternativas. O que mais (além da covariação de X e Y) deve ser verdadeiro sobre o mundo se a teoria for verdadeira?

Muitas vezes, esses testes adicionais centram-se nos mecanismos causais (M) – o que se encontra "dentro da caixa" entre X e Y. Para testar a teoria dos recursos de poder, podemos examinar atentamente ocorrências de expansão do Estado de bem-estar social, circunstâncias cruciais nas quais a forma da política fiscal mudou de um modo fundamental e com consequências duradouras. Nos Estados Unidos, o momento mais importante foi provavelmente a passagem do Social Security Act [Lei de Seguridade Social] em 1935, que foi extensamente estudado por historiadores e cientistas sociais (Quadagno, 1984). Quem foi às ruas para reivindicar a lei? Quem a redigiu? Quem a apresentou ao Congresso? De onde partiu a iniciativa? Os principais proponentes eram associados aos partidos de esquerda, sindicatos trabalhistas e (mais vagamente) à classe trabalhadora – ou, alternativamente, eram tecnocratas ou membros da comunidade empresarial?

Testes empíricos podem também centrar-se em resultados alternativos. Por exemplo, se uma teoria sugere que X deveria afetar Y_1, mas não Y_2, então Y_2 serve como teste placebo (Gerring, 2012b: cap. 11; Glynn & Gerring, 2015). Por exemplo, a teoria dos recursos de poder do Estado de bem-estar social deveria se aplicar a programas redistributivos, mas não deveria (possivelmente) se aplicar a outras áreas políticas. Se encontrarmos uma associação entre controle de partido de esquerda e gasto aumentado com as forças armadas, podemos concluir que a associação com o gasto em bem-estar é espúria. Talvez, os partidos de esquerda sejam a favor do gasto governamental com todos de maneira igual, independentemente de a quem beneficie.

Um outro tipo de predição envolve atores em um nível inferior de análise. Se a teoria se centra no comportamento de governos, o que isso implica sobre as crenças e comportamentos de políticos individuais? Já discutimos o papel das elites no contexto da teoria dos "recursos de poder". E o papel dos cidadãos? Pode também ser relevante se cidadãos de baixa renda são mais favoráveis ao Estado de bem-estar social do que os cidadãos de classe média e alta.

Idealmente, uma teoria deveria ser desagregada ao nível individual; isso aumenta não só a possibilidade para testar, mas também as microfundações da teoria. Com certeza, devemos ser cautelosos com relação à falácia da agregação; o que é verdadeiro em um nível pode não ser verdadeiro em outro nível. Contudo, para que a análise intracaso prossiga, ela depende de uma certa concordância nas relações causais através dos níveis de análise.

Em cada nível de análise, estamos confrontando teorias com os dados disponíveis, um processo por vezes referido como *pareamento de padrões*, *análise de congruência* ou *análise de implicação* (Blatter & Blume, 2008; Campbell, 1966; George & Bennett, 2005; Lieberson & Horwich, 2008; Rogowski, 1995; Trochim, 1989). Vamos considerar alguns exemplos extraídos de outras áreas de pesquisa.

Um exemplo frequentemente citado é a primeira demonstração empírica importante da teoria da relatividade, que assumiu a forma de uma previsão de evento único [*single-event prediction*] na ocasião do eclipse solar de 29 de maio de 1919. Stephen Van Evera descreve o impacto dessa predição sobre a validação da teoria de Einstein.

> A teoria de Einstein previa que a gravidade curvaria a trajetória da luz em direção à fonte de gravidade por uma quantidade específica. Consequentemente, previa que durante um eclipse solar as estrelas próximas ao sol pareceriam deslocadas – estrelas de fato atrás do sol pareceriam próximas a ele, e estrelas situadas próximas ao sol pareceriam distantes dele – e previa a quantidade de deslocamento aparente. Nenhuma outra teoria fez essas previsões. A passagem desse teste de estudo de caso singular trouxe grande aceitação à teoria porque as previsões testadas eram únicas – não havia explicação concorrente plausível para o resultado previsto –, por isso, o teste realizado foi muito forte[87].

A força desse teste é a extraordinária adequação entre a teoria e o conjunto de fatos encontrados em um caso singular, e a correspondente falta de adequação entre todas as outras teorias e esse conjunto de fatos. Einstein ofereceu uma explicação de um conjunto particular de achados anômalos aos quais nenhuma outra teoria existente poderia dar sentido. Com certeza, devemos assumir que não havia qualquer erro – ou limitação – de medida. E devemos assumir que o fenômeno de interesse é em grande medida invariante; a luz não se curva em tempos e lugares diferentes (exceto de formas

---

87. Van Evera (1997: 66-67); cf. tb. Eckstein (1975), Popper (1963).

que podem ser entendidas por meio da teoria da relatividade). E devemos, por fim, assumir que a própria teoria da relatividade faz sentido em outros campos (que não o caso de interesse especial); ela é uma teoria geral plausível. Se estivermos dispostos a aceitar essas suposições, então, o "estudo de caso" de 1919 fornece uma confirmação muito forte da teoria. É difícil imaginar uma prova mais forte da teoria a partir de um ambiente observacional (não experimental).

A testagem de teoria é dependente da teoria, como esse exemplo mostra. Ele é útil na medida em que uma teoria faz previsões que são específicas (e, portanto, é improvável que existam por acaso e sejam confundidas com as previsões que emanam de uma teoria rival), invariantes (que se aplicam da mesma maneira a todos os casos) e claramente delimitadas (com uma população bem definida). Previsões desse tipo podem ser descritas como "arriscadas", uma vez que oferecem muitas oportunidades para falhas, que não podem facilmente ser explicadas, ou acomodadas por um ajuste *ex post* à teoria. Previsões arriscadas como as de Einstein são comuns nos campos das ciências naturais como a física.

Nos ambientes das ciências sociais, em contraste, as teorias tendem a ser erigidas de um modo mais geral, com múltiplos mecanismos causais possíveis, e, portanto, com poucas previsões arriscadas. Existem vários modos pelos quais a democracia pode aumentar o crescimento (Gerring et al., 2005) ou a paz (Owen, 1994). George e Bennett (2005: 209) chamam a atenção para o fato de que a tese da paz democrática é o mais próximo de uma "lei" que as ciências sociais já viram, ela não pode ser confirmada (ou refutada) pela busca de mecanismos causais porque as vias causais exigidas pela teoria são múltiplas e diversas. Para mencionar um outro exemplo muito discutido, existem ao menos quatro modos pelos quais a riqueza de recursos naturais poderia afetar o começo da guerra civil: (a) pilhagem por rebeldes, (b) descontentamentos entre locais, (c) incentivos pelo separatismo, e (d) fraqueza do Estado (Ross, 2004: 39). Cada um desses é uma questão de graus, e a maioria é muito difícil de medir. Isso significa que um estudo de caso terá muita dificuldade em identificar fatores envolvidos em um determinado caso, e será ainda mais problemático tentar generalizar esses achados para uma população maior.

Essas são as limitações da testagem de teoria em um formato de estudo de caso. Contudo, as oportunidades para testagem de teoria em um nível detalhado são uma das vantagens que o estudo de caso oferece sobre estudos *C-grande* do mesmo fenômeno.

Experimentos de pensamento contrafactuais

Estudos de caso exploram a causalidade *singular*, o efeito de *Em X sobre Y* para um evento único. Isso está implícito na noção de examinar um caso, ou um pequeno número de casos, de um modo intensivo. A causalidade singular se depara com o (assim chamado) problema fundamental da inferência causal (Holland, 1986). Não podemos voltar no tempo para repetir as circunstâncias do Caso A, mudando apenas seu valor em X e deixando tudo o mais igual. O contrafactual para um resultado particular pode apenas ser imaginado.

Esse problema filosófico não deveria ser exagerado, uma vez que a causação singular é muito fácil de mostrar em casos rotineiros. Na verdade, nosso sistema legal repousa sobre ela. Em casos criminais, podemos nos apoiar em um vasto corpo de conhecimentos, indicações diretas e outras características que permitem aos júris condenar ou absolver com relativa unanimidade em muitas ocorrências. Existem poucos júris inconclusivos e alguns veredicts são revertidos mediante apelo por cortes superiores. Tomamos isso como evidência comprobatória de que a verdade causal, além da dúvida razoável, foi obtida.

Com certeza, estudos de caso das ciências sociais são geralmente muito mais complexos do que casos criminais. Suposições sobre comportamento normal são problemáticas, precedentes são escassos e as pessoas que estamos tentando compreender podem estar afastadas de nós no tempo, no espaço e em outros aspectos. Elas não podem ser diretamente interrogadas. E os fatores de interesse muitas vezes não são diretamente observáveis, porém latentes.

Contudo, na compreensão de eventos singulares, pesquisadores do estudo de caso se apoiam na mesma técnica usada pelos juristas – o *experimento contrafactual de pensamento*. Isso se refere à recriação imaginativa de um evento sob circunstâncias ligeiramente diferentes. Especificamente, estamos usualmente interessados em averiguar como e se o valor de Y diferirira se o valor de X tivesse mudado – enquanto tudo o mais permanecesse o mesmo. É um experimento na mente (Fearon, 1991; Lebow, 2000; Levy, 2008b, 2015; Tetlock & Belkin, 1996).

Para ser claro, não podemos fazer qualquer julgamento sobre eventos individuais sem realizar um experimento contrafactual de pensamento. Não há como afirmar que X é uma causa de Y para um dado evento sem imaginar qual seria o valor de Y *se* X tivesse sido diferente. Assim, longe de ser uma técnica isolada, ela é ubíqua – embora nem sempre explicitamente reconhecida – na análise em nível de caso. Embora possamos também querer ter evidências fornecidas por um segundo caso ilustrando a condição de "controle", isso nem sempre é possível, e, se possível, é sempre propenso a confusão em um ambiente *C-pequeno*.

Com certeza, experimentos contrafactuais de pensamento também são sujeitos a confusão. Se estivermos imaginando uma mudança em X para um caso observado ao longo de um certo período, deve ser possível imaginar que fatores de fundo para esse caso (Z) se mantêm constantes durante esse período. Por outro lado, é impossível prever a mudança em Y que X possa produzir. Se fatores de fundo estavam em fluxo, eles constituem confundidores.

Temporalidade

Para explicitar relações causais em um caso singular, indicações derivadas do ordenamento temporal dos eventos são essenciais (Abbott, 1990, 1992, 2001; Aminzade, 1992; Buthe, 2002; Griffin, 1992, 1993; Grzymala-Busse, 2011; Mahoney, 2000; Pierson, 2000, 2004; Thelen, 2000). E para julgar relações temporais é indispensável uma linha de tempo cronológica, ou *história do evento*. Isso pode também ser descrito como um gráfico de inferência causal de nível de unidade (Waldner, 2015a, 2015b).

A cronologia deveria começar *antes* do fator causal de interesse e se estender ao resultado de interesse, e talvez além. Observe que uma análise qualitativa da relação de X a Y é sob alguns aspectos como uma análise quantitativa de série temporal. Por quanto mais tempo a relação temporal puder ser observada, maiores nossas oportunidades para medir o impacto de *Em* X *sobre* Y, e identificar confundidores potenciais. Contudo, é diferente de uma análise de série temporal na medida em que é improvável que sejamos capazes de observar X e Y ao longo do período inteiro; ou, é irrelevante observá-los durante um longo período porque não estão mudando. Nesse ambiente, as características "covariacionais" relevantes são a mudança inicial de X (que poderia ser compreendida de um modo binário, como um movimento de $X = 0$ para $X = 1$) e a consequente mudança no resultado (que poderia também ser compreendida dicotomicamente). O que resta a observar são os fatores que podem ter contribuído para ΔX e ΔY. Assim, busque por coisas que precedam X e por coisas que se encontrem entre X e Y.

As últimas são as características essenciais do que passou a ser conhecido como *rastreamento de processo*, representado por M neste livro. Uma boa cronologia inclui todas as características relevantes de M. É completa e contínua (Bennett & Checkel, 2015; Waldner, 2015b). Infelizmente, não é sempre aparente como julgar a completude ou continuidade, *i. e.*, que características são adequadas para inclusão em uma cronologia e que características podem ser consideradas redundantes. Mas podemos assumir que a completude existe quando a conexão entre os eventos incluída em uma cronologia é estreita – de tal modo que é fácil ver como um fenômeno evoluiu da etapa 1 para a etapa 2, e da etapa 2 para a etapa 3, e é difícil ver como qualquer confundidor poderia ter interrompido esse trajeto.

O modelo de dominós tem servido como uma metáfora para esse ideal. Se quisermos explicar completamente como o primeiro dominó está causalmente conectado ao último, vamos construir uma cronologia de dominós que inclua a queda de cada dominó – os eventos que levam ao, e causam o, resultado de interesse. Nesse exemplo simples, cada dominó desempenha uma função de passagem e há somente um caminho (fluindo através dessas passagens).

A cronologia deveria servir para separar fatores relevantes em termos de sua ordem temporal. Se isso puder ser estabelecido, a exogeneidade/endogeneidade causal (o que causa o que) poderá muitas vezes ser inferida. Fatores que parecem carregar uma qualidade "necessária" ou "suficiente" deveriam sempre ser incluídos em uma cronologia. Na dúvida, a inclusão de detalhes ancilares não é prejudicial, e certamente menos prejudicial do que a exclusão acidental de detalhes cruciais.

É um pequeno passo de uma cronologia para um *diagrama causal* que apresenta todos os elementos do processo de geração de dados de uma forma visual clara e concisa. Isso inclui X, Z e M – com a compreensão de que cada um pode ser um vetor de fatores causais – junto a Y. Um exemplo excelente é o diagrama de Mahoney do argumento de Skocpol sobre a Revolução Francesa (cf. fig. 8.1)[88]. Embora o diagrama possa ser difícil de acompanhar,

---

88. Para exemplos adicionais de diagramas evento-história da pesquisa de estudo de caso, cf. Mahoney (2007), Shimmelfennig (2015), Waldner (2015b).

é uma simplificação útil de um argumento muito mais extenso, apresentado em prosa. Quaisquer que sejam as dificuldades para construir diagramas causais, se um argumento não pode ser diagramado, então, não é falseável. Na medida em que a falseabilidade é um objetivo básico da ciência, devemos adotar diagramas causais[89].

Suposições de fundo

Um objetivo final da pesquisa de estudo de caso – seja empreendida em si própria (um estudo de caso independente), seja feita junto a uma análise *C-grande* (um estudo multimétodo) – é elucidar suposições de fundo. Todos os modelos causais assumem comparabilidade causal. O valor esperado de Y deve ser o mesmo para todas as observações na amostra, condicionais em observáveis.

Para amostras *C-grande*, isso é entendido em um sentido probabilístico: P $(Y|X, Z)$ deveria ser o mesmo, em geral, para todos os casos e para observações em um caso (se o caso é observado ao longo do tempo). Para amostras *C-pequeno*, isso é entendido em um sentido determinístico; deve ser verdadeiro para os casos estudados. Sem dúvida, podemos considerar a suposição da comparabilidade causal mais imprecisamente se a hipótese for colocada de um modo vago ("X tem um efeito positivo sobre Y") em vez de um modo preciso ("Uma mudança de uma unidade em X aumenta Y em duas unidades"), e muitos estudos de caso não pretendem medir efeitos causais precisos, como observado no capítulo 5. Contudo, qualquer ameaça à suposição da comparabilidade causal é potencialmente prejudicial à inferência que os pesquisadores desejam fazer.

Atenção especial ao mecanismo de atribuição é garantida, uma vez que esse é uma fonte de viés potencial em todas as análises observacionais. Sempre que X não é intencionalmente aleatorizado pelos pesquisadores, devemos nos preocupar com o viés de atribuição (ou viés de seleção, como é por vezes chamado). A bênção é que estudos de caso são muitas vezes especialmente

---

89. Antes de finalizar esse tema, deveria observar que existe mais do que uma semelhança passageira entre diagramas causais do tipo produzido por Mahoney e gráficos causais do tipo desenvolvido por Judea Pearl (2009) e outros metodologistas para propósitos de análise causal (Waldner, 2015b). Para os propósitos presentes, vemos o diagrama como uma ferramenta para clarificação em vez de uma ferramenta para estabelecer regras de inferência causal.

reveladores ao fornecerem uma ideia do princípio de atribuição envolvido em uma ocorrência particular (Dunning, 2008: cap. 7).

Considere o argumento de Jeremy Ferwerda e Nicholas Miller (2014) segundo o qual a delegação do poder por uma força de ocupação reduz a resistência ao domínio estrangeiro. Para provar essa teoria, os pesquisadores focam a França durante a Segunda Guerra Mundial, quando a parte norte do país foi governada pelas forças alemãs e a parte sul foi governada indiretamente pelo regime "Vichy", liderado pelo Marechal Petain. A suposição metodológica-chave de seu *design* de regressão descontínua é que a linha de demarcação foi atribuída de um modo como-se aleatório. Para os autores, e para seus críticos (Kocher & Monteiro, 2015), essa suposição requer uma detalhada pesquisa de estudo de caso – pesquisa que promete confirmar, ou colocar em questão, a análise inteira do autor.

Como um segundo exemplo, podemos considerar a análise de Romer e Romer (2010) sobre o impacto das alterações tributárias na atividade econômica. Como essas alterações são não aleatórias, e tendem a ser correlacionadas ao resultado de interesse, qualquer um interessado nessa questão deve estar preocupado com o viés advindo da atribuição do tratamento. Para lidar com essa ameaça, Romer e Romer utilizaram o registro narrativo fornecido pelos discursos presidenciais e relatórios do congresso para elucidar a motivação das alterações na política tributária na era pós-guerra. Isso lhes permitiu distinguir alterações políticas que poderiam ter sido motivadas pelo desempenho econômico daqueles que podem ser considerados como-se aleatórios. Ao focarem apenas a última, declaram fornecer um teste imparcial da teoria segundo a qual os aumentos de impostos são contraditórios.

8.5 Sumário

A divisão quantitativo/qualitativo aflige qualquer discussão sobre os métodos do estudo de caso. Minha definição proposta depende de duas características. A análise quantitativa utiliza observações que são ordenadas em uma matriz e consideradas comparáveis entre si em quaisquer aspectos relevantes para a análise. Essas são analisadas de um modo formal, *e. g.*, teoria lógica/de conjuntos, estatística bayesiana, estatística frequentista ou inferência de aleatoriedade.

A análise qualitativa utiliza observações que são não comparáveis, o que significa dizer que são extraídas de diferentes populações e tipicamente tratam de diferentes aspectos de um argumento. Essas são analisadas de um modo informal, usando as ferramentas fornecidas pela língua natural.

Tipicamente, a análise quantitativa é *N-grande* enquanto a qualitativa é *N-pequeno*, embora o N de uma análise qualitativa seja difícil de determinar precisamente porque as observações não são bem definidas.

Modos quantitativos e qualitativos de inferência não são separados por uma divisão epistemológica. Qualquer observação qualitativa pode ser transformada em um conjunto de observações quantitativas. Na verdade, muitas observações quantitativas nasceram (podemos dizer) como observações qualitativas. A codificação de dados qualitativos ricos, conforme um protocolo sistemático fornecido por um questionário de sondagem, pode ser vista como a conversão de observações qualitativas em observações quantitativas.

Como a análise quantitativa é terreno muito frequentado, este capítulo focou principalmente a análise qualitativa. Primeiro, ofereço ilustrações de como observações não matriciais podem contribuir para a inferência causal, mesmo quando utilizadas de um modo informal. A seguir, ofereço uma série de "regras fundamentais" para tratamento de dados qualitativos no contexto da pesquisa de estudo de caso.

Essas regras fundamentais podem ser sumarizadas assim:

- Analise fontes de acordo com sua relevância (para a questão de interesse teórico), proximidade (se a fonte está em uma posição de conhecer o que está afirmando), autenticidade (a fonte não é falsa ou está refletindo a influência de alguém outro), validade (a fonte não é enviesada) e diversidade (coletivamente, as fontes representam uma diversidade de pontos de vista sobre a questão em discussão).

- Ao identificar um novo fator causal ou uma nova teoria, busque algo: (a) que se seja potencialmente generalizável a uma população maior, (b) que seja negligenciado na literatura existente sobre seu tema, (c) que aumente enormemente a probabilidade de um resultado (mesmo que seja binário) ou explique grande parte da variação nesse resultado (mesmo que seja uma variação de nível de intervalar) e (d) que seja exógeno(a) (não explicado(a) por outros fatores).

- Busque extensamente por explicações rivais, que possam também ser consideradas confundidoras potenciais. Trate-as seriamente (não como "especiosas"), descartando-as apenas quando assegurado. Utilize essa lógica de eliminação, quando possível, para aumentar a força da hipótese favorecida.

- Para cada explicação, construa tantas hipóteses testáveis quanto possível, prestando muita atenção a oportunidades intracaso, *e. g.*, mecanismos causais.

- Utilize experimentos contrafactuais de pensamento de um modo explícito, deixando claro quais características do mundo estão sendo alteradas, e quais são consideradas permanecerem as mesmas, a fim de testar a viabilidade de uma teoria. Além disso, foque períodos em que características de fundo são estáveis (de modo que não sirvam como confundidoras).

- Utilize cronologias e diagramas para esclarecer inter-relações temporais e causais entre fatores causais complexos. Inclua tantas características quanto possível de modo que a linha de tempo seja contínua, ininterrupta.

- Preste toda atenção às suposições de fundo, implícitas em inferências causais sobre o(s) caso(s) em estudo, com referência especial à atribuição (presumivelmente não aleatória) do tratamento.

Os pesquisadores deveriam ter em mente que essas indicações são destinadas a esclarecer a inferência causal para um caso individual ou para um pequeno conjunto de casos. Inferências para um caso particular podem – *ou não podem* – ser generalizáveis a uma população maior, um problema tratado no capítulo 10.

Os pesquisadores deveriam também ter em mente que essas regras são destinadas a ser empregadas de um modo flexível, dependendo de seus objetivos teóricos e do estado de coisas empírico. Elas requerem um considerável julgamento, e não deveriam ser aplicadas de um modo mecânico. A natureza flexível dessa arte pode ser considerada sua maior falha ou sua virtude mais importante, como discutido no capítulo de conclusão do livro.

IV

Validade

IV

Validade

9

Validade interna

Tendo examinado e definido nosso tema (parte I), e discutido a seleção de caso (parte II) e a análise de caso (parte III), vamos tratar agora do problema da validade (parte IV). Ao dividir esse tópico complexo, sigo a distinção tradicional entre validade interna (este capítulo) e validade externa (cap. 10). Ambos os capítulos focam basicamente os problemas da inferência causal, com olhares oblíquos para a inferência descritiva.

Deveríamos esclarecer desde o início que esses não são os pontos mais fortes do *design* de pesquisa de estudo de caso, que é provavelmente mais útil para descoberta do que para estabelecer a validade (cf. cap. 11). Contudo, qualquer estudo de caso deve apresentar algumas pretensões à validade, de modo que o tema não seja de modo algum periférico.

Meu objetivo ao escrever esses capítulos é alertar os leitores para alguns dos obstáculos metodológicos que afligem estudos de caso, como comumente praticados. Alguns desses obstáculos são inerentes à iniciativa, outros são superáveis, e irei sugerir formas de lidar com eles. Contudo, algumas das soluções envolvem sacrifícios, *e. g.*, uma escolha diferente de tópicos ou uma agenda teórica menos ambiciosa. Devemos levar em conta os custos, assim como os benefícios, de reformar a pesquisa de estudo de caso.

A *validade interna*, nosso tema neste capítulo, refere-se à validade de inferências sobre a relação de X a Y para a amostra estudada, que na pesquisa de estudo de caso consiste em um caso singular ou de um pequeno número de casos. Nosso foco principal será as inferências pertencentes a efeitos causais (*i. e.*, efeitos de tratamento) em vez de os mecanismos, condições de escopo ou outros aspectos da causalidade. Nossa compreensão do *efeito causal* é imprecisa, como esclarecido no capítulo 5. Ela inclui enunciados sobre a direção de um efeito causal (positivo ou negativo) assim como estimativas mais específicas de quanto Y muda com uma mudança determinada em X.

Para acessarmos a validade interna, necessitamos de uma estrutura de referência. Afinal, a utilidade do método do estudo de caso só pode ser avaliada por contraste com outros *designs* de pesquisa que podem ser usados em seu lugar. O livro adota como seu ponto de partida uma distinção central entre pesquisa *C-pequeno* e *C-grande* (cf. cap. 2). Para alguns propósitos, isso é suficiente. Mas, para outros, necessitamos desagregar a categoria geral – *C-grande* – em categorias mais precisas. No presente contexto, é útil distinguir (a) experimentos (nos quais um tratamento é aleatorizado através dos grupos), (b) experimentos naturais (nos quais um tratamento é atribuído naturalmente, mas de um modo como-se aleatório através dos grupos), e (c) dados observacionais desordenados (nos quais não há pretensão à atribuição aleatória).

Com essas subcategorias de análise *C-grande*, podemos agora avaliar os pontos fortes e fracos da pesquisa de estudo de caso de um modo mais nuançado, focando exclusivamente questões de validade interna. Seis problemas metodológicos são de fundamental importância: (1) causas em-princípio--manipuláveis, (2) comparabilidade causal (estendendo-se a vários subtópicos), (3) a plausibilidade de uma abordagem porta-da-frente [*front-door approach*] à inferência causal, (4) transparência e replicabilidade, (5) separação entre teoria e empirismo, e (6) estimativas instrutivas de incerteza. Comparações e contrastes sumários através dos quatro *designs* de pesquisa são registrados na tabela 9.1.

Os leitores podem perceber que essas comparações são "brutas" no sentido de que tentam agregar todos os trabalhos que caem nessas quatro categorias, muito cruamente definidas, e tentam chegar a conclusões sumárias sobre problemas metodológicos que são extremamente complexos. Contudo, as comparações contidas na tabela 9.1 são essenciais caso desejemos chegar a uma avaliação equilibrada dos pontos fortes e fracos da pesquisa de estudo de caso. Discutiremos agora cada um desses itens.

Tabela 9.1 – *Designs* de pesquisa arquetípicos comparados com respeito à validade interna

Características	C-grande		C-pequeno	
	Tratamento aleató-rio (Experimento)	**Tratamento como-se aleatório (Experimento natural)**	**Tratamento não aleatório (Observacional)**	**Tratamento não aleatório (Estudo de caso)**
Causas em-princípio-manipuláveis	Sim	Sim	Talvez	Raramente
Comparabilidade causal				
Equivalência de pré-tratamento	Sim	Idealmente	Improvável	Improvável
Segurança de ameaças estocásticas	Alta	Alta	Alta	Muito baixa
Oportunidade para correção estatística	Sim	Sim	Sim	Não
Observabilidade	Baixa	Baixa	Baixa	Alta
Plausibilidade da abordagem porta-da-frente	Baixa	Baixa	Baixa	Alta
Transparência, replicabilidade	Alta	Média	Média	Média
Separação de teoria e empirismo	Alta	Baixa	Baixa	Baixa
Estimativa instrutiva de incerteza	Sim	Talvez	Um pouco	Não

9.1 Causas manipuláveis

Uma característica-chave na inferência causal é a natureza da própria causa, especificamente, se é manipulável ou, ao menos, em princípio manipulável. Com uma causa manipulável, podemos facilmente vislumbrar o contrafactual – como o mundo pareceria caso se tivesse atribuído um valor diferente a X. Especificamente, podemos vislumbrar condições *ceteris paribus*, que subjazem a todos os argumentos causais (Woodward, 2005).

Considere o argumento segundo o qual uma mudança de um sistema eleitoral majoritário para um proporcional aumenta a harmonia étnica em uma sociedade dividida (Reilly & Reynolds, 1999). Essa é uma causa manipulável. Existem vários exemplos de governos que mudam regras eleitorais – sem mudar outras características da sociedade ou da política. Assim, mesmo que os pesquisadores não possam mudar a lei, podem facilmente vislumbrar como uma mudança assim se pareceria. Condições *ceteris paribus* são claras.

Agora, considere o argumento segundo o qual a modernização aumenta a probabilidade de um tipo de regime democrático (Lipset, 1959). Essa é uma causa não manipulável. O problema é que a própria causa é holística, envolvendo congéries de fatores como renda, educação, urbanização, secularização, individualismo, e assim por diante. Mesmo que escolhêssemos um desses fatores como o PIB *per capita* como um representante do conceito, devemos levar em conta todos os correlatos da modernização, uma vez que esses são partes integrantes do mesmo conceito. Certamente, poderíamos restringir o argumento – da modernização para a renda – com a ideia de que todos os outros correlatos da modernização devem ser compreendidos como condições de fundo (sem importância teórica). Contudo, essa é uma mudança fundamental na abordagem. Usualmente, estudiosos veem esses elementos como coerindo de um modo holístico. Se a renda afeta a educação e a educação afeta a renda, não podemos facilmente deslindar as características díspares da teoria. Assim, se a modernização é a causa, é extremamente difícil vislumbrar quais possam ser as condições de fundo (*ceteris paribus*) do argumento, uma vez que praticamente tudo sobre uma sociedade é tocado de algum modo pela modernização, e todas essas características podem (plausivelmente) afetar o tipo de regime de um país.

O ponto se torna claro se imaginarmos um cenário de pesquisa específico, no qual estamos tentando comparar dois países, um dos quais é modernizado enquanto o outro não, e no qual os dois países partilham outras características de fundo. Como se pareceria um *design* mais-similar assim? Podemos medir X com o PIB *per capita*, mas como mediríamos Z? Quais são as condições de fundo em relação às quais um fator causal como a modernização pode ser avaliado? Nem tudo é tão claro. Isso ilustra um problema genérico que afeta todos os argumentos causais com causas não manipuláveis.

Alguns acreditam que argumentos com causas não manipuláveis não são realmente causais (Holland, 1986). Considero isso uma questão de grau. Alguns tratamentos são manipuláveis na prática (*e. g.*, qualquer política pública). Outros são manipuláveis em princípio (*e. g.*, mudanças no clima). E outros ainda são difíceis de caracterizar. Podemos, em princípio, manipular a raça ou o sexo de um indivíduo no nascimento; mas isso não é o que a maioria das pessoas tem em mente quando dizem que a "raça importa para Y" ou "o sexo importa para Y". Características ideacionais como valores, crenças ou emoções não podem ser diretamente manipuladas; ou seja, não podemos mudar as ideias de uma pessoa diretamente. Podemos, certamente, fornecer informações sobre um tópico, ou tema, a uma pessoa para um tratamento calculado para mudar suas ideias ou valores. A exposição é manipulável, e forma a base de muitos experimentos. Mas, novamente, isso não é o que muitos pesquisadores pretendem quando invocam ideias como causas[90]. Fatores holísticos como modernização são impossíveis de manipular, embora possamos vislumbrar causas anteriores que sejam manipuláveis. Por exemplo, o investimento é amplamente visto como uma causa proximal do desenvolvimento econômico, e podemos facilmente imaginar políticas que estimulam (ou retardam) investimentos, afetando, assim, o curso da modernização de um país. Isso leva o tema da modernização para o domínio das causas manipuláveis. Mas não podemos, certamente, igualar uma política particular (*e. g.*, uma mudança na política tributária) com a modernização.

Basta dizer que a manipulabilidade não é um tema claro. Contudo, é um problema crítico para compreender a validade interna. Quanto mais manipulável a causa, mais fácil é avaliar um conjunto de achados – bem como estabelecer um forte *design* de pesquisa. Isso, como qualquer outra coisa, distingue as diferentes metodologias listadas na tabela 9.1.

---

90. Para discussão complementar, cf. Jacobs (2015).

Experimentos possuem causas manipuláveis por definição (uma vez que o tratamento deve ser manipulável pelos pesquisadores). Experimentos naturais apresentam causas em-princípio-manipuláveis, embora não tenham sido manipuladas pelos pesquisadores. A pesquisa observacional oferece um terreno variado, e há muito mais que podemos dizer sobre isso. Alguns estudos apresentam causas manipuláveis (*e. g.*, leis eleitorais) e outros não, ou muito pouco (*e. g.*, a modernização).

Tabela 9.2 – Estudos de caso com tratamentos (em princípio) manipuláveis

Estudo	Fator causal
Epstein (1964), *A Comparative Study of Canadian Parties*	Executivo eleito diretamente
Friedman e Schwartz (1963), *A Monetary History of the United States*	Suprimento de dinheiro
Hsieh e Romer (2001), *Was Federal Reserve Fettered?*	Suprimento de dinheiro
Mondak (1995), *Newspapers and Political Awareness*	Cobertura do jornal local
Romer e Romer (2010), *Macroeconomic Effects of Tax Changes*	Política fiscal
Skendaj (2014), *International Insulation from Politics*	Reforma prisional
Walter (2002), *Committing to Peace*	Compromisso de terceiros com a paz

A pesquisa de estudo de caso também oferece um campo de atuação diverso. Contudo, entre nossos exemplares, vale a pena observar que muito poucos satisfazem uma compreensão de manipulabilidade. Entre os 148 estudos na tabela 1.2, consigo identificar somente um pequeno número deles – listados na tabela 9.2 – que satisfazem claramente esse critério.

Parece que estudos de caso *poderiam* ser utilizados de um modo favorável à inferência causal, mas, como de fato ocorre, muitas vezes não. Observe que identificar uma causa manipulável usualmente requer uma delimitação mais estreita das ambições teóricas e talvez também das unidades de análise. Os exemplares listados na tabela 9.2 identificam fatores causais muito específicos – um executivo diretamente eleito, ajuda estrangeira, reforma prisional e compromisso de terceiros com acordos de paz. Muitos desses fatores operam em um nível de análise inferior ao do Estado-nação. Problemas de validade interna muitas vezes surgem quando pesquisadores escolhem trabalhar em um nível macrossocietal, *i. e.*, quando as unidades de interesse são sistemas internacionais, impérios, estados-nação, partidos políticos ou grupos sociais. Com a delimitação mais estreita (para unidades menores de análise), podemos usualmente identificar causas manipuláveis e *designs* de pesquisa mais satisfatórios (da perspectiva da validade interna).

Pesquisadores do estudo de caso, contudo, são muitas vezes atraídos para causas maiores, mais difusas, que dificilmente se qualificam como manipuláveis (por qualquer interpretação). Seguindo nossa discussão sobre a modernização, vamos considerar o argumento muito citado de Barrington Moore (1966: 418) segundo o qual as relações de classe explicam o desenvolvimento dos tipos de regime – "sem burguesia não há democracia". O problema com esse argumento é que é difícil conceitualizar uma situação na qual uma classe burguesa é maior, mais forte ou mais coerente (ou menor, mais fraca, menos coerente) enquanto tudo o mais permanece o mesmo em um país. Especificamente, na medida em que a estrutura de classe (X) está estreitamente ligada à estrutura econômica, e, talvez, também às estruturas políticas (ambas podem ser representadas como Z), é difícil imaginar uma mudança em X que não envolva também uma mudança em Z. E como Z também pode influenciar o desenvolvimento de regimes (democracia ou autocracia), serve também como um confundidor potencial em qualquer análise causal. Assim, no estudo de Moore, e em outros como o dele (*e. g.*, Acemoglu & Robinson, 2012), o fator causal de interesse teórico (X) é não manipulável.

Do mesmo modo, trabalhos de estudo de caso muitas vezes lidam com *estruturas causais* em vez de com hipóteses causais específicas. Por exemplo, o famoso estudo de Graham Allison e Philip Zelikow (1999) sobre a crise dos mísseis de Cuba contrasta três modelos para compreender o comportamento do governo em política estrangeira. O modelo do ator racional foca atenção nas "metas e objetivos da nação ou governo", com a compreensão de que ações podem ser compreendidas (em algum sentido racional) como um produto desses objetivos (Zelikow, 1999: 4-5). O modelo de comportamento organizacional foca atenção nos "componentes organizacionais existentes, suas funções e seus procedimentos-padrão de operação para obter informações... definindo opções... e implementação factíveis" (Zelikow, 1999: 5-6).

O modelo de política governamental foca atenção em "jogos de barganha entre participantes do governo nacional" (6). Evidentemente, não é possível verificar ou falsear uma estrutura causal inteira – e certamente não com um caso singular. Allison e Zelikow (1999: 385-386) observam:

> O que é surpreendente... são as diferenças nos modos pelos quais analistas [com base em diferentes modelos] concebem e formulam problemas, esclarecem questões sumárias, e exploram as evidências em busca de uma resposta. Por que os Estados Unidos bloquearam Cuba? Para [atores racionais] analistas, esse "por que" pergunta pelas razões que expliquem a escolha americana do bloqueio como uma solução para o problema estratégico posto pela presença dos mísseis soviéticos em Cuba. Para um analista [do comportamento organizacional], o desafio é identificar produtos de organizações-chave sem os quais não haveria bloqueio. Um analista [de política governamental] compreende o "porquê" básico como uma questão sobre a barganha política entre participantes com interesses distintos, concepções muito díspares sobre o que deveria ser feito, e diferentes visões sobre o processo pelo qual preferências concorrentes se misturam e se confundem na ação selecionada.

Um estudo de caso como o *Essence of decision* [*Essência da decisão*], que é orientado em torno de uma estrutura – sem um conjunto de hipóteses específicas (ou com tantas hipóteses que seria impossível aprovar ou reprovar todas) – é difícil de avaliar com respeito à validade interna. A esse respeito, o trabalho ilustra um tema comum na pesquisa de estudo de caso.

9.2 Comparabilidade causal

O critério central de quase todos os *designs* de pesquisa é a *comparabilidade causal*. Em poucas palavras, o valor esperado de Y, condicional em X (o fator causal de interesse) e Z (um vetor de fatores de fundo observados), deveria ser igual para todas as unidades em todos os períodos de tempo sob estudo. Dito de outro modo, a variação em X não deveria ser correlacionada a fatores in-condicionados que também são causas de Y, que podem servir como confundidores, gerando uma relação espúria (não causal) entre X e Y.

Experimentos atingem uma comparabilidade pré-tratamento (equilíbrio sobre fatores de fundo que podem afetar o resultado de interesse) pela aleatorização do tratamento através dos grupos e pela inclusão de um número suficiente de unidades no experimento de modo que ameaças de características de fundo estocásticas possam ser minimizadas. Contanto que o mecanismo de aleatorização seja propriamente administrado, a comparabilidade pré-tratamento é assegurada. Obter comparabilidade pós-tratamento é mais complicado, e muitos experimentos encontram dificuldades a esse respeito, *e. g.*, contaminação entre grupos, interferência entre unidades, não conformidade, atrito, e assim por diante. Contudo, existem (usualmente) problemas menores relativos ao problema central de comparabilidade pré-tratamento, e experimentalistas conceberam várias estratégias para lidar com eles – incluindo variáveis instrumentais, condicionando-se em covariáveis, e redescrições do efeito do tratamento, de efeitos médios de tratamento a efeitos médios de tratamento sobre o tratado (Gerber & Green, 2012; Shadish et al., 2002).

Experimentos naturais dependem da aleatorização como-se para atingir comparabilidade pré-tratamento entre grupos, que são também considerados como contendo um número suficiente de unidades para minimizar ameaças estocásticas à inferência. Contudo, muitas vezes não é claro se, ou até que ponto, a "natureza" atingiu fielmente o ideal de aleatorização. Por isso, experimentos naturais são apenas tão plausíveis quanto as suposições dos pesquisadores sobre o processo de geração de dados. Experimentos naturais também encontram problemas de comparabilidade pós-tratamento – embora, seguindo o modelo de *designs* experimentais, existam usualmente métodos para lidar com esse problema secundário (Dunning, 2012).

Pesquisa com dados observacionais desordenados, por definição, não pode assumir comparabilidade pré-tratamento nem comparabilidade pós-tratamento. Correções estatísticas são, portanto, requeridas, e a credibilidade do achado é inteiramente dependente da plausibilidade dessas correções, uma questão sobre a qual os metodologistas são corretamente céticos (Freedman, 1991; Kittel, 1999; Seawright, 2010). Ao menos, podemos dizer que inferências causais extraídas de dados observacionais desordenados são carregadas de suposições.

A pesquisa de estudo de caso, na melhor das hipóteses, exemplifica um experimento natural com uma amostra extremamente pequena. Podemos debater quão comum é essa circunstância, assim como podemos debater as qualidades experimentais de experimentos naturais em um ambiente *C-grande*. Mas podemos concordar que onde ela existe a inferência causal é enormemente facilitada. E é lógico que essa obtenção é facilitada pelo pequeno escopo da pesquisa de estudo de caso. A lógica inerente à seleção de caso para a pesquisa de estudo de caso é uma extensão da lógica do pareamento – onde covariáveis de fundo são usadas para eliminar casos que não são compatíveis através do tratamento e dos grupos de controle (Ho et al., 2007). Os pesquisadores do estudo de caso em busca de um caso melhor, ou de um conjunto de casos melhor, continuam esse processo de eliminação por meio do exame de fatores adicionais que possam não ser facilmente medidos na população, e, portanto, não podem ser incluídos como covariáveis pareadas [*matching covariates*]. Observe que esses julgamentos qualitativos detalhados não podem ser facilmente incorporados a métodos algorítmicos de seleção de caso, e é por essa razão que aconselhei os pesquisadores do estudo de caso a usarem algoritmos como um guia para selecionar em vez de um determinante final de seleção (cf. cap. 6). Como com o pareamento *C-grande*, perdas na validade externa são compensadas por ganhos na validade interna. Mas ao selecionarmos cuidadosamente casos para estudo, esperamos limitar o número de confundidores potenciais.

Contudo, podemos também ter em mente que, devido à amostra minúscula, não há oportunidade para controlar fatores de fundo que não são equilibrados através dos grupos (ou dentro do mesmo grupo, observados ao longo do tempo). O erro aleatório em uma amostra grande constitui ruído, e não enviesará estimativas resultantes. Mas o erro aleatório em uma amostra pequena é indistinguível do viés. Se, em uma análise mais-similar, Casos A e B não são similares em todos os fatores de fundo, Z, é impossível chegar a uma estimativa não enviesada do impacto de X em Y. Estudos de caso, portanto, requerem um conjunto de suposições muito mais forte sobre a comparabilidade causal. Em vez de assumir que casos são comparáveis entre si *em geral* através do tratamento e dos grupos de controle (ou ao longo do tempo em um estudo longitudinal), devemos assumir que estudos de caso sob estudo (ou um caso singular observado antes e depois de um tratamento) são *exatamente* comparáveis entre si e medidos sem erro (George & McKeown, 1985: 27; Glynn & Ichino, 2016; Lieberson, 1992, 1994; Sekhon, 2004).

Com certeza, o objetivo de muitos estudos de caso não é fazer uma estimativa precisa do efeito causal, mas fazer um veredito geral sobre se X é uma causa de Y e, caso seja, em qual direção (positiva ou negativa) o efeito se encaminha. Como tais, estudos de caso podem tolerar um viés que se encaminha em uma direção "conservadora", *i. e.*, contra a hipótese que os pesquisadores estão tentando provar. Esse tipo de viés presumivelmente atenua o verdadeiro efeito causal, e, assim, permite aos pesquisadores estabelecerem um limite inferior [*lower bound*].

Por exemplo, em sua análise mais-similar dos partidos políticos nos Estados Unidos e no Canadá, Leon Epstein descreve ambos os países como possuindo fortes bases regionais de poder – um fator que se presume enfraquecer a coesão de partidos políticos. Em décadas recentes, esse fator se tornou mais significativo no Canadá do que nos Estados Unidos. Ao passo que isso diminui a similaridade de condições de fundo, enviesa a análise *contra* o argumento de Epstein. Ou seja, bases regionais maiores de poder enfraqueceriam os partidos políticos em níveis nacionais no Canadá. O fato de que uma forte coesão partidária sobreviva na Casa dos Comuns canadense sugere que esse fator ou não serve como um confundidor, ou atenua o verdadeiro efeito causal medido na análise de Epstein. Embora os mesmos cálculos possam ser feitos em uma análise *C-grande*, são geralmente mais difíceis de avaliar em razão do grande número de unidades e ambientes que devemos considerar.

Isso leva a um ponto mais geral: processos causais em estudos de caso são geralmente mais *observáveis* do que processos causais em estudos *C-grande* pela simples razão de que o material empírico é limitado. Existe somente um, ou uma pequena porção, de casos sob investigação, e cada caso pode, portanto, ser estudado intensivamente, extraindo dados no nível de caso e em níveis inferiores de análise (evidências intracaso), como discutido no capítulo 8. Quando casos são atentamente estudados durante um longo período de tempo, utilizar tanto evidências qualitativas como quantitativas extraídas de diferentes níveis de análise e de muitas fontes (*e. g.*, etnografia, entrevistas, sondagens, materiais primários e secundários), os pesquisadores têm uma oportunidade de se intimizar com o processo de geração de dados. Isso significa que tendem a ser mais capazes de distinguir processos causais de correlações espúrias. Consequentemente, têm menor tendência a ser enganados. Especificamente, os pesquisadores têm maior tendência a se tornar conscientes das ameaças à inferência – que surgem, *e. g.*, de erros de medida, atribuição não aleatória, ou confusão pós-tratamento.

Em contraste, pesquisadores que se arriscam a incorporar centenas ou milhares de casos em uma análise tendem a ser intimamente familiarizados com apenas uma pequena porção de casos – ou talvez com nenhum deles.

Observe que a familiaridade com o material empírico é um pré-requisito da pesquisa de estudo de caso. A sinceridade de pesquisadores do estudo de caso com respeito ao seu tema deve ser estabelecida, *e. g.*, a facilidade linguística, o acesso às fontes e arquivos especiais, uma lista de entrevistas ou locais de observação de participantes, e assim por diante. Em contraste, os pesquisadores que trabalham com um conjunto de dados *C-grande* não têm a obrigação de demonstrar sua familiaridade com o material em questão[91].

Devemos ter em mente também que muitas ameaças sérias da inferência são aquelas que são difíceis de identificar – os *desconhecidos desconhecidos* [sic], para citar o famoso aforismo de Donald Rumsfeld. Isso não impede o problema das ameaças estocásticas à inferência na pesquisa de estudo de caso, mas com certeza as reduz, uma vez que os pesquisadores têm ampla oportunidade de estudar os processos causais envolvidos em um ambiente muito específico.

9.3 Abordagens porta-da-frente

Até aqui, assumimos que a principal evidência para a causalidade surge do padrão de covariação observado entre X e Y. Uma abordagem diferente à inferência causal surge do exame do caminho (mecanismo) de X e Y (Knight & Winship, 2013; Waldner, 2016). Judea Pearl (2009) se refere a isso como o caminho da "porta-da-frente" [*front-door path*] de X a Y, usando o exemplo da conexão entre fumar e câncer de pulmão – que, diz ele, foi confirmada não pela evidência covariacional $X \rightarrow Y$, mas pela evidência do processo pelo qual fumar causa câncer. Especificamente, se fumar (X) causa uma acumulação de alcatrão (M) nos pulmões, e o alcatrão causa câncer (Y), então, uma conexão causal entre X e Y pode ser provada. Ou seja, na medida em que cada uma dessas conexões é aceita – e não aberta à confusão – a inferência causal pode ser obtida pelo exame do caminho de X a Y através de M.

Várias suposições são requeridas a fim de que esse método atinja a identificação causal. Essas suposições são mais fáceis de entender quando ilustradas em um gráfico causal, como mostrado na figura 9.1. Nesse gráfico, os nós representam variáveis e as setas representam relações causais (acíclicas) unidirecionais (suspeitas). Variáveis não medidas (que, portanto, não podem ser

---

91. Essas vantagens da pesquisa de estudo de caso são discutidas em Bowman, Lehoucq e Mahoney (2005), Brady e Collier (2004), Seawright (2016b).

condicionadas em uma análise causal) são sinalizadas por colchetes. O confundidor denominado Z_1 na figura afeta tanto X como Y. Sua presença impede a abordagem tradicional à inferência causal, baseando-se na covariação de X e Y, que nessa ocorrência é espúria. A abordagem secundária, pela porta da frente, é sinalizada pelo caminho de X a M e de M a Y. Isso é viável, contudo, somente na ausência do confundidor. Como podemos ver, existem três confundidores potenciais, um afetando X e M (Z_2), o segundo afetando M e Y (Z_3) e o terceiro afetando X, M e Y (Z_4). A presença de qualquer um desses irá minar o esforço para alcançar a inferência causal pela porta da frente. Assim, qualquer um usando uma investigação de mecanismos causais para alcançar a inferência causal deve considerar essas possibilidades cuidadosamente.

Naturalmente, o processo se torna ainda mais complicado se vários caminhos de X a Y estão envolvidos. Contudo, os objetivos dos pesquisadores do estudo de caso são usualmente limitados a verificar se um único mecanismo (M_1) ocorre, deixando de lado a tarefa mais difícil de verificar todos os caminhos de X a Y e a relativa força de cada um (uma estimativa precisa dos efeitos causais registrados através de cada caminho causal). Se ao menos um caminho (M_1) puder ser confirmado, a força generativa de *Em X sobre Y* é também confirmada (contanto que M_1 não seja cancelado pelos caminhos não medidos adicionais, M_2).

Figura 9.1 – O caminho da porta-da-frente com confundidores potenciais

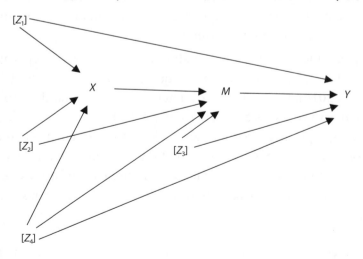

Notas: X = fator causal de interesse teórico. M = mecanismo. Y = resultado. Z = confundidores não medidos.

Sem dúvida, uma abordagem porta-da-frente à inferência causal é viável tanto em ambientes *pequeno* como *C-grande*. Contudo, na medida em que o primeiro oferece maiores oportunidade para estudar os mecanismos causais envolvidos – ver comentários sobre *observabilidade* –, desfruta de uma afinidade eletiva com esse estilo de inferência causal.

Idealmente, os pesquisadores do estudo de caso são capazes de utilizar tanto uma análise tradicional $X \to Y$ como uma análise porta-da-frente $X \to M \to Y$. Essa forma de triangulação é especialmente útil se a questão da confusão em cada análise não puder ser inteiramente descartada (como em geral ocorre).

9.4 Transparência, replicabilidade

Transparência se refere à abertura sobre o processo de pesquisa e sobre como se desdobra ao longo do tempo. *Replicabilidade*, no sentido estrito, significa que alguém outro que não os pesquisadores originais é capaz de acessar os dados e repetir os procedimentos da análise original – qualitativa e/ou quantitativa – partindo das evidências para as conclusões dos autores. Se isso não é possível, *i. e.*, se há informações insuficientes para permitir essa replicação, então, o valor de um trabalho é limitado, pois não pode ser verificado ou falseado. Devemos simplesmente aceitar sem questionar que as evidências reunidas para um estudo apoiam as conclusões dos autores[92]. Transparência e replicabilidade são estreitamente relacionadas na medida em que a maior transparência aumenta a replicabilidade. Assim, vou tratá-las juntas como parte de um mesmo objetivo.

É amplamente reconhecido que atingir transparência e replicabilidade é mais difícil em estudos *C-pequeno* do que em estudos *C-grande* (Elman & Kapiszewski, 2014). Certos traços característicos do estudo de caso tornam difícil descrever processos de coleta e análise de dados, tornar dados acessíveis, e, depois, replicar procedimentos após o fato. Isso tem a ver com os vários modos pelos quais podemos interpretar um pequeno número de casos e dar-lhes uma importância maior, métodos múltiplos e informais de seleção e análise de caso, e a interação contínua de teoria e evidências – as quais

---

92. Para discussões gerais sobre replicação, cf. Freese (2007), Dewald et al. (1986), *Journal of Human Resources* (1989), King (1995), Neuliep (1991). Para discussão sobre replicabilidade no contexto da pesquisa qualitativa, cf. Elman e Lapiszewski (2014), Lieberman (2010).

caracterizam a pesquisa de estudo de caso. A natureza informal da pesquisa de estudo de caso parece ter encorajado uma abordagem aleatória à transparência e à replicabilidade. Como resultado, a pesquisa de estudo de caso é, sob alguns aspectos, mais opaca do que a pesquisa *C-grande*.

Felizmente, o problema é remediável (ao menos em alguma extensão). Consequentemente, e com base no trabalho de muitos outros, proponho que os pesquisadores do estudo de caso adotem o seguinte protocolo geral:

1) *Teoria*. Clarifique a teoria ou argumento, *e. g.*, se é descritiva ou causal. Se causal, os autores deveriam especificar a mudança vislumbrada em X e seu efeito antecipado em Y, junto ao mecanismo suspeito (M) e quaisquer condições de fundo relevantes (Z). Seja descritiva, seja causal, a população (condições de escopo) do argumento deveria também ser especificada. Se diferentes partes do argumento pertencem a diferentes populações, isso deveria ser claramente exibido.

2) *Seleção de caso*. Clarifique o método de seleção de caso, incluindo o que era conhecido sobre o caso, ou casos, antes da seleção e quaisquer mudanças na amostra que possam ter ocorrido durante o processo de pesquisa.

3) *Reunião de evidências*. Clarifique como as evidências intracaso foram reunidas com detalhes suficientes para permitir que alguém revisite o local e refaça seus passos, *i. e.*, reúna novamente o mesmo tipo de evidências. Para o trabalho arquival, isso pode ser facilitado por notas de rodapé e apêndices detalhados ou por hipertexto (Moravcsik, 2010). Para o trabalho etnográfico, deveria ser possível para alguém revisitar o local da pesquisa original (mesmo que características relevantes possam ter mudado nesse ínterim). Para o trabalho baseado em entrevistas, pesquisa de sondagem ou codificação original, todos os detalhes pertinentes da coleção de dados deveriam ser relatados, *e. g.*, procedimentos de amostragem, o questionário, contato inicial com respondentes, e assim por diante.

4) *Armazenamento*. Uma vez que a confidencialidade do informante é assegurada (*e. g.*, pela anonimização dos dados confidenciais), os dados deveriam ser armazenados seguramente e tornados acessíveis ao público. Dados em um formato matricial podem ser armazenados em um servidor seguro como o Dataverse (King, 2007) ou algum outro arquivo permanente. Dados qualitativos incluindo "gravações de entrevistas, arquivos de texto (transcrições de entrevistas, grupos focais e histórias orais; notas do caso; minutas de reuniões; diários de pesquisa), escaneamentos de artigos de jornais, imagens

de documentos oficiais e materiais fotográficos, de áudio e vídeo" podem ser arquivados no Qualitative Data Repository (US) ou no Qualidata (UK) (Elman et al., 2010).

5) *Análise*. Para permitir a replicação, é necessário declarar claramente como você analisou seus dados. Análises quantitativas podem ser sumarizadas em arquivos "faça" (comandos de *software*). A análise qualitativa é mais complicada, mas não impossível. Para um exemplo de como descrever a análise qualitativa de modo que leitores subsequentes possam replicar cada passo, consulte-se Fairfield (2013). De especial importância para a pesquisa de estudo de caso são as seguintes questões. Havia casos adicionais ("ancilares") fora do estudo de caso formal que tenham desempenhado um papel na análise? Que suposições de fundo são necessárias a fim de sustentar o argumento principal?

6) *Sequência*. De particular importância é o sequenciamento de cada passo do *design* de pesquisa. Por exemplo, com respeito à seleção de caso, os pesquisadores sabem o valor da variável de resultado para o caso escolhido antes de ter sido escolhido? Se a análise *C-grande* foi utilizada (pesquisa "multimétodo"), ela precede ou segue a porção estudo de caso do estudo (ou ocorre conjuntamente)? Se o método da seleção de caso é diferente do método da análise subsequente, essa distinção é clara?

Para atingir a completa transparência e replicabilidade, todos os procedimentos seguidos em um estudo devem ser escrupulosamente exibidos na ordem em que foram executados. Imagino que isso possa tomar a forma de um pequeno apêndice, sumarizando detalhes contidos em um diário de pesquisa ou caderno de anotações de laboratório mais longo. Desse modo, processos que usualmente permanecem nas sombras seriam trazidos à luz, permitindo aos consumidores de estudos de caso compreenderem melhor a natureza dos dados e a provável força dos achados, facilitando, também, a replicação.

Assim, problemas de transparência e replicabilidade comumente associados à pesquisa de estudo de caso são remediáveis. Outros aspectos tendem a persistir. Contudo, antes de concluir que a pesquisa de estudo de caso é deficiente com relação à pesquisa *C-grande* devemos pensar seriamente sobre o significado de transparência e replicabilidade.

Em ambientes observacionais (não experimentais), esses termos muitas vezes se referem ao método de *análise* e não ao método de *coleta de dados*. Isso provém do fato de que a pesquisa observacional é muitas vezes baseada nos dados coletados por outrem. Qualquer um que analisa dados de sondagem extraídos do National Election Studies – NES [Estudos de Eleições Nacionais] ou do World Values Survey - WVS [Sondagem de Valores Mundial], ou dados de nações específicas em repositórios como dos World Development Indicators – WDI [Indicadores de Desenvolvimento Mundial] ou do conjunto de dados Quality of Government – QoG [Qualidade do Governo], está usando dados genéricos, por assim dizer. Como tal, a obrigação dos pesquisadores se estende a listar a fonte dos dados e quaisquer procedimentos que foram empregados para analisá-los. É isso. Problemas pertencentes à coleta de dados são varridos para baixo do tapete porque os próprios pesquisadores nada têm a ver com eles.

Alguns dos dados extraídos dessas fontes são indubitavelmente excelentes e outros são falhos – e esse julgamento certamente depende de para que estamos usando os dados. Alguns possuem livros de códigos explicando as origens dos dados – e permitindo a replicação – e outros não. Tudo depende.

Para os propósitos presentes, o ponto que desejo enfatizar é que os problemas potenciais de medição de erro são tipicamente empurrados para terceiros, caso os autores de um estudo não sejam responsáveis pelos dados que analisam. Talvez fosse mais preciso dizer que erros de medição associados a coleta de dados por terceiros não sejam considerados sob a rubrica da transparência/replicabilidade. Críticos de um estudo que emprega dados do WVS podem considerá-los como falíveis, mas não acusariam o estudo de ser não transparente ou não replicável.

A pesquisa de estudo de caso envolve invariavelmente dados *originais* extensivos coletados de casos escolhidos. Esses podem ser extraídos de etnografias, entrevistas, sondagens, fontes primárias ou fontes secundárias (reinterpretadas pelos pesquisadores). Tipicamente, é uma combinação dessas. Como tal, a coleta de dados e a análise de dados estão entremeadas no mesmo estudo. E isso significa que o estabelecimento da transparência/replicabilidade para a pesquisa de estudo de caso se estende aos detalhes mais íntimos da coleta de dados. A consequência é que ela impõe um padrão muito mais elevado de transparência/replicabilidade do que é tipicamente imposto sobre a pesquisa com conjuntos de dados existentes. Nossas frustrações com transparência/replicabilidade são, portanto, em parte, um produto do modo um tanto arbitrário pelo qual esses conceitos são compreendidos – com padrões mais elevados se aplicando à pesquisa de estudo de caso.

9.5 Separação de formação e testagem de teoria

Problemas de validade são postos quando os pesquisadores desenvolvem uma hipótese usando os mesmos dados que são subsequentemente usados para testar essa hipótese. A operação inteira é evidentemente circular, levando a rótulos depreciativos como "ajuste de curvas" [*curve fitting*] e "*fishing*"*. Podemos assinalar que isso não é de modo algum realmente testagem, mas geração de teoria. Podemos dizer também que a qualidade exploratória da pesquisa de estudo de caso constitui uma de suas principais virtudes. Contudo, no presente, estamos ocupados com estudos de caso como uma forma confirmatória de análise, e, assim, com sua validade.

Experimentos, em contraste, fornecem uma clara divisão entre formação de teoria e testagem de teoria, na medida em que os experimentadores devem conceber a teoria antes de testá-la. Momentos *ex ante* e *ex post* são precisamente delineados no tempo. Com certeza, os pesquisadores podem ainda se envolver em *fishing* ao explorarem miríades de resultados e de termos de interação, ou ao repetirem o mesmo experimento até "acertarem". Para mitigar esses problemas, muitos experimentalistas agora pré-registram suas principais hipóteses e seu *design* proposto de pesquisa, incluindo um plano de análise, anterior à condução de um experimento (Humphreys et al., 2013). Com esses expedientes, a validade pode ser mais facilmente avaliada.

Em princípio, o mesmo mecanismo poderia ser adotado por pesquisadores que usam dados observacionais, incluindo estudos de caso. Contudo, a fim de ser acreditável a alegação de ignorância *ex ante* deve ser verificável. Uma oportunidade assim surge quando há um elemento reconhecidamente "prospectivo" para a pesquisa. Especificamente, sempre que a pesquisa envolva visitas a locais – a arquivos ou a um sítio etnográfico – é possível, em princípio, delinear um momento no tempo anterior ao encontro dos pesquisadores com um corpo de dados. Sempre que novos dados são liberados ao público – e. g., a abertura de um novo arquivo, a descoberta de uma nova

---

* Em pesquisa, uma "*fishing expedition*" (literalmente, '*expedição de pesca*') é uma tentativa de descobrir informações e gerar conhecimento novo, sem definição ou hipótese prévias sobre o que possa ser. Ou seja, representa uma conduta de pesquisa empírica que não testa uma hipótese específica nem é guiada por uma teoria. Esse tipo de pesquisa é essencialmente orientado por dados com o objetivo principal de buscar por *insights* significativos, novos padrões ou correlações dentro dos dados ou tema de observação, cujo procedimento é muitas vezes descrito como "buscar mais informações em um conjunto de dados do que ele de fato contém" [N.T.].

fonte de dados, ou o acesso público a um novo conjunto de documentos –, é similarmente possível estabelecer uma ignorância prévia.

Essas oportunidades tendem a ocorrer tanto para aqueles que empregam conjuntos de dados *C-grande* como para aqueles que empregam casos singulares. Contudo, pode ser mais complicado para pesquisadores do estudo de caso dependerem principalmente da análise qualitativa para identificar hipóteses falseáveis, uma vez que o trabalho qualitativo carece de qualquer coisa semelhante a testes de importância. Pesquisadores qualitativos teriam de pensar muito, antecipadamente, sobre que tipo de evidências provaria, ou refutaria, decisivamente, sua teoria.

Todavia, na medida em que pesquisadores do estudo de caso desejam se envolver com a testagem de hipóteses – e muitos parecem considerar seu próprio trabalho dessa maneira –, esse tipo de exercício parece inevitável. Se não for compatível, então, os pesquisadores do estudo de caso seriam sensatos ao enquadrarem seu trabalho como exploratório em vez de confirmatório.

O propósito do pré-registro, de qualquer modo, não é desencorajar os estilos exploratórios de pesquisa. Pesquisadores que pré-registram um estudo são tão livres para explorar opções quanto seriam de outro modo. O propósito do pré-registro é permitir aos usuários finais distinguirem teorias que chegaram *ex ante* daquelas que chegaram *ex post*. Presumivelmente, podemos atribuir uma probabilidade mais alta a uma hipótese que foi pré-registrada do que a uma hipótese que foi desenvolvida após o encontro dos pesquisadores com os dados.

Para pesquisadores do estudo de caso que desejam se envolver com a testagem de hipóteses, a opção do pré-registro oferece uma oportunidade de superar preconceitos entre aqueles na academia que veem *toda* pesquisa de estudo de caso como exploratória. Observe que a pesquisa de estudo de caso é muitas vezes vista com desconfiança, e isso se origina parcialmente de uma visão de que os pesquisadores se envolveram em um processo circular de formação e testagem de teoria. Se o pré-registro for bem-sucedido em superar parte desse ceticismo, pode permitir aos pesquisadores do estudo de caso apresentarem seu trabalho como gostariam que fosse percebido – como um esforço para testar teorias. Como tal, parece uma adição saudável ao conjunto de ferramentas dos métodos qualitativos.

9.6 Estimativas instrutivas de incerteza

Todos os estudos empíricos tendem ao erro. É uma questão da maior importância ser capaz de estimar esse erro de um modo realista. No mínimo, desejamos ser capazes de distinguir proposições que tendem a ser verdadeiras de proposições que tendem a não ser verdadeiras. Como a verdade empírica é uma questão de graus, desejaríamos distinguir a probabilidade de uma proposição ser verdadeira de um modo tão preciso quanto possível, tendo em vista os dados disponíveis.

Todos os *designs* de pesquisa *C-grande* produzem, costumeiramente, uma estimativa de incerteza, expressa em um intervalo de confiança estatístico-t ou valor-p[93]. Infelizmente, essas estimativas não fornecem usualmente uma estimativa acurada de incerteza. Elas explicam o erro, mas não problemas potenciais no modelo causal (*e. g.*, confundidores pré ou pós-tratamento). Do mesmo modo, não incorporam características do *design*, tais como a natureza circular da formação de teoria e do teste de teoria, do relato seletivo de resultados e *fishing*. Muita coisa permanece oculta do cálculo de um valor-p.

Experimentos e experimentos naturais são menos propensos a problemas resultantes de um modelo causal, como discutido. Experimentos, se acompanhados de pré-registro, são menos suscetíveis a problemas resultantes de *fishing*. Mas dados observacionais *C-grande*, como correntemente conduzidos, são geralmente sujeitos a todos esses problemas.

O mesmo vale para os estudos de caso. Com certeza, pesquisadores do estudo de caso terão certamente considerado fontes de erro e podem discuti-las em detalhes. Tudo isso é benéfico. Contudo, não há métrica padrão pela qual apresentar essas informações de modo que não podemos comparar a incerteza em um estudo de caso relativo à incerteza em um outro. Além disso, estudos de caso são completamente incapazes de medir o erro estocástico. Consequentemente, estudos de caso recebem o escore mais baixo nessa medida final de validade interna, como registrado na linha inferior da tabela 9.1.

---

93. Por vezes, como com a inferência de aleatorização (os valores-p exatos de Fischer) ou os efeitos de tratamento geral da amostra de um estimador de compatibilidade, essa medida de incerteza está focada apenas na validade interna. Em outra parte, a medida de incerteza é destinada a registrar igualmente a variância da amostragem, que enviesa a estimativa para cima (sob circunstâncias normais).

Observe que as vantagens advindas para os estudos de caso provêm principalmente do conhecimento detalhado que os pesquisadores trazem para o(s) caso(s) em estudo. Contudo, esse é seu conhecimento, não o dos leitores. Assim, quando relatam que não há confundidores perturbando a relação entre X e Y, não há como discutir a afirmação – a menos que calhemos possuir um conhecimento detalhado desse caso particular.

Considere, também, a natureza informal da seleção e análise de caso, como discutida nas partes II e III do livro. Considere que muitas explanações potenciais são usualmente convincentes, todas as quais podendo ser plausíveis para o observador externo. Considere o escopo para o viés dos pesquisadores. Isso pode ocorrer de um modo calculado, enquanto os pesquisadores procuram o caso – e as evidências intracaso – que prove sua teoria, *i. e.*, escolhendo seletivamente[94]. Pode ocorrer também de um modo inconsciente, enquanto os pesquisadores interagem com os participantes no estudo, influenciando suas respostas e comportamento por meio de sinais não verbais. Observamos que estudos de caso muitas vezes derivam da teoria a partir das evidências disponíveis, e a esse respeito são circulares em seu procedimento. Tipicamente, visitamos um sítio (um lugar, um arquivo, um conjunto de textos, uma era histórica) com uma questão geral de pesquisa, a partir da qual um argumento específico é desenvolvido. Esse argumento é, depois, "testado" à luz das evidências fornecidas pelo(s) mesmo(s) caso(s). Como tal, não há separação efetiva entre teoria e evidência. Ou a testagem é de um tipo muito impreciso.

Em prol da discussão, considere dois *designs* de pesquisa arquetípicos, ambos os quais tentam averiguar o efeito de *Em X sobre Y*. E suponha, por agora, que estejamos ocupados somente com a validade interna desses dois estudos. O estudo *C-grande* examina a relação entre X e Y em 200 municipalidades usando uma análise de regressão e uma especificação que inclui covariáveis de fundo que podem servir como confundidoras (Z). O estudo de caso examina a relação entre X e Y em uma municipalidade, com base em evidências longitudinais e evidências extraídas de um nível inferior de análise – grande parte delas de natureza qualitativa. Sem conhecer coisa alguma além disso sobre esses dois estudos, é seguro dizer que o primeiro será mais fácil de avaliar do que o segundo. Ou seja, sem qualquer conhecimento

---

94. Para discussão, cf. Skocpol e Somers (1980), Lustick (1996), Thies (2002).

detalhado sobre o local de pesquisa, é possível avaliar se os resultados declarados do estudo são plausíveis ou implausíveis, baseando nosso julgamento em características genéricas do *design* de pesquisa. O tratamento é como-se aleatório? O estimador é bem escolhido? Os confundidores plausíveis são incluídos no modelo de regressão? Esses são os tipos de questão que qualquer um com alguma formação metodológica é capaz de formular, e que quaisquer autores podem responder. Em contraste, o número de questões que necessitaríamos avaliar para atingirmos uma determinação do estudo de caso é incontável. Além disso, avaliar as respostas a essas questões demandaria um conhecimento detalhado do caso, conhecimento que os autores tendem a não compartilhar, e que seria difícil de verificar.

Não há solução fácil ao problema da avaliação, especialmente porque muitos desses problemas provêm do que eu consideraria um elemento intrínseco da pesquisa de estudo de caso – sua natureza informal.

Com base nisso, deveríamos ter em mente que um estudo de caso sem um valor p é apenas marginalmente pior do que uma análise de dados observacionais *C-grande* sem um valor p que desconsidere muitos dos fatores que afetam a identificação causal. O segundo pode levar os leitores a acreditarem que a hipótese é verdadeira "com 95% de confiança", enquanto o estudo de caso não oferece essas pretensões totêmicas à virtude e é, nesse sentido, menos propenso a propagar falsas impressões sobre o grau verdadeiro de incerteza que afeta um estudo.

9.7 Sumário

Neste capítulo, avaliamos o papel dos estudos de caso na obtenção de validade interna – estimativas não enviesadas de um efeito causal para uma amostra estudada. Para fazer isso, comparamos três *designs C-grande* – experimentos, experimentos naturais e dados observacionais – com estudos de caso. Um sumário dessas comparações e contrastes aparece na tabela 9.1.

Em comparação a esses estudos experimentais e semiexperimentais, os estudos de caso parecem ser deficientes sob muitos aspectos. Contudo, podemos apreciar que esses *designs* de pesquisa exigentes nunca serão capazes de tratar propriamente muitas das questões de pesquisa que animam as ciências sociais (Dunning, 2012; Teele, 2014).

Em consequência, muitas análises *C-grande* tenderão a continuar se baseando em dados "observacionais, desordenados", muitas vezes analisados sem um modelo de regressão e exibindo pouca semelhança com um experimento (natural ou não). Isso provocou uma considerável consternação entre metodologistas, que são extremamente conscientes das muitas suposições requeridas para se atingir a inferência causal com esse tipo de dados.

Contra esse pano de fundo, a pesquisa de estudo de caso aparece sob uma luz mais favorável. Como a tabela 9.1 indica, não é fácil dizer se estudos baseados em amostras grandes de dados observacionais são superiores, ou inferiores, a estudos de caso, uma vez que esses gêneros exibem diferentes pontos fortes e fracos e que muita coisa depende de como o estudo particular é implementado. Existem estudos *C-grande* inferenciais fortes e estudos *C-pequeno* inferenciais fortes, e muitos que são fracos em ambos os gêneros.

Eu deveria destacar também uma afirmação um tanto controversa defendida neste capítulo. Sob dois aspectos, insisto, a pesquisa de estudo de caso é superior a *designs C-grande*. Primeiro, estudos de caso oferecem observabilidade elevada – podemos "ver" mais prontamente o que está ocorrendo em um campo causal, incluindo a presença de confundidores potenciais. Segundo, somos mais propensos a satisfazer as suposições de uma abordagem porta-da-frente à inferência causal quando os casos sob estudo equivalem a um ou a vários.

Antes de concluir, é importante enfatizar que a validade interna não é o único critério de importância. Considerações pertencentes à validade externa são introduzidas no próximo capítulo e exigências adicionais são discutidas brevemente no capítulo 11.

10

Validade externa

Um estudo deve tentar generalizar do(s) caso(s) escolhido(s) a uma população maior de casos a fim de se qualificar como um estudo de caso. Alternativamente, esse ato de generalizar pode ocorrer após o fato, à medida que um estudo é absorvido por uma comunidade de estudiosos que julga que possui uma aplicabilidade um pouco mais ampla.

Naturalmente, a extensão do argumento de um estudo de caso é sempre uma questão de grau. Nenhum estudo de caso nega a singularidade do caso sob foco especial, e nenhum estudo de caso (assim chamado) rejeita completamente o impulso de generalizar. Assim, a distinção particularizar/generalizar é corretamente compreendida como um *continuum*, não como uma dicotomia.

O ponto permanece, se o estudo não é um caso um pouco mais amplo que ele próprio, não é um estudo de caso. Neste capítulo, discuto vários temas pertencentes à validade externa na pesquisa de estudo de caso. Essa inclui a representatividade da amostra, os objetivos um tanto conflitantes da validade interna e externa, a tarefa de estabelecer condições de escopo para um argumento e o desafio de avaliar pretensões à validade externa.

Antes de entrarmos nessa discussão, é importante apreciar que o problema da validade externa, ou generalizabilidade, de modo algum é único a estudos de caso. Estudos experimentais empregam amostras que, embora grandes, raramente são escolhidas aleatoriamente – e por várias razões muitas vezes não podem ser escolhidas aleatoriamente – e, portanto, enfrentam desafios contínuos na tentativa de estabelecer sua validade externa (Muller, 2015). A esse respeito, estudos de caso e experimentos são almas gêmeas.

10.1 Representatividade da amostra

Ao selecionar casos, podemos visar casos que sejam representativos de uma população maior. Esse é um objetivo central ("geral") da seleção de caso, como discutido no capítulo 3. Se um caso, ou casos, escolhido é representativo da população – de qualquer modo que seja relevante para a hipótese em questão – vencemos o primeiro obstáculo à validade externa.

Infelizmente, é difícil generalizar a partir da pesquisa de estudo de caso porque inclui, por definição, somente um pequeno número de casos de um fenômeno mais geral. Os homens escolhidos por Robert Lane (1962) são típicos da classe trabalhadora masculina, branca, imigrante? Middletown é representativa de outras cidades nos Estados Unidos (Lynd & Lynd, 1919/1956)? Esses tipos de questões perseguem o tempo todo a pesquisa de estudo de caso.

Se quisermos representar uma *distribuição* de valores presentes em uma população, o problema da representatividade é ainda mais extremo. Não podemos representar adequadamente uma distribuição inteira com um ou vários casos (contanto que haja ao menos alguma variância ao longo dessa distribuição). Deixaremos esse problema de lado, uma vez que pesquisadores de estudo de caso possuem geralmente um objetivo mais modesto – representar valores típicos dentro de uma população.

De todos os problemas que afligem a análise do estudo de caso, talvez o mais persistente – e o mais persistentemente lamentado – seja o problema do viés da amostra[95]. Lisa Martin (1992: 5) acredita que a ênfase exagerada de estudiosos de relações internacionais em alguns casos bem conhecidos de sanções econômicas – muitos dos quais falharam em eliciar qual-

---

95. Achen e Snidal (1989), Collier e Mahoney (1996), Geddes (1990), King et al. (1994), Rohlfing (2004), Sekhon (2004). Alguns pesquisadores do estudo de caso parecem desconsiderar a importância da representatividade do caso. George e Bennett (2005: 30) escrevem enfaticamente: "Pesquisadores de estudo de caso *não* aspiram a selecionar casos que sejam diretamente 'representativos' de populações diversas e usualmente não afirmam nem deveriam afirmar que seus achados são aplicáveis a essas populações exceto de um modo contingente". Contudo, torna-se claro que o que os autores estão criticando não é o objetivo da representatividade *per se*, mas o problema de pesquisadores de estudo de caso que alegam uma extensão inapropriadamente ampla de seus achados. "Na medida em que há um problema de representatividade ou um problema de viés de seleção em um estudo de caso particular, ele é muitas vezes mais bem descrito como o problema de 'sobregeneralizar' achados para tipos ou subclasses de casos diferentes daqueles estudados de fato" (32).

quer mudança no país sancionado – "distorceu a visão dos analistas sobre a dinâmica e características das sanções econômicas". Barbara Geddes (1990) acusa muitas análises sobre a política industrial de focarem exclusivamente os casos mais bem-sucedidos – principalmente os NPIs (Novos Países Industrializados) da Ásia Oriental – levando a inferências enviesadas. Anna Breman e Carolyn Shelton (2001) mostram que trabalhos de estudo de caso sobre a questão do ajuste estrutural é sistematicamente enviesado na medida em que pesquisadores tendem a focar casos de desastre – aqueles onde o ajuste estrutural está associado a resultados de saúde e desenvolvimento humano muito precários. Trabalhos de estudo de caso tendem particularmente a problemas de viés dos investigadores, uma vez que tanta coisa depende da seleção de um caso (ou de alguns) por parte dos pesquisadores.

Outros vieses, embora não intencionais, são, contudo, preocupantes. Por exemplo, entre estados-nação, alguns casos são bem estudados e outros são muito pouco estudados. Como resultado, nosso conhecimento do mundo é fortemente influenciado por alguns países "grandes" (populosos, ricos, poderosos). Na verdade, uma boa quantidade do que sabemos (ou pensamos saber) sobre o mundo está baseada em um país – os Estados Unidos[96]. Poderia ser que casos bem estudados como os Estados Unidos não são como casos menos estudados com relação aos resultados de interesse para os pesquisadores. Se é assim, um sério problema de viés afeta os trabalhos de estudo de caso nas ciências sociais.

O problema fundamental é que é difícil representar uma população maior – em todas as formas relevantes para as afirmações descritivas ou causais de um estudo – com uma amostra de um ou alguns. Isso posto, pode ser possível para os pesquisadores minimizar o viés potencial evitando casos que pareçam manifestamente não representativos ("estranhos"). Isso não é trivial. Contudo, nunca podemos saber ao certo quão representativo é(são) o(s) caso(s) de alguém. Isso não deveria provocar desespero, mas um ceticismo saudável sobre pretensões à representatividade baseadas somente na pesquisa de estudo de caso.

---

96. Wahlke (1979: 13) escreve sobre os fracassos do modo "comportamentista" [*behavioralist*] de análise da ciência política. "Ele raramente visa à generalização; esforços de pesquisa têm sido confinados essencialmente a estudos de caso de sistemas políticos únicos, muitos deles tendo a ver [...] com o sistema americano".

Quando se trata de obter validade externa, a estratégia apropriada não é provavelmente forçar a credulidade de amostras extremamente pequenas, mas deixar o tema da representatividade aberto, ou combinar estudos de caso com estudos *C-grande* que possam implementar adequadamente amostragem aleatória com uma amostra grande – uma abordagem multimétodo à pesquisa (cf. cap. 7).

10.2 Um jogo de dois níveis

Embora metodologistas foquem tipicamente problemas de generalizabilidade, é importante ter em mente que o objetivo de um estudo de caso não está limitado a desenvolver e testar teorias gerais. Estudos de caso participam tipicamente de dois mundos. São estudos de algo geral, e de algo particular. A distinção particularizar/generalizar, portanto, ajuda-nos a compreender momentos diferentes dentro do mesmo estudo de caso. Parte do estudo é "idiográfica" e parte é "nomotética".

Essa tensão é aparente no famoso estudo de Graham Allison (1971), cujo subtítulo, *Explaining the Cuban missile crisis* [*Explicando a crise dos mísseis cubana*], evoca um tópico restrito (a tomada de decisão governamental). Evidentemente, diferentes proposições dentro desse mesmo trabalho se aplicam a diferentes temas, uma complicação que é observada pelo autor.

Com respeito ao tópico da mobilidade social, John Goldthorpe e Robert Erikson pensam que, embora alguns padrões sejam bem explicados pelos modelos *C-grande*, outros são resistentes a essas explanações gerais.

> Nossas análises apontaram... para a importância muito maior das circunstâncias políticas ou características culturais ou institucionais historicamente formadas que não poderiam ser expressas como valores variáveis exceto de um modo muito artificial. Por exemplo, níveis de fluidez social não eram altamente responsivos ao nível geral de desigualdade educacional dentro das nações, mas padrões de fluidez muitas vezes refletiam o caráter distintivo, institucionalmente moldado, dessa desigualdade em nações particulares, como a Alemanha ou o Japão. Ou, ainda, a fluidez era afetada menos pela presença de um Estado de regime socialista *per se* do que por políticas significativamente divergentes perseguidas de fato pelos regimes polonês, húngaro ou tchecoslovaco sobre questões como a coletivização da agricultura ou o recrutamento da *intelligentsia*. Nesses exemplos, portanto, pareceu-nos

que a retenção de nomes próprios e adjetivos em nossas descrições explanatórias era tão inevitável quanto desejável, e que pouco se ganharia com tentar trazer esses efeitos historicamente específicos para dentro do escopo de qualquer tipo de teoria (Goldthorpe, 1997: 17).

Esse campo empírico oferece um bom exemplo de como um único fenômeno (mobilidade social) pode exibir características que são uniformes e únicas em uma população.

Um certo grau de ambiguidade pode ser inerente a essa iniciativa, pois é difícil escrever um estudo de um caso singular que não funcione também como um estudo de caso, e vice-versa. Nem sempre é fácil separar claramente cada momento em um trabalho singular. A razão para essa ambiguidade estrutural é que a utilidade do estudo de caso repousa sobre sua dupla função. Desejamos conhecer o que é particular a esse caso *e* o que é generalizável, e pode ser difícil distinguir claramente um do outro.

Avner Greif (1998: 59) oferece a seguinte advertência na conclusão de seu estudo sobre a Gênova da Idade Média tardia:

> Esse estudo demonstra a complexidade de investigar sistemas políticos autoexecutáveis. Uma investigação assim exige um exame detalhado das particularidades do tempo e lugar sob consideração, utilizando um modelo de contexto específico coerente. Assim, pode ser prematuro tentar generalizar com base nesse estudo considerando as fontes e implicações de sistemas políticos autoexecutáveis.

Aqui, um pesquisador imerso na tradição nomotética da economia aceita o fato de que generalizações baseadas em seu estudo de caso são altamente especulativas[97].

---

97. George e Smoke (1974: 105) oferecem reflexões paralelas sobre seus próprios estudos de caso, focados na dissuasão nas relações internacionais. "Esses estudos de caso são de duplo valor. Primeiro, fornecem uma base empírica para a análise teórica... Mas, segundo, os estudos de caso são destinados a se colocar por si sós como explanações históricas dos resultados de muitos dos principais esforços de dissuasão do período da Guerra Fria. São 'históricos' no sentido de que são, é claro, retrospectivos. Contudo, são também analíticos no sentido de que empregamos uma variedade de ferramentas e conceitos na tentativa de explicar as *razões* por trás de um resultado particular em termos da lógica interna do processo de dissuasão [uma lógica que presumivelmente se estende ao passado, presente e futuro]. Logo, são tanto 'ciência política' quanto 'história'".

As funções duais de um estudo de caso – para explicar o caso e para elucidar uma população maior – são tratadas especificamente por Lisa Martin (1992: 97) em seu estudo sobre as sanções econômicas multilaterais. Martin confessa que,

> embora tenha escolhido os casos para permitirem testar as hipóteses [de interesse teórico], outros fatores inevitavelmente surgiram e que parecem ter tido uma influência importante na cooperação em casos particulares. Como poucos autores focaram a questão da cooperação nos casos de sanções econômicas, dedico alguma atenção a esses fatores quando surgem, em vez de manter minha análise dentro dos limites das hipóteses descritas no [capítulo da teoria].

A justificação para seguir essa abordagem dual pode ser brevemente mostrada. Primeiro, embora fatores idiossincráticos não possuam generalizabilidade (aparente), podem desempenhar um papel essencial na reconstrução de relações causais no nível de caso. Especificamente, podem servir como causas antecedentes (que afetam a atribuição de tratamento), como mecanismos, como confundidores, ou como resultados alternados (fornecendo testes placebos para uma teoria). Na medida em que fatores específicos a um caso ajudam a explicar o processo de geração de dados, desempenham um papel importante na obtenção de inferência causal no nível de caso – mesmo que não tenham utilidade na construção da teoria geral.

Segundo, existe uma consideração prática. Imagine que pesquisadores se restrinjam somente a elementos do caso que sejam generalizáveis (*i. e.*, que mantenham rigorosamente um modo nomotético de análise). Tal rigor clarifica a população da inferência primária, mas também constitui um considerável desperdício de recursos acadêmicos. Considere um estudo sobre crescimento econômico que foca as Ilhas Maurício como um estudo de caso, mas se recusa a tratar de questões causais a menos que sejam claramente aplicáveis a outros países. É permitido não mencionar fatores específicos ao caso Maurício; todos os nomes próprios são convertidos em nomes comuns[98]. Imagine que o fruto de dez anos de estudo de um antropólogo sobre uma tribo remota, nunca visitada antes, culmine na análise de uma relação causal particular considerada generalizável, mas em detrimento de ignorar

---

98. Esse é o conselho dado por Przeworski e Teune (1970).

todas as outras características da vida tribal no estudo resultante. Podemos supor que colegas, mentores e agências fomentadoras ficariam infelizes com uma história econômica, ou uma etnografia, tão estreitamente focada em um problema causal geral. Estudos do tipo precedente não existem precisamente porque são excessivamente gerais.

Como muitas vezes é difícil dizer quais das muitas características de um determinado caso são representativas de um conjunto maior de casos (e, portanto, material para inferências generalizáveis), e que são particulares ao caso sob estudo, o protocolo apropriado é registrar todos os fatos e hipóteses que possam ser relevantes – em suma, *sobrerregistrar*. Grande parte dos detalhes fornecidos pelo estudo de caso típico pode ser considerada como "notas de campo" de utilidade plausível para futuros pesquisadores, talvez com agendas muito diferentes em mente.

Em suma, parece justificável para estudos de caso funcionarem em dois níveis simultaneamente: o do próprio caso e o de uma classe mais ampla de casos (talvez difícil de especificar). A característica definidora do estudo de caso é sua habilidade para inferir um todo maior a partir de uma parte muito menor. Todavia, tanto a parte como o todo retêm alguma importância no produto final. Todos os estudos de caso são até certo ponto uma coisa e outra. Eles participam de dois mundos: são particularizadores *e* generalizadores.

Como tal, conduzir um estudo de caso nos obriga a jogar um jogo de dois níveis que não é diferente do processo de negociações internacionais (Putnam, 1988). E isso, por sua vez, ajuda a dar sentido a vários problemas constantes na inferência causal – entre a causa-de-fato [*cause-in-fact*] e a causa contrafactual [*counterfactual cause*], causas-de-efeitos [*causes-of-effects*] e efeitos-de-causas [*effects-of-causes*] – que puxam os pesquisadores de estudo de caso em duas direções.

Causa-de-fato *versus* causa contrafactual

Na construção de explanações causais para casos individuais muitas vezes existe ambiguidade sobre se a causa (ou causas) identificada deveria ser compreendida como causa(s) *de fato* (causa(s) *token**) ou causa(s) *contrafactual*(ais). A primeira se refere ao que de fato provocou um resultado particular nesse caso particular, e corresponde à nossa noção comum de causação.

---

* No original: "*token cause*": a causa de um evento particular, ocorrendo de fato [N.T.].

A segunda se refere a fatores que teriam sido necessários ou suficientes para atingir um resultado (ou graus de variação em um resultado), dadas certas condições de fundo.

Para distinguirmos esses dois tipos de explanação, devemos considerar brevemente a parábola de um homem vagando pelo deserto. Esse homem proverbial depende de um cantil furado com água e está claro que há água insuficiente para mantê-lo vivo antes que alcance seu destino. O homem morre. Sabendo apenas isso, estaríamos inclinados a considerar o furo do cantil como a causa de sua morte. Contudo, ocorre que a água do cantil está envenenada, e é esse veneno que na verdade o mata – o que podemos dizer porque ainda há água no cantil quando seu corpo é descoberto, significando que não morreu de sede. Há somente uma causa de fato (o veneno) embora existam duas causas contrafactuais (o veneno e o cantil furado). Um cantil furado é uma causa suficiente da morte – ou, alternativamente, um cantil não furado é uma causa necessária de sobrevivência.

Para propósitos legais, podemos considerar somente o veneno como uma causa (Hart & Honore, 1959). Para propósitos de generalizabilidade, ambas parecem relevantes. Ou seja, se estivermos tentando determinar por que as pessoas (ocasionalmente) morrem no deserto, deveríamos estar interessados em veneno tanto quanto em cantis furados, pois ambos têm poder causal no sentido geral. Como estudos de caso estão – por definição – objetivando generalizar através de uma população maior de casos, segue-se que a análise causal deveria focar causas contrafactuais em vez de (ou além de) causas *token*. Contudo, causas *token* podem ser importantes – e impossíveis de evitar – como um modo de dar sentido a relações causais em um caso individual. Assim, retornando ao nosso *leitmotiv*, podemos justificar ambos os modos de análise, com a advertência de que uma compreensão contrafactual da causalidade deve guiar qualquer teoria geral que surja do caso.

Causas-de-efeitos *versus* efeitos-de-causas

A análise de um caso pode tentar reconstruir todas as causas de um resultado ou pode focar um único fator causal, *i. e.*, uma hipótese $X \rightarrow Y$ específica. A primeira passou a ser conhecida como um argumento *causas-de--efeitos* e a segunda como um argumento *efeitos-de-causas* (Holland, 1986).

Deveria ser óbvio que explicar todas as causas de Y é muito mais difícil do que explicar uma causa de Y. Na verdade, não é sequer claro em que uma explanação completa deve consistir, dado o problema do regresso causal infinito. (Quão longe no tempo deveríamos retroagir?) Do mesmo modo, é improvável que uma análise causas-de-efeitos seja generalizável – ao menos não de um modo claro. Muitas das causas de Y no Caso A podem ser particulares ao Caso A. Ou, talvez, X_{1-3} sejam idiossincráticos, X_4 se aplica a uma população e X_5 a outra. De qualquer modo, um estilo causas-de-efeitos de análise é geralmente dirigido para um caso particular, ou para um pequeno conjunto de casos, que estão sob análise – não para uma população maior.

Devido às dificuldades inerentes ao estilo causas-de-efeitos de análise, e como a contribuição de um estudo de caso ao conhecimento é baseada principalmente em sua generalizabilidade, poderíamos estar inclinados em favor de um estilo efeitos-de-causas de análise. Contudo, quando o foco dos pesquisadores é um caso particular, também pode fazer sentido tentar iluminar – ao menos de um modo provisório – cada causa contribuinte de um resultado.

Na verdade, estudos de caso funcionam de dois modos, como mostramos: tentam explicar o caso sob investigação intensa (que muitas vezes se considera ter alguma importância intrínseca) assim como elucidar uma população maior. Explicar um resultado para o Caso A significa elucidar todos os fatores possíveis que contribuíram (ou podem ter contribuído) para um resultado nesse caso. Esse tipo de análise adota uma forma exploratória, uma vez que (como observamos) a própria noção de completude é ambígua e talvez impossível de satisfazer. A explanação completa de um(a) pesquisador(a) sobre Y deve diferir da de outro(a), razão pela qual duas explicações históricas do mesmo evento jamais são idênticas. Ainda assim, uma grande quantidade de esforços é despendida ao longo de um estudo de caso, e indícios descobertos durante essa investigação deveriam ser, de algum modo, preservados para pesquisadores posteriores. Poderiam vir a servir como material para algum estudo futuro.

Assim, concluo que no contexto da pesquisa de estudo de caso ambos os estilos de análise causal têm seus usos. Isso não impede pesquisadores de adotarem uma abordagem puramente efeitos-de-causas – na qual o objetivo da análise do caso está focado estreitamente em uma única hipótese, mas favorece aqueles que desejam trabalhar de ambos os lados da rua.

10.3 Estabelecendo condições de escopo

Dado o conflito estrutural entre os dois momentos do estudo de caso – o particularizador e o generalizador –, é crucial que autores de estudo de caso sejam tão claros quanto possível sobre quais de suas proposições são destinadas a descrever o caso sob investigação intensiva e quais são destinadas a se aplicar a um conjunto maior de casos. Cada inferência deve ter uma extensão, domínio, escopo ou população (termos que uso indistintamente) claros.

Infelizmente, esses temas muitas vezes permanecem ambíguos. No começo de uma descrição etnográfica da vida na calçada de uma cidade, Mitchell Duneier trata do tema da generalizabilidade. Ele reconhece que o ambiente para seu estudo – Greenwich Village, em Nova York – é diferente de muitos outros, mas não diz que ambientes são similares o bastante para garantir afirmações generalizáveis. "No fim", escreve Duneier (1999: 11), "devo deixar para que os leitores confrontem minhas observações com as suas, e espero que os conceitos que desenvolvi para dar sentido a esse bairro se mostrem úteis em outros lugares". A responsabilidade por estabelecer as condições de escopo é, portanto, renunciada, e, como resultado, o estudo é menos útil – e certamente menos refutável.

A renomada história de E.P. Thompson (1963), *The making of the English working class* [*A formação da classe trabalhadora inglesa*], fornece um estudo de caso da formação de classe em um ambiente nacional (Inglaterra). Thompson não oferece uma teoria específica de formação de classes, com exceção da noção muito vaga de uma classe trabalhadora que participa de seu próprio desenvolvimento. Assim, a menos que façamos um grande esforço intuitivo (criando uma teoria geral onde há apenas a sugestão de uma), podemos derivar relativamente pouco que possa ser aplicável a uma população maior de casos.

Muitos estudos de caso examinam um tópico geral imprecisamente definido – guerra, revolução, relações de gênero – em um ambiente particular. Os terrenos mais estreitos por vezes reclamam as extensões mais amplas. Estudos sobre uma guerra são estudos de guerra; estudos sobre uma comunidade agrícola são estudos sobre comunidades agrícolas em qualquer lugar; estudos sobre indivíduos são estudos sobre liderança ou sobre natureza humana; e assim por diante. Contudo, esses estudos podem não tentar elucidar teorias gerais de guerra, de agricultura, de liderança ou da natureza humana. Isso seria verdadeiro, por exemplo, sobre grande parte de trabalhos de estudo de caso na tradição interpretativista[99]. Similarmente, estudos de caso com mensagens a serem retidas como "As ideias importam", "As instituições importam", "A política importa" ou "As circunstâncias cruciais importam" não culminam geralmente em predições de longo alcance. Elas nos falam sobre uma instância na qual uma dessas estruturas importava ("As ideias importam *aqui*"), mas não produzem proposições testáveis generalizáveis. Oferecem uma estrutura, que pode ser usada para elucidar um caso particular, mas não uma proposição refutável que possa ser aplicada a outros casos.

Um exemplo mais ambíguo é fornecido pelo renomado estudo de Elisabeth Wood sobre a democratização na África do Sul e em El Salvador. Sumarizando um dos principais argumentos do livro, Wood (2000: 5) escreve:

> A democracia em ambos os países foi forçada a partir de baixo pela insurgência dos atores da classe inferior. Elites outrora inflexíveis na África do Sul e em El Salvador concederam a democracia porque a insurgência popular, embora militarmente contenível, poderia não ser terminada, e a mobilização persistente terminou tornando a concessão preferível à resistência continuada. Em contraste com as transições em muitos países onde a mobilização pelos pobres desempenhou um papel menor... na África do Sul e em El Salvador o momento oportuno das transições, a divisão nas facções de elite entre os que apoiavam e os que se opunham à transição, os atores políticos que negociaram a transição e a natureza das concessões que levaram à democracia foram todos forçados por meio da mobilização insurgente. Minha afirmação central... é que a transição para a democracia não teria ocorrido em nenhum dos dois países quando ocorreu, como ocorreu, e com as mesmas consequências, na ausência de mobilização popular prolongada.

---

99. Clifford Geertz (1973), ecoando a desconfiança de muitos historiadores e antropólogos – presumivelmente de todos aqueles que sustentam uma visão interpretativista da iniciativa das ciências sociais –, descreve a generalização através de casos como *inferência clínica*. "Em vez de começar com um conjunto de observações, tentando subsumi-las a uma lei governante, essa inferência começa com um conjunto de significantes (prováveis), tentando subsumi-los a uma estrutura inteligível. Medidas são combinadas a predições teóricas, mas sintomas (mesmo quando medidos) são examinados em busca de peculiaridades teóricas – ou seja, são diagnosticados". Para uma breve síntese do interpretativismo, cf. Gerring (2004a). Na verdade, esse gênero de estudo de caso, que chamei idiográfico, pode também ser referido como interpretativista (Lijphart, 1971). Skocpol e Somers (1980) o chamam "contextos de contraste".

É difícil ver como esses argumentos, tão estreitamente focados, poderiam ser traduzidos a uma população maior. E, todavia, Wood também afirma que a experiência desses dois países poderia ser generalizada a outros casos, uma afirmação que ela explora (opacamente, a meu ver) no capítulo de conclusão.

Estudos focados em algum elemento da política nos Estados Unidos muitas vezes formulam suas análises como um estudo sobre política – por implicação, política *em geral* (em toda parte e sempre). Perguntamo-nos se o estudo pertence somente à política americana, a todos os regimes contemporâneos ou em graus variados a ambos. Na verdade, a defasagem entre estudo e estudo de caso pode explicar grande parte da confusão que encontramos quando lemos análises de casos singulares. Controvérsias contínuas sobre a validade da análise de Theda Skocpol sobre a revolução social, da análise de Michael Porter sobre a competitividade industrial, do estudo de Alexander George e Richard Smoke sobre o fracasso da dissuasão, assim como muitos outros estudos baseados em casos, repousam parcialmente na falha desses autores em esclarecer o escopo de suas inferências[100]. Não está claro *sobre* o que são esses estudos. De qualquer modo, está aberto para discussão. Se, no final de um estudo, a população da inferência primária permanece ambígua, a hipótese também permanece. Ela não é refutável. Esclarecer uma inferência pode envolver algum sacrifício no fluxo narrativo, mas é corretamente considerado o preço de entrada das ciências sociais.

Qual é o escopo correto?

Precaução é evidentemente requerida ao especificarmos a população de uma inferência. Não desejamos afirmar demais. Nem desejamos afirmar de menos. Erros podem ser cometidos em ambas as direções.

Nesta discussão, enfatizarei as virtudes da extensão, pois considero que muitos pesquisadores de estudo de caso têm predileção por proposições restritas – que parecem mais modestas, mais conservadoras – sem se aperceberem dos custos de fazer isso. Por exemplo, Tasha Fairfield (2015: 298) descreve sua população como consistindo em 54 reformas propostas na Argentina, Bolívia e Chile ao longo de várias décadas. Todavia, seu trabalho

---

100. Skocpol (1979), Porter (1990), George e Smoke (1974); cf. tb. a discussão em Collier e Mahoney (1996), Geddes (1990), King et al. (1994).

sugere que ela deseja fazer inferências sobre o processo de reforma que se estende a outros países e períodos de tempo. (Na verdade, se seu livro não tivesse relevância para outros países e períodos de tempo, seria de pouco ou de nenhum interesse teórico.)[101]

Os pesquisadores de estudo de caso podem achar que à luz do conhecimento profundo que adquiriram sobre seu caso e sua ignorância comparativa sobre outros casos seria irresponsável especular sobre os últimos. Apreensões são compreensíveis. Contudo, se propriamente formulado – como uma intuição em vez de uma conclusão – não há necessidade de se abster de uma clara sentença sobre condições de escopo. Essas intuições são pontos de referência vitais para a pesquisa futura. Trazem maior claridade para a inferência de interesse primário e apontam o caminho para uma agenda de pesquisa cumulativa. Nenhuma pesquisa de estudo de caso deveria ter permissão para concluir sem ao menos uma alusão ao seu posicionamento em relação a um universo mais amplo de casos. Sem essa generalização, o estudo de caso fica sozinho. Suas intuições, independentemente de quão brilhantes, não podem ser integradas a um campo maior de estudos.

Na discussão sobre os dois trabalhos extraordinariamente influentes de história comparativa – *Social Origins of Dictatorship and Democracy* [Origens sociais da ditadura e da democracia] de Barrington Moore (1966) e *States and Social Revolutions* [Estados e revoluções sociais] de Theda Skocpol (1979) – Skocpol e Margaret Somers (1980) declaram que esses estudos, assim como outros semelhantes, "não podem ser prontamente generalizados para além dos casos discutidos de fato", pois são exercícios indutivos e não dedutivos de análise causal. Qualquer tentativa de projetar os argumentos nesses trabalhos a revoluções futuras, ou a revoluções fora da classe de resultados especificados, é imprudente. As autoras defendem esse escopo limitado para comparar a pesquisa baseada em caso a um mapa. "Não importa

---

101. Jack Goldstone (1997: 108) argumenta que estudos de caso são "destinados a fornecer explanações para casos particulares, ou grupos de casos similares, em vez de fornecerem hipóteses gerais que se aplicam uniformemente a *todos* os casos em um Universo-de-caso". Alexander George e Richard Smoke (1974: 96; cf. tb. George & Bennett, 2005: 30-31) aconselham o uso de estudos de caso para a formulação do que chamam "generalizações contingentes" – "se as circunstâncias *A*, então, o resultado *O*". Como muitos pesquisadores de estudo de caso, eles tendem a um estilo de análise que investiga diferenças através de casos ou subtipos, em vez de regularidades. Harry Ekcstein (1975), por outro lado, concebe estudos de caso que confirmam (ou desconfirmam) hipóteses tão amplas como aquelas fornecidas por estudos de caso transversais.

quão bons fossem os mapas da América do Norte, o piloto não poderia usar o mesmo mapa para voar sobre outros continentes" (Skocpol & Somers, 1980: 195).

A metáfora do mapa é apropriada para alguns fenômenos, mas não para outros. Ela trai a suposição geral das autoras de que muitos fenômenos de interesse para as ciências sociais são altamente variáveis através dos contextos, como as rodovias e canais de um continente. Considere as causas das revoluções, como exploradas por Skocpol (1979) em seu trabalho pioneiro. Skocpol delimita suas conclusões, que devem ser aplicadas somente a estados que são independentes (ao longo de sua história) de domínio colonial – e, assim, excluem outros casos revolucionários como o México (1910), a Bolívia (1952) e Cuba (1959) (Collier & Mahoney, 1996: 81; George & Bennett, 2005: 120). Nossa disposição em aceitar essa restrição de escopo depende da aceitação de uma premissa importante, ou seja, a de que as causas de uma revolução em países com legados coloniais são diferentes das causas da revolução em outros países. Essa é uma afirmação plausível, mas não é inquestionável. (As causas da revolução em Cuba e na Rússia foram realmente muito diferentes?)

Quando pesquisadores restringem uma inferência a uma pequena população de casos, ou à população que estudaram (que pode ser grande ou pequena), estão abertos para a acusação de manipulação [*gerrymandering*] – estabelecer um domínio com nenhuma base senão a de que certos casos parecem se encaixar na inferência sob estudo. Donald Green e Ian Shapiro (1994) chamam essa uma "restrição de domínio arbitrária". A extensão de uma inferência deve fazer sentido; deve haver uma razão explicável para incluir alguns casos e excluir outros. Se a inferência é sobre laranjas, então, todas as laranjas – mas não maçãs – deveriam ser incluídas na população. Se é sobre frutos, então, tanto maçãs quanto laranjas devem ser incluídas. Definir a população – *e. g.*, (a) laranjas ou (b) frutos – é, portanto, crucial para definir a inferência.

O mesmo vale para os limites temporais. Se uma inferência está limitada a um período específico, cabe ao autor explicar por que esse período é diferente de outros. Não basta aos autores se esconderem por trás da suposição de que as ciências sociais não podem predizer o futuro. Argumentos teóricos não podem renunciar a predizer futuros eventos se o futuro for como o presente de formas que sejam relevantes para a teoria. Na verdade, se a evidência futura devesse ser considerada inelegível para julgar a acurácia de teorias já existentes, então os autores teriam efetivamente evitado quaisquer testes fora da amostra (dado que, em sua construção, muitas teorias das ciências sociais já exauriram todas as evidências possíveis que são atualmente disponíveis).

Por uma variedade de razões, as ciências sociais dão preferência a inferências amplas em detrimento de inferências restritas. Primeiro, o escopo de uma inferência usualmente está diretamente correlacionado à sua importância teórica. Proposições empíricas amplas são construções teóricas; proposições restritas usualmente têm menos importância teórica (a menos que sejam subsumíveis a alguma estrutura teórica maior). Segundo, proposições empíricas amplas usualmente possuem uma relevância política maior, particularmente, caso se estendam ao futuro. Elas nos ajudam a desenhar instituições efetivas. Finalmente, quanto mais ampla a inferência, maior sua refutabilidade; as evidências relevantes que podem ser interrogadas para estabelecer a verdade ou falsidade das inferências são multiplicadas. Por todas essas razões, as hipóteses deveriam ser estendidas até onde fossem logicamente justificáveis.

Com certeza, nenhuma teoria é infinitamente estendível. Na verdade, a noção de uma "lei de cobertura universal" é enganadora, uma vez que mesmo a teoria científico-social mais abrangente possui limites. O problema é, portanto, como determinar os limites *apropriados* de uma dada proposição. Uma condição de escopo arbitrária não pode ser racionalmente justificada: não há razão para supor que a teoria possa se estender a um limite temporal ou espacial especificado, mas não além – ou aquém. Uma teoria da revolução que pertence aos séculos XVIII, XIX e XX, mas não ao século XXI, deve justificar essa exclusão temporal. Deve justificar também a decisão de agrupar séculos muito diferentes em uma única população. Similarmente, uma teoria da revolução que pertença à África, mas não à Ásia, deve justificar essa exclusão espacial. E uma teoria da revolução que pertença ao mundo inteiro deve justificar essa inclusão espacial. Não está claro que o fenômeno da revolução seja similar em todas as arenas geopolíticas e culturais.

Condições de escopo podem ser arbitrariamente grandes, assim como arbitrariamente pequenas. Os pesquisadores não deveriam "definir fora", ou "definir dentro", de casos temporais ou espaciais que não se encaixassem nos padrões prescritos a menos que pudessem pensar em boas razões pelas quais isso poderia ser assim. Populações não devem ser somente especificadas, mas também justificadas. Dessa justificação depende a plausibilidade da teoria assim como a identificação de um *design* de pesquisa viável.

Se, após muita cogitação, o escopo de uma inferência ainda parece ambíguo, os autores podem adotar o seguinte expediente. Usualmente, é possível especificar um conjunto limitado de casos que a determinada proposição *deve* cobrir para que possa de algum modo fazer sentido – presumivelmente, o conjunto de casos que são mais similares ao(s) caso(s) sob estudo. Ao mesmo tempo, muitas vezes é possível identificar uma população maior de casos que *podem* ser incluídos na circunferência da inferência, embora sua inclusão seja mais especulativa – presumivelmente, porque partilham menos características com o(s) caso(s) sob estudo. Se os pesquisadores distinguem cuidadosamente entre essas duas populações, os leitores terão uma ideia clara do escopo *manifesto*, bem como do escopo *potencial*, de uma inferência dada.

10.4 Avaliando a validade externa

Afirmar a validade externa é uma coisa; avaliá-la é outra. A abordagem preferida para generalizar uma hipótese é testá-la sistematicamente em uma amostra grande que seja representativa de uma população maior. Estudos de caso, porém, são limitados (por definição) a um pequeno número de casos.

Contudo, existem vários modos pelos quais um estudo pode estabelecer sua relevância para uma população maior. Isso inclui (a) reproduções subsequentes desse estudo entre outros casos, (b) incorporação de meta-análises de estudos de caso múltiplos conduzidos em diferentes ambientes, e (c) pesquisa multimétodo.

Uma visão de como estudos de caso podem generalizar a uma população mais ampla coloca o ônus sobre um corpo de pesquisa em desenvolvimento. Em vez de exigir validade externa de cada estudo de caso – uma exigência que sempre será duvidosa –, pretensões à generalizabilidade podem ser testadas, ao longo do tempo, à medida que sucessivos estudos de caso sobre um tema se acumulam. Jack Goldstone (2003: 43) contrasta a acumulação de estudo de caso com a abordagem *C-grande* à generalização.

> Digamos que exploradores estejam examinando um grande território. Se adotarem a abordagem estatística *N-grande* [C-gran-

de] ao desenvolvimento de conhecimento desse território, terão de coletar amostras de locais o bastante para fornecer inferências confiáveis com relação ao território como um todo. Se o território é muito homogêneo (ou se suas principais características estão distribuídas em uma distribuição estatisticamente normal ao longo do território), essa amostragem produziria um método muito rápido, acurado e confiável de determinação das principais características desse território. Se, contudo, o território possui variações locais substanciais, e se os exploradores estiverem tão interessados nessas variações como em quaisquer características gerais, a amostragem será inútil. Além disso, como ocorre comumente, se o território possuir seis ou sete zonas distintas, então, a amostragem pode apenas produzir resultados confusos ou inconclusivos, levando os observadores a imaginarem uma característica "média" fictícia que na verdade não se aplica a lugar algum.

Em contraste, se os exploradores se dispersam, e cada um examina e procura entender a característica de uma zona diferente, podem elaborar um mapa do território inteiro com uma acurácia muito maior do que uma amostra geral forneceria. Certamente, isso leva tempo, e nenhum dos exploradores por si só seria capaz de fazer inferências confiáveis que se estendessem para além da zona que haviam estudado; mas juntos, reunindo seus mapas distintos, acumulam conhecimento genuíno sobre o território. Na verdade, pela comparação de observações, podem encontrar profundas regularidades, ou relações, entre e ao longo das diferentes zonas, que nenhuma média estatística para o território inteiro revelaria.

Na visão de Goldstone (cf. tb. Tilly, 1984), pesquisadores de estudo de caso são exploradores, cada um fornece conhecimento profundo sobre alguma porção do mundo, atual e passado. Com efeito, estudos de caso replicam, e ao replicarem podem acumular para fornecerem uma visão mais abrangente da realidade.

Com o mesmo espírito, alguns autores defenderam o uso da *meta-análise* para agregar resultados de estudos de caso (Hoon, 2013; Jensen & Rodgers, 2001; Larsson, 1993; Lucas, 1974). Aqui, casos individuais de diversos estudos são agrupados em um único conjunto de dados, com várias ponderações e restrições, para fornecer uma estimativa em nível populacional (Lipsey & Wilson, 2001).

A parte complicada é que, a fim de sintetizar resultados de uma série de estudos, os estudos devem ser similares o bastante para que sejam comparados diretamente entre si. Infelizmente, cientistas sociais tendem a produzir trabalhos que são altamente idiossincráticos – em teoria e/ou operacionalização. Mesmo quando o *design* de pesquisa é *C-grande* (seja com *designs* observacionais ou experimentais), os resultados não se acumulam facilmente (Briggs, 2005; Gerring, 2012b; Petitti, 1993; Wachter, 1988).

Estudos de caso são especialmente resistentes. Para começar, *inputs* e *outputs* tendem a ser altamente contextuais e, portanto, não transitam facilmente através de contextos. "Corrupção" pode significar algo muito diferente no Uruguai e no Uzbequistão, por exemplo.

Mais importante ainda, pesquisadores de estudo de caso são supremos individualistas, e sua pesquisa muitas vezes exibe características idiossincráticas que são resistentes à acumulação. George e McKeown (1985: 41-42) observam:

> uma razão pela qual tantos estudos de caso no passado contribuíram desigual e parcamente para o desenvolvimento de teorias é que carecem de um foco claramente definido e comum. Diferentes investigadores fazendo pesquisa sobre um fenômeno tendiam a trazer diversos interesses teóricos (e não teóricos) para serem tratados em seus estudos de caso. Por mais intrinsecamente interessante e bem-feito, cada estudo de caso tendia a buscar problemas de pesquisa muito idiossincráticos e a investigar um conjunto de variáveis dependentes e independentes que muitas vezes eram correspondentemente idiossincráticas. Além disso, muitos desses estudos de caso careciam de um foco claro, porque os investigadores não eram guiados por um objetivo teórico bem definido e eram levados, em troca, a direções ditadas pelos materiais históricos mais prontamente disponíveis ou pelos aspectos do caso que eram julgados interessantes em bases intuitivas. Não surpreende, portanto, que pesquisadores posteriores, com um interesse teórico bem definido em certos casos históricos, julgassem estudos de caso anteriores muitas vezes de pouco valor para seus próprios propósitos e necessitando ser refeitos.

Problemas de idiossincrasia poderiam ser superados (ao menos até onde podem ser superados) pela exigência de uma maior padronização de conceitos e procedimentos. Esse é o objetivo da "comparação focada, estruturada", como articulada por Alex George e seus colaboradores (George, 1979; George & Bennett, 2005; George & McKeown, 1985). Contudo, esse método é destinado a adotar somente os vários casos em um estudo de caso. Não está claro, em outras palavras, como uma comparação focada e estruturada se encaixaria em uma segunda comparação focada e estruturada, mesmo que fossem ostensivamente focadas no mesmo tema. Os mesmos problemas de incomensurabilidade surgem.

Um problema final é o da representatividade da amostra. Assumindo que pudéssemos coletar uma amostra de estudos de caso sobre um tópico, poderíamos antecipar que a amostra seria radicalmente não representativa, dado que nenhum dos casos foi escolhido de um modo aleatório, e muitos partilhariam do mesmo viés.

Talvez existam ambientes como saúde pública, comportamento dos consumidores e mudanças climáticas onde meta-análises de estudo de caso possam ser implementadas com sucesso[102].

E podemos imaginar outras instâncias onde alguma forma de meta-análise pudesse fazer sentido. Por exemplo, estudos de caso sobre democratização poderiam estar sujeitos a uma meta-análise se o resultado (democratização) fosse definido de um modo similar e os fatores causais de interesse fossem comuns ao longo dos estudos. Ao fazer isso, elementos não representativos da amostra resultante necessitariam ser corrigidos (*e. g.*, por ponderação).

Contudo, é improvável que esforços para combinar estudos de caso sejam frutíferos em muitos campos, pelas razões que já identificamos. O maior problema é que o objetivo da pesquisa de estudo de caso é muitas vezes descobrir novas coisas em vez de confirmar ou desconfirmar coisas antigas. Como tal, somos mais ou menos forçados a *resistir* à padronização na escolha da questão de pesquisa e do *design* de pesquisa. E isso, por sua vez, impede a acumulação.

Uma abordagem final à generalizabilidade envolve descartar a estrutura de estudo de caso em favor de uma estrutura *C-grande* que seja adequada à amostragem aleatória ou à inclusão da população inteira de interesse teórico (um censo). Isso pode ser obtido em um estudo único (pesquisa multimétodo) ou em estudos sucessivos (*i. e.*, onde um estudo *C-pequeno* é seguido por um estudo *C-grande*, que pode ou não ser realizado pelos mesmos autores). Essa é, a meu ver, a abordagem mais clara para a obtenção da generalizabi-

---

102. Cf. Jensen e Rodgers (2001), Lucas (1974), Matarazzo e Nijkamp (1997), Paterson et al. (2001), Stall-Meadows e Hyle (2010), Rudel (2008).

lidade. Ela também serve como uma transição para a seção de conclusão do livro, na qual argumento que não se deveria esperar de estudos de caso, por si sós, que satisfaçam todos os critérios metodológicos das ciências sociais.

10.5 Sumário

Este capítulo tratou do que muitos consideram o desafio mais difícil da pesquisa de estudo de caso, a saber, demonstrar sua relevância para uma população maior de casos. A validade externa é difícil devido à amostra extremamente pequena de casos sob estudo (talvez limitada a um) e à população de casos correspondentemente grande que é de interesse teórico. Nenhum método de seleção de caso pode superar esse problema de representatividade, dada a importante ameaça posta pelo erro estocástico, como discutido na primeira seção do capítulo. Dizer que a validade externa da pesquisa de estudo de caso é tênue, contudo, não é dizer que a pesquisa de estudo de caso é irrelevante para interesses teóricos mais amplos.

Em seguida, discutimos a natureza dual dos estudos de caso, que estão relacionados a uma questão teórica maior, mas também à explanação do caso sob investigação intensiva. Isso envolve os pesquisadores em um complexo jogo de dois níveis – tentar agradar generalistas (aqueles que estão interessados nas populações maiores) assim como especialistas (aqueles que estão interessados no caso sob estudo). Embora esses possam parecer opostos, estão na verdade estreitamente entrelaçados. Não podemos atingir validade interna sem um exame atento dos particulares de um caso, e, sem estabelecer a validade interna, a questão da validade externa é mais ou menos questionável. Consequentemente, argumentei que pesquisadores de estudo de caso devem se ocupar de vários aspectos da causalidade – de causas-de-fato assim como de causas contrafactuais e de causas-de-efeitos assim como de efeitos-de-causas.

Ao atingirem a validade externa, pesquisadores devem lidar com como estabelecer condições de escopo para seu argumento. Se existem vários argumentos, os pesquisadores devem esclarecer se cada um se aplica à mesma população, ou a diferentes populações. Caracteristicamente, pesquisadores são relutantes em afirmar mais do que sabem. Esse é considerado um viés "conservador" (*i. e.*, judicioso). Contudo, um tal viés prejudica o desenvolvimento de teorias, sem mencionar a refutabilidade de teorias. Se o alcance de uma teoria se estende apenas ligeiramente além do(s) caso(s) sob estudo, então, tem pouca chance de ser refutada, e não pode ser conectada com a pesquisa sobre tópicos similares conduzidos em outros ambientes. Os pesquisadores devem almejar uma solução Cachinhos Dourados [*Goldilocks solution*] – um conjunto de condições de escopo que não sejam muito restritas nem muito amplas.

O tema final tratado neste capítulo é como essas pretensões à validade externa podem ser avaliadas. Poderíamos, por exemplo, depender das replicações posteriores através de outros casos considerados parte da população. Poderíamos também conduzir meta-análises formais de estudos de caso que fossem focados nas mesmas hipóteses. Infelizmente, ambas essas soluções potenciais são enfraquecidas pela falta de padronização que tende a caracterizar a pesquisa de estudo de caso. Isso, por sua vez, é um produto da orientação do estudo de caso para o desenvolvimento de novas teorias, em vez da testagem de teorias existentes. Assim, concluo que o melhor caminho para avaliar pretensões à validade externa é a incorporação da pesquisa *C-grande* conjuntamente à pesquisa de estudo de caso, uma abordagem *multimétodo*.

V

Conclusões

V

Conclusões

11

Compensações

Alguns pontos fracos da metodologia da pesquisa de estudo de caso examinados nos capítulos anteriores são remediáveis. Por exemplo, não há custo em esclarecer argumentos e condições de escopo de modo que argumentos de estudo de caso possam ser mais prontamente generalizados a um conjunto mais amplo de casos.

Uma segunda classe de problemas é solúvel, mas não sem sacrificar algo de importante. Por exemplo, estudos de caso poderiam focar múltiplas causas, conformando-se ao modelo de resultados potenciais de inferência causal. Contudo, fazer isso significaria renunciar a causas institucionais grandes e difusas – desigualdade, alianças de classe, democracia, racismo – em favor de causas mais específicas e menores, envolvendo uma mudança fundamental de foco teórico.

Uma terceira classe de problemas é inerente à iniciativa. Estudos de caso são mais úteis para alguns ambientes de pesquisa do que para outros. Como qualquer método, o estudo de caso tem seus limites, e deveríamos ser cautelosos quanto a empregá-lo a menos que fosse a melhor ferramenta disponível para o trabalho. Não deveríamos também estender os limites do método, forçando-o a atingir objetivos para os quais não foi concebido.

Ao longo deste livro, contrastei a pesquisa *C-pequeno* e *C-grande*. Neste capítulo final, farei isso de um modo mais sistemático, agrupando temas articulados nos capítulos anteriores.

Minha tese prosaica, porém, crucial, é que esses dois estilos de pesquisa são bons em coisas diferentes. Possuem pontos fortes e fracos variados. Essas compensações, sumarizadas na tabela 11.1, são compreendidas como afinidades em vez de leis invariantes. Podemos encontrar exceções para cada uma. Mesmo assim, essas tendências gerais são comuns na pesquisa de estudo de caso e têm sido reproduzidas em múltiplas disciplinas e subdisciplinas ao longo de várias décadas.

Tabela 11.1 – Sumário de compensações

	C-pequeno	*C-grande*
Validade	Interna	Externa
Objetivo global	Profundo	Amplo
Intuição causal	Mecanismos	Efeitos
População	Heterogênea	Homogênea
Variação em *X* e *Y*	Rara	Comum
Dados	Concentrados	Difusos
Hipóteses	Geração	Testagem

Deveríamos enfatizar que cada uma dessas compensações carrega uma advertência *ceteris paribus*. Estudos de caso são mais úteis para gerar novas hipóteses, *com tudo o mais permanecendo igual*. Os leitores devem ter em mente que fatores adicionais também influenciam corretamente a escolha de autores de *design* de pesquisa, e podem tender à outra direção. *Ceteris* nem sempre é *paribus*. Poderíamos concluir precipitadamente com relação ao *design* de pesquisa apropriado para um determinado ambiente sem considerarmos o conjunto inteiro de critérios, alguns dos quais podendo ser mais importante que outros.

Meu argumento conclusivo, no final do capítulo, sugere que estudos de caso são mais bem abordados junto a estudos *C-grande*, uma solução que – seja obtida em um único estudo (multimétodo), seja obtida através de múltiplos estudos dentro de um campo ou subcampo – mitiga muitos dos problemas comumente associados ao método de estudo de caso. Compensações podem se tornar sinergias se abordagens *C-pequeno* e *C-grande* forem combinadas.

11.1 Validade: interna *versus* externa

O único modo de superar as ameaças estocásticas ao inferirmos de uma amostra para uma população é com uma amostra grande obtida através de amostragem aleatória. Isso é impossível em um *design* de pesquisa focado em um ou mais casos. Mesmo com uma amostra de tamanho médio, como a defendida por Fearon e Laitin (cf. cap. 6), ameaças estocásticas à inferência são consideráveis.

Por essa razão, a validade externa nunca será o ponto forte do estudo de caso, mesmo que outros problemas de generalizabilidade (analisados no cap. 10) sejam resolvidos. Estudos de caso partilham dessa característica metodológica com *designs* de pesquisas experimentais e semiexperimentais, onde usualmente existem amostras grandes, mas os casos raramente são escolhidos aleatoriamente a partir de uma população conhecida.

Em contraste, a pesquisa observacional *C-grande* é com maior frequência capaz de fazer fortes afirmações de validade externa. Ou seja, deve haver provavelmente uma amostra grande, que possa ser extraída aleatoriamente de uma população ou inclusive abranger a população inteira. Não desejo exagerar o ponto, pois claramente podemos encontrar muitas amostras enviesadas nos anais de pesquisa das ciências sociais. Contudo, quando buscamos generalizar através de populações grandes, somos aptos a evocar estudos observacionais *C-grande*. Esse é seu ponto forte. A afinidade com a validade externa parece clara.

11.2 Objetivo da pesquisa: profundidade *versus* extensão

Existe uma compensação entre *profundidade* e *extensão* nas ciências sociais. Os pesquisadores podem escolher reunir uma variedade ampla de informações sobre uma variedade restrita de casos ou uma variedade restrita de informações sobre uma variedade ampla de casos. No formato matricial, isso pode ser compreendido como uma compensação entre o número de variáveis (K) e o número de observações (N). Coloquialmente, podemos ou conhecer muito sobre um pouco ou um pouco sobre muito. Estudos *C-pequeno* priorizam o primeiro enquanto estudos *C-grande* priorizam o segundo.

Embora as virtudes da extensão sejam muitas vezes enaltecidas nos textos das ciências sociais, pode ser válido ponderar sobre as virtudes da profundidade. Uma das principais características do método de estudo de caso é o detalhe, a riqueza, a amplitude ou completude (existem muitos modos de expressar essa ideia) que é elucidado por uma explanação. Em contraste, a análise "reducionista" *C-grande* muitas vezes tem pouco a dizer sobre casos individuais. Um estudo pode almejar somente explicar a ocorrência/não ocorrência de uma revolução, enquanto um estudo de caso tentaria explicar também características específicas desse evento – por que ocorreu quando ocorreu e do modo que ocorreu. Estudos de caso são, portanto, corretamente identificados com análise "holística" e com uma descrição "densa" dos eventos[103]. Narrativas são muito eficientes em um formato de estudo de caso, embora deturpem as convenções da análise *C-grande*.

Argumentos sobre a "sensibilidade contextual" [*contextual sensitivity*] de estudos de caso são talvez mais corretamente compreendidos como argumentos sobre profundidade. Os pesquisadores de estudo de caso que acreditam que a pesquisa *C-grande* sobre um tópico é insensível ao contexto não estão argumentando que *nada* seja consistente nos escolhidos. Em troca, a reclamação de pesquisadores de estudo de caso é que se poderia dizer muito mais sobre o fenômeno em questão com uma redução no escopo inferencial[104].

Buscar, seja a extensão, seja a profundidade, não é uma questão que possa ser respondida de qualquer modo definitivo. Dizem que alguns pesquisadores prefeririam explicar 90% da variância em um caso singular enquanto outros, em troca, prefeririam explicar 10% dela através de 100 casos. Existem alguns agrupadores [*lumpers*] (generalizadores) e separadores [*splitters*] (particularizadores). Economistas, cientistas políticos e sociólogos estão muitas vezes mais interessados em generalizar do que em particularizar, enquanto antropólogos e historiadores estão usualmente mais interessados em explicar contextos particulares. Mas a clivagem nem sempre se conforma claramente às linhas disciplinares. Tudo que podemos seguramente concluir é que os pesquisadores enfrentam uma escolha. O método de estudo de caso pode ser defendido, assim como criticado, nesse sentido (Ragin, 2000: 22).

11.3 Intuição causal: mecanismos *versus* efeitos

A pesquisa sobre a inferência causal foca basicamente o efeito causal $X \rightarrow Y$. Para esse propósito, *designs C-grande* são geralmente ótimos, e estudos

---

103. Estou usando o termo "denso" de um modo um pouco diferente daquele que Geertz (1973) utiliza.

104. Ragin (1987: cap. 2). As reclamações de Herbert Blumer (1969: cap. 7), contudo, são muito mais abrangentes.

de caso geralmente subótimos. Na verdade, estudos de caso usualmente não tentam estimar um efeito causal preciso; em troca, tentam verificar se X é uma causa de Y e, caso seja, se o efeito é positivo ou negativo. Assim, estudos de caso não são tão ambiciosos quanto estudos *C-grande*, quando se trata de avaliar os efeitos causais.

Mas efeitos causais não são as únicas informações relevantes para a inferência causal. Atualmente, o papel central dos mecanismos causais é também amplamente apreciado (Gerring, 2007c). X deve estar conectado a Y de um modo plausível; do contrário, não é claro se um padrão de covariação é de natureza verdadeiramente causal. Sem uma clara compreensão do caminho causal envolvido, em uma relação causal é impossível interpretar os resultados ou estabelecer condições de escopo.

Tornou-se uma crítica comum à pesquisa *C-grande* – e. g., sobre as causas do crescimento, da democracia, da guerra civil e de outros resultados de macronível – que esses estudos demonstram correlações entre *inputs* e *outputs* sem esclarecer as razões para essas correlações. Aprendemos, por exemplo, que a mortalidade infantil está fortemente correlacionada ao fracasso do Estado (Goldstone et al., 2000); mas algo muito diferente é interpretar esse achado, que é consistente com vários mecanismos causais diferentes. O aumento repentino da mortalidade infantil poderia ser o produto da fome, perturbação social, de novos vetores de doenças, de repressão governamental e de um sem-número de outros fatores, alguns dos quais podendo impactar a estabilidade dos estados, e outros que tendem mais a ser um resultado de sua instabilidade. A pesquisa sobre esses tópicos revela, nas palavras de um autor, que estudos transnacionais *C-grande* estão "muitas vezes certos pelas razões erradas, mas também errados pelas razões erradas" (Sambanis, 2004: 260; cf. tb. Dessler, 1991; King, 2004; Ward & Bakke, 2005).

Estudos de caso, se bem construídos, podem nos permitir espiar para dentro da caixa da causalidade para os fatores intermediários que se encontram entre alguma causa estrutural e seu efeito pretendido. Idealmente, eles nos permitem "ver" X e Y interagirem – a bola de bilhar de Hume cruzando a mesa e colidindo com uma segunda bola[105]. Barney Glaser e Anselm

---

105. Isso tem algo a ver com a existência de evidências de rastreamento de processos, um tema discutido abaixo. Mas não é necessariamente baseado nesse tipo de evidências. Dados sensíveis de série temporal, uma outra especialidade do estudo de caso, também são relevantes à questão dos mecanismos causais.

Strauss (1967: 40) chamam atenção para o fato de que no trabalho de campo "relações gerais são muitas vezes descobertas *in vivo*; ou seja, o trabalhador de campo literalmente as vê ocorrer". No estudo do comportamento decisional, a pesquisa de estudo de caso pode oferecer uma noção das intenções, capacidades de raciocínio e procedimentos de processamento de informações dos atores envolvidos em um determinado ambiente.

Tenha em mente que explicar qualquer ação social usualmente (sempre?) envolve compreender as percepções dos atores que participaram daquela ação. Em muitos ambientes, os significados centrados no ator são mais ou menos autoevidentes. Quando as pessoas se comportam de um modo aparentemente autointeressado, os pesquisadores podem não se sentir compelidos a investigar as intenções desses atores[106]. Comprar barato e vender caro é um comportamento intencional, mas provavelmente não requer pesquisa etnográfica detalhada em situações nas quais sabemos (ou podemos intuir) o que está ocorrendo. Por outro lado, se estivermos interessados em por que os mercados funcionam diferentemente em diferentes contextos culturais, ou em por que pessoas em algumas culturas abrem mão de seus bens acumulados, ou em por que em algumas outras circunstâncias as pessoas *não* compram barato e vendem caro (quando pareceria ser de seu interesse fazer isso), somos obrigados a nos mover para além das motivações prontamente apreensíveis ("óbvias") como o autointeresse (Geertz, 1978). Na verdade, o conceito de autointeresse é, significativamente, culturalmente condicionado. Nessas situações – abrangendo muitos, se não a maioria, dos eventos nos quais os cientistas sociais estão interessados – uma atenção cuidadosa ao significado, como entendido pelos próprios atores, é essencial (Davidson, 1963; Ferejohn, 2004; Stoker, 2003; Rabinow & Sullivan, 1979; Taylor, 1970; Weber, 1968: 8). Howard Becker (1970: 64 apud Hamel, 1993: 17) explica:

> Para compreendermos o comportamento de uma pessoa, devemos saber como ela percebe a situação, os obstáculos que acredita que teve de enfrentar, as alternativas que viu se abrirem para ela. Não podemos entender os efeitos da série de possibilidades, de subculturas delinquentes, de normas sociais e outras explanações sobre

---

106. Sem dúvida, o comportamento autointeressado (para além do nível da autopreservação) é também, de certo modo, socialmente construído. Todavia, se estivermos interessados na compreensão do papel do voto pelo bolso nos resultados das eleições, há pouco a se ganhar com a investigação das origens do dinheiro como uma força motivadora no comportamento humano. Algumas coisas podemos considerar como dadas. Para uma discussão útil, cf. Abrami e Woodruff (2004).

o comportamento que são comumente evocadas, a menos que as consideremos do ponto de vista dos atores.

Como o formato do estudo de caso é focado e intensivo, facilita a busca do interpretativista: compreender a ação social da perspectiva dos próprios atores. Muitos tipos de evidência podem ser trazidos para tratar essa questão – *e. g.*, arquivais, etnográficos, entrevista. Um exemplo da última é fornecido por Dennis Chong, que usa entrevistas profundas com uma amostra muito pequena de respondentes a fim de compreender melhor o processo pelo qual as pessoas tomam decisões sobre questões de liberdades civis. Chong (1993: 868) comenta:

> Uma das vantagens da entrevista profunda sobre a sondagem em massa é que ela registra de um modo mais completo como os sujeitos chegam às suas opiniões. Embora não possamos de fato observar o processo mental subjacente que dá origem às suas respostas, podemos testemunhar muitas de suas manifestações externas. O modo de os sujeitos divagarem, hesitarem, errarem enquanto formulam suas respostas nos dá uma indicação de como estão pensando e raciocinando sobre questões políticas[107].

Esse tipo de evidência poderia ser difícil de calibrar em um formato *C-grande*.

Investigações baseadas em caso sobre mecanismos causais ocasionalmente colocam em questão um argumento teórico geral. A teoria da dissuasão, como era compreendida na década de 1980, presumia uma quantidade de suposições-chave, ou seja, a de que "os atores possuem exogenamente determinadas preferências e opções de escolha, e buscam otimizar preferências à luz das preferências e opções de outros atores... [que] a variação nos resultados deve ser explicada pelas diferenças nas oportunidades dos atores... e [que] o Estado age como se fosse um ator racional unitário" (Achen & Snidal, 1989: 150). Uma geração de estudos de caso, contudo, sugeriu que, um tanto contrário à teoria, (a) atores internacionais muitas vezes empregam "atalhos" em seus processos de tomada de decisões (*i. e.*, não tomam decisões novamente, com base puramente em uma análise das preferências e possíveis consequências); (b) existe um forte viés cognitivo devido às "analogias históricas com

---

107. Para outros exemplos de entrevista profunda e etnografia, cf. Duneier (1999), Hochschild (1981), Lane (1962).

casos importantes recentes que a pessoa ou seu país experienciou diretamente" (*e. g.*, "Somália = Vietnã"); (c) "acidentes e confusão" são muitas vezes manifestos em crises internacionais; (d) um único valor ou objetivo importante muitas vezes supera outros valores (de um modo precipitado e imprudente); e (e) as impressões dos atores sobre outros atores são fortemente influenciadas por suas autopercepções (as informações são altamente imperfeitas). Além desses vieses cognitivos, existe uma série de vieses psicológicos (Jervis, 1989: 196; cf. tb. George & Smoke, 1974). Em suma, embora a teoria da dissuasão ainda possa ser válida, os caminhos causais dessa teoria parecem ser consideravelmente mais variegados do que os trabalhos prévios baseados em pesquisa *C-grande* nos levaram a crer. Estudos detalhados de incidentes internacionais particulares foram úteis em desvelar essas complexidades[108].

Dietrich Rueschemeyer e John Stephens (1997: 62) oferecem um segundo exemplo de como um exame dos mecanismos causais pode colocar em questão uma teoria geral baseada em evidência *C-grande*. A tese de interesse diz respeito ao papel do colonialismo britânico em fomentar a democracia entre os regimes pós-coloniais. Em particular, os autores investigam a hipótese de difusão, segundo a qual a democracia foi fortalecida pela "transferência de instituições governamentais e representativas britânicas e pela tutoragem do povo colonial ao estilo do governo britânico". Com base na análise detalhada de vários casos, os autores relatam:

> Encontramos evidências desse efeito de difusão nas colônias de assentamento britânicas da América do Norte e da Austrália e Nova Zelândia; mas nas Antilhas, o registro histórico indica uma conexão diferente entre domínio britânico e democracia. Lá, a administração colonial britânica se opôs à extensão do sufrágio, e somente as elites brancas foram "tutoradas" nas instituições representativas. Mas, criticamente, argumentamos, com base no contraste com a América Central, que o colonialismo britânico impediu as elites agrícolas locais de controlarem o Estado local e de responder à rebelião dos trabalhadores da década de 1930 com repressão massiva. Diante da oposição inflexível dessa elite, o controle colonial britânico respondeu com concessões que permitiram o crescimento de complexos sindicais partidários nas classes trabalhadora e média negras, que formaram a espinha dorsal do

---

108. George e Smoke (1974: 504). Para um outro exemplo de trabalhos de estudo de caso que testam teorias baseadas em predições sobre mecanismos causais, cf. McKeowon (1983).

movimento posterior pela democracia e independência. Assim, as histórias narrativas desses casos indicam que a relação estatística robusta entre colonialismo britânico e democracia é produzida somente em parte pela difusão. A interação das forças de classe, poder estatal e política colonial deve ser incluída para explicar completamente o resultado estatístico.

Não necessitamos nos preocupar com relação a Rueschemeyer e Stephens estarem ou não corretos em suas conclusões. O que é crucial, contudo, é que qualquer tentativa de lidar com essa questão dos mecanismos causais depende muito das evidências de estudos de caso. Nesse exemplo, como em muitos outros, a questão dos caminhos causais é simplesmente muito difícil, exigindo muitas variáveis imperfeitamente medidas ou incomensuráveis, para permitir uma análise seccional transversal[109].

Certamente, mecanismos causais nem sempre requerem atenção explícita. Podem ser muito óbvios. Em outras circunstâncias, podem ser receptivos à investigação *C-grande*. Por exemplo, uma literatura considerável trata da relação causal entre abertura de mercado e Estado de bem-estar social. O achado empírico usual é que economias que são mais abertas são associadas a um gasto mais elevado em bem-estar social. A questão se torna, então, por que existe uma correlação tão robusta assim? Quais são as interconexões plausíveis de abertura de mercado e gasto com bem-estar social? Um caminho causal possível, sugerido por David Cameron (1978), é que abertura

---

109. Um terceiro exemplo de análise de estudo de caso focado nos mecanismos causais diz respeito à delegação política em governos de coalizão. Michael Thies (2001) testa duas teorias sobre como partidos delegam poder. A primeira, conhecida como *governo ministerial*, supõe que partidos delegam pastas em sua totalidade para um de seus membros (o partido cujo ministro ocupa a pasta). A segunda teoria, chamada *delegação gerenciada*, supõe que membros de uma coalizão multipartidária delegam poder, mas também monitoram ativamente a atividade dos postos ministeriais ocupados por outros partidos. A peça crucial de evidência utilizada para testar essas teorias rivais é a nomeação de secretários executivos [*junior ministers*]. Se esses são do mesmo partido que o ministro, podemos assumir que o modelo de governo ministerial está em operação. Se forem de partidos diferentes, Thies infere que um modelo de delegação gerenciada está em operação onde se espera que o secretário executivo desempenhe uma função de supervisão da atividade do departamento em questão. Essa questão empírica é explorada em quatro países – Alemanha, Itália, Japão e Países Baixos –, fornecendo uma série de estudos de caso focados no funcionamento interno do governo parlamentar. (Simplifiquei a natureza das evidências nesse exemplo, que se estende não apenas à simples presença ou ausência de secretários executivos interpartidários, mas também a uma variedade de indicações adicionais de rastreamento de processo.) Outros bons exemplos de pesquisa intracaso, que esclareçem uma teoria mais ampla, podem ser encontrados em Canon (1999), Martin (1992), Martin e Swank (2004), Young (1999).

de mercado elevada leva a uma vulnerabilidade econômica nacional maior aos choques externos (devidos, p. ex., a mudanças nos termos de comércio). Nesse caso, poderíamos encontrar uma correlação robusta entre variações anuais nos termos de comércio de um país (uma medida de vulnerabilidade econômica) e gasto com bem-estar social. Como ocorre, a correlação não é robusta, e leva alguns comentadores a duvidarem de se o mecanismo causal putativo proposto por David Cameron e muitos outros esteja de fato envolvido (Alesina et al., 2001). Assim, em ocasiões nas quais uma variável interveniente pode ser efetivamente operacionalizada através de uma amostra grande de casos, pode ser possível testar os mecanismos causais sem recorrer à investigação de estudo de caso[110].

Mesmo assim, as oportunidades para investigar caminhos causais são geralmente mais aparentes em um formato de estudo de caso. Considere o contraste entre formular uma sondagem padronizada para um grupo grande de respondentes e uma entrevista profunda com um único sujeito ou um pequeno conjunto de sujeitos, como aquela empreendida por Dennis Chong em um exemplo prévio. Na última situação, os pesquisadores podem examinar em detalhes aquilo no qual seria impossível se aprofundarem, quem dirá antecipar, em uma sondagem padronizada. Eles poderiam também estar em uma posição melhor para fazer juízos quanto à veracidade e confiabilidade do respondente. Rastrear mecanismos causais tem a ver com cultivar a sensibilidade em relação a um contexto local. Muitas vezes, esses contextos locais são essenciais à testagem *C-grande*. Todavia, os mesmos fatores que tornam estudos de caso úteis para investigações de micronível também os tornam menos úteis para medir a média de efeitos causais. É uma clássica compensação.

Além disso, a compensação possui importantes consequências para percepções de viabilidade em *designs C-pequeno* e *C-grande*. Observe que efeitos causais são geralmente mais fáceis de verificar do que mecanismos causais (Gerring, 2010; Imai et al., 2011). Como estudos de caso muitas vezes focam os mecanismos, essa afinidade eletiva pode servir para reforçar a impressão geral de que estudos *C-pequeno* são inferiores a estudos *C-grande* quando se trata de inferência causal. O elemento ausente nessa discussão é que as dificuldades postas por mecanismos causais são muitas vezes mais

---

110. Para exemplos adicionais dessa natureza, cf. Feng (2003), Papyrakis e Gerlagh (2003), Ross (2001).

bem tratadas em um formato de estudo de caso – mesmo que o resultado deva ser considerado provisório. É um trabalho difícil, mas essencial, e muito mais fácil quando a atenção está focada em um caso singular ou em um pequeno número de casos.

11.4 População: heterogênea *versus* homogênea

A lógica da análise *C-grande* é baseada de certo modo na comparabilidade entre unidades (homogeneidade da unidade). Casos devem ser similares entre si em quaisquer aspectos que possam afetar a relação causal que os autores estão investigando, ou essas diferenças devem ser controladas. Heterogeneidade descontrolada significa que casos são "maçãs e laranjas"; não podemos aprender coisa alguma sobre processos causais subjacentes pela comparação de suas histórias. Os fatores subjacentes de interesse significam coisas diferentes em diferentes contextos (extensão conceitual) ou a relação de interesse $X \rightarrow Y$ é diferente em diferentes contextos (heterogeneidade da unidade).

Pesquisadores de estudo de caso muitas vezes desconfiam da pesquisa de amostra grande, que, suspeitam, contém casos heterogêneos cujas diferenças não podem ser facilmente modeladas. Diz-se que a pesquisa "orientada para a variável" envolve "suposições homogêneas" não realistas[111]. No campo das relações internacionais, é comum classificar casos conforme sejam fracassos de dissuasão ou sucessos de dissuasão. Contudo, Alexander George e Richard Smoke (1974: 514) chamam atenção para o fato de que "a separação da variável dependente em duas subclasses, sucesso de dissuasão e fracasso de dissuasão", negligencia a grande variedade de modos pelos quais a dissuasão pode fracassar. A dissuasão, em sua visão, possui muitos caminhos causais independentes (equifinalidade causal), e esses caminhos podem ser obscurecidos quando um estudo agrupa casos heterogêneos na mesma amostra.

Um outro exemplo, extraído do trabalho clínico em psicologia, diz respeito à heterogeneidade em uma amostra de indivíduos. Michel Hersen e David Barlow (1976: 11) explicam:

---

111. Ragin (2000: 35); cf. tb. Abbott (1990), Bendix (1963), Meehl (1954), Przeworski e Teune (1970: 8-9), Ragin (1987; 2004: 124), Znaniecki (1934: 250-251).

Descrições de resultados de 50 casos fornecem uma demonstração mais convincente da efetividade de uma dada técnica do que descrições separadas de 50 casos individuais. A maior dificuldade com essa abordagem, contudo, é que a categoria na qual esses clientes são classificados quase sempre se torna descontroladamente heterogênea. "Neuróticos", [por exemplo] ... podem ter menos em comum do que qualquer grupo de pessoas que pudéssemos escolher aleatoriamente. Quando casos são descritos individualmente, contudo, um clínico tem uma chance melhor de obter alguma informação importante, uma vez que problemas e procedimentos específicos são usualmente descritos em mais detalhes. Quando agrupamos casos em categorias amplamente definidas, descrições de caso individuais são perdidas, e o relato subsequente sobre a percentagem de sucesso se torna sem sentido.

Um aspecto importante da heterogeneidade entre casos é gerado pelos efeitos de interação. Embora cada caso dentro de uma população possa possuir os mesmos fatores causais, esses fatores podem não operar independentemente. Na medida em que interagem um com o outro, produzem resultados únicos que são difíceis de compreender a menos que tenhamos uma compreensão holística do caso (Anderson et al., 2005). Considere os fatores causais binários X_{1-10}. Se esses fatores operam sobre Y, independentemente um do outro, podem ser prontamente estudados em um ambiente *C-grande*. Mas se interagem com outro, existem 2^{10} (1.024) combinações possíveis. Isso exigiria uma população extremamente grande – e uma distribuição muito uniforme de dados nas células possíveis – para testar essas várias possibilidades. Em contraste, um caso singular, intensamente estudado, pode nos permitir medir o impacto de vários fatores um sobre o outro, resolvendo o problema da complexidade causal. (Não pretendo, certamente, sugerir que isso sempre resolverá o problema, mas meramente que em algumas circunstâncias – dadas suficientes evidências intracaso – pode.)

Com certeza, os interesses teóricos dos pesquisadores podem ser mais focados, *e. g.*, em um único fator causal. Mesmo assim, as interações colocam uma ameaça à inferência. Se casos apropriadamente compatíveis não existem em populações maiores – ou, se existem, há apenas muito poucos deles – uma abordagem *C-grande* à inferência não é muito robusta (Brady & Collier, 2004; Glynn & Ichino, 2016).

Como um exemplo final, considere as duas questões seguintes: (1) Por que os movimentos sociais ocorrem?, e (2) Por que o movimento americano pelos direitos civis ocorre? A primeira questão é geral, mas seus casos potenciais são extremamente heterogêneos. Na verdade, não é sequer claro como poderíamos construir um universo de casos comparáveis. A segunda questão é restrita, mas – penso – irrespondível. Apresso-me em acrescentar que muitos fatores podem fornecer explanações plausíveis para o movimento americano pelos direitos civis e os fundamentos metodológicos para distinguir boas de más respostas não são inteiramente claros. Mesmo assim, acho os trabalhos sobre esse tópico mais convincentes do que os trabalhos *C-grande* que tentam abranger todos os movimentos sociais[112].

Sob circunstâncias de extrema heterogeneidade de caso, os pesquisadores podem decidir ser melhor focarem um caso singular ou um pequeno número de casos relativamente homogêneos. Evidências intracaso, ou evidências de caso transversal extraídas de alguns casos mais similares, podem ser mais úteis do que evidências *C-grande*, mesmo que o interesse fundamental dos investigadores esteja em uma população mais ampla de casos. Suponha que tenhamos uma população de casos muito heterogêneos, um ou dois dos quais passam por transformações semiexperimentais. Provavelmente, compreendemos melhor os padrões causais ao longo da população por meio do exame detalhado desses casos em vez de por meio de alguma análise *C-grande*.

Do mesmo modo, se os casos disponíveis para estudo são relativamente homogêneos, então, o argumento metodológico para a análise *C-grande* é correspondentemente forte. A inclusão de casos adicionais não tende a comprometer os resultados da investigação porque esses casos adicionais são suficientemente similares para fornecer informações úteis.

O problema da heterogeneidade/homogeneidade da população pode ser compreendido, portanto, como uma compensação entre N (observações) e K (variáveis). Se, na busca por explicar um fenômeno particular, cada caso potencial oferece somente uma observação e também requer uma variável de controle (para neutralizar heterogeneidades na amostra resultante), os graus disponíveis de liberdade permanecem os mesmos mesmo enquanto a amostra se expande. Nesse ambiente, não tem sentido estender um estudo de dois casos para incluir casos adicionais. Se, por outro lado, cada caso adicional

---

112. Contraste McAdam (1988) com McAdam, Tarrow e Tilly (2001). Sobre esse ponto geral, cf. Davidson (1963).

for relativamente barato – se não forem necessárias quaisquer variáveis de controle adicionais (seguindo o modelo de regressão) ou se o caso adicional oferecer mais do que uma observação útil (ao longo do tempo) – então, um *design* de pesquisa de caso transversal pode ser justificado (Shalev, 1998). Dito de um modo mais simples, quando casos adjacentes são de unidades homogêneas, a adição de mais casos é fácil, pois não há (ou há muito pouca) heterogeneidade com que se preocupar. Quando casos adjacentes são heterogêneos, casos adicionais são caros, pois cada elemento heterogêneo adicionado deve ser corretamente modelado, e cada ajuste de modelagem requer uma suposição separada (e provavelmente inverificável) – ou então devemos considerar toda a heterogeneidade como ruído e rezar para que não haja erros sistemáticos. Quanto mais suposições de fundo forem requeridas, a fim de fazer uma inferência causal, mais tênue é essa inferência; não é simplesmente uma questão de atingir uma importância estatística. A suposição *ceteris paribus* no cerne de toda análise causal entra em cena.

Antes de concluir esta discussão, é importante chamar atenção para o fato de que os juízos dos pesquisadores sobre a comparabilidade de caso não são, estritamente falando, questões que possam ser empiricamente verificadas. Com certeza, podemos olhar – e convém olharmos – para padrões empíricos em casos potenciais. Se esses padrões são fortes, então, a suposição de comparabilidade de caso parece razoavelmente segura, e se não são, então, existem fundamentos para duvidar. Contudo, debates sobre comparabilidade de caso usualmente dizem respeito a exemplos-limite. Considere que muitos fenômenos de interesse para cientistas sociais não são rigidamente limitados. Se estivermos estudando democracias, existe sempre a questão de como definir uma democracia, e, portanto, quais seriam os limiares superiores e inferiores para inclusão na amostra. Pesquisadores têm ideias diferentes sobre isso, e essas ideias dificilmente podem ser testadas de modo rigoroso. Similarmente, existem disputas de longa data sobre o sentido de agrupar sociedades pobres e ricas em uma única amostra, ou se essas constituem populações distintas. Uma vez mais, a linha-limite entre pobre e rica (ou "desenvolvida" e "subdesenvolvida") é difusa, e a noção de separar uma da outra para análise isolada é igualmente questionável, e igualmente irresolúvel em bases puramente empíricas. Não há modo seguro (ou "conservador") de proceder. Um ponto de impasse final diz respeito ao componente cultural/histórico dos fenômenos sociais. Muitos pesquisadores de estudo de caso acham que comparar sociedades com culturas e trajetórias vastamente diferentes é sem sentido. Todavia, muitos pesquisadores *C-grande* acham que restringir o foco analítico de alguém a uma única região cultural ou geográfica é altamente arbitrário, e igualmente sem sentido. Nessas situações, é evidentemente escolha dos pesquisadores como compreender a homogeneidade/heterogeneidade do caso nas populações potenciais de uma inferência. Onde casos semelhantes terminam e casos dissemelhantes começam?

Como esse problema não é, estritamente falando, empírico, pode ser referido como um elemento *ontológico* do *design* de pesquisa. Uma ontologia é uma visão do mundo como realmente é, um conjunto mais ou menos coerente de suposições sobre como o mundo funciona, uma *Weltanschauung* de pesquisa análoga a um paradigma kuhniano (Gutting, 1980; Hall, 2003; Kuhn, 1962/1970; Wolin, 1968). Embora pareça estranho trazer questões ontológicas para uma discussão sobre metodologia das ciências sociais, pode ser concedido que a pesquisa das ciências sociais não é uma iniciativa puramente empírica. O que encontramos depende do que buscamos, e o que buscamos, de algum modo, depende do que esperamos encontrar. Estereotipicamente, pesquisadores de estudo de caso tendem a ter uma visão "irregular" do mundo; veem casos – *e. g.*, países, comunidades e pessoas – como fenômenos altamente individualizados. Pesquisadores de caso transversal, em contraste, possuem uma visão menos diferenciada do mundo; tendem mais a crer que as coisas são praticamente as mesmas em toda a parte, ao menos com relação a processos causais básicos. Essas suposições básicas, ou ontologias, orientam muitas das escolhas que esses dois tipos de pesquisadores fazem ao analisarem a base apropriada para pesquisa.

11.5 Variação em X e Y: raro *versus* comum

Ao analisarmos as relações causais, devemos nos preocupar com a distribuição de evidências nos casos disponíveis. Especificamente, devemos nos preocupar com a distribuição de *variação útil* – compreendida aqui como um tipo de variação (temporal ou espacial) em parâmetros relevantes que podem fornecer indicações sobre uma relação causal. Onde a variação útil é rara – *i. e.*, limitada a alguns casos – o formato de estudo de caso é recomendado. Onde, por outro lado, a variação útil é comum, um método de análise *C-grande* pode ser mais justificável.

Considere um fenômeno como a revolução, um resultado que ocorre muito raramente. A distribuição empírica dessa variável, se contarmos cada país-ano como uma observação, consiste em milhares de não revoluções (0) e apenas algumas revoluções (1). Intuitivamente, parece claro que esses casos "revolucionários" são de grande interesse. Necessitamos saber tanto quanto possível sobre eles, pois exemplificam toda a variação que temos, temporal e espacialmente. Nessa circunstância, um modo de análise de estudo de caso é difícil de evitar, embora possa ser combinada a uma análise *C-grande*. Como ocorre, muitos resultados de interesse para cientistas sociais são muito raros, assim, o problema de modo algum é trivial[113].

Em contraste, considere um fenômeno como a transição, compreendida como uma situação na qual um partido ou coalizão governante é derrotado nas eleições. A transição ocorre regularmente na maior parte dos países democráticos, de modo que a distribuição de observações sobre essa variável (incumbência/transição) é relativamente semelhante no universo de anos-países. Existem muitas ocorrências de ambos os resultados. Sob essas circunstâncias, um *design* de pesquisa *C-grande* parece plausível, pois a variação entre os casos é regularmente distribuída.

Observe que se os pesquisadores estão investigando uma relação causal (envolvendo tanto X como Y), em vez de uma investigação aberta de um parâmetro particular (X ou Y), então, a questão relevante é como os casos em uma população variam em *todos* os parâmetros que podem afetar o resultado ou um fator de interesse particular. Aqui, estamos interessados em até que ponto um modelo causal particular é dominado por alguns casos, compreendidos como *casos influentes* (cap. 5). A intuição é que qualquer caso que afete o desempenho de uma variável independente-chave ou o modelo causal inteiro deveria ser investigado de um modo mais intensivo. Se não existem tais casos, então, uma forma de análise *C-grande* pode ser suficiente.

---

113. Considere os seguintes tópicos e suas ocorrências – extremamente raras – de variação: o começo da industrialização (Inglaterra, Países Baixos), o fascismo (Alemanha, Itália), o uso de armas nucleares (Estados Unidos), guerras mundiais (a Primeira, a Segunda), sistemas eleitorais de voto único não transferível (Jordânia, Taiwan, Vanuatu, Japão pré-reforma), reformas de sistema eleitoral em democracias estabelecidas (França, Itália, Japão, Nova Zelândia, Tailândia). O problema da "raridade" é menos comum onde parâmetros são escalares, em vez de dicotômicos. Mas ainda existem muitos exemplos de fenômenos cujas distribuições são desviadas por alguns valores atípicos, *e. g.*, população (China, Índia), riqueza pessoal (Bill Gates, Warren Buffett), heterogeneidade étnica (Papua Nova Guiné).

Um outro tipo de variação diz respeito àquela que pode ocorrer *dentro* de um caso dado. Suponha que somente um ou dois casos dentro de uma população grande exiba qualidades semiexperimentais, o fator de interesse especial (X) varia, e não existe mudança correspondente em outros fatores que possam afetar o resultado (Z). Claramente, tendemos a aprender muita coisa ao estudarmos esse caso particular – talvez muito mais do que aprenderíamos estudando centenas de casos adicionais que se desviassem do ideal experimental. Mas, uma vez mais, se muitos casos possuem essa qualidade experimental, há pouco sentido em nos restringir a um único exemplo; um *design* de pesquisa *C-grande* pode ser justificado.

O ponto geral aqui é que a distribuição de variação útil através da população de casos importa muito na escolha entre *designs* de pesquisa *C-pequeno* e *C-grande*. (Muitos dos problemas discutidos nos cap. 5 e 6 são relevantes a essa discussão sobre em que consiste a "variação útil". Assim, toquei nesses problemas apenas brevemente nesta seção.) Na verdade, esse pode ser o fator mais importante a ser pesado na direção de um ou de outro *design* de pesquisa.

11.6 Dados: concentrados *versus* difusos

Informações não são de graça. Alguém deve definir conceitos relevantes, reunir dados, compará-los e garantir equivalência através das unidades. Reunir dados entre casos (especialmente se são heterogêneos) é especialmente complicado, e muitas vezes preocupante. Por uma variedade de razões, evidências reunidas para um caso singular são muitas vezes mais fáceis – mais fáceis de coletar e de relacionar com uma estrutura comum – que evidências reunidas através de casos. Evidências intracaso são muitas vezes "mais baratas" do que evidências de caso transversal.

Do mesmo modo, o apelo a estudos *C-pequeno* e *C-grande* depende dos dados que estão disponíveis, ou que poderiam ser facilmente reunidos. Por vezes, informações sobre um tópico são irregulares; existem para alguns casos, mas não para outros. Por exemplo, nos estados-nação, geralmente descobrimos que as informações sobre algumas sociedades da Europa Ocidental, bem como dos Estados Unidos, Canadá, Austrália e Nova Zelândia, são abundantes, enquanto informações para o resto do mundo são escassas.

Alternativamente, informações podem ser distribuídas desigualmente através de muitos, mas sua qualidade pode ser altamente desigual. Estudos *C-grande* muitas vezes padecem de dados ruins. Para esse tipo de situação, o velho adágio – lixo entra, lixo sai – se aplica. Nenhuma conclusão útil resultará de uma análise fundamentada em dados de nível básico dúbios. Além disso, será difícil retificar esse problema se numerarmos nossos casos em centenas ou milhares. Podemos fazer uma rápida checagem dos dados em busca de erros e com isso obtermos uma compreensão de sua confiabilidade; mas não podemos corrigir os dados sem nos envolvermos em um estudo profundo de cada caso no conjunto de dados. Existem simplesmente pontos de dados demais para permitir isso.

Uma possibilidade final é que não existam informações relevantes em parte alguma e tenham de ser coletadas novamente pelos pesquisadores. Isso seria verdadeiro para tópicos que são novos, subexplorados, ou onde a coleta de dados não foi realizada de um modo sistemático e coordenado.

Essas situações comuns pesam na direção de um formato de estudo de caso. Aqui, os pesquisadores têm uma oportunidade de coletar dados originais, verificar fatos, consultar múltiplas fontes, voltar aos materiais primários e superar quaisquer vieses que possam afetar a literatura secundária. Em seu estudo sobre o gasto com segurança social, Mulligan et al. (2002: 13) observam que

> embora nosso gasto e o número de *designs* sejam bons, faltam algumas observações e, mesmo com todas as observações, é difícil reduzir a variedade de subsídios aos idosos a um ou dois números. Por essa razão, estudos de caso são uma parte importante de nossa análise, uma vez que aqueles estudos não requerem números que sejam comparáveis em um grande número de países. Nossa análise de estudo de caso utiliza dados de uma variedade de fontes específicas de países, de modo que não tenhamos que reduzir a "segurança social" ou a "democracia" a um único número.

A coleta de dados originais é tipicamente mais difícil na análise *C-grande* do que na análise de estudo de caso, envolvendo uma despesa maior, maiores dificuldades na identificação e codificação de casos, aprendizagem de línguas estrangeiras, viagens, obtenção de acesso etc. O que quer que possa ser feito para um conjunto de casos pode usualmente ser feito mais facilmente e mais confiavelmente para um caso singular.

Estudos de caso também se prestam a um estilo de coleta de dados que seria impossível em um formato *C-grande*. Considere a dificuldade de estudar anomalias. Howard Becker (1963: 168) observa:

> Os estudiosos que descobrissem os fatos sobre a anomalia teriam uma barreira substancial a transpor antes que pudessem ver as coisas que necessitam ver. Como a atividade da anomalia é atividade que tende a ser punida caso se manifeste, tende a ser mantida oculta e não exibida ou alardeada a estranhos. Os estudiosos da anomalia devem convencer aqueles que eles estudam de que não serão perigosos a eles, que não sofrerão pelo que lhes revelarem. Os pesquisadores, portanto, devem participar intensiva e continuamente com os anômalos que desejam estudar de modo que possam se conhecer bem o bastante para serem capazes de fazer alguma avaliação de se suas atividades afetarão adversamente as deles.

Certos tópicos requerem observação-participante, e a etnografia é inerentemente baseada em casos.

Contudo, esse ponto é facilmente invertido. Conjuntos de dados estão agora disponíveis para o estudo de muitos casos de interesse para as ciências sociais. Em uma era de "grandes dados", onde dados são estocados na web ou facilmente compilados a partir de fontes baseadas na web, pode não ser necessário coletar informações originais do livro, artigo ou tese de alguém. Nesse contexto, a análise profunda do caso singular muitas vezes consome mais tempo do que análises *C-grande*. Observe que o formato estudo de caso impõe suas próprias dificuldades – *e. g.*, viajar a regiões distantes, risco de danos pessoais, despesas etc. É interessante observar que alguns observadores consideram estudos de caso "relativamente *mais* caros em termos de tempo e recursos" (Stoecker, 1991: 91). Nesses ambientes, não há vantagem prática para um formato de estudo de caso. Assim, muito depende do estado de coisas, *i. e.*, da disponibilidade de evidências sobre um tópico de interesse aos pesquisadores.

11.7 Hipóteses: geração *versus* testagem

Dos vários contrastes destacados na tabela 11.1, um se destaca como especialmente crucial na medida em que afeta praticamente cada problema metodológico tratado neste livro. Esse diz respeito à compensação entre exploração e verificação/falsificação, ou geração de teoria e testagem de teoria.

A pesquisa nas ciências sociais envolve uma busca por novas teorias assim como uma testagem de teorias existentes; é composta de "conjecturas" e "refutações" (Popper, 1963). Lamentavelmente, a metodologia das ciências sociais tem focado exclusivamente na última. O elemento conjectural das ciências sociais é usualmente descartado como adivinhação, inspiração ou sorte – um ato de fé, e, assim, um tema pobre para reflexão metodológica[114]. Todavia, concordaremos prontamente que muitos trabalhos de ciências sociais, incluindo muitos dos reconhecidos clássicos, são seminais em vez de definitivos. Seu *status* clássico deriva de sua introdução a uma nova ideia ou a uma nova perspectiva que está subsequentemente sujeita à análise que é mais rigorosa. Na verdade, é difícil conceber um programa de refutação da primeira vez que uma nova teoria é proposta. A pesquisa pioneira, quase por definição, é proteica. A pesquisa subsequente sobre esse tópico tende a ser mais definitiva, na medida em que sua tarefa primária é verificar ou refutar uma hipótese preexistente.

Assim, o mundo das ciências sociais pode ser utilmente dividido de acordo com o objetivo predominante assumido em um determinado estudo, seja de geração de hipóteses (exploratório), seja de testagem de hipóteses (confirmatório). Existem dois momentos da pesquisa empírica, um momento de lampejo e um momento cético, cada um deles essencial ao progresso de uma disciplina[115].

Estudos de caso desfrutam de uma vantagem natural na pesquisa de uma natureza exploratória. A ignorância é uma bênção quando se trata da pesquisa de estudo de caso. Quanto menos sabemos sobre um tema, mais valioso tende a ser um estudo de caso sobre esse tema.

Há vários milênios, Hipócrates registrou o que foram, possivelmente, os primeiros estudos de caso jamais conduzidos. Eram 14[116]. Os achados de

---

114. Karl Popper (apud King, Keohane & Verba, 1994: 14) escreve: "não existe uma tal coisa como um método lógico para ter novas ideias... A descoberta contém 'um elemento irracional', ou uma 'intuição criativa'". Uma coletânea recente de ensaios e entrevistas tem as novas ideias como seu foco especial (Munck & Snyder, 2006), embora possamos duvidar de se existem resultados generalizáveis.

115. Reichenbach (1938) também distinguiu entre um "contexto de descoberta" e um "contexto de justificação". Do mesmo modo, o conceito de *abdução*, de Peirce, reconhece a importância de um componente generativo na ciência. Para outras discussões, cf. Feyerabend (1975), Hanson (1958), McLaughlin (1982), Nickles (1980), Popper (1965).

116. Bonoma (1985: 199). Alguns dos exemplos seguintes são discutidos em Patton (2002: 245).

Darwin sobre o processo da evolução humana vieram após suas viagens para alguns locais selecionados, notavelmente, a Ilha de Páscoa. O trabalho revolucionário de Freud sobre a psicologia humana foi construído a partir de uma observação atenta de menos de uma dúzia de casos clínicos. Piaget formulou sua teoria do desenvolvimento cognitivo humano enquanto assistia a seus dois filhos passando da infância à vida adulta. A teoria estruturalista de Lévi-Strauss sobre as culturas humanas foi construída sobre a análise de várias tribos da América do Norte e do Sul. A teoria neoinstitucionalista de Douglass North sobre o desenvolvimento econômico é construída basicamente por meio de uma atenta análise de alguns dos primeiros estados a se desenvolverem – basicamente, a Inglaterra, os Países Baixos e os Estados Unidos (North & Thomas, 1973; North & Weingast, 1989). Muitos outros exemplos poderiam ser citados de ideias seminais que derivaram do estudo intensivo de alguns casos-chave[117].

Provavelmente, nosso conhecimento do mundo surge da compreensão que temos de um ou vários casos – pessoas, organizações, grupos ou instituições que conhecemos especialmente bem. Noções sobre teoria geral surgem de noções derivadas originalmente de casos específicos. Substantivos próprios precedem substantivos comuns.

Evidentemente, o número total de exemplos de um determinado fenômeno não produz, por si, uma noção. Pode somente confundir. Quantas vezes Newton observou maçãs caindo antes de reconhecer a natureza da gravidade? Esse é um exemplo apócrifo, mas ilustra um ponto central: estudos *C-pequeno* podem ser mais úteis do que estudos *C-grande* quando um tema é encontrado pela primeira vez ou é considerado de um modo fundamentalmente novo. Após examinarem a abordagem do estudo de caso à pesquisa médica, pesquisadores acreditam que, embora sejam considerados a forma mais inferior ou fraca de evidências, os relatos de caso contenham "a primeira linha de evidência". A marca distintiva do relato de caso, de acordo com Jan Vandenbroucke (2001: 331), "é reconhecer o inesperado". É aí que começa a descoberta.

---

117. A compensação entre descoberta e testagem é implícita em Achen e Snidal (1989), que critica o estudo de caso por seu défice no segundo gênero, mas também reconhece os benefícios do estudo de caso junto à primeira dimensão (167-168). Na verdade, muitos trabalhos sobre métodos de estudo de caso destacam sua compreensão da teoria do desenvolvimento (*e. g.*, George & Bennett, 2005; Glaser & Strauss, 1967).

Todavia, as vantagens que os estudos de caso oferecem em trabalhos de natureza exploratória podem também servir como impedimentos no trabalho de natureza confirmatória/desconfirmatória. Vamos explorar brevemente por que isso pode ser assim[118].

Tradicionalmente, a metodologia científica tem sido definida por uma segregação de conjectura (formação de teoria) e refutação (testagem de teoria). Uma não deveria poder contaminar a outra[119]. Todavia, no mundo real das ciências sociais, inspiração é muitas vezes associada a perspiração. Momentos de "lampejo" surgem de um envolvimento atento com os fatos particulares de um caso particular. A inspiração tende a ocorrer mais no laboratório do que no chuveiro.

A qualidade circular de conjectura e refutação é particularmente aparente na pesquisa de estudo de caso. Charles Ragin (1992b) observa que a pesquisa de estudo de caso é sobre "construir o caso" [*casing*] – definir o tópico, incluir a(s) hipótese(s) de interesse primário, o resultado e o conjunto de casos que oferecem informações relevantes *vis-à-vis* a hipótese. Um estudo sobre a Revolução Francesa pode ser conceitualizado como um estudo sobre a revolução, sobre a revolução social, sobre revoltas, sobre violência política etc. Cada um desses tópicos envolve uma população diferente e um conjunto diferente de fatores causais. Uma boa quantidade de intervenção é necessária durante a definição de um tópico de estudo de caso, pois existe uma grande margem evidencial. Todavia, a "subjetividade" da pesquisa de estudo de caso nos permite a geração de um grande número de hipóteses, ideias que poderiam não ser aparentes aos pesquisadores *C-grande* que trabalham com um conjunto mais estreito de dados empíricos através de um grande número de casos e com uma definição de casos, variáveis e resultados mais determinada (fixada). É a própria vagueza dos estudos de caso que lhes garante uma vantagem forte na pesquisa em estágios exploratórios, pois o estudo de caso singular nos permite testar muitas hipóteses de um modo básico. Tampouco esse é um processo inteiramente "conjectural". As relações covariacionais descobertas entre diferentes elementos de um caso singular têm uma conexão causal *prima facie*: estão todos na cena do crime. Isso é revelador quando

---

118. Para uma discussão sobre essa compensação no contexto da teoria do crescimento econômico, cf. Temple (1999: 120).

119. Geddes (2003), King, Keohane e Verba (1994), Popper (1934/1968).

estamos em um estágio inicial da análise, pois não há suspeito identificável e o próprio crime pode ser difícil de discernir. O fato de que *A*, *B* e *C* estão presentes nos tempos e lugares esperados (relativos a algum resultado de interesse) é suficiente para estabelecê-los como variáveis independentes. Evidências proximais é tudo o que é requerido. Daí, a identificação comum de estudos de caso como "testes de plausibilidade", "estudos-piloto", "estudos heurísticos", exercícios "exploratórios" e de "construção de teoria"[120].

Um estudo *C-grande*, em contraste, geralmente permite a testagem de apenas algumas hipóteses, mas o faz com um grau um pouco maior de confiança, como é apropriado ao trabalho cujo propósito básico é testar uma teoria existente. Existe menos espaço para intervenção autoral porque as evidências reunidas a partir de um *design* de pesquisa *C-grande* podem ser interpretadas num número limitado de formas. A esse respeito são mais confiáveis. Não desejaríamos exagerar o ponto, uma vez que há uma grande quantidade de trabalhos exploratórios abertos em uma estrutura *C-grande*, como a acusação de "*p-hacking*"* (Head et al., 2015) sugere. Mesmo assim, existe menos flexibilidade de interpretação [*wiggle room*] em um ambiente *C-grande* simplesmente porque existem menos variáveis que os pesquisadores estão autorizados a manipular.

Um outro modo de expressar o ponto é dizer que embora estudos de caso tendam a erros do Tipo 1 (rejeitar falsamente a hipótese nula [*null hypothesis*]), estudos *C-grande* tendem a erros do Tipo 2 (falhar em rejeitar a falsa hipótese nula). Aqueles que consideram a evitação de erros do Tipo 1 como a pedra angular da ciência receberão essa conclusão com alarme. Contudo, erros de Tipo 2 também devem ser considerados. Pesquisadores podem aceitar falsamente uma hipótese nula, perdendo uma relação causal verdadeira entre *X* e *Y*. Aqui, a flexibilidade da pesquisa de estudo de caso se torna uma vantagem em vez de uma desvantagem. E, desse ângulo, a pesquisa de estudo de caso pode ser vigorosamente defendida como um método de exploração. Isso explica por que estudos de caso tendem mais a ser geradores de paradigmas, enquanto estudos *C-grande* labutam no campo prosaico, mas altamente estruturado, da ciência normal.

---

120. Eckstein (1975), Ragin (1992a, 1997), Rueschemeyer e Stephens (1997).

* Mau uso da análise de dados para encontrar padrões nos dados que possam ser apresentados como estatisticamente importantes quando de fato não há efeito subjacente real [N.T.].

Não pretendo sugerir que estudos de caso nunca sirvam para confirmar ou desconfirmar hipóteses. Evidências extraídas de um único caso podem refutar uma hipótese necessária ou suficiente, como discutido anteriormente. Estudos de caso são também muitas vezes úteis para o propósito de elucidar mecanismos causais, e isso obviamente afeta a plausibilidade de uma relação $X \rightarrow Y$. Contudo, teorias gerais raramente oferecem o tipo de predições detalhadas e determinadas sobre a variação intracaso que nos permitiriam rejeitar uma hipótese por meio de pareamento de padrões (sem evidências adicionais *C-grande*). A testagem de teorias não é o ponto forte do estudo de caso.

Vamos explorar essa tensão com mais detalhes. Muitos problemas de validade interna na pesquisa de estudo de caso se originam da falta de uma hipótese clara. Se começarmos com uma questão de pesquisa vaga, ou uma hipótese mal-especificada, será difícil identificar o melhor caso possível para explorar essa questão ou hipótese. A ambiguidade na teoria impede a seleção de caso. Isso é o que leva à mudança de *status* de um caso enquanto a pesquisa se desenvolve, como discutido no capítulo 2. Do mesmo modo, uma teoria flácida impedirá a testagem de teoria – não sabemos quais mecanismos causais ou outros padrões nos dados são estipulados pela teoria; testes placebos são impossíveis.

Ao mesmo tempo, devemos apreciar que, se os pesquisadores já possuem uma teoria muito definida e detalhada, há provavelmente menos necessidade para um estudo de caso, uma vez que estudos *C-grande* são mais adequados à testagem de hipóteses.

Para expressarmos esse ponto, vamos contrastar dois ambientes:

1) Sabe-se muito sobre a relação de X a Y, que se considera causal com base na análise *C-grande* e na exposição teórica.

2) Sabe-se muito pouco sobre as causas de Y, uma vez que análises *C-grande* não foram conduzidas (ou são inconclusivas) e a teorização é indeterminada.

No primeiro ambiente, um estudo de caso facilitará o *design* e podemos usar evidências extraídas do estudo *C-grande* para selecionar o caso mais apropriado e, com isso, evitar o viés dos pesquisadores. Contudo, a pesquisa de estudo de caso não tende a acrescentar muito mais ao que já sabemos sobre essa questão de pesquisa particular. Se o efeito causal já está estabelecido, faz pouco sentido usar um estudo de caso para tentar estimar o impacto de *Em X sobre Y*. Se o mecanismo que conecta X a Y não é claro, pode haver boas razões para empregar evidências de estudo de caso para esclarecer esse aspecto da questão de pesquisa. Essa, com certeza, é geralmente uma questão mais difícil de responder.

No segundo ambiente, em contraste, será muito difícil elaborar um bom *design* de estudo de caso. Não há (ou apenas de forma muito incompleta) evidências *C-grande* disponíveis nem qualquer modelo causal que possamos construir. Talvez o resultado sequer seja mensurável através dos casos. Nessa situação, a pesquisa de estudo de caso é praticamente a única via de investigação, e tende a ser muito instrutiva, no sentido de que evidências reunidas pelo estudo de caso nos permitirão atualizar nossos antecedentes sobre as causas de Y. Isso não significa que uma inferência causal forte será possível. Isso pode ou não ser obtenível.

O problema, então, é este: especificar uma teoria torna a seleção de caso e a análise de caso muito frutífera, mas menos instrutiva. Quanto mais sabemos sobre nosso tópico, menos provavelmente necessitaremos nos envolver em uma forma de análise intensiva, focada e detalhada (e *demorada*).

Isso pode ajudar a explicar por que muitos dos estudos de caso mais proeminentes – como listados na tabela 1.2 – não são aqueles com a validade aparente mais elevada. Todavia, dizem-nos coisas – ainda que de um modo muito vago – que não sabemos. Eles confirmam coisas que já sabemos (muito bem), ou coisas que – embora não triviais – não são exatamente surpreendentes.

Considere a franca discussão de Richard Fenno (1978: 251) sobre como começou seu projeto sobre o "estilo caseiro" [*homestyles*] dos congressistas.

> Como quaisquer outros cientistas políticos interessados nas relações representantes-eleitores, ensinava o conhecimento recebido sobre o tema. Parte desse conhecimento nos diz que a percepção dos representantes sobre seu eleitorado é uma variável importante. Mas, na ausência de muita exposição empírica sobre essas percepções e na presença de políticos que pareciam menos do que conscientes de todos os segmentos de seu "eleitorado", vinha dizendo aos alunos que o tema... merecia "mais pesquisa". Alguém, eu continuava dizendo, deveria tratar a questão perceptual: O que membros do Congresso veem quando veem um eleitorado?

Quando Fenno (1978: 251) começou a seguir membros do Congresso enquanto circulavam entre seus eleitores, conduzindo entrevistas improvisadas nos lugares em que se encontravam:

> Não tinha ideia alguma sobre que tipos de respostas obteria. Não tinha ideia alguma sobre o tipo de questões que faria. Sabia somente que desejava fazer com que alguns membros da Casa falassem sobre quaisquer que fossem suas percepções sobre seu eleitorado – em todos os aspectos do tema... Minha esperança era que eu poderia ser capaz de reunir suas percepções, categorizá-las de algum modo, e generalizar sobre elas.

E assim o fez, produzindo um dos estudos mais influentes sobre um tema muito estudado (o Congresso Americano). O principal argumento a surgir dessa pesquisa está contido na ideia de *círculos concêntricos*. Membros do Congresso se preocupam com todos os seus eleitores, mas o fazem de modos diferentes e em graus diferentes, e se relacionam com eles diferentemente. O círculo mais amplo abrange todos no distrito. O próximo círculo consiste em apoiadores – aqueles que tendem a se apresentar e votar nos membros. O próximo círculo consiste em apoiadores básicos – aqueles que se responsabilizam pela campanha. Finalmente, o círculo menor, que consiste na família, amigos e conselheiros dos representantes. O tipo de tratamento que os eleitores recebem e o peso que é concedido às suas opiniões dependem do círculo em que se encontram.

Se a teoria dos círculos concêntricos tivesse sido completamente formulada antes do trabalho de campo de Fenno, ele poderia ter construído uma sondagem padronizada para medir essas características de um modo sistemático em uma amostra maior e mais representativa. Poderia também ter concebido medidas não intrusivas (*e. g.*, locais de visitas), de modo que os resultados do estudo não fossem sujeitos ao viés dos pesquisadores ou dos respondentes. (Respondentes nem sempre são inteiramente cândidos.) Desse modo, seus argumentos poderiam ter sido mais precisos e com maior pretensão à validade interna e externa. Contudo, Fenno não sabia o que iria encontrar antes de encontrá-lo. Tampouco, a maioria dos pesquisadores, cujo trabalho abre novos caminhos.

A compensação entre geração de hipóteses e testagem de hipóteses nos ajuda a reconciliar o entusiasmo dos pesquisadores de estudo de caso e o ceticismo dos críticos de estudos de caso. Ambos estão corretos, pois a vagueza da pesquisa de estudo de caso é uma dádiva para novas conceitualizações assim como uma danação para refutações.

11.8 De compensações a sinergias

Compensações persistentes entre pesquisa *C-pequeno* e *C-grande* são sumarizadas na tabela 11.1. Para revisar, estudos *C-pequeno* valorizam a validade interna enquanto estudos *C-grande*, a validade externa. Estudos *C-pequeno* valorizam a profundidade, enquanto estudos *C-grande*, a extensão. Estudos *C-pequeno* muitas vezes esclarecem mecanismos causais, enquanto estudos *C-grande* são usualmente melhores em medir efeitos causais. Estudos *C-pequeno* são úteis quando a população de interesse é extremamente heterogênea, enquanto estudos *C-grande* são muitas vezes mais úteis quando a população é relativamente homogênea. Estudos *C-pequeno* são úteis quando X e Y exibem variação somente em alguns casos, enquanto métodos *C-grande* se aplicam naturalmente quando existe variação regular nos *inputs* e *outputs* de interesse. Estudos *C-pequeno* são especialmente úteis quando dados disponíveis são concentrados em alguns casos, enquanto estudos *C-grande* são úteis quando dados são distribuídos igualmente através de muitos casos. Finalmente, e talvez mais importante, estudos *C-pequeno* são adequados à geração de novas hipóteses, enquanto estudos *C-grande* são adequados à testagem de hipóteses existentes[121].

Não é difícil ver por que esses dois gêneros são muitas vezes percebidos como estando em conflito entre si, pois têm sensibilidades muito diferentes. Pesquisadores são agrupados em uma ou outra escola; revistas adotam o perfil de um ou de outro. Não surpreende que um grau de ceticismo – e, ocasionalmente, de total hostilidade – tenha adentrado as relações entre essas duas abordagens díspares ao mundo empírico.

Em vários pontos na narrativa lembrei os leitores de que essa é de certo modo uma falsa dicotomia na medida em que (a) estudos de caso sempre integram algum grau de análise através de um conjunto mais amplo de casos, que podem ser informais (casos ancilares) ou formais (pesquisa multimétodo).

---

121. Outras avaliações sobre os pontos fortes e fracos da pesquisa de estudo de caso podem ser encontradas em Flyvbjerg (2006), Levy (2002), Verschuren (2001).

Do mesmo modo, estudos de caso participam de uma tradição de pesquisa contínua que inclui estudos *C-grande*. Esses podem ser integrados à revisão da literatura introdutória, pela sumarização do que sabemos sobre um tema antes de considerarmos as evidências mais focadas disponíveis. Estudos de caso raramente, ou nunca, são autossuficientes.

Segue-se daí que a suspeita sobre trabalhos de estudo de caso que encontramos nas ciências sociais hoje podem ser o produto de uma interpretação muito literal do método de estudo de caso. Um estudo de caso *tout court* é concebido como um estudo de caso *tout seul*.

Todavia, raramente, ou nunca, autores condicionam uma grande generalização a um caso singular ou a um pequeno conjunto de casos. A título de provocação, devo insistir em que não há algo como um estudo de caso existindo fora de um enquadramento mais amplo de conhecimento (*C-grande*). Conduzir um estudo de caso implica que tenhamos também conduzido uma análise *C-grande* ou ao menos pensado sobre um conjunto mais amplo de casos. De outro modo, é impossível que os autores respondam à questão definidora de toda pesquisa de estudo de caso: *Do* que isso é um caso?

Do mesmo modo, devo insistir em que não há algo como um estudo *C-grande* existindo fora do conhecimento de casos particulares. Nas ciências sociais, isso é quase inconcebível, uma vez que o conhecimento sobre muitos casos é construído – lógica e logisticamente – sobre o conhecimento de casos individuais.

Segue-se disso que não há situação na qual resultados *C-pequeno* não possam ser sintetizados com resultados obtidos da análise *C-grande*, e vice-versa. Segue-se, ainda, que estudos *C-pequeno* e *C-grande* deveriam ser vistos como parceiros na tarefa iterativa da investigação descritiva e causal. Argumentos *C-grande* se baseiam em suposições intracaso (*i. e.*, sobre mecanismos causais), e argumentos intracaso se baseiam em suposições *C-grande*. Nenhum dos dois funciona muito bem quando isolado do outro.

Em muitas circunstâncias, é aconselhável conduzir ambos os tipos de análise. Uma fortalece a outra. Em vez de pensar essas opções metodológicas como oponentes, seria melhor pensá-las como complementares. Essa é a virtude do trabalho de nível transversal, também conhecido como triangulação. Os pesquisadores podem fazer ambos e, possivelmente, *devemos* nos envolver em ambos os estilos de análise[122]. Desse modo, problemas de validade, incerteza, replicabilidade e representatividade são geralmente mitigados.

Não pretendo implicar que ambos os estilos de pesquisa necessitam ser ensanduichados no mesmo estudo. Por vezes, considerações sobre espaço, exigências técnicas ou limitações de conhecimento prévio impedem um estudo de incluir ambas as abordagens. Contudo, uma abordagem multimétodo à pesquisa pode ser integrada em uma linha de pesquisa, contanto que os autores sejam conscientes do trabalho uns dos outros, e tenham o cuidado de formular suas teorias e *designs* de pesquisa de modos que facilitem a acumulação (Lieberman, 2016).

---

122. Essa distinção é extraída de Ragin (1987; 2004: 124). Vale a pena observar que o método distintivo de Ragin (Qualitative Comparative Analysis - ACQ) é destinado também a superar essa dicotomia tradicional.

Referências

Abadie, A. & Gardeazabal, J. (2003). The Economic Costs of Conflict: A Case Study of the Basque Country. *American Economic Review*, 93/1, p. 113-132.

Abadie, A.; Diamond, A. & Hainmueller, J. (2015). Comparative Politics and the Synthetic Control Method. *American Journal of Political Science*, 59/2, p. 495-510.

Abbott, A. (2001). *Time Matters*: On Theory and Method. Chicago: University of Chicago Press.

_____ (1992). From Causes to Events: Notes on Narrative Positivism. *Sociological Methods and Research*, 20/4, p. 428-455.

_____ (1990). Conceptions of Time and Events in Social Science Methods: Causal and Narrative Approaches. *Historical Methods*, 23/4, p. 140-150.

Abell, P. (2004). Narrative Explanation: An Alternative to Variable-Centered Explanation? *Annual Review of Sociology*, 30, p. 287-310.

_____ (1987). *The Syntax of Social Life*: The Theory and Method of Comparative Narratives. Oxford: Clarendon.

Abrami, R.M. & Woodruff, D.M. (2004). "Toward a Manifesto: Interpretive Materialist Political Economy" [apresentação no encontro anual da American Political Science Association, Chicago].

Acemoglu, D. & Robinson, J.A. (2012). *Why Nations Fail*: The Origins of Power, Prosperity and Poverty. Nova York: Crown.

_____ (2005). *Economic Origins of Dictatorship and Democracy*. Cambridge: Cambridge University Press.

Acemoglu, D.; Johnson, S. & Robinson, J.A. (2003). "An African Success Story: Botswana". In: Rodrik, D. (org.). *In Search of Prosperity*: Analytic Narratives on Economic Growth. Princeton: Princeton University Press.

Achen, C.H. & Shively, W.P. (1995). *Cross-Level Inference*. Chicago: University of Chicago Press.

Achen, C.H. & Snidal, D. (1989). Rational Deterrence Theory and Comparative Case Studies. *World Politics*, 41, p. 143-169.

Adamson, F. (2001). Democratization and the Domestic Sources of Foreign Policy: Turkey in the 1974 Cyprus Crisis. *Political Science Quarterly*, 116, p. 277-303.

Adcock, R.K. (2008). The Curious Career of "the Comparative Method": The Case of Mill's Methods. [apresentado no encontro anual da American Political Science Association, Boston].

Ahmed, A. & Sil, R. (2012). When Multi-Method Research Subverts Methodological Pluralism – Or, Why We Still Need Single-Method Research. *Perspectives on Politics*, 10/4, p. 935-953.

Alesina, A.; Devleeschauwer, A.; Easterly, W.; Kurlat, S. & Wacziarg, R. (2003). Fractionalization. *Journal of Economic Growth*, 8/2, p. 155-194.

Alesina, A.; Glaeser, E. & Sacerdote, B. (2001). Why Doesn't the US Have a European-Style Welfare State? *Brookings Papers on Economic Activity*, 2, p. 187-277.

Alexander, J. et al. (orgs.). (1987). *The Micro-Macro Link*. Berkeley: University of California Press.

Allen, W.S. (1965). *The Nazi Seizure of Power*: The Experience of a Single German Town, 1930-1935. Nova York: Watts.

Allison, G.T. (1971). *Essence of Decision*: Explaining the Cuban Missile Crisis. Boston: Little/Brown.

Allison, G.T. & Zelikow, P. (1999). *Essence of Decision*: Explaining the Cuban Missile Crisis. 2. ed. Boston: Little/Brown.

Almond, G.A. & Verba, S. (1963/1989). *The Civic Culture*: Political Attitudes and Democracy in Five Nations. Thousand Oaks: Sage.

Alperovitz, G. (1996). *The Decision to Use the Atomic Bomb*. Nova York: Vintage.

Alston, L.J. (2008). "The 'Case' for Case Studies in New Institutional Economics". In: Brousseau, É. & Glachant, J.-M. (orgs.). *New Institutional Economics*: A Guidebook. Cambridge: Cambridge University Press, p. 103-121.

Alston, L.J.; Libecap, G.D. & Schneider, R. (1996). The Determinants and Impact of Property Rights: Land Titles on the Brazilian Frontier. *Journal of Law, Economics, and Organization*, 12, p. 25-61.

Amenta, E. (1991). "Making the Most of a Case Study: Theories of the Welfare State and the American Experience". In: Ragin, C.C. (org.). *Issues and Alternatives in Comparative Social Research*. Leiden: Brill, p. 172-194.

Aminzade, R. (1992). Historical Sociology and Time. *Sociological Methods and Research*, 20, p. 456-480.

Andersen, R. (2008). *Modern Methods for Robust Regression*. Thousand Oaks: Sage.

Anderson, P. (1974). *Lineages of the Absolutist State*. Londres: New Left.

Anderson, R.A.; Crabtree, B.F.; Steele, D.J. & McDaniel R.R. (2005). Case Study Research: The View from Complexity Science. *Qualitative Health Research*, 15/5, p. 669-685.

Angrist, J.D. & Pischke, J.-S. (2015). *Mastering Metrics*: The Path from Cause to Effect. Princeton: Princeton University Press.

_____ (2009). *Mostly Harmless Econometrics*: An Empiricist's Companion. Princeton: Princeton University Press.

Ankeny, R.A. (2014). The Overlooked Role of Cases in Causal Attribution in Medicine. *Philosophy of Science*, 81, p. 999-1.011.

_____ (2012). Detecting Themes and Variations: The Use of Cases in Developmental Biology. *Philosophy of Science*, 79, p. 644-654.

_____ (2011). "Using Cases to Establish Novel Diagnoses: Creating Generic Facts by Making Particular Facts Travel Together". In: Howlett, P. & Morgan, M.S. (orgs.). *How Well Do Facts Travel?* The Dissemination of Reliable Knowledge. Cambridge: Cambridge University Press, p. 252-272.

Arceneaux, K. & Nickerson, D.W. (2009). Modeling Certainty with Clustered Data: A Comparison of Methods. *Political Analysis*, 17/2, p. 177-190.

Aronson, J.K. & Hauben, M. (2006). Drug Safety: Anecdotes that Provide Definitive Evidence. *British Medical Journal*, 333/7.581, p. 1.267-1.269.

Aymard, M. (1982). From Feudalism to Capitalism in Italy: The Case that Doesn't Fit. *Review*, 6, p. 131-208.

Bailey, M.T. (1992). Do Physicists Use Case Studies? Thoughts on Public Administration Research. *Public Administration Review*, 52/1, p. 47-54.

Banco Mundial (2003). *World Development Indicators 2003*. Washington: Banco Mundial.

Banfield, E.C. (1958). *The Moral Basis of a Backward Society*. Glencoe: Free Press.

Bassey, M. (1999). *Case Study Research in Educational Settings*. Buckingham: Open University Press.

Bates, R.H. et al. (1998). *Analytic Narratives*. Princeton: Princeton University Press.

Beach, D. & Pedersen, R.B. (2013). *Process-Tracing Methods:* Foundations and Guidelines. Ann Arbor: University of Michigan Press.

Beck, N. (2010). Causal Process "Observation": Oxymoron or (Fine) Old Wine. *Political Analysis*, 18, p. 499-505.

Becker, H.S. (1970). "Life History and the Scientific Mosaic". In: *Sociological Work*: Method and Substance. Chicago: Aldine, p. 63-73.

_____ (1963). *Outsiders*: Studies in the Sociology of Deviance. Glencoe: Free Press.

_____ (1961). *Boys in White*: Student Culture in Medical School. Chicago: University of Chicago Press.

Belich, J. (2010). "Exploding Wests: Boom and Bust in Nineteenth-Century Settler Societies". In: Diamond, J. & Robinson, J.A. (orgs.). *Natural Experiments in History*. Cambridge: Harvard University Press.

Belsey, D.A.; Kuh, E. & Welsch, R.E. (2004). *Regression Diagnostics*: Identifying Influential Data and Sources of Collinearity. Nova York: Wiley.

Benbasat, I.; Goldstein, D.K. & Mead, M. (1987). The Case Research Strategy in Studies of Information Systems. *MIT Quarterly*, 11/3, p. 369-386.

Bendix, R. (1978). *Kings or People*: Power and the Mandate to Rule. Berkeley: University of California Press.

_____ (1963). Concepts and Generalizations in Comparative Sociological Studies. *American Sociological Review*, 28/4, p. 532-539.

Benedict, R. (1934). *Patterns of Culture*. Boston: Houghton Mifflin.

Benjamin, L.T. (2006). *A Brief History of Modern Psychology*. Nova York: Wiley.

Bennett, A. (2015). "Disciplining Our Conjectures: Systematizing Process Tracing with Bayesian Analysis". In: Bennett, A. & Checkel, J.T. (orgs.). *Process Tracing*: From Metaphor to Analytic Tool. Cambridge: Cambridge University Press, p. 276-298.

_____ (2008). "Process Tracing: A Bayesian Approach". In: Box-Steffensmeier, J.; Brady, H. & Collier, D. (orgs.). *Oxford Handbook of Political Methodology*. Oxford: Oxford University Press, p. 702-721.

Bennett, A. & Checkel, J.T. (orgs.) (2015). *Process Tracing*: From Metaphor to Analytic Tool. Cambridge: Cambridge University Press.

Bennett, A. & Elman, C. (2007). Case Study Methods in the International Relations Subfield. *Comparative Political Studies*, 40/2, p. 170-195.

Bennett, A.; Lepgold, J. & Unger, D. (1994). Burden-Sharing in the Persian Gulf War. *International Organization*, 48/1, p. 39-75.

Berg, B.L. & Lune, H. (2011). *Qualitative Research Methods for the Social Sciences*. 8. ed. Englewood Cliffs: Prentice Hall.

Bernard, H.R. (2001). *Research Methods in Anthropology*: Qualitative and Quantitative Approaches. Lanham: Rowman & Littlefield.

_____ (1988). *Research Methods in Cultural Anthropology*. Thousand Oaks: Sage.

Bernard, L.L. (1928). The Development of Method in Sociology. *The Monist*, 38, p. 292-320.

Blatter, J. & Blume, T. (2008). In Search of Co-Variance, Causal Mechanisms or Congruence? Towards a Plural Understanding of Case Studies. *Swiss Political Science Review*, 14, p. 315-355.

Blatter, J. & Haverland, M. (2012). *Designing Case Studies*: Explanatory Approaches in Small-N Research. Basingstoke: Palgrave Macmillan.

Blumer, H. (1969). *Symbolic Interactionism*: Perspective and Method. Berkeley: University of California Press.

Bock, E.A. (org.) (1962). *Essays on the Case Method*. Nova York: Inter-University Case Program.

Boix, C. (1999). Setting the Rules of the Game: The Choice of Electoral Systems in Advanced Democracies. *American Political Science Review*, 93/3, p. 609-624.

Boix, C. & Stokes, S.C. (orgs.) (2007). *Oxford Handbook of Comparative Politics*. Oxford: Oxford University Press.

Bolgar, H. (1965). "The Case Study Method". In: Wolman, B.B. (org.). *Handbook of Clinical Psychology*. Nova York: McGraw-Hill, p. 28-39.

Bollen, K.A. & Jackman, R.W. (1985). Regression Diagnostics: An Expository Treatment of Outliers and Influential Cases. *Sociological Methods and Research*, 13, p. 510-542.

Bonoma, T.V. (1985). Case Research in Marketing: Opportunities, Problems, and a Process. *Journal of Marketing Research*, 22/2, p. 199-208.

Bourgin, G. & Henriot, G. (1924). *Procès-verbaux de la Commune de 1871*. Vols. 1-2. Paris: E. Leroux.

Bowman, K.; Lehoucq, F. & Mahoney, J. (2005). Measuring Political Democracy: Case Expertise, Data Adequacy, and Central America. *Comparative Political Studies*, 38/8, p. 939-970.

Brady, H.E. (2004). "Data-Set Observations v. Causal-Process Observations: The 2000 US Presidential Election". In: Brady, H.E. & Collier, D. (orgs.). *Rethinking Social Inquiry*: Diverse Tools, Shared Standards. Lanham: Rowman & Littlefield.

Brady, H.E. & Collier, D. (orgs.) (2004). *Rethinking Social Inquiry*: Diverse Tools, Shared Standards. Lanham: Rowman & Littlefield.

Breman, A. & Shelton, C. (2001). Structural Adjustment and Health: A Literature Review of the Debate, Its Role-Players and Presented Empirical Evidence. *CMH Working Paper Series*, n. WG 6/6 [OMS – Comissão de Macroeconomia e Saúde].

Bremer, S.A. (1993). Democracy and Militarized Interstate Conflict, 1816-1965. *International Interactions*, 18/3, p. 231-249.

_____ (1992). Dangerous Dyads: Conditions Affecting the Likelihood of Interstate War, 1816-1965. *Journal of Conflict Resolution*, 36/2, p. 309-341.

Briggs, D.C. (2005). Meta-Analysis: A Case Study. *Evaluation Review*, 29/2, p. 87-127.

Brinkerhoff, R.O. (2002). *The Success Case Method*. São Francisco: Berrett-Koehler.

Bromley, D.B. (1986). *The Case Study Method in Psychology and Related Disciplines*. Nova York: John Wiley & Sons.

Brooke, M. (1970). *Le Play*: Engineer and Social Scientist. Londres: Longman.

Brown, C. & Lloyd, K. (2001). Qualitative Methods in Psychiatric Research. *Advances in Psychiatric Treatment*, 7, p. 350-356.

Brown, M.E.; Lynn-Jones, S.M. & Miller, S.E. (orgs.) (1996). *Debating the Democratic Peace*. Cambridge: MIT Press.

Buchbinder, S. & Vittinghoff, E. (1999). HIV-infected Long-Term Nonprogressors: Epidemiology, Mechanisms of Delayed Progression, and Clinical and Research Implications. *Microbes Infect*, 1/13, p. 1.113-1.120.

Bulmer, M. (1984). *The Chicago School of Sociology*: Institutionalization, Diversity and the Rise of Sociological Research. Chicago: University of Chicago Press.

Bunce, V. (1981). *Do New Leaders Make a Difference?* Executive Succession and Public Policy under Capitalism and Socialism. Princeton: Princeton University Press.

Burawoy, M. (1998). The Extended Case Method. *Sociological Theory*, 16/1, p. 4-33.

Burawoy, M.; Gamson, J. & Burton, A. (1991). *Ethnography Unbound*: Power and Resistance in the Modern Metropolis. Berkeley: University of California Press.

Burgess, E.W. 1927. Statistics and Case Studies as Methods of Social Research. *Sociology and Social Research*, 12, p. 103-120.

Burian, R.M. (2001). The Dilemma of Case Studies Resolved: The Virtues of Using Case Studies in the History and Philosophy of Science. *Perspectives on Science*, 9, p. 383-404.

Buthe, T. (2002). Taking Temporality Seriously: Modeling History and the Use of Narratives as Evidence. *American Political Science Review*, 96/3, p. 481-493.

Caldwell, J.C. (1986). Routes to Low Mortality in Poor Countries. *Population and Development Review*, 12/2, p. 171-220.

Cameron, D. (1978). The Expansion of the Public Economy: A Comparative Analysis. *American Political Science Review*, 72/4, p. 1.243-1.261.

Campbell, D.T. (1975/1988). "'Degrees of Freedom' and the Case Study". In: Overman, E.S. (org.). *Methodology and Epistemology for Social Science*. Chicago: University of Chicago Press.

_____ (1968/1988). "The Connecticut Crackdown on Speeding: Time-Series Data in Quasi-Experimental Analysis". In: Overman, E.S. (org.). *Methodology and Epistemology for Social Science*. Chicago: University of Chicago Press.

_____ (1966). "Pattern Matching as an Essential in Distal Knowing". In: Hammond, K.R. (org.). *The Psychology of Egon Brunswick*. Nova York: Holt, Rinehart & Winston.

Canon, D.T. (1999). *Race, Redistricting, and Representation*: The Unintended Consequences of Black Majority Districts. Chicago: University of Chicago Press.

Carey, J.M. (2007). Competing Principals, Political Institutions, and Party Unity in Legislative Voting. *American Journal of Political Science*, 51, p. 92-107.

Carter, L.H. & Burke, T.F. (2015). *Reason in Law*. 8. ed. Chicago: University of Chicago Press.

Chandler, A.D. (1962). *Strategy and Structure*: Chapters in the History of the American Industrial Enterprise. Cambridge: Harvard University Press.

Chandler, J.; Harootunian, H. & Davidson, A. (orgs.) (1994). *Questions of Evidence*: Proof, Practice, and Persuasion across the Disciplines. Chicago: University of Chicago Press.

Childs, G.; Goldstein, M.C.; Jiao, B. & Beall, C.M. (2005). Tibetan Fertility Transitions in China and South Asia. *Population and Development Review*, 31/2, p. 337-349.

Chong, D. (1993). How People Think, Reason, and Feel about Rights and Liberties. *American Journal of Political Science*, 37/3, p. 867-899.

Cipolla, C.M. (1991). *Between History and Economics*: An Introduction to Economic History. Oxford: Blackwell.

Coase, R.H. (2000). The Acquisition of Fisher Body by General Motors. *The Journal of Law and Economics*, 43/1, p. 15-31.

_____ (1959). The Federal Communications Commission. *The Journal of Law and Economics*, 2, p. 1-40.

Cohen, M.R. & Nagel, E. (1934). *An Introduction to Logic and Scientific Method*. Nova York: Harcourt, Brace & Company.

Collier, D. (2011). Understanding Process Tracing. *PS: Political Science and Politics*, 44/4, p. 823-830.

_____ (1993). "The Comparative Method". In: Finifter, A.W. (org.). *Political Science*: The State of the Discipline. Vol. II. Washington: American Political Science Association.

Collier, D. & Mahoney, J. (1996). Insights and Pitfalls: Selection Bias in Qualitative Research. *World Politics*, 49, p. 56-91.

Collier, P. & Hoeffler, A. (2001). Greed and Grievance in Civil War. *World Bank Policy Research Working Paper*, 2.355.

Collier, P. & Sambanis, N. (orgs.) (2005a). *Understanding Civil War*: Evidence and Analysis. Vol. 1: África. Washington: Banco Mundial.

_____ (orgs.) (2005b). *Understanding Civil War*: Evidence and Analysis. Vol. 2: Europe, Central Asia, and Other Regions. Washington: Banco Mundial.

Collier, R.B. & Collier, D. (1991/2002). *Shaping the Political Arena*: Critical Junctures, the Labor Movement, and Regime Dynamics in Latin America. Notre Dame: University of Notre Dame Press.

Converse, P.E. & Dupeux, G. (1962). Politicization of the Electorate in France and the United States. *Public Opinion Quarterly*, 26, p. 1-23.

Coppedge, M. et al. (2015). Varieties of Democracy: Methodology v. 4. *Varieties of Democracy (V-Dem) Project*.

Cornell, S.E. (2002). Autonomy as a Source of Conflict: Caucasian Conflicts in Theoretical Perspective. *World Politics*, 54, p. 245-276.

Corsini, R.J. (2004). Case Studies in Psychotherapy. *Thomson Learning*.

Cousin, G. (2005). Case Study Research. *Journal of Geography in Higher Education*, 29/3, p. 421-427.

Crandell, J.L.; Voils, C.I.; Chang, Y.K. & Sandelowski, M. (2011). Bayesian Data Augmentation Methods for the Synthesis of Qualitative and Quantitative Research Findings. *Quality and Quantity*, 45, p. 653-669.

Crossley, M. & Vulliamy, G. (1984). Case-Study Research Methods and Comparative Education. *Comparative Education*, 20/2, p. 193-207.

Curtiss, S. (1977). *Genie*: A Psycholinguistic Study of a Modern-Day "Wild Child". Boston: Academic Press.

Dafoe, A. & Kelsey, N. (2014). Observing the Capitalist Peace: Examining Market-Mediated Signaling and Other Mechanisms. *Journal of Peace Research*, 51/5, p. 619-633.

Dahl, R.A. (1961). *Who Governs?* Democracy and Power in an American City. New Haven: Yale University Press.

Daniels, P.T. & Bright, W. (orgs.) (1996). *The World's Writing Systems*. Oxford: Oxford University Press.

Davenport, C. & Ball, P. (2002). Views to a Kill: Exploring the Implications of Source Selection in the Case of Guatemalan State Terror, 1977-1995. *Journal of Conflict Resolution*, 46, p. 427-450.

David, M. (org.) (2005). *Case Study Research*. 4 vols. Thousand Oaks: Sage.

David, P. (1985). Clio and the Economics of QWERTY. *American Economic Review*, 75, p. 332-337.

Davidson, D. (1963). Actions, Reasons, and Causes. *The Journal of Philosophy*, 60/23, p. 685-700.

Davidson, P.O. & Costello, C.G. (orgs.) (1969). *N = 1: Experimental Studies of Single Cases*. Nova York: Van Nostrand Reinhold.

DeFelice, G.E. (1986). Causal Inference and Comparative Methods. *Comparative Political Studies*, 19/3, p. 415-437.

Delamont, S. (1992). *Fieldwork in Educational Settings* – Methods, Pitfalls and Perspectives. Londres: Falmer.

Denzin, N.K. & Lincoln, Y.S. (orgs.) (2000). *Handbook of Qualitative Research*. 2. ed. Thousand Oaks: Sage.

Dessler, D. (1991). Beyond Correlations: Toward a Causal Theory of War. *International Studies Quarterly*, 35, p. 337-355.

Dewald, W.G.; Thursby, J.G. & Anderson, R.G. (1986). Replication in Empirical Economics: The Journal of Money, Credit, and Banking Project. *American Economic Review*, 76/4, p. 587-603.

Diamond, J. (1992). *Guns, Germs and Steel*: The Fates of Human Societies. Nova York: Norton.

Diamond, J. & Robinson, J.A. (orgs.) (2010). *Natural Experiments in History*. Cambridge: Harvard University Press.

Diamond, L. & Plattner, M. (orgs.) (1994). *Nationalism, Ethnic Conflict and Democracy*. Baltimore: Johns Hopkins University Press.

Dion, D. (1998). Evidence and Inference in the Comparative Case Study. *Comparative Politics*, 30, p. 127-145.

Dobbin, F. (1994). *Forging Industrial Policy*: The United States, Britain and France in the Railway Age. Nova York: Cambridge University Press.

Downing, B.M. (1992). *The Military Revolution and Political Change*: Origins of Democracy and Autocracy in Early Modern Europe. Princeton: Princeton University Press.

Dreze, J. & Sen, A. (1989). "China and India". In: Dreze, J. & Sen, A. (orgs.). *Hunger and Public Action*. Oxford: Oxford: Clarendon Press, p. 204-225.

Duff, P. (2007). *Case Study Research in Applied Linguistics*. Londres: Routledge.

Dufour, S. & Fortin, D. (1992). Annotated Bibliography on Case Study Method. *Current Sociology*, 40/1, p. 167-200.

Dul, J. & Hak, T. (2007). *Case Study Methodology in Business Research*. Amsterdã: Elsevier.

Duneier, M. (1999). *Sidewalk*. Nova York: Farrar, Straus, Giroux.

Dunlavy, C. (1994). *Politics and Industrialization*: Early Railroads in the US and Prussia. Princeton: Princeton University Press.

Dunning, T. (2012). *Natural Experiments in the Social Sciences*: A Design-Based Approach. Cambridge: Cambridge University Press.

_____ (2008). *Crude Democracy*: Natural Resource Wealth and Political Regimes. Cambridge: Cambridge University Press.

Eckstein, H. (1975). "Case Studies and Theory in Political Science". In: Greenstein, F.I. & Polsby, N.W. (orgs.). *Handbook of Political Science*. Vol. 7: Political Science: Scope and Theory. Reading: Addison-Wesley, p. 79-138.

Eggan, F. (1954). Social Anthropology and the Method of Controlled Comparison. *American Anthropologist*, 56, p. 743-763.

Eichengreen, B. (1992). *Golden Fetters*: The Gold Standard and the Great Depression, 1919-1939. Nova York: Oxford University Press.

Eisenhardt, K.M. (1989). Building Theories from Case Study Research. *Academy of Management Review*, 14/4, p. 532-550.

Ellram, L.M. (1996). The Use of the Case Study Method in Logistics Research. *Journal of Business Logistics*, 17/2.

Elman, C. (2005). Explanatory Typologies in Qualitative Studies of International Politics. *International Organization*, 59/2, p. 293-326.

Elman, C. & Elman, M.F. (2002). How Not to Be Lakatos Intolerant: Appraising Progress in IR Research. *International Studies Quarterly*, 46/2, p. 231-262.

_____ (orgs.) (2001). *Bridges and Boundaries*: Historians, Political Scientists, and the Study of International Relations. Cambridge: MIT Press.

Elman, C. & Kapiszewski, D. (2014). Data Access and Research Transparency in the Qualitative Tradition. *PS: Political Science and Politics*, 47/1, p. 43-47.

Elman, C.; Kapiszewski, D. & Vinuela, L. (2010). Qualitative Data Archiving: Rewards and Challenges. *PS: Political Science and Politics*, 43, p. 23-27.

Elman, M.F. (org.) (1997). *Paths to Peace*: Is Democracy the Answer? Cambridge: Cambridge University Press.

Emigh, R. (1997). The Power of Negative Thinking: The Use of Negative Case Methodology in the Development of Sociological Theory. *Theory and Society*, 26, p. 649-684.

Epstein, L.D. (1964). A Comparative Study of Canadian Parties. *American Political Science Review*, 58, p. 46-59.

Eriksen, T.H. & Nielsen, F.S. (2001). *A History of Anthropology*. [s.l.:] Pluto Press.

Ertman, T. (1997). *The Birth of Leviathan*: Building States and Regimes in Medieval and Early Modern Europe. Cambridge: Cambridge University Press.

Evans, P.B. (1995). *Embedded Autonomy*: States and Industrial Transformation. Princeton: Princeton University Press.

Everitt, B.S.; Landau, S.; Leese, M. & Stahl, D. (2011). *Cluster Analysis*. 5. ed. Nova York: Wiley.

Fabrigar, L.R. & Wegener, D.T. (2011). *Exploratory Factor Analysis*. Oxford: Oxford University Press.

Fairfield, T. (2015). *Private Wealth and Public Revenue in Latin America*: Business Power and Tax Politics. Cambridge: Cambridge University Press.

_____ (2013). Going Where the Money Is: Strategies for Taxing Economic Elites in Unequal Democracies. *World Development*, 47, p. 42-57.

Feagin, J.R.; Orum, A.M. & Sjoberg, G. (1991). *A Case for the Case Study*. Chapel Hill: University of North Carolina Press.

Fearon, J.D. (1991). Counter Factuals and Hypothesis Testing in Political Science. *World Politics*, 43, p. 169-195.

Fearon, J.D. & Laitin, D.D. (2015). *Random Narratives* [manuscrito não publicado, Departamento de Ciência Política da Universidade de Stanford – disponível em: http: //web.stanford.edu/group/ethnic/Random%20Narratives/random%20 narratives.htm].

_____ (2014). Civil War Non-Onsets: The Case of Japan. *Journal of Civilization Studies*, 1/1, p. 67-90.

_____ (2008). "Integrating Qualitative and Quantitative Methods". In: Box-Steffensmeier, J.M.; Brady, H.E. & Collier, D. (orgs.). *The Oxford Handbook of Political Methodology*. Oxford: Oxford University Press.

_____ (2003). Ethnicity, Insurgency, and Civil War. *American Political Science Review*, 97/1, p. 75-90.

Feng, Y. (2003). *Democracy, Governance, and Economic Performance*: Theory and Evidence. Cambridge: MIT Press.

Fenno, R.F. (1978). *Home Style*: House Members in Their Districts. Boston: Little, Brown.

_____ (1977). US House Members in Their Constituencies: An Exploration. *American Political Science Review*, 71/3, p. 883-917.

Ferejohn, J. (2004). "External and Internal Explanation". In: Shapiro, I.; Smith, R.M. & Masoud, T.E. (orgs.). *Problems and Methods in the Study of Politics*. Cambridge: Cambridge University Press.

Ferwerda, J. & Miller, N. (2014). Political Devolution and Resistance to Foreign Rule: A Natural Experiment. *American Political Science Review*, 108/3, p. 642-660.

Feyerabend, P. (1975). *Against Method*. Londres: New Left Books.

Finer, S.E. (1997). *The History of Government*. Vols. 1-3. Cambridge: Cambridge University Press.

Fiorina, M.P. (1977). *Congress*: Keystone of the Washington Establishment. New Haven: Yale University Press.

Fischer, D.H. (1970). *Historians' Fallacies*: Toward a Logic of Historical Thought. Nova York: Harper and Row.

Fishman, D.B. (1999). *The Case for Pragmatic Psychology*. Nova York: New York University Press.

Flyvbjerg, B. (2011). "Case Study". In: Denzin, N.K. & Lincoln, Y.S. (orgs.). *The Sage Handbook of Qualitative Research*. 4. ed. Thousand Oaks: Sage, p. 301-316.

_____ (2006). Five Misunderstandings about Case Study Research. *Qualitative Inquiry*, 12/2, p. 219-245.

Forrester, J. (1996). If p, Then What? Thinking in Cases. *History of the Human Sciences*, 9/3, p. 1-25.

Foucault, M. (1977). *Discipline and Punish*. Londres: Allen Lane.

Franzosi, R. et al. (2013). Quantitative Narrative Analysis Software Options Compared: PC-ACE and CAQDAS (ATLAS.ti, MAXqda, and NVivo). *Quality and Quantity*, 47/6, p. 3.219-3.247.

Freedman, D.A. (1991). Statistical Models and Shoe Leather. *Sociological Methodology*, 21, p. 291-313.

Freese, J. (2007). Replication Standards for Quantitative Social Science: Why Not Sociology? *Sociological Methods and Research*, 36/2, p. 153-162.

Friedman, M. & Schwartz, A.J. (1963). *A Monetary History of the United States, 1867-1960*. Princeton: Princeton University Press.

Gast, D.L. & Ledford, J.R. (orgs.) (2009). *Single Subject Research Methodology in Behavioral Sciences*. Londres: Routledge.

Geddes, B. (2003). *Paradigms and Sandcastles*: Theory Building and Research Design in Comparative Politics. Ann Arbor: University of Michigan Press.

_____ (1990). "How the Cases You Choose Affect the Answers You Get: Selection Bias in Comparative Politics". In: Stimson, J.A. (org.). *Political Analysis*. Vol. 2. Ann Arbor: University of Michigan Press.

Geertz, C. (1978). The Bazaar Economy: Information and Search in Peasant Marketing. *American Economic Review*, 68/2, p. 28-32.

_____ (1973). "Thick Description: Toward an Interpretive Theory of Culture". In: *The Interpretation of Cultures*. Nova York: Basic Books.

_____ (1963). *Peddlers and Princes*: Social Change and Economic Modernization in Two Indonesian Towns. Chicago: University of Chicago Press.

George, A.L. (1979). "Case Studies and Theory Development: The Method of Structured, Focused Comparison". In: Lauren, P.G. (org.). *Diplomacy*: New Approaches in History, Theory, and Policy. Nova York: The Free Press.

George, A.L. & Bennett, A. (2005). *Case Studies and Theory Development*. Cambridge: MIT Press.

George, A.L. & McKeown, T.J. (1985). "Case Studies and Theories of Organizational Decision-Making". In: Coulam, R.F. & Smith, R.A. (orgs.). *Advances in Information Processing in Organizations*. Greenwich: JAI, p. 21-58.

George, A.L. & Smoke, R. (1974). *Deterrence in American Foreign Policy*: Theory and Practice. Nova York: Columbia University Press.

Gerber, A.S. & Green, D.P. (2012). *Field Experiments*: Design, Analysis and Interpretation. Nova York: W.W. Norton.

Gerring, J. (2017). Qualitative Methods. *Annual Review of Political Science*, 20 (maio/jun.).

_____ (2012a). Mere Description. *British Journal of Political Science*, 42/4, p. 721-746.

_____ (2012b). *Social Science Methodology*: A Unified Framework. 2. ed. Cambridge: Cambridge University Press.

_____ (2010). Causal Mechanisms: Yes, But… *Comparative Political Studies*, 43/11, p. 1.499-1.526.

_____ (2007a). *Case Study Research*: Principles and Practices. Cambridge: Cambridge University Press.

_____ (2007b). Is There a (Viable) Crucial-Case Method? *Comparative Political Studies*, 40/3, p. 231-253.

_____ (2007c). The Mechanismic Worldview: Thinking Inside the Box. *British Journal of Political Science*, 38/1, p. 161-179.

_____ (2006a). "The Case Study: What It Is and What It Does". In: Boix, C. & Stokes, S. (orgs.). *Oxford Handbook of Comparative Politics*. Oxford: Oxford University Press.

_____ (2006b). Idiographic Studies: A Methodological Primer. *International Sociology*, 21/5, p. 707-734.

_____ (2004a). Interpretations of Interpretivism. *Qualitative Methods*: Newsletter of the American Political Science Association Organized Section on Qualitative Methods, 1/2, p. 2-6.

_____ (2004b). What Is a Case Study and What Is It Good For? *American Political Science Review*, 98/2, p. 341-354.

Gerring, J.; Bond, P.; Barndt, W. & Moreno, C. (2005). Democracy and Growth: A Historical Perspective. *World Politics*, 57/3, p. 323-364.

Gerring, J. & Christenson, D. (2017). *Applied Social Science Methodology*: An Introductory Guide. Cambridge: Cambridge University Press.

Gerring, J. & Cojocaru, L. (2016). Selecting Cases for Intensive Analysis: A Diversity of Goals and Methods. *Sociological Methods and Research*, 45/3, p. 392-423.

Gerring, J. & McDermott, R. (2007). An Experimental Template for Case-Study Research. *American Journal of Political Science*, 51/3, p. 688-701.

Gerring, J. & Thomas, C. (2005). *What is "Qualitative" Evidence? When Counting Doesn't Add Up* [manuscrito não publicado, Departamento de Ciência Política da Universidade de Boston].

Gerschenkron, A. (1962). *Economic Backwardness in Historical Perspective*. Cambridge: Harvard University Press.

Giddings, F.H. (1924). *The Scientific Study of Human Society*. Chapel Hill: University of North Carolina Press.

Gilgun, J.F. (1994). A Case for Case Studies in Social Work Research. *Social Work*, 39/4, p. 371-381.

Gill, C.J.; Sabin, L. & Schmid, C.H. (2005). Why Clinicians are Natural Bayesians. *British Medical Journal*, 330 (7/mai.), p. 1.080-1.083.

Gilovich, T. (1993). *How We Know What Isn't So*. Nova York: Free Press.

Ginzburg, C. (2007). "Latitude, Slaves, and the Bible: An Experiment in Microhistory". In: Creager, A.N.H.; Lunbeck, E.M. & Wise, N. (orgs.). *Science without Laws*: Model Systems, Cases, Exemplary Narratives. Durham: Duke University Press, p. 243-263.

_____ (1991). Checking the Evidence: The Judge and the Historian. *Critical Inquiry*, 18, p. 79-92.

_____ (1983). "Morelli, Freud and Sherlock Holmes: Clues and Scientific Method". In: Eco, U. & Sebeok, T.A. (orgs.). *The Sign of Three*: Dupin, Holmes, Peirce. Bloomington: Indiana University Press, p. 81-118.

Gisselquist, R.M. (2014). Paired Comparison and Theory Development: Considerations for Case Selection. *PS: Political Science and Politics*, 47/2, p. 477-484.

Glaser, B.G. & Strauss, A.L. (1967). *The Discovery of Grounded Theory*: Strategies for Qualitative Research. Nova York: Aldine de Gruyter.

Gleditsch, N.P. (1992). Democracy and Peace. *Journal of Peace Research*, 29/4, p. 369-376.

Gluckman, M. (1961). Ethnographic Data in British Social Anthropology. *Sociological Review*, 9/1, p. 5-17.

Glynn, A.N. & Gerring, J. (2015). *Strategies of Research Design with Confounding*: A Graphical Description [manuscrito não publicado, Departamento de Ciência Política da Universidade de Emory].

Glynn, A.N. & Ichino, N. (2016). Increasing Inferential Leverage in the Comparative Method: Placebo Tests in Small-N Research. *Sociological Methods and Research*.

_____ (2015). Using Qualitative Information to Improve Causal Inference. *American Journal of Political Science*, 59, p. 1.055-1.071.

Goemans, H.E. & Spaniel, W. (2016). Multi-Method Research: The Case for Formal Theory. *Security Studies*, 25/1, p. 25-33.

Goemans, H.E.; Gleditsch, K.S. & Chiozza, G. (2009). *ARCHIGOS: A Data Set on Leaders 1875-2004, Version 2.9* [manuscrito não publicado, Universidade de Rochester].

Goertz, G. (2017). *Multimethod Research, Causal Mechanisms, and Selecting Cases*: The Research Triad. Princeton: Princeton University Press.

_____ (2016). Multimethod Research. *Security Studies*, 25, p. 3-24.

Goertz, G. & Levy, J. (orgs.) (2007). *Explaining War and Peace*: Case Studies and Necessary Condition Counterfactuals. Londres: Routledge.

Goertz, G. & Mahoney, J. (2012). *A Tale of Two Cultures*: Qualitative and Quantitative Research in the Social Sciences. Princeton: Princeton University Press.

Goertz, G. & Starr, H. (orgs.) (2003). *Necessary Conditions*: Theory, Methodology and Applications. Nova York: Rowman & Littlefield.

Goldstone, J.A. (2003). "Comparative Historical Analysis and Knowledge Accumulation in the Study of Revolutions". In: Mahoney, J. & Rueschemeyer, D. (orgs.). *Comparative Historical Analysis in the Social Sciences*. Cambridge: Cambridge University Press.

_____ (1997). Methodological Issues in Comparative Macrosociology. *Comparative Social Research*, 16, p. 107-120.

_____ (1991). *Revolution and Rebellion in the Early Modern World*. Berkeley: University of California Press.

Goldstone, J.A. et al. (2000). *State Failure Task Force Report*: Phase III Findings [disponível em: http: //www.cidcm.umd.edu/inscr/stfail/SFTF%20Phase%20III%20 Report%20Final.pdf].

Goldthorpe, J.H. (1997). Current Issues in Comparative Macrosociology: A Debate on Methodological Issues. *Comparative Social Research*, 16, p. 121-132.

Gordon, S.C. & Smith, A. (2004). Quantitative Leverage Through Qualitative Knowledge: Augmenting the Statistical Analysis of Complex Causes. *Political Analysis*, 12, p. 233-255.

Gottschalk, L. (1969). *Understanding History*. Nova York: Knopf.

Gouldner, A.W. (1954). *Patterns of Industrial Bureaucracy*. Nova York: Free Press.

Gourevitch, P. (1986). *Politics in Hard Times*: Comparative Responses to International Economic Crises. Ithaca: Cornell University Press.

Grass, N.S.B. & Larson, H.M. (1939). *Casebook in American Business History*. [s.l.:] F.S. Crofts & Co.

Green, D. & Shapiro, I. (1994). *Pathologies of Rational Choice Theory*: A Critique of Applications in Political Science. New Haven: Yale University Press.

Greenstein, F. & Immerman, R.H. (1992). What Did Eisenhower Tell Kennedy About Indochina? The Politics of Misperception. *Journal of American History*, 79/2, p. 568-587.

Greif, A. (1998). "Self-Enforcing Political Systems and Economic Growth: Late Medieval Genoa". In: Bates, R.H. et al. (1998). *Analytic Narratives*. Princeton: Princeton University Press, p. 23-63.

Griffin, L.J. (1993). Narrative, Event-Structure Analysis, and Causal Interpretation in Historical Sociology. *American Journal of Sociology*, 98, p. 1.094-1.133.

_____ (1992). Temporality, Events, and Explanation in Historical Sociology: An Introduction. *Sociological Methods and Research*, 20/4, p. 403-427.

Grzymala-Busse, A. (2011). Time Will Tell? Temporality and the Analysis of Causal Mechanisms and Processes. *Comparative Political Studies*, 44/9, p. 1.267-1.297.

Gutting, G. (org.) (1980). *Paradigms and Revolutions*: Appraisals and Applications of Thomas Kuhn's Philosophy of Science. Notre Dame: University of Notre Dame Press.

Haber, S. (2010). "Politics, Banking, and Economic Development: Evidence from New World Economies". In: Diamond, J. & Robinson, J.A. (orgs.). *Natural Experiments in History*. Cambridge: Harvard University Press.

Haggard, S. & Kaufman, R. (2012). Inequality and Regime Change: Democratic Transitions and the Stability of Democratic Rule. *American Political Science Review*, 106, p. 1-22.

Hall, P.A. (2006). Systematic Process Analysis: When and How to Use It. *European Management Review*, 3, p. 24-31.

_____ (2003). "Aligning Ontology and Methodology in Comparative Politics". In: Mahoney, J. & Rueschemeyer, D. (orgs.). *Comparative Historical Analysis in the Social Sciences*. Cambridge: Cambridge University Press.

Hamel, J. (1993). *Case Study Methods*. Thousand Oaks: Sage.

Hamilton, J.D. (1994). *Time Series Analysis*. Princeton: Princeton University Press.

Hammersley, M. (1989). *The Dilemma of Qualitative Method*: Blumer, Herbert and the Chicago School. Londres: Routledge & Kegan Paul.

Hancke, B. (2009). *Intelligent Research Design*: A Guide for Beginning Researchers in the Social Sciences. Oxford: Oxford University Press.

Hancock, D.R. & Algozzine, B. (2011). *Doing Case Study Research*: A Practical Guide for Beginning Researchers. 2. ed. [s.l.:] Teacher's College Press.

Handlin, O. (1941). *Boston's Immigrants*. Cambridge: Harvard University Press.

Hanson, N.R. (1958). *Patterns of Discovery*. Cambridge: Cambridge University Press.

Harding, D. & Seefeldt, K. (2013). "Mixed Methods and Causal Analysis". In: Morgan, S. (org.). *Handbook of Causal Analysis*. Nova York: Springer.

Harding, D.; Fox, C. & Mehta, J.D. (2002). Studying Rare Events Through Qualitative Case Studies: Lessons from a Study of Rampage School Shootings. *Sociological Methods and Research*, 11/31, p. 174-217.

Harrison, H.M. (1992). Inside the SED Archives: A Researcher's Diary. *Bulletin of the Cold War International History Project*, 2.

Hart, H.L.A. & Honore, A.M. (1959). *Causality in the Law*. Oxford: Oxford University Press.

Hartley, J.F. (1994). "Case Studies in Organizational Research". In: Cassell, C. & Symon, G. (orgs.). *Qualitative Methods in Organizational Research*: A Practical Guide. Londres: Sage, p. 209-229.

Hartz, L. (1955). *The Liberal Tradition in America*. Nova York: Harcourt, Brace & World.

Harvey, F.P. & Brecher, M. (orgs.) (2002). *Evaluating Methodology in International Studies*. Ann Arbor, MI: University of Michigan Press.

Harzing, A.W. (2002). Are Our Referencing Errors Undermining Our Scholarship and Credibility? The Case of Expatriate Failure Rates. *Journal of Organizational Behavior*, 23, p. 127-148.

Haynes, B.F.; Pantaleo, G. & Fauci, A.S. (1996). Toward an Understanding of the Correlates of Protective Immunity to HIV Infection. *Science*, 271, p. 324-328.

Head, M.L. et al. (2015). The Extent and Consequences of p-Hacking in Science. *PLoS Biology*, 13/3, e1002106.

Healy, W. (1923). The Contributions of Case Studies to American Sociology. *Publications of the American Sociological Society*, 18, p. 147-155.

Heclo, H. (1974). *Modern Social Policies in Britain and Sweden*: From Relief to Income Maintenance. New Haven: Yale University Press.

Hempel, S. (2007). *The Strange Case of the Broad Street Pump*: John Snow and the Mystery of Cholera. Berkeley: University of California Press.

Henry, G.T. (1990). *Practical Sampling*. Thousand Oaks: Sage.

Hernan, M.A. & Robins, J.M. *Causal Inference* [em elaboração].

Herron, M.C. & Quinn, K.M. (2016). A Careful Look at Modern Case Selection Methods. *Sociological Methods and Research*.

Hersen, M. & Barlow, D.H. (1976). *Single-Case Experimental Designs*: Strategies for Studying Behavior Change. Oxford: Pergamon.

Hill, M.R. (1993). *Archival Strategies and Techniques*. Thousand Oaks: Sage.

Hirschman, A.O. (1967). *Development Projects Observed*. Washington: Brookings Institution.

Ho, D.E. et al. (2007). Matching as Nonparametric Preprocessing for Reducing Model Dependence in Parametric Causal Inference. *Political Analysis*, 15/3, p. 199-236.

Hochschild, J.L. (1981). *What's Fair?* American Beliefs about Distributive Justice. Cambridge: Harvard University Press.

Holland, P.W. (1986). Statistics and Causal Inference. *Journal of the American Statistical Association*, 81, p. 945-960.

Homans, G.C. (1951). *The Human Group*. Nova York: Routledge & Kegan Paul.

Hoon, C. (2013). Meta-Synthesis of Qualitative Case Studies: An Approach to Theory Building. *Organizational Research Methods*, 16/4, p. 522-556.

Howard, M.M. (2003). *The Weakness of Civil Society in Post-Communist Europe*. Cambridge: Cambridge University Press.

Howell, M. & Prevenier, W. (2001). *From Reliable Sources*: An Introduction to Historical Methods. Ithaca: Cornell University Press.

Hsieh, C.-T. & Romer, C.D. (2001). Was the Federal Reserve Fettered? Devaluation Expectations in the 1932 Monetary Expansion. *NBER Working Paper*, n. W8113 (fev.).

Humphreys, M. (2005). Natural Resources, Conflict, and Conflict Resolution: Uncovering the Mechanisms. *Journal of Conflict Resolution*, 49/4, p. 508-537.

Humphreys, M. & Jacobs, A.M. (2015). Mixing Methods: A Bayesian Approach. *American Political Science Review*, 109, p. 653-673.

Humphreys, M.; Sanchez de la Sierra, R. & van der Windt, P. (2013). Fishing, Commitment, and Communication: A Proposal for Comprehensive Nonbinding Research Registration. *Political Analysis*, 21/1, p. 1-20.

Hunter, F. (1953). *Community Power Structure*. Chapel Hill: University of North Carolina Press.

Hunter, K.M. (1991). *Doctors' Stories*: The Narrative Structure of Medical Knowledge. Princeton: Princeton University Press.

Huntington, S.P. (1968). *Political Order in Changing Societies*. New Haven: Yale University Press.

Imai, K. et al. (2011). Unpacking the Black Box of Causality: Learning about Causal Mechanisms from Experimental and Observational Studies. *American Political Science Review*, 105/4, p. 765-789.

Imai, K.; Keele, L. & Tingley, D. (2010). A General Approach to Causal Mediation Analysis. *Psychological Methods*, 15/4, p. 309-334.

Imbens, G.W. & Rubin, D.B. (2015). *Causal Inference for Statistics, Social, and Biomedical Sciences*: An Introduction. Cambridge: Cambridge University Press.

Immergut, E.M. (1992). *Health Politics: Interests and Institutions in Western Europe*. Cambridge: Cambridge University Press.

Jacobs, A. (2015). "Process Tracing the Effects of Ideas". In: Bennett, A. & Checkel, J.T. (orgs.). *Process Tracing*: From Metaphor to Analytic Tool. Cambridge: Cambridge University Press, p. 41-73.

Jenicek, M. (2001). *Clinical Case Reporting in Evidence-Based Medicine*. 2. ed. Oxford: Oxford University Press.

Jensen, J.L. & Rodgers, R. (2001). Cumulating the Intellectual Gold of Case Study Research. *Public Administration Review*, 61/2, p. 235-246.

Jervis, R. (1989). Rational Deterrence: Theory and Evidence. *World Politics*, 41/2, p. 183-207.

JHR Policy on Replication and Data Availability. *Journal of Human Resources*, 1989 [disponível em: http://www.ssc.wisc.edu/jhr/replication.html].

Jocher, K. (1928). The Case Study Method in Social Research. *Social Forces*, 7, p. 203-215.

Johnson, C. (1983). *MITI and the Japanese Miracle*: The Growth of Industrial Policy, 1925-1975. Stanford: Stanford University Press.

Johnson, S. (2006). *The Ghost Map*: The Story of London's Most Terrifying Epidemic – and How It Changed Science, Cities, and the Modern World. Nova York: Riverhead.

Jones, G. & Zeitlin, J. (orgs.) (2010). *The Oxford Handbook of Business History*. Oxford: Oxford University Press.

Jupp, V. (1996). "Documents and Critical Research". In: Sapsford, R. & Jupp, V. (orgs.). *Data Collection and Analysis*. Thousand Oaks: Sage, p. 298-316.

Kaarbo, J. & Beasley, R.K. (1999). A Practical Guide to the Comparative Case Study Method in Political Psychology. *Political Psychology*, 20/2, p. 369-391.

Kalyvas, S.N. (1996). *Christian Democracy in Europe*. Ithaca: Cornell University Press.

Kanter, R.M. (1977). *Men and Women of the Corporation*. Nova York: Basic Books.

Kapiszewski, D. et al. (2015). *Field Research in Political Science*: Practices and Principles. Cambridge: Cambridge University Press.

Karl, T.L. (1997). *The Paradox of Plenty*: Oil Booms and Petro-States. Berkeley: University of California Press.

Kauffman, C. (2012). More Than the Sum of the Parts: Nested Analysis in Action. *Qualitative and Multimethod Research*, 10/2, p. 26-30.

Kaufman, H. (1960). *The Forest Ranger*: A Study in Administrative Behavior. Baltimore: Johns Hopkins University Press.

Kazancigil, A. (1994). "The Deviant Case in Comparative Analysis: High Stateness in Comparative Analysis". In: Dogan, M. & Kazancigil, A. (orgs.). *Comparing Nations*: Concepts, Strategies, Substance. Cambridge: Blackwell, p. 213-238.

Kazdin, A.E. (1982). *Single Case Research Designs*. Oxford: Oxford University Press.

Keen, J. & Packwood, T. (1995). Qualitative Research: Case Study Evaluation. *British Medical Journal* (12/08), p. 444-446.

Kemp, K.A. (1986). Race, Ethnicity, Class and Urban Spatial Conflict: Chicago as a Crucial Case. *Urban Studies*, 23/3, p. 197-208.

Kendall, P.L. & Wolf, K. (1949/1955). "The Analysis of Deviant Cases in Communications Research". In: Lazarsfeld, P.F. & Stanton, F.N. (orgs.). *Communications Research, 1948-1949*. Nova York: Harper and Brothers [reeditado em: Lazarsfeld, P.F. & Stanton, F.N. (orgs.). *The Language of Social Research*. Nova York: Free Press, 1995, p. 167-170].

Kennedy, C.H. (2005). *Single-Case Designs for Educational Research*. [s.l.:] Allyn and Bacon.

Kennedy, P. (1989). *The Rise and Fall of the Great Powers*. Nova York: Vintage.

Key, V.O. (1949). *Southern Politics in State and Nation*. Nova York: Vintage.

Khong, Y.F. (1992). *Analogies at War*: Korea, Munich, Dien Bien Phu, and the Vietnam Decisions of 1965. Princeton: Princeton University Press.

Kindleberger, C.P. (1996). *World Economic Primacy 1500-1990*. Oxford: Oxford University Press.

_____ (1990). *Historical Economics*: Art or Science? Berkeley: University of California Press.

King, C. (2004). The Micropolitics of Social Violence. *World Politics*, 56/3, p. 431-455.

King, G. (2007). An Introduction to the Dataverse Network as an Infrastructure for Data Sharing. *Sociological Methods and Research*, 36, p. 173-199.

_____ (1995). Replication, Replication. *PS: Political Science and Politics*, 28, p. 443-499.

_____ (1989). *Unifying Political Methodology*: The Likelihood Theory of Statistical Inference. Nova York: Cambridge University Press.

King, G. et al. (1994). *Designing Social Inquiry*: Scientific Inference in Qualitative Research. Princeton: Princeton University Press.

Kitschelt, H. (1986). Political Opportunity Structures and Political Protest: Anti--Nuclear Movements in Four Democracies. *British Journal of Political Science*, 16/1, p. 57-85.

Kittel, B. (1999). Sense and Sensitivity in Pooled Analysis of Political Data. *European Journal of Political Research*, 35, p. 225-253.

Knack, S. & Keefer, P. (1997). Does Social Capital Have an Economic Payoff? A Cross-Country Investigation. *Quarterly Journal of Economics*, 112, p. 1.251-1.288.

Knaub, J.R. (2008). "Finite Population Correction (FPC) Factor". In: Lavrakas, P.J. (org.). *Encyclopedia of Survey Research Methods*. Thousand Oaks: Sage.

Knight, C.R. & Winship, C. (2013). "The Causal Implications of Mechanistic Thinking: Identification Using Directed Acyclic Graphs (DAGs)". In: Morgan, S.L. (org.). *Handbook of Causal Analysis for Social Research*. Berlim: Springer, p. 297-300.

Kocher, M. & Monteiro, N. (2015). *What's in a Line?* Natural Experiments and the Line of Demarcation in WWII Occupied France [manuscrito não publicado, Departamento de Ciência Política da Universidade de Yale].

Kohli, A. (2004). *State-Directed Development*: Political Power and Industrialization in the Global Periphery. Cambridge: Cambridge University Press.

Kratochwill, T.R. (org.) (1978). *Single Subject Research*. Nova York: Academic Press.

Kreuzer, M. (2010). Historical Knowledge and Quantitative Analysis: The Case of the Origins of Proportional Representation. *American Political Science Review*, 104, p. 369-392.

Kuehn, D. (2013). Combining Game Theory Models and Process Tracing: Potential and Limits. *European Political Science*, 12/1, p. 52-63.

Kuhn, T.S. (1962/1970). *The Structure of Scientific Revolutions*. Chicago: University of Chicago Press.

Lakatos, I. (1978). *The Methodology of Scientific Research Programs*. Cambridge: Cambridge University Press.

Lane, R. (1962). *Political Ideology*: Why the American Common Man Believes What He Does. Nova York: The Free Press.

Lange, M. (2012). *Comparative-Historical Methods*. Thousand Oaks: Sage.

_____ (2009). *Lineages of Despotism and Development*. Chicago: University of Chicago Press.

Larsson, R. (1993). Case Survey Methodology: Quantitative Analysis of Patterns across Case Studies. *The Academy of Management Journal*, 36/6, p. 1.515-1.546.

Lawrence, R. et al. (2005). *Making the Rules*: Case Studies on US Trade Negotiation. Washington: Institute for International Economics.

Lazarsfeld, P.F. & Barton, A.H. (1951). "Qualitative Measurement in the Social Sciences: Classification, Typologies, and Indices". In: Lerner, D. & Lasswell, H.D. (orgs.). *The Policy Sciences*. Stanford: Stanford University Press, p. 155-192.

Lazarsfeld, P.F. & Robinson, W.S. (1940). The Quantification of Case Studies. *Journal of Applied Psychology*, 24, p. 817-825.

Lebow, R.N. (2000). What's So Different about a Counterfactual? *World Politics*, 52, p. 550-585.

LeCroy, C.W. (2014). *Case Studies in Social Work Practice*. 3. ed. Nova York: Wiley.

Lerner, D. (1958). *The Passing of Traditional Society*: Modernizing the Middle East. Glencoe: Free Press.

Le Roy Ladurie, E. (1978). *Montaillou*: The Promised Land of Error. Nova York: G. Braziller.

Levi, M. (1988). *Of Rule and Revenue*. Berkeley: University of California Press.

Levy, J.S. (2015). Counterfactuals, Causal Inference, and Historical Analysis. *Security Studies*, 24/3, p. 378-402.

_____ (2008a). Case Studies: Types, Designs, and Logics of Inference. *Conflict Management and Peace Science*, 25, p. 1-18.

_____ (2008b). "Counterfactuals and Case Studies". In: Box-Steffensmeier, J.M.; Brady, H.E. & Collier, D. (orgs.). *Oxford Handbook of Political Methodology*. Oxford: Oxford University Press, p. 627-644.

_____ (2002). "Qualitative Methods in International Relations". In: Harvey, F.P. & Brecher, M. (orgs.). *Evaluating Methodology in International Studies*. Ann Arbor: University of Michigan Press.

Lewis, O. (1959). *Five Families*: Mexican Case Studies in the Culture of Poverty. Nova York: Basic Books.

Lieberman, E.S. (2016). Improving Causal Inference through Non-Causal Research: Can the Bio-Medical Research Cycle Provide a Model for Political Science? [artigo não publicado, Departamento de Ciência Política do MIT].

_____ (2015). "Nested Analysis: Toward the Integration of Comparative-Historical Analysis with Other Social Science Methods". In: Mahoney, J. & Thelen, K. (orgs.). *Advances in Comparative-historical Analysis*. Cambridge: Cambridge University Press, p. 240-263.

_____ (2010). Bridging the Qualitative-Quantitative Divide: Best Practices in the Development of Historically Oriented Replication Databases. *Annual Review of Political Science*, 13, p. 37-59.

_____ (2005). Nested Analysis as a Mixed-Method Strategy for Comparative Research. *American Political Science Review*, 99/3, p. 435-452.

_____ (2003). *Race and Regionalism in the Politics of Taxation in Brazil and South Africa*. Cambridge: Cambridge University Press.

Lieberson, S. (1994). More on the Uneasy Case for Using Mill-Type Methods in Small-N Comparative Studies. *Social Forces*, 72/4, p. 1.225-1.237.

_____ (1992). "Small N's and Big Conclusions: An Examination of the Reasoning in Comparative Studies Based on a Small Number of Cases". In: Ragin, C.C. & Becker, H.S. (orgs.). *What Is a Case?* Exploring the Foundations of Social Inquiry. Cambridge: Cambridge University Press.

_____ (1985). *Making It Count*: The Improvement of Social Research and Theory. Berkeley: University of California Press.

Lieberson, S. & Horwich, J. (2008). Implication Analysis: A Pragmatic Proposal for Linking Theory and Data in the Social Sciences. *Sociological Methodology*, 38, p. 1-50.

Lieshout, R. et al. (2004). De Gaulle, Moravcsik, and the Choice for Europe. *Journal of Cold War Studies*, 6/4, p. 89-139.

Lijphart, A. (1975). The Comparable Cases Strategy in Comparative Research. *Comparative Political Studies*, 8/2, p. 158-177.

_____ (1971). Comparative Politics and the Comparative Method. *American Political Science Review*, 65, p. 682-693.

_____ (1968). *The Politics of Accommodation*: Pluralism and Democracy in the Netherlands. Berkeley: University of California Press.

Linz, J.J. & Stepan, A. (orgs.) (1978a). *The Breakdown of Democratic Regimes*: Europe. Baltimore: Johns Hopkins University Press. (orgs.).

Linz, J.J. & Stepan, A. (orgs.) (1978b). *The Breakdown of Democratic Regimes*: Latin America. Baltimore: Johns Hopkins University Press.

Lipset, S.M. (1959). Some Social Requisites of Democracy: Economic Development and Political Legitimacy. *American Political Science Review*, 53/1, p. 69-105.

Lipset, S.M. et al. (1956). *Union Democracy*: The Internal Politics of the International Typographical Union. Nova York: Free Press.

Lipsey, M.W. & Wilson, D.B. (2001). *Practical Meta-Analysis*. Thousand Oaks: Sage.

Lipton, P. (2004). *Inference to the Best Explanation*. 2. ed. Oxford: Routledge.

Lorentzen, P.; Taylor Fravel, M. & Paine, J. (2015). Using Process Tracing to Evaluate Formal Models [artigo não publicado, Departamento de Ciência Política da Universidade de Berkeley].

Lucas, S.R. & Szatrowski, A. (2014). Qualitative Comparative Analysis in Critical Perspective. *Sociological Methodology*, 44/1, p. 1-79.

Lucas, W. (1974). *The Case Survey Method*: Aggregating Case Experience. Santa Monica: Rand.

Luebbert, G.M. (1991). *Liberalism, Fascism, or Social Democracy*: Social Classes and the Political Origins of Regimes in Interwar Europe. Berkeley: University of California Press.

Lustick, I.S. (1996). History, Historiography, and Political Science: Multiple Historical Records and the Problem of Selection Bias. *American Political Science Review*, 90/3, p. 605-618.

Lutfey, K. & Freese, J. (2005). Toward Some Fundamentals of Fundamental Causality: Socioeconomic Status and Health in the Routine Clinic Visit for Diabetes. *American Journal of Sociology*, 110/5, p. 1.326-1.372.

Lynd, R.S. & Lynd, H.M. (1929/1956). *Middletown*: A Study in American Culture. Nova York: Harcourt/Brace.

Madrigal, R. et al. (2011). Determinants of Performance of Community-Based Drinking Water Organizations. *World Development*, 39, p. 1.663-1.675.

Mahoney, J. (2012). The Logic of Process Tracing Tests in the Social Sciences. *Sociological Methods and Research*, 41/4, p. 566-590.

_____ (2007). "The Elaboration Model and Necessary Causes". In: Goertz, G. & Levy, J. (orgs.). *Explaining War and Peace*: Case Studies and Necessary Condition Counterfactuals. Routledge, p. 281-306.

_____ (2002). *The Legacies of Liberalism*: Path Dependence and Political Regimes in Central America. Baltimore: Johns Hopkins University Press.

_____ (2000). Path Dependence in Historical Sociology. *History and Theory*, 29/4, p. 507-548.

_____ (1999). Nominal, Ordinal, and Narrative Appraisal in Macro-Causal Analysis. *American Journal of Sociology*, 104/4, p. 1.154-1.196.

Mahoney, J. & Rueschemeyer, D. (orgs.) (2003). *Comparative Historical Analysis in the Social Sciences*. Cambridge: Cambridge University Press.

Mahoney, J. & Thelen, K. (orgs.) (2015). *Advances in Comparative-Historical Analysis*. Cambridge: Cambridge University Press.

Mahoney, J. & Vanderpoel, R.S. (2015). Set Diagrams and Qualitative Research. *Comparative Political Studies*, 48/1, p. 65-100.

Mahoney, J. & Villegas, C.M. (2007). "Historical Enquiry and Comparative Politics". In: Boix, C. & Stokes, S.C. (orgs.). *Oxford Handbook of Comparative Politics*. Oxford: Oxford University Press.

Mainwaring, S. & Pérez-Liñán, A. (2014). *Democracies and Dictatorships in Latin America*: Emergence, Survival, and Fall. Cambridge: Cambridge University Press.

Mann, M. (1986). *The Sources of Social Power*. Vol. I: A History of Power from the Beginnings to 1760 AD. Cambridge: Cambridge University Press.

Mansfield, E.D. & Snyder, J. (2005). *Electing to Fight*: Why Emerging Democracies go to War. Cambridge: MIT Press.

Maoz, Z. (2002). "Case Study Methodology in International Studies: From Storytelling to Hypothesis Testing". In: Harvey, F.P. & Brecher, M. (orgs.). *Evaluating Me-*

thodology in International Studies: Millennial Reflections on International Studies. Ann Arbor: University of Michigan Press.

Maoz, Z. et al. (orgs.) (2004). *Multiple Paths to Knowledge in International Politics*: Methodology in the Study of Conflict Management and Conflict Resolution. Lexington: Lexington Books.

Mariampolski, H. & Hughes, D.C. (1978). The Use of Personal Documents in Historical Sociology. *The American Sociologist*, 13, p. 104-113.

Markoff, J. (2002). "Archival Methods". In: Smelser, N. & Baltes, P. (orgs.). *International Encyclopedia of the Social and Behavioral Sciences*. Oxford: Elsevier, p. 637-642.

Martin, C.J. & Swank, D. (2004). Does the Organization of Capital Matter? Employers and Active Labor Market Policy at the National and Firm Levels. *American Political Science Review*, 98/4, p. 593-612.

Martin, I.W. (2008). *The Permanent Tax Revolt*: How the Property Tax Transformed American Politics. Stanford: Stanford University Press.

Martin, L.L. (1992). *Coercive Cooperation*: Explaining Multilateral Economic Sanctions. Princeton: Princeton University Press.

Matarazzo, B. & Nijkamp, P. (1997). Meta-Analysis for Comparative Environmental Case Studies: Methodological Issues. *International Journal of Social Economics*, 24 (7/8/9), p. 799-811.

Mays, N. & Pope, C. (1995). Qualitative Research: Observational Methods in Health Care Settings. *British Medical Journal* (15/jul.), p. 182-184.

McAdam, D. (1988). *Freedom Summer*. Nova York: Oxford University Press.

_____ (1982). *Political Process and the Development of Black Insurgency, 1930-1970*. Chicago: University of Chicago Press.

McAdam, D.; Tarrow, S. & Tilly, C. (2001). *Dynamics of Contention*. Cambridge: Cambridge University Press.

McKeown, T.J. (1999). Case Studies and the Statistical World View. *International Organization*, 53, p. 161-190.

_____ (1983). Hegemonic Stability Theory and Nineteenth-Century Tariff Levels. *International Organization*, 37/1, p. 73-91.

McLaughlin, R. (1982). Invention and Induction: Laudan, Simon and the Logic of Discovery. *Philosophy of Science*, 49/2, p. 198-211.

McLeod, J. (2010). *Case Study Research in Counselling and Psychotherapy*. Londres: Sage.

McNeill, W.H. (1963). *The Rise of the West*: A History of the Human Community. Chicago: University of Chicago Press.

Meckstroth, T. (1975). "Most Different Systems" and "Most Similar Systems": A Study in the Logic of Comparative Inquiry. *Comparative Political Studies*, 8/2, p. 133-177.

Meehl, P.E. (1954). *Clinical v. Statistical Predictions*: A Theoretical Analysis and a Review of the Evidence. Minneapolis: University of Minnesota Press.

Michels, R. (1911). *Political Parties*. Nova York: Collier Books.

Miguel, E. (2004). Tribe or Nation: Nation-Building and Public Goods in Kenya v. Tanzania. *World Politics*, 56/3, p. 327-362.

Mill, J.S. (1843/1872). *The System of Logic*. 8. ed. Londres: Longmans/Green.

Milligan, J.D. (1979). The Treatment of an Historical Source. *History and Theory*, 18/2, p. 177-196.

Mills, A.J.; Durepos, G. & Wiebe, E. (orgs.) (2010). *Encyclopedia of Case Study Research*. Thousand Oaks: Sage.

Miron, J.A. (1994). Empirical Methodology in Macroeconomics: Explaining the Success of Friedman and Schwartz's "A Monetary History of the United States, 1867-1960". *Journal of Monetary Economics*, 34, p. 17-25.

Mitchell, J.C. (1983). Case and Situation Analysis. *Sociological Review*, 31/2, p. 187-211.

Mokyr, J. (org.) (2003). *The Oxford Encyclopedia of Economic History*. 5 vols. Oxford: Oxford University Press.

Mondak, J.J. (1995). Newspapers and Political Awareness. *American Journal of Political Science*, 39/2, p. 513-527.

Monroe, K.R. (1996). *The Heart of Altruism*. Princeton: Princeton University Press.

Moore, B. (1966). *Social Origins of Dictatorship and Democracy*: Lord and Peasant in the Making of the Modern World. Boston: Beacon Press.

Moore, F. (2010). "Case Study Research in Anthropology". In: Mills, A.J.; Durepos, G. & Wiebe, E. (orgs.). *Encyclopedia of Case Study Research*. Thousand Oaks: Sage.

Moravcsik, A. (2010). Active Citation: A Precondition for Replicable Qualitative Research. *PS: Political Science and Politics*, 43/1, p. 29-35.

Morgan, S.L. & Winship, C. (2014). *Counterfactuals and Causal Inference*: Methods and Principles for Social Research. Cambridge: Cambridge University Press.

Morgan, S.L. (org.) (2013). *Handbook of Causal Analysis for Social Research*. Berlim: Springer.

Muller, S.M. (2015). Causal Interaction and External Validity: Obstacles to the Policy Relevance of Randomized Evaluations. *World Bank Economic Review*.

Mulligan, C. et al. (2002). *Social Security and Democracy*. Chicago: University of Chicago/Columbia University.

Munck, G.L. & Snyder, R. (orgs.) (2006). *Passion, Craft, and Method in Comparative Politics*. Baltimore: Johns Hopkins University Press.

Munck, G.L. (2004). "Tools for Qualitative Research". In: Brady, H.E. & Collier, D. (orgs.). *Rethinking Social Inquiry*: Diverse Tools, Shared Standards. Lanham: Rowman & Littlefield, p. 105-121.

Nagel, E. (1961). *The Structure of Science*: Problems in the Logic of Scientific Explanation. Nova York: Harcourt.

Narang, V. & Nelson, R.M. (2009). Who Are These Belligerent Democratizers? Reassessing the Impact of Democratization on War. *International Organization*, 63, p. 357-379.

Neuliep, J.W. (org.) (1991). *Replication Research in the Social Sciences*. Thousand Oaks: Sage.

Nicholson-Crotty, S. & Meier, K.J. (2002). Size Doesn't Matter: In Defense of Single-State Studies. *State Politics and Policy Quarterly*, 2/4, p. 411-422.

Nickles, T. (org.) (1980). *Scientific Discovery, Logic and Rationality*. Dordrecht: D. Reidel.

Nielsen, R.A. (2016). Case Selection via Matching. *Sociological Methods and Research*.

Nissen, S. (1998). The Case of Case Studies: On the Methodological Discussion in Comparative Political Science. *Quality and Quantity*, 32, p. 339-418.

North, D.C. & Thomas, R.P. (1973). *The Rise of the Western World*. Cambridge: Cambridge University Press.

North, D.C. & Weingast, B.R. (1989). Constitutions and Commitment: The Evolution of Institutions Governing Public Choice in Seventeenth Century England. *Journal of Economic History*, 49, p. 803-832.

Odell, J.S. (2004). "Case Study Methods in International Political Economy". In: Sprinz, D.F. & Wolinsky-Nahmias, Y. (orgs.). *Models, Numbers and Cases*: Methods for Studying International Relations. Ann Arbor: University of Michigan, p. 56-80.

Olken, B.A. (2007). Monitoring Corruption: Evidence from a Field Experiment in Indonesia. *Journal of Political Economy*, 115/2, p. 200-249.

Oltmanns, T.F. et al. (2014). *Case Studies in Abnormal Psychology*. 10. ed. Nova York: Wiley.

O'Neill, A.M. (1968). The Bases of Clinical Inference. *Journal of Clinical Psychology*, 24, p. 366-372.

Ostrom, E. (1990). *Governing the Commons*: The Evolution of Institutions for Collective Action. Cambridge: Cambridge University Press.

Owen, J. (1994). How Liberalism Produces Democratic Peace. *International Security*, 19, p. 87-125.

Pahre, R. (2005). Formal Theory and Case-Study Methods in EU Studies. *European Union Politics*, 6/1, p. 113-146.

Papyrakis, E. & Gerlagh, R. (2003). The Resource Curse Hypothesis and Its Transmission Channels. *Journal of Comparative Economics*, 32, p. 181-193.

Paterson, B. et al. (2001). *Meta-Study of Qualitative Health Research*. Thousand Oaks: Sage.

Patton, M.Q. (2002). *Qualitative Evaluation and Research Methods*. Thousand Oaks: Sage.

Pearce, L.D. (2002). Integrating Survey and Ethnographic Methods for Systematic Anomalous Case Analysis. *Sociological Methodology*, 32, p. 103-132.

Pearl, J. (2009). *Causality*: Models, Reasoning, and Inference. 2. ed. Cambridge: Cambridge University Press.

Peirce, C.S. (1931). *Collected Papers*. Cambridge: Harvard University Press [edição de C. Hartshorn e P. Weiss].

Peters, T.J. & Waterman, R.H. (1982). *In Search of Excellence*: Lessons from America's Best-Run Companies. Nova York: Harper & Row.

Petitti, D.E. (1993). *Meta-Analysis, Decision Analysis, Cost-Effectiveness*. 2. ed. Nova York: Oxford University Press.

Piekkari, R. et al. (2009). The Case Study as Disciplinary Convention: Evidence from International Business Journals. *Organizational Research Methods*, 12, p. 567.

Pierson, P. (2004). *Politics in Time*: History, Institutions, and Social Analysis. Princeton: Princeton University Press.

_____ (2000). Increasing Returns, Path Dependence, and the Study of Politics. *American Political Science Review*, 94/2, p. 251-267.

Pincus, S. (2011). *1688: The First Modern Revolution*. New Haven: Yale University Press.

Pinfari, M. (2012). *Peace Negotiations and Time*: Deadline Diplomacy in Territorial Disputes. Abington: Routledge.

Platt, J. (1992). "Case Study" in American Methodological Thought. *Current Sociology*, 40/1, p. 17-48.

Platt, J. (2007). "Case Study". In: Outhwaite, W. & Turner, S.P. (orgs.). *Sage Handbook of Social Science Methodology*. Londres: Sage, p. 100-118.

Polanyi, K. (1944/1957). *The Great Transformation*. Boston: Beacon Press.

Popper, K. (1990). *The Competitive Advantage of Nations*. Nova York: Free Press.

_____ (1965). *Conjectures and Refutations*. Nova York: Harper & Row/Porter/Michael.

_____ (1963). *Conjectures and Refutations*. Londres: Routledge & Kegan Paul.

_____ (1934/1968). *The Logic of Scientific Discovery*. Nova York: Harper & Row.

Posner, D. (2004). The Political Salience of Cultural Difference: Why Chewas and Tumbukas are Allies in Zambia and Adversaries in Malawi. *American Political Science Review*, 98/4, p. 529-546.

Poteete, A.R. & Ostrom, E. (2005). *Bridging the Qualitative-Quantitative Divide*: Strategies for Building Large-N Databases Based on Qualitative Research [preparado para o encontro annual da Associação Americana de Ciência Política, em Washington, DC].

Prior, L. (2003). *Using Documents in Social Research*. Thousand Oaks: Sage.

Proust, M. (1992). *The Guermantes Way*. Vol. 3: In Search of Lost Time. Nova York: Chatto & Windus.

Przeworski, A. & Teune, H. (1970). *The Logic of Comparative Social Inquiry*. Nova York: John Wiley.

Przeworski, A. et al. (2000). *Democracy and Development*: Political Institutions and Material Well-Being in the World, 1950-1990. Cambridge: Cambridge University Press.

Putnam, R.D. (1988). Diplomacy and Domestic Politics: The Logic of Two-Level Games. *International Organization*, 42, p. 427-460.

Putnam, R.D. et al. (1993). *Making Democracy Work*: Civic Traditions in Modern Italy. Princeton: Princeton University Press.

Quadagno, J.S. (1984). Welfare Capitalism and the Social Security Act of 1935. *American Sociological Review*, 49/5, p. 632-647.

Raaflaub, K.A.; Ober, J. & Wallace, R.W. (2007). *Origins of Democracy in Ancient Greece*. Berkeley: University of California Press.

Rabinow, P. & Sullivan, W.M. (orgs.) (1979). *Interpretive Social Science*: A Reader. Berkeley: University of California Press.

Radley, A. & Chamberlain, K. (2012). The Study of the Case: Conceptualising Case Study Research. *Journal of Community and Applied Social Psychology*, 22/5, p. 390-399.

Ragin, C.C. (2004). "Turning the Tables". In: Brady, H.E. & Collier, D. (orgs.). *Rethinking Social Inquiry*: Diverse Tools, Shared Standards. Lanham: Rowman & Littlefield, p. 123-138.

_____ (2000). *Fuzzy-Set Social Science*. Chicago: University of Chicago Press.

_____ (1997). Turning the Tables: How Case-Oriented Research Challenges Variable-Oriented Research. *Comparative Social Research*, 16, p. 27-42.

_____ (1992a). "Cases of 'What Is a Case?'" In: Ragin, C.C. & Becker, H.S. (orgs.). *What Is a Case?* Exploring the Foundations of Social Inquiry. Cambridge: Cambridge University Press.

_____ (1992b). "'Casing' and the Process of Social Inquiry". In: Ragin, C.C. & Becker, H.S. (orgs.). *What Is a Case?* Exploring the Foundations of Social Inquiry. Cambridge: Cambridge University Press.

_____ (1987). *The Comparative Method*: Moving Beyond Qualitative and Quantitative Strategies. Berkeley: University of California.

Ragin, C.C. & Becker, H.S. (orgs.) (1992). *What Is a Case?* Exploring the Foundations of Social Inquiry. Cambridge: Cambridge University Press.

Rapport, A. (2015). Hard Thinking about Hard and Easy Cases in Security Studies. *Security Studies*, 24/3, p. 431-465.

Ray, J.L. (1993). Wars between Democracies: Rare or Nonexistent? *International Interactions*, 18, p. 251-276.

Reichenbach, H. (1938). *Experience and Prediction*: An Analysis of the Foundations and the Structure of Knowledge. Chicago: University of Chicago Press.

Reilly, B. (2000/2001). Democracy, Ethnic Fragmentation, and Internal Conflict: Confused Theories, Faulty Data, and the "Crucial Case" of Papua New Guinea. *International Security*, 25/3, p. 162-185.

Reilly, B. & Reynolds, A. (1999). *Electoral Systems and Conflict in Divided Societies*. [s.l.:] National Academies Press.

Rice, S.A. (2011). A Systematic Approach to Cultural Explanations of War: Tracing Causal Processes in Two West African Insurgencies. *World Development*, 39/2, p. 212-220.

_____ (1928). *Quantitative Methods in Politics*. Nova York: Alfred A. Knopf/ Richards/Paul.

Roberts, C. (1996). *The Logic of Historical Explanation*. University Park: Pennsylvania State University Press.

Robinson, D.L. (2001). *Clinical Decision Making*: A Case Study Approach. Lippincott Williams & Wilkins.

Rodrik, D. (org.) (2003). *In Search of Prosperity*: Analytic Narratives on Economic Growth. Princeton: Princeton University Press.

Rogowski, R. (1995). The Role of Theory and Anomaly in Social-Scientific Inference. *American Political Science Review*, 89/2, p. 467-470.

Rohlfing, I. (2012). *Case Studies and Causal Inference*: An Integrative Framework. Basingstoke: Palgrave Macmillan.

_____ (2008). What You See and What You Get: Pitfalls and Principles of Nested Analysis in Comparative Research. *Comparative Political Studies*, 41/11, p. 1.492-1.514.

_____ (2004). Have You Chosen the Right Case? Uncertainty in Case Selection for Single Case Studies. *Working paper* [Universidade Internacional, Bremen, Alemanha].

Rohlfing, I. & Schneider, C.Q. (2013). Improving Research on Necessary Conditions: Formalized Case Selection for Process Tracing after ACQ. *Political Research Quarterly*, 66/1, p. 220-235.

Romer, C.D. & Romer, D. (2010). The Macroeconomic Effects of Tax Changes: Estimates Based on a New Measure of Fiscal Shocks. *American Economic Review*, 100, p. 763-801.

Rosenbaum, P.R. & Silber, J.H. (2001). Matching and Thick Description in an Observational Study of Mortality after Surgery. *Biostatistics*, 2, p. 217-232.

Rosenberg, G. (1991). *The Hollow Hope*: Can Courts Bring about Social Change? Chicago: University of Chicago Press.

Rosenblatt, P.C. (1981). "Ethnographic Case Studies". In: Brewer, M.B. & Collins, B.E. (orgs.). *Scientific Inquiry and the Social Sciences*. São Francisco: Jossey-Bass, p. 194-225.

Ross, M.L. (2013). *The Oil Curse: How Petroleum Wealth Shapes the Development of Nations*. Princeton: Princeton University Press.

_____ (2004). How Do Natural Resources Influence Civil War? Evidence from Thirteen Cases. *International Organization*, 58, p. 35-67.

_____ (2001). Does Oil Hinder Democracy? *World Politics*, 53, p. 325-361.

Rossman, G.B. & Rallis, S.F. (1998). *Learning in the Field*: An Introduction to Qualitative Research. Thousand Oaks: Sage.

Roth, P.A. (1994). "Narrative Explanations: The Case of History". In: Martin, M. & McIntyre, L.C. (orgs.). *Readings in the Philosophy of Social Science*. Cambridge: MIT Press.

Rubin, D.B. (1974). Estimating Causal Effects of Treatments in Randomized and Nonrandomized Studies. *Journal of Educational Psychology*, 66, p. 688-701.

Rudel, T.K. (2008). Meta-Analyses of Case Studies: A Method for Studying Regional and Global Environmental Change. *Global Environmental Change*, 18, p. 18-25.

Rueschemeyer, D. (2009). *Usable Theory*: Analytic Tools for Social and Political Research. Princeton: Princeton University Press.

_____ (2003). "Can One or a Few Cases Yield Theoretical Gains?" In: Mahoney, J. & Rueschemeyer, D. (orgs.). *Comparative Historical Analysis in the Social Sciences*. Cambridge: Cambridge University Press.

Rueschemeyer, D. & Stephens, J.D. (1997). Comparing Historical Sequences: A Powerful Tool for Causal Analysis. *Comparative Social Research*, 16, p. 55-72.

Rueschemeyer, D.; Stephens, E.H. & Stephens, J.D. (1992). *Capitalist Development and Democracy*. Chicago: University of Chicago Press.

Rumsfeld, D.H. (2002). *News Transcript*. Departamento de Defesa dos Estados Unidos [disponível em: http://www.defense.gov/transcripts/2002/t05222002_t522 sdma.html].

Sagan, S. (1993). *The Limits of Safety*: Organizations, Accidents, and Nuclear Weapons. Princeton: Princeton University Press.

Sahlins, M. (1958). *Social Stratification in Polynesia*. Seattle: University of Washington Press.

Sambanis, N. (2004). Using Case Studies to Expand Economic Models of Civil War. *Perspectives on Politics*, 2, p. 259-279.

Sarbin, T.R. (1944). The Logic of Prediction in Psychology. *Psychological Review*, 51, p. 210-228.

_____ (1943). A Contribution to the Study of Actuarial and Individual Methods of Prediction. *American Journal of Sociology*, 48, p. 593-602.

Schattschneider, E.E. (1935). *Politics, Pressures and the Tariff*. Englewood Cliffs: Prentice Hall.

Scheper-Hughes, N. (1992). *Death without Weeping*: The Violence of Everyday Life in Brazil. Berkeley: University of California Press.

Schimmelfennig, F. (2015). "Efficient Process Tracing: Analyzing the Causal Mechanisms of European Integration". In: Bennett, A. & Checkel, J.T. (orgs.). *Process Tracing*: From Metaphor to Analytic Tool. Cambridge: Cambridge University Press, p. 98-125.

Schmidt, R. (1983). "Interaction, Acculturation and the Acquisition of Communicative Competence". In: Wolfson, N. & Judd, E. (orgs.). *Sociolinguistics and Language Acquisition*. Rowley: Newbury House, p. 137-174.

Schneider, C.Q. & Rohlfing, I. (2016). Case Studies Nested in Fuzzy-Set ACQ on Sufficiency: Formalizing Case Selection and Causal Inference. *Sociological Methods and Research*.

_____ (2013). Combining ACQ and Process Tracing in Set-Theoretic Multimethod Research. *Sociological Methods and Research*, 42, p. 559-597.

Scholz, R.W. & Tietje, O. (2002). *Embedded Case Study Methods*: Integrating Quantitative and Qualitative Knowledge. Thousand Oaks: Sage.

Schultz, K. (2001). *Democracy and Coercive Diplomacy*. Cambridge: Cambridge University Press.

Scott, J.C. (1998). *Seeing Like a State*: How Certain Schemes to Improve the Human Condition Have Failed. New Haven: Yale University Press.

Sealey, A. (2011). The Strange Case of the Freudian Case History: The Role of Long Case Histories in the Development of Psychoanalysis. *History of the Human Sciences*, 24/1, p. 36-50.

Seawright, J. (2016a). The Case for Selecting Cases That Are Deviant or Extreme on the Independent Variable. *Sociological Methods and Research*.

_____ (2016b). *Multimethod Social Science*: Combining Qualitative and Quantitative Tools. Cambridge: Cambridge University Press.

_____ (2010). "Regression-Based Inference: A Case Study in Failed Causal Assessment". In: Brady, H.E. & Collier, D. (orgs.). *Rethinking Social Inquiry*: Diverse Tools, Shared Standards. 2. ed. Lanham: Rowman & Littlefield, p. 247-271.

Seawright, J. & Gerring, J. (2008). Case-Selection Techniques in Case Study Research: A Menu of Qualitative and Quantitative Options. *Political Research Quarterly*, 61/2, p. 294-308.

Sekhon, J.S. (2004). Quality Meets Quantity: Case Studies, Conditional Probability and Counterfactuals. *Perspectives in Politics*, 2/2, p. 281-293.

Selznick, P. (1949). *TVA and the Grass Roots*: A Study in the Sociology of Formal Organization. Berkeley: University of California Press.

Shadish, W.R. et al. (2002). *Experimental and Quasi-Experimental Designs for Generalized Causal Inference*. Boston: Houghton Mifflin.

Shalev, M. (1998). Limits of and Alternatives to Multiple Regression in Macro-Comparative Research [artigo preparado para a segunda conferência sobre o Welfare State na Crossroads, Estocolmo, 12-14 de junho].

Shaw, C.R. (1930). *The Jack Roller*. Chicago: University of Chicago Press.

Sheffield, A.E. (1920). *The Social Case History*: Its Construction and Content. Nova York: Russell Sage.

Shefter, M. (1977). Party and Patronage: Germany, England, and Italy. *Politics and Society*, 7/4, p. 403-451.

Simmons, B.A. (1994). *Who Adjusts?* Domestic Sources of Foreign Economic Policy During the Interwar Years. Princeton: Princeton University Press.

Simon, J.L. (1969). *Basic Research Methods in Social Science*. Nova York: Random House.

Simons, H. (2009). *Case Study Research in Practice*. Thousand Oaks: Sage.

Singh, P. (2015). *How Solidarity Works for Welfare*: Subnationalism and Social Development in India. Cambridge: Cambridge University Press.

Skendaj, E. (2014). International Insulation from Politics and the Challenge of State Building: Learning from Kosovo. *Global Governance*, 20, p. 459-481.

Skocpol, T. (1979). *States and Social Revolutions*: A Comparative Analysis of France, Russia, and China. Cambridge: Cambridge University Press.

_____ (1973). A Critical Review of Barrington Moore's Social Origins of Dictatorship and Democracy. *Politics and Society*, 4, p. 1-34.

Skocpol, T. & Somers, M. (1980). The Uses of Comparative History in Macrosocial Inquiry. *Comparative Studies in Society and History*, 22/2, p. 147-197.

Slater, D. & Ziblatt, D. (2013). The Enduring Indispensability of the Controlled Comparison. *Comparative Political Studies*, 46/10, p. 1.301-1.327.

Small, M.L. (2009). How Many Cases Do I Need? On Science and the Logic of Case Selection in Field-Based Research. *Ethnography*, 10, p. 5-38.

Smelser, N.J. (1973). "The Methodology of Comparative Analysis". In: Warwick, D.P. & Osherson, S. (orgs.). *Comparative Research Methods*. Englewood Cliffs: Prentice Hall, p. 42-86.

Smelser, N.J. (1976). *Comparative Methods in the Social Sciences*. Englewood Cliffs: Prentice Hall.

Smith, T.V. & White, L.D. (orgs.) (1921). *Chicago: An Experiment in Social Science Research*. Chicago: University of Chicago Press.

Snow, J. (1855). *On the Mode of Communication of Cholera*. 2. ed. Londres: Churchill.

_____ (1849). *On the Mode of Communication of Cholera*. Londres: Churchill.

Snyder, J. & Borghard, E.D. (2011). The Cost of Empty Threats: A Penny, Not a Pound. *American Political Science Review*, 105, p. 437-455.

Soifer, H.D. (2015). *Shadow Cases in Comparative Research* [manuscrito não publicado, Departamento de Ciência Política, Universidade de Temple].

Sombart, W. (1906/1976). *Why Is There No Socialism in the United States?* White Plains: International Arts and Sciences.

Somekh, B. & Lewin, C. (orgs.) (2005). *Research Methods in the Social Sciences*. Thousand Oaks: Sage.

Sprinz, D.F. & Wolinsky-Nahmias, Y. (orgs.) (2004). *Models, Numbers and Cases*: Methods for Studying International Relations. Ann Arbor: University of Michigan.

Srinivasan, T.N. & Bhagwati, J. (1999). Outward-Orientation and Development: Are Revisionists Right? *Discussion Paper*, n. 806, [Economic Growth Center, Yale University].

Stake, R.E. (2006). *Multiple Case Study Analysis*. Nova York: Guilford Press.

_____ (1995). *The Art of Case Study Research*. Thousand Oaks: Sage.

Stall-Meadows, C. & Hyle, A. (2010). Procedural Methodology for a Grounded Meta-Analysis of Qualitative Case Studies. *International Journal of Consumer Studies*, 34, p. 412-418.

Steadman, D.W. (2002). *Hard Evidence*: Case Studies in Forensic Anthropology. Englewood Cliffs: Prentice Hall.

Stephens, J. (1979). *The Transition from Capitalism to Socialism*. Urbana: University of Illinois Press.

Stiglitz, J.E. (2002). *Globalization and Its Discontents*. Nova York: Norton.

Stiglitz, J.E. (2005). "The Overselling of Globalization". In: Weinstein, M.M. (org.). *Globalization: What's New?* Nova York: Columbia University Press, p. 228-261.

Stoecker, R. (1991). Evaluating and Rethinking the Case Study. *The Sociological Review*, 39, p. 88-112.

Stoker, L. (2003). Is It Possible to Do Quantitative Survey Research in an Interpretive Way? *Qualitative Methods*: Newsletter of the American Political Science Associations Organized Section on Qualitative Methods, 1/2, p. 13-16.

Stouffer, S.A. (1941). Notes on the Case-Study and the Unique Case. *Sociometry*, 4, p. 349-357.

Stuart, A. (1984). *The Ideas of Sampling*. Nova York: Oxford University Press.

Swanborn, P. (2010). *Case Study Research*: What, Why, How. Thousand Oaks: Sage.

Symposium: Discourse and Content Analysis (2004). *Qualitative Methods*: Newsletter of the American Political Science Association Organized Section on Qualitative Methods, 2/1, p. 15-39.

Symposium: Qualitative Comparative Analysis (ACQ) (2004). *Qualitative Methods*: Newsletter of the American Political Science Association Organized Section on Qualitative Methods, 1/2.

Tannenwald, N. (2007). *The Nuclear Taboo*: The United States and the Non-Use of Nuclear Weapons Since 1945. Cambridge: Cambridge University Press.

_____ (1999). The Nuclear Taboo: The United States and the Normative Basis of Nuclear Non-Use. *International Organization*, 53/3, p. 433-468.

Tarrow, S. (2010). The Strategy of Paired Comparison: Toward a Theory of Practice. *Comparative Political Studies*, 43/2, p. 230-259.

Taylor, C. (1970). "The Explanation of Purposive Behavior". In: Borger, R. & Cioffi, F. (orgs.). *Explanation in the Behavioral Sciences*. Cambridge: Cambridge University Press.

Taylor, F.W. (1911). *The Principles of Scientific Management*. Nova York: Harper & Brothers.

Teele, D.L. (org.) (2014). *Field Experiments and Their Critics*: Essays on the Uses and Abuses of Experimentation in the Social Sciences. New Haven: Yale University Press.

Temple, J. (1999). The New Growth Evidence. *Journal of Economic Literature*, 37, p. 112-156.

Teorell, J. (2010). *Determinants of Democratization*: Explaining Regime Change in the World, 1972-2006. Cambridge: Cambridge University Press.

Tetlock, P.E. & Belkin, A. (orgs.) (1996). *Counterfactual Thought Experiments in World Politics*. Princeton: Princeton University Press.

Thelen, K. (2000). Timing and Temporality in the Analysis of Institutional Evolution and Change. *Studies in American Political Development*, 14, p. 101-108.

Thies, C.G. (2002). A Pragmatic Guide to Qualitative Historical Analysis in the Study of International Relations. *International Studies Perspectives*, 3/4, p. 351-372.

Thies, M.F. (2001). Keeping Tabs on Partners: The Logic of Delegation in Coalition Governments. *American Journal of Political Science*, 45/3, p. 580-598.

Thomas, G. & Myers, K. (2015). *The Anatomy of the Case Study*. Thousand Oaks: Sage.

Thomas, G. (2011). *How to Do Your Case Study*: A Guide for Students and Researchers. Thousand Oaks: Sage.

Thomas, W.I. & Znaniecki, F. (1918). *The Polish Peasant in Europe and America*. Boston: G. Badger.

Thompson, E.P. (1963). *The Making of the English Working Class*. Nova York: Vintage Books.

Tilly, C. (1984). *Big Structures, Large Processes, Huge Comparisons*. Nova York: Russell Sage.

_____ (1964). *The Vendée*. Cambridge: Harvard University Press.

Tocqueville, A. (1997). *Recollections*: The French Revolution of 1848. New Brunswick: Transaction.

Trachtenberg, M. (2006). *The Craft of International History*: A Guide to Method. Princeton: Princeton University Press.

Trampusch, C. & Palier, B. (2016). Between X and Y: How Process Tracing Contributes to Opening the Black Box of Causality. *New Political Economy*.

Trochim, W.M.K. (1989). Outcome Pattern Matching and Program Theory. *Evaluation and Program Planning*, 12, p. 355-366.

Tsai, L. (2007). *Accountability without Democracy*: Solidarity Groups and Public Goods Provision in Rural China. Cambridge: Cambridge University Press.

Uphoff, N. (1992). *Learning from Gal Oya*: Possibilities for Participatory Development and Post-Newtonian Social Science. Ithaca: Cornell University Press.

Useem, B. & Goldstone, J.A. (2002). Forging Social Order and Its Breakdown: Riot and Reform in US Prisons. *American Sociological Review*, 67/4, p. 499-525.

Van Evera, S. (1997). *Guide to Methods for Students of Political Science*. Ithaca: Cornell University Press.

Vandenbroucke, J.P. (2001). In Defense of Case Reports and Case Series. *Annals of Internal Medicine*, 134/4, p. 330-334.

Vaughan, D. (1996). *The Challenger Launch Decision*: Risky Technology, Culture, and Deviance at NASA. Chicago: University of Chicago Press.

Veenendaal, W. (2015). *Politics and Democracy in Microstates*. Londres: Routledge.

Verschuren, P.J.M. (2001). Case Study as a Research Strategy: Some Ambiguities and Opportunities. *Social Research Methodology*, 6/2, p. 121-139.

Vinten-Johansen, P. et al. (2003). *Cholera, Chloroform, and the Science of Medicine*: A Life of John Snow. Oxford: Oxford University Press.

Vreeland, J.R. (2003). *The IMF and Economic Development*. Cambridge: Cambridge University Press.

Wachter, K.W. (1988). Disturbed about Meta-Analysis? *Science*, 241, p. 1.407-1.408.

Wade, R. (1997). "How Infrastructure Agencies Motivate Staff: Canal Irrigation in India and the Republic of Korea". In: Mody, A. (org.). *Infrastructure Strategies in East Asia*. Washington: Banco Mundial, p. 109-130.

Wahlke, J.C. (1979). Pre-Behavioralism in Political Science. *American Political Science Review*, 73/1, p. 9-31.

Waldner, D. (2016). *Aspirin, Aeschylus, and the Foundations of Qualitative Causal Inference* [manuscrito não publicado, Departamento de Política da Universidade da Virgínia].

_____ (2015a). Process Tracing and Qualitative Causal Inference. *Security Studies*, 24/2, p. 239-250.

_____ (2015b). "What Makes Process Tracing Good? Causal Mechanisms, Causal Inference, and the Completeness Standard in Comparative Politics". In: Bennett, A. & Checkel, J.T. (orgs.). *Process Tracing*: From Metaphor to Analytic Tool. Cambridge: Cambridge University Press, p. 126-152.

_____ (2012). "Process Tracing and Causal Mechanisms". In: Kincaid, H. (org.). *Oxford Handbook of Philosophy of Social Science*. Oxford: Oxford University Press, p. 65-84.

Waller, W. (1934). Insight and Scientific Method. *American Journal of Sociology*, 40/3, p. 285-297.

Wallerstein, I. (1974). *The Modern World-System* – Capitalist Agriculture and the Origins of the European World Economy in the Sixteenth Century. Nova York: Academic Press.

Walter, B. (2002). *Committing to Peace*: The Successful Settlement of Civil Wars. Princeton: Princeton University Press.

Ward, M.D. & Bakke, K. (2005). Predicting Civil Conflicts: On the Utility of Empirical Research [apresentado na *Conference on Disaggregating the Study of Civil War and Transnational Violence*. Universidade da Califórnia, San Diego, 7-8/03].

Warner, W.L. & Lunt, P.S. (1941). *Yankee City*. Vols. I–V. New Haven: Yale University Press.

Weber, E. (1979). *Peasants into Frenchmen*: The Modernization of Rural France. Stanford: Stanford University Press.

Weber, M. (1968). *Economy and Society*. Berkeley: University of California Press.

_____ (1904-1905/1958). *The Protestant Ethic and the Spirit of Capitalism*. Nova York: Charles Scribner's.

Wedding, D. & Corsini, R.J. (2013). *Case Studies in Psychotherapy*. 7. ed. [s.l.:] Brooks/Cole.

Wedeen, L. (2003). Seeing Like a Citizen, Acting Like a State: Exemplary Events in Unified Yemen. *Society for Comparative Study of Society and History*, 45, p. 680-713.

Weinstein, J. (2007). *Inside Rebellion*: The Politics of Insurgent Violence. Cambridge: Cambridge University Press.

Weller, N. & Barnes, J. (2014). *Finding Pathways*: Mixed-Method Research for Studying Causal Mechanisms. Cambridge: Cambridge University Press.

Whyte, W.F. (1943/1955). *Street Corner Society*: The Social Structure of an Italian Slum. Chicago: University of Chicago Press.

Wiley, N. (1988). The Micro-Macro Problem in Social Theory. *Sociological Theory*, 6/2, p. 254-261.

Wilson, W. (1889). *The State*: Elements of Historical and Practical Politics. Boston: D.C. Heath & Co.

Winks, R.W. (org.) (1969). *The Historian as Detective*: Essays on Evidence. Nova York: Harper & Row.

Wirth, L. (1928). *The Ghetto*. Chicago: Phoenix.

Wolin, S.S. (1968). "Paradigms and Political Theories". In: King, P. & Parekh, B.C. (orgs.). *Politics and Experience*. Cambridge: Cambridge University Press.

Wood, E.J. (2000). *Forging Democracy from Below*: Insurgent Transitions in South Africa and El Salvador. Cambridge: Cambridge University Press.

Woodside, A.G. (2010). *Case Study Research*: Theory, Methods and Practice. Bingley: Emerald.

Woodside, A.G. & Wilson, E.J. (2003). Case Study Research Methods for Theory Building. *Journal of Business and Industrial Marketing*, 18 (6/7), p. 493-508.

Woodward, J. (2005). *Making Things Happen*: A Theory of Causal Explanation. Oxford: Oxford University Press.

Yashar, D.J. (2005). *Contesting Citizenship in Latin America*: The Rise of Indigenous Movements and the Postliberal Challenge. Cambridge: Cambridge University Press.

Yin, R.K. (2009). *Case Study Research*: Design and Methods, 4. ed. Thousand Oaks: Sage.

_____ (2004). *Case Study Anthology*. Thousand Oaks: Sage.

Young, O.R. (org.) (1999). *The Effectiveness of International Environmental Regimes*: Causal Connections and Behavioral Mechanisms. Cambridge: MIT Press.

Zeldin, T. (1973-1977). *History of French Passions*. 5 vols.: Ambition and Love, Intellect and Pride, Taste and Corruption, Politics and Anger, Anxiety and Hypocrisy. Oxford: Clarendon Press.

Ziblatt, D. (2008). *Structuring the State*: The Formation of Italy and Germany and the Puzzle of Federalism. Cambridge: Cambridge University Press.

_____ (2004). Rethinking the Origins of Federalism: Puzzle, Theory, and Evidence from Nineteenth Century Europe. *World Politics*, 57, p. 70-98.

Zimmer, S.M. & Burke, D.S. (2009). Historical Perspective – Emergence of Influenza A (H1N1) Viruses. *New England Journal of Medicine*, 361, p. 279-285.

Znaniecki, F. (1934). *The Method of Sociology*. Nova York: Rinehart.

Índice

Abadie, Alberto 36, 105, 139, 309
Abbott, Andrew 194, 225, 289, 309
Abell, Peter 194, 309
Abrami, Regina, M. 284, 309
Acemoglu, Daron 36, 120, 239, 309
Achen, Christopher H. 15, 183, 257, 285, 299, 309
Adamson, Fiona 36, 150, 309
Adcock, Robert K. 27, 121, 310
Ahmed, Amel 186, 310
Alesina, Alberto 36, 120, 154, 186, 188, 288, 310
Alexander, Jeffrey 183, 310
Algorítmica, seleção de caso 24, 95, 167, 169-171, 176
Algozzine, Bob 30, 324
Allen, William Sheridan 37, 100, 310
Allison, Graham T. 37, 147, 182, 239, 259, 310
Almond, Gabriel A. 37, 99, 103, 310
Alperovitz, Gar 37, 116, 310
Alston, Lee J. 31, 37, 124, 310
Amenta, Edwin 37, 118, 120, 310
Aminzade, Ronald 225, 310
Amostra, def. 73
Amostragem aleatória 23, 73, 162-166, 259, 274, 281
Análise de agrupamentos 18, 104
Análise de caso transversal 24, 65, 70, 72, 89, 109, 121, 154, 174, 179-187, 193, 219, 268, 291, 295

Análise de pareamento 18
Análise intracaso 24, 65, 67, 70, 72, 76, 84-86, 92, 106, 169, 179, 187, 193, 197, 211-213, 222, 243, 247, 253, 287, 290, 302, 306
Análise longitudinal 72, 89, 92, 107, 135, 138, 179-186, 193, 242, 253
Análise qualitativa 193, 206, 210s., 225, 229, 248, 251
Análise quantitativa 174, 180, 186, 192s., 203, 229
Análise seccional transversal 72, 74, 94, 106, 154, 156, 180, 184s., 287
Andersen, Robert 146, 310
Anderson, Perry 38, 103, 172, 310
Anderson, R.A. 290, 310
Anderson, Richard 316
Angrist, Joshua D. 18, 310
Ankeny, Rachel A. 29, 311
Antropologia 16, 27, 29, 32, 104
Arceneaux, Kevin 180, 311
Argumento, def. 71
Aronson, Jeffrey K. 29, 311
Aymard, Maurice 38, 120, 311

Bailey, Mary Timney 30, 311
Bakke, Kristin 283, 344
Ball, Patrick 214, 316
Baltes, P. 332
Banfield, Edward C. 38, 100, 311
Barlow, David 15, 289

Barnes, Jeb 22, 146, 344

Barton, Allen H. 132, 329

Bassey, Michael 30, 311

Bates, Robert H. 148, 311, 323

Bateson, Gregory 29

Beach, Derek 21, 206, 211, 311

Beall, Cynthia M. 315

Beasley, Ryan K. 28, 326

Beck, Nathaniel 198, 311

Becker, Howard Saul 29, 38, 67, 100, 284, 297, 311, 330, 336

Belich, James 38, 127, 311

Belkin, Aaron 30, 224, 342

Belsey, David A. 146, 311

Benbasat, Izak 31, 312

Bendix, Reinhard 39, 103, 194, 289, 312

Benedict, Ruth 39, 100, 312

Benjamin, Ludy T. 28

Bennett, Andrew 21, 30, 39, 82, 132, 147, 184, 195, 206, 211, 222s., 226, 268s., 273, 299, 312, 320, 326, 339, 344

Berg, Bruce L. 17, 195, 312

Bernard, L.L. 194, 312

Bernard, Russell H. 212, 312

Bernard 29

Bhagwati, Jagdish 32, 341

Blatter, Joachim 21, 30, 67, 82, 195, 222, 312

Blume, Till 195, 222, 282, 312

Blumer, Herbert 29, 282, 312

Boas, Franz 29

Bock, Edwin 30, 312

Boix, Carles 207, 312s., 321, 331

Bolgar, Hedda 28, 313

Bollen, Kenneth A. 146, 313

Bonoma, Thomas V. 31, 298, 313

Borghard, Erica D. 59, 147, 175, 341

Bourgin, Georges 213, 313

Bowman, Kirk 244, 313

Box-Steffensmeier, Janet M. 312, 318, 329

Brady, Henry E. 109, 195, 211, 244, 290, 312s., 318, 329, 336, 339

Brecher, Michael 30, 324, 329, 331

Breman, Anna 258, 313

Bremer, Stuart A. 144, 313

Brewer, Marilynn B. 338

Briggs, Derek C. 273, 313

Bright, William 115, 316

Brinkerhoff, Robert O. 313

Bromley, D.B. 27s., 313

Brooke, M. 27, 313

Brousseau, Eric 310

Brown, Christine 28, 313

Brown, Michael E. 143, 313

Buchbinder, S. 117, 313

Bulmer, Martin 30, 314

Bunce, Valerie 39, 133, 314

Burawoy, Michael 118, 314

Burgess, Ernest W. 29, 194, 314

Burian, Richard M. 30, 314

Burke, Donald S. 29, 345

Burke, Thomas F. 215, 314

Burton, Alice 314

Buthe, Tim 225, 314

C.; cf. *Caso*

Caldwell, John C. 39, 111, 314

Cameron, David 287s., 314

Campbell, Donald T. 22, 40, 136s., 183, 197, 222, 314

Canon, David T. 287, 314

Carey, John M. 187, 314

Carter, Lief H. 31, 314

Caso anômalo 88, 91, 114, 118-121, 145, 191

Caso-caminho 91, 146-157

Caso-controle 89, 138, 157

Caso crucial 81, 145, 152

Caso diverso 91, 97, 102, 131-134

Caso extremo 92, 110-114, 168, 181

Caso influente 17, 119, 143s., 156

Caso primário 114-116

Caso típico 87, 97, 161, 166, 262

Caso, def. 68

Caso, estudo de, def. 69

Caso, seleção de, def. 81

Casos ancilares 64s., 89, 171, 179, 181, 184, 305

Cassell, C. 324

Causa contrafactual 262

Causa-de-fato 262

Causal, comparabilidade 88, 106, 183-186, 227, 234, 240-243

Causal, fator, def. 73

Causal, inferência, def. 106

Causas-de-efeitos 105, 131, 262, 275

Causas manipuláveis 236-239, 279

Causa token; cf. *Causa-de-fato*

C-grande, análise 13, 15, 17, 19, 24, 32-35, 65, 73s., 85-91, 105, 109, 118s., 135, 143, 148-154, 162, 165-170, 174, 176, 179s., 183-187, 190-193, 210, 220, 224, 227, 234, 242-255, 259-276, 306

Chamberlain, Kerry 28, 336

Chandler, Alfred 31, 40, 103, 314

Chandler, James 212, 314

Chang, YunKyung 316

Checkel, Jeffrey T. 21, 195, 206, 211, 226, 312, 326, 339, 344

Childs, Geof 40, 73, 127, 315

Chiozza, Giacomo 322

Chong, Dennis 285, 288, 315

Christenson, Dino 18, 212, 321

Ciência política 15, 17, 27, 30, 32-35, 104, 118, 126, 132, 143, 146, 258, 260

Cipolla, C.M. 32, 315

C-médio, análise 19, 24, 35, 65, 91, 170s., 174, 176

Coase, Ronald H. 31, 40, 100, 315

Cohen, Morris R. 22, 121, 128, 315

Cojocaru, Lee 21, 321

Collier, David 22, 30, 40, 109, 121, 125, 131, 195, 211, 244, 257, 267, 269, 290, 312s., 315, 318, 329, 336, 339

Collier, Paul 40, 91s., 167, 172, 188, 190, 315

Collier, Ruth Berins 41, 133, 315

Collins, Barry E. 338

Condições de escopo 82, 88, 91, 96, 106, 117, 142, 144, 234, 247, 256, 265, 275, 279, 283

Conveniência, amostragem de 86

Converse, Philip E. 125, 315

Cook, Thomas D. 321

Coppedge, Michael 175, 315

Cornell, Svante E. 41, 124, 315

Corsini, Raymond J. 28, 315

Costello, C.G. 70, 316

Coulam, Robert F. 320

Cousin, Glynis 30, 315

C-pequeno, análise 13, 17, 19, 24, 32, 35, 65, 69s., 72, 76, 135, 151, 170, 174s., 179, 185, 187, 191-193, 210, 225, 227, 246, 255, 274, 288, 299, 305s.

Crabtree, B.F. 310

Crandell, Jamie L. 206, 316

Creager, Angela N.H. 321

Cronologia 226

Crossley, Michael 30, 316

Curtiss, Susan 41, 111, 316

D.; cf. *Características descritivas*

Dados, coleta de 15, 17, 175, 212s., 295

Dafoe, Allan 41, 142, 149s., 161, 167, 188, 316

Dahl, Robert A. 41, 100, 316

Daniels, Peter T. 115, 316

Davenport, Christian 214, 316

David, Matthew 27, 316

David, Paul 42, 148, 316

Davidson, Arnold 314

Davidson, Donald 284, 291, 316

Davidson, P.O. 70, 316

DeFelice, Gene E. 125, 128, 316

Delamont, S. 30, 316

De la Sierra, Raul Sanchez 325

Demografia 32, 64, 126

Denzin, Norman K. 195, 316, 319

Descritivas, características, def. 83

Design semiexperimental 86, 106, 169, 176, 190, 254, 281, 292, 295

Dessler, David 283, 316

Dewald, William G. 246, 316

Diamond, Alexis 105, 146, 309

Diamond, Jared 69, 311, 316

Diamond, Larry 317

Dion, Douglas 109, 143, 317

Dobbin, Frank 42, 159, 317

Dogan, Mattei 327

Douglas, Mary 29

Downing, Brian M. 42, 133, 317

Dreze, Jean 42, 124, 317

Duff, Patricia 28, 317

Dufour, Stephane 27, 317

Dul, Jan 31, 317

Duneier, Mitchell 42, 100, 265, 285, 317

Dunlavy, Colleen 42, 159, 317

Dunning, Thad 43, 142, 150, 170, 184, 228, 241, 254, 317

Dupeux, G. 125, 315

Durkheim, Émile 30

Eckstein, Harry 22, 81, 84, 118, 145, 222, 268, 301, 317

Eco, Umberto 321

Economia 27, 30-33, 35, 64, 118, 261

Efeitos-de-causas 131, 262-264

Eggan, Fred 29, 317

Eichengreen, Barry 203, 317

Eisenhardt, K.M. 31, 317

Ellram, L.M. 31, 317

Elman, Colin 30, 117, 132, 246, 248, 312, 317s.

Elman, Miriam Fendius 30, 117, 144, 317

Emigh, Rebecca 118, 318

Engerman, Stanley 32

Entrevista 65, 67, 211, 247, 285, 288

Epstein, Leon D. 43, 124, 238, 243, 318

Eriksen, Thomas Hylland 29, 318

Erikson, Erik 28

Erikson, Robert 259

Ertman, Thomas 144

Estudo de caso descritivo 17, 82, 84, 87s., 93, 96s., 99, 104, 170, 180, 182, 187s., 233, 246, 257, 306

Estudo de caso diagnóstico 82, 89-96, 107, 134, 141, 145, 157s., 171, 184

Estudo de caso estimativo 82, 89, 107, 135-140, 179, 184

Estudo de caso exploratório 35, 82, 89-96, 107-114, 119, 126, 131, 134, 138, 157, 169, 171, 184, 217, 250s., 264, 298-302

Estudo de caso idiográfico 81, 84, 259, 266

Estudo de caso mais diferente 81, 126, 128, 130

Estudo de caso mais similar 81, 89-92, 107s., 121-130, 138-141, 157s., 181, 184, 186s., 237, 242, 291

Estudos de caso de testagem de teoria 221, 223, 252, 297, 302

Etnografia 29, 65, 102, 112, 211, 243, 249, 262, 285, 297

Evans, Peter B. 43, 133, 318

Evans-Pritchard, E.E. 29

Everitt, Brian S. 104, 318

Experimento de campo 34, 86

Fabrigar, Leandre R. 104, 318

Fairfield, Tasha 43, 91s., 172, 207-209, 248, 267, 318

Fator de correção de população finita 164

Fauci, A.S. 324

Feagin, Joe R. 27, 318

Fearon, James D. 21s., 43, 111, 113, 167, 170s., 188, 190, 224, 281, 318

Feng, Yi 288, 319

Fenno, Richard F. 43, 102, 172, 202, 303, 319

Ferejohn, John 284, 319

Ferwerda, Jeremy 228, 319

Feyerabend, Paul 298, 319

Filosofia da ciência 17s., 27, 30

Finer, Samuel E. 69, 319

Fiorina, Morris P. 44, 124, 319

Fischer, David Hackett 212, 252, 319

Fishman, D.B. 28, 319

Flyvbjerg, Bent 67, 92, 305, 319

Fontes primárias 210-214, 249

Fontes secundárias 112, 210-214, 249

Forrester, John 27, 319

Fortin, Dominic 27, 317

Foucault, Michel 319

Fox, Cybelle 324

Franzosi, Roberto 205, 319

Fravel, Taylor 330

Freedman, David A. 123, 241, 319

Freese, Jeremy 51, 158-160, 246, 319, 331

Freud, Sigmund 28, 299

Friedman, Milton 44, 137, 238, 319

Fromm, Erich 28

Gamson, Joshua 314

Gardeazabal, Javier 36, 139-141, 309

Gast, David L. 28, 320

Geddes, Barbara 15, 109, 117, 257s., 267, 300, 320

Geertz, Clifford 44, 100, 124, 266, 282, 284

George, Alexander L. 22, 30, 44, 82, 131s., 172, 183s., 206, 211, 222s., 242, 257, 260, 267, 269, 273, 286, 289, 299, 320

Gerber, Alan S. 241, 320

Gerlagh, Reyer 288, 334

Gerring, John 18, 21, 81, 104s., 112, 146, 161, 196, 212, 219, 221, 223, 266, 273, 283, 288, 320s., 339

Gerschenkron, Alexander 32, 321

Giddings, Franklin Henry 194, 321

Gilgun, J.F. 28, 321

Gill, Christopher J. 206, 321

Gilovich, Thomas 212, 321

Ginzburg, Carlo 195, 212, 321

Gisselquist, Rachel M. 121, 322

Glachant, Jean-Michel 310

Glaeser, Edward 310

Glaser, Barney G. 22, 187, 283, 299, 322

Gleditsch, Kristian Skrede 322

Gleditsch, Nils P. 144, 322

Gluckman, Max 29, 322

Glynn, Adam N. 21s., 88s., 93, 105, 121, 138, 184, 221, 242, 290, 322

Goemans, Hein E. 148, 175, 322

Goertz, Gary 21s., 30, 82, 142s., 148, 161, 171, 175, 184, 186, 194, 322

Goffman, Erving 29

Goldstein, David K. 312

Goldstein, Melvyn C. 315

Goldstone, Jack A. 44, 61, 111, 140, 268, 271, 283, 322, 343

Goldthorpe, John H. 15, 259, 323

Google Books 27, 31s., 65

Gordon, Sanford C. 143, 323
Gottschalk, Louis 212, 323
Gouldner, Alvin W. 44, 100, 323
Gourevitch, Peter 45, 103, 323
Grass, N.S.B. 31, 323
Green, Donald P. 241, 269, 320
Greenstein, Fred I. 212, 317, 323
Greif, Avner 31, 260, 323
Griffin, Larry 195, 225, 323
Grzymala-Busse, Anna 225, 323
Gutting, Gary 293, 323

Haber, Stephen 45, 159, 323
Haggard, Stephan 174, 323
Hainmueller, Jens 105, 309
Hak, Tony 31, 317
Hall, Peter A. 211, 293, 323
Hamel, Jacques 27, 284, 324
Hamilton, James D. 105, 136, 324
Hammersley, Martyn 30, 324
Hammond, K.R. 314
Hancke, Bob 17, 324
Hancock, Dawson R. 30, 324
Handlin, Oscar 45, 100, 324
Hanson, Norwood Russell 298, 324
Harding, David J. 45, 111, 113, 142, 324
Harootunian, Harry 314
Harrison, Hope M. 212, 324
Hart, H.L.A. 263, 324
Hartley, J.F. 31, 324
Hartz, Louis 181, 324
Harvey, Frank P. 30, 324
Harzing, A.W. 212, 324
Hauben, Manfred 29, 311
Haverland, Markus 21, 30, 67, 82, 312
Haynes, B.F. 117, 324
Head, M.L. 301, 324

Healy, William 27, 324
Heclo, Hugh 45, 124, 324
Hempel, Sandra 123, 325
Henriot, Gabriel 213, 313
Henry, Gary 93, 162, 325
Hernan, Miguel A. 105, 325
Herodoto 28
Herron, Michael C. 21, 34, 94, 161, 325
Hersen, Michel 15, 289
Hill, Michael R. 212, 325
Hirschman, Albert O. 325
História da ciência 27, 30
História 14, 27, 35, 71, 104, 260
Histórico-comparativa, pesquisa 27, 30
Ho, Daniel E. 242, 325
Hochschild, Jennifer L. 285, 325
Hoeffler, Anke 190, 315
Holland, Paul W. 88, 224, 237, 263, 325
Homans, George C. 44, 100, 325
Homogeneidade da unidade; cf.
Comparabilidade causal
Honore, A.M. 263, 324
Hoon, Christina 272, 325
Horney, Karen 28
Horwich, Joel 222, 330
Howard, Marc Morje 46, 126s., 129, 325
Howell, Martha 212, 325
Howlett, Peter 311
Hsieh, Chang-Tai 46, 137, 204, 238, 325
Hughes, Dana C. 212, 332
Hughes, Everett 29
Humphreys, Macartan 21, 154, 195,
206s., 250, 325
Hunter, Floyd 46, 100, 325
Hunter, Katherine Montgomery 29, 325
Huntington, Samuel P. 69, 326
Hyle, Adrienne 274, 341

Ichino, Nahomi 21, 88, 93, 121, 138, 184, 242, 290, 322
Imai, Kosuke 142, 288, 326
Imbens, Guido W. 105, 326
Immergut, Ellen M. 46, 159, 326
Immerman, Richard H. 212, 323
Independência 84, 115, 139, 146, 169

Jackman, Robert W. 146, 313
Jacobs, Alan M. 21, 195, 206s., 211, 237, 326
Jenicek, Milos 29, 117, 326
Jensen, Jason L. 30, 272, 326
Jervis, Robert 286, 326
Jiao, Ben 315
Jocher, Katharine 194, 326
Johnson, Chalmers 47, 111, 326
Johnson, Simon 309
Johnson, Steven 220, 326
Jones, Geoffrey 31, 326
Judd, E. 339
Jung, Carl 28
Jupp, Victor 212, 326

K.; cf. *Variáveis*
Kaarbo, Juliet 28, 326
Kalyvas, Stathis N. 47, 145, 147, 326
Kanter, Rosabeth Moss 47, 100, 326
Kapiszewski, Diana 212, 246, 318, 327
Karl, Terry Lynn 47, 125-128, 327
Kauffman, Craig 186, 327
Kaufman, Herbert 47, 100, 202, 327
Kaufman, Robert 174, 323
Kazancigil, Ali 117, 327
Kazdin, Alan E. 70, 327
Keefer, Philip 187, 328
Keele, Luke 326
Keen, Justin 29, 327
Kelsey, Nina 41, 142, 149, 167, 188, 316

Kemp, Kathleen A. 47, 147, 327
Kendall, Patricia L. 118, 327
Kennedy, Craig H. 69s., 327
Kennedy, Paul 69, 327
Keohane, Robert O. 298, 300
Key, V.O., Jr. 48, 124, 172, 327
Khong, Yuen Foong 48, 150, 327
Kindleberger, Charles P. 32, 48, 111, 327
King, Charles 283, 327
King, Gary 15, 18, 88, 183, 246s., 257, 267, 298, 300, 327
King, Preston 345
Kitschelt, Herbert 48, 159, 328
Kittel, Bernhard 241, 328
Klein, Melanie 28
Knack, Stephen 187, 328
Knaub, James R., Jr. 164, 328
Knight, Carly R. 244, 328
Kocher, Matthew 48, 228, 328
Kohli, Atul 49, 133, 328
Kratochwill, T.R. 15, 328
Kreuzer, Markus 175, 207, 328
Kuehn, David 49, 148, 150, 328
Kuh, Edwin 146, 311
Kuhn, Thomas S. 30, 293, 328

Laitin, David 21, 43, 111, 113, 167, 170s., 188, 190, 281, 318
Lakatos, Imre 117, 328
Landau, Sabine 318
Lane, Robert 49, 100, 172, 257, 285, 328
Lange, Matthew 30, 49, 124, 167, 188, 328
Larson, Henrietta M. 31, 323
Larsson, Rikard 272, 328
Lasswell, Harold D. 329
Lauren, Paul Gordon 320
Lavrakas, Paul J. 328
Lawrence, Robert Z. 30, 328

Lazarsfeld, Paul F. 14, 132, 327, 329

Lebow, Richard 224, 329

LeCroy, Craig W. 28, 329

Ledford, Jennifer R. 28, 320

Leese, Morven 318

Lehoucq, Fabrice 244, 313

Lei 40, 57, 99, 223, 236, 266, 270

Lepgold, Joseph 312

Lerner, Daniel 50, 100, 329

Le Roy Ladurie, Emmanuel 49, 98, 101, 329

Levi, Margaret 50, 133, 329

Lévi-Strauss, Claude 299

Levy, Jack S. 21s., 30, 82, 84, 224, 305, 322, 331

Lewin, Cathy 17, 341

Lewis, Oscar 50, 101, 329

Libecap, Gary D. 310

Lieberman, Evan S. 21, 50, 120, 148, 161, 186, 188, 191, 205, 212, 246, 307, 329

Lieberson, Stanley 15, 222, 242, 330

Lieshout, Robert H. 212, 330

Lijphart, Arend 15, 22, 50, 81, 84, 120, 125, 138, 266, 330

Lincoln, Yvonna S. 195, 316, 319

Linguística aplicada 27

Linz, Juan J. 50, 111, 172, 330

Lipset, Seymour Martin 30, 51, 72, 120, 197, 236, 330

Lipsey, Mark W. 272, 330

Lipton, Peter 219, 330

Lloyd, Keith 28, 313

Logística 84, 169

Lorentzen, Peter M. 148, 330

Lucas, Samuel R. 94, 330

Lucas, W. 272, 274, 330

Luebbert, Gregory M. 51, 124, 172, 330

Lunbeck, Elizabeth 321

Lune, Howard 17, 195, 312

Lunt, Paul S. 62, 101, 197, 344

Lustick, Ian S. 212, 253, 331

Lutfey, Karen 51, 158, 331

Lynd, Helen Merrell 51, 98, 101, 161, 197, 257, 331

Lynd, Robert Staughton 51, 99, 101, 161, 197, 257, 331

Lynn-Jones, Sean M. 313

M.; cf. *Mecanismo*

Madrigal, Róger 51, 159, 167, 188, 331

Mahoney, James 21s., 30, 52, 109, 124, 131, 194, 198s., 205, 211s., 225s., 244, 257, 267, 269, 313, 315, 322, 329

Mainwaring, Scott 175, 331

Malinowski, Bronislaw 29

Mann, Michael 69, 331

Mansfield, Edward D. 52, 149, 172, 188, 331

Maoz, Zeev 14, 30, 331s.

Mariampolski, Hyman 212, 332

Markoff, John 212, 332

Martin, Cathie Jo 287, 332

Martin, Isaac William 52, 116, 332

Martin, Lisa L. 52, 150, 189, 257, 261, 287, 332

Martin, Michael 338

Martin, Michele T. 287

Marx, Karl 30

Masoud, Tarek E. 319

Matarazzo, Benedetto 274, 332

Mays, Nicolas 29, 332

McAdam, Doug 52, 101, 291, 332

McDaniel, R.R. 310

McDermott, Rose 21, 106, 321

McIntyre, Lee C. 338

McKeown, Timothy J. 183, 206, 242, 273, 286, 320, 332

McLaughlin, Robert 298, 332

McLeod, John 28, 332

McNeill, William Hardy 69, 332
Mead, George Herbert 29
Mead, Margaret 29
Mead, Melissa 312
Mecanismo, def. 142
Meckstroth, Theodore 121, 125, 332
Medicina 27s., 117
Meehl, Paul E. 15, 33, 194, 289,
Mehta, Jal D. 324
Meier, Kenneth J. 30, 334
Metodologia mista; cf. *Multimétodo*
Michels, Roberto 52, 147, 333
Miguel, Edward 53, 73, 124, 333
Mill, John Stuart 22, 81, 121, 125, 128, 131, 333
Miller, Nicholas 228, 319
Miller, Steven E. 313
Milligan, John D. 212, 333
Miron, Jeffrey A. 136, 333
Mitchell, Clyde J. 29, 333
Mokyr, Joel 32, 333
Mondak, Jeffery J. 53, 73, 139s., 238, 333
Monroe, Kristen Renwrick 112, 333
Monteiro, Nuno 48, 228, 328
Moore, Barrington Jr. 30, 53, 125, 132s., 239, 268, 333
Moore, Fiona 29, 333
Moravcsik, Andrew 212, 247, 333
Morgan, Clifton T. 105
Morgan, Mary S. 311
Morgan, Stephen L. 105, 324, 328, 333
Mueller, Gerhard Friedrich 29
Muller, Seán M. 256, 333
Mulligan, Casey 296, 333
Multimétodo 19, 24, 35, 65, 109, 176, 179s., 186-193, 197, 227, 248, 259, 271, 274, 280, 305, 307
Munck, Gerardo L. 86, 144, 298, 333
Myers, Kevin 82, 342

N.; cf. *Observação*
Nagel, Ernest 22, 121, 128, 195, 334
Narang, Vipin 149, 175, 334
Negócios 31-33, 64, 118
Nelson, Rebecca M. 149, 175, 334
Neuliep, James W. 246, 334
Nicholson-Crotty, Sean 30
Nickerson, David, W. 180, 311
Nickles, Thomas 298, 334
Nielsen, Finn Sivert 29, 318
Nielsen, Richard A. 21, 139, 158, 161, 334
Nijkamp, Peter 274, 332
Nissen, Sylke 30, 334
North, Douglass C. 32, 53, 116, 299, 334

O'Neill, A.M. 28, 334
Ober, Josiah 336
Observação, def. 23
Odell, John S. 15, 30, 334
Olken, Benjamin 86, 334
Oltmanns, Thomas F. 28, 334
Orum, Anthony M. 318
Ostrom, Elinor 53, 91, 173, 197, 334s.
Overman, Samuel E. 314
Owen, John 144, 223, 334

Packwood, Tim 29, 327
Pahre, Robert 148, 334
Paine, Jack 330
Palier, Bruno 195, 343
Pantaleo, G. 324
Papyrakis, Elissaios 288, 334
Parekh, B.C. 345
Park, Robert 29
Paterson, B. 274, 334
Patton, Michael Quinn 131, 298, 335
Pearce, Lisa D. 54, 118, 120s., 167, 173, 189, 191, 335

Pearl, Judea 227, 244, 335
Pedersen, Rasmus Brun 206, 211, 311
Peirce, C.S. 219, 298, 321, 335
Pérez-Liñán, Aníbal 175, 331
Peters, T.J. 54, 109, 111s., 173, 335
Petitti, D.E. 273, 335
Piekkari, Rebecca 31, 35
Pierson, Paul 225, 335
Pincus, Steve 54, 115, 335
Pinfari, Marco 54, 91, 167, 189, 335
Pischke, Jorn-Steffen 18, 310
Platt, Jennifer 14, 27, 30, 67, 335
Plattner, Marc 146, 317
Polanyi, Karl 69, 335
Polsby, Nelson W. 317
Pope, Catherine 29, 332
Popper, Karl 222, 298, 335
População, def. 74
Porter, Michael 31, 54, 111, 173, 267
Posner, Daniel 55, 72, 140, 335
Poteete, Amy R. 197, 335
Prevenier, Walter 212, 325
Prior, Lindsay 212, 336
Profissão legal 31
Proust, Marcel 336
Przeworski, Adam 22, 76, 121, 125, 194, 261, 289, 336
Psicologia 15, 27, 70, 118, 289, 299
Putnam, Robert D. 55, 124, 173, 182, 187, 262, 336

Quadagno, Jill S. 221, 336
Quinn, Kevin M. 21, 34, 94, 161, 325

Raaflaub, Kurt A. 55, 116, 336
Rabinow, Paul 284, 336
Radley, Alan 28, 336
Ragin, Charles C. 67, 142, 175, 194, 282, 289, 300, 307, 310, 330, 336

Rapport, Aaron 145, 336
Ray, James Lee 55, 144, 147, 337
Redfield, Robert 29
Regressão probit 34
Regressão 34, 72, 90, 114, 118s., 132, 146, 149, 153s., 166, 185s., 191, 204, 228, 253, 255, 292
Reichenbach, Hans 298, 337
Reilly, Ben 55, 146s., 337
Replicabilidade 13, 234s., 246-249, 307
Representatividade 71, 84, 87, 97, 115, 119, 152, 162, 168-171, 175, 257-259, 274s., 307
Rice, Stuart A. 14, 194, 337
Richards, Paul 56, 150, 337
Roberts, Clayton 195, 211, 337
Robins, James M. 105, 325
Robinson, Denise L. 28, 337
Robinson, James 239, 309, 311, 316, 323
Robinson, W.S. 14, 329
Rodgers, Robert 30, 272, 326
Rodrik, Dani 32, 309, 337
Rogowski, Ronald 109, 222, 337
Rohlfing, Ingo 21, 30, 82, 148, 161, 166, 186, 206, 257, 337, 339
Romer, Christina D. 46, 56, 137, 189, 204, 228, 238, 325, 337
Romer, David H. 56, 137, 189, 228, 238, 337
Rosenbaum, Paul R. 56, 124, 167, 173, 337
Rosenberg, Gerald 56, 147, 338
Rosenblatt, Paul C. 29, 338
Ross, Michael L. 56, 150, 153s., 173, 189, 223, 288, 338
Roth, Paul A. 195, 338
Rubin, Donald B. 105, 326, 338
Rudel, Thomas K. 274, 338

Rueschemeyer, Dietrich 30, 57, 133, 169, 173, 286s., 301, 322, 331, 338

Rumsfeld, Donald H. 244, 338

Sabin, Lora 321

Sacerdote, Bruce 310

Sagan, Scott 57, 111, 338

Sahlins, Marshall 57, 124, 173, 338

Sambanis, Nicholas 41, 91s., 167, 172, 190, 283, 315, 338

Sandelowski, Margaret 316

Sapir, Edward 29

Sapsford, Roger 326

Sarbin, Theodore R. 14, 338

Schattschneider, E.E. 57, 101, 339

Scheper-Hughes, Nancy 57, 101, 339

Schimmelfennig, Frank 211, 226, 339

Schmid, Christopher H. 321

Schmidt, R. 57, 101, 339

Schneider, Carsten Q. 21, 148, 161, 337, 339

Schneider, Robert 310

Scholz, Roland W. 27, 30, 339

Schultz, Kenneth 58, 150, 189, 339

Schwartz, Anna Jacobson 44, 136, 238

Scott, James C. 58, 103, 339

Sealey, Anne 28, 339

Seawright, Jason 21, 81, 94, 112, 142s., 161, 184, 186, 241, 244, 339

Sebeok, Thomas A. 321

Seefeldt, K. 142, 324

Sekhon, Jasjeet S. 15, 21, 121, 184, 242, 257, 339

Selznick, Philip 58, 101, 340

Sen, Amartya 42, 124, 317

Shadish, William R. 241, 340

Shalev, Michael 292, 340

Shapiro, Ian 269, 319

Shaw, Clifford R. 58, 101, 340

Sheffield, Ada Eliot 28, 340

Shefter, Martin 58, 159, 340

Shelton, Carolyn 258, 313

Shively, Phillips W. 183, 309

Sil, Rudra 186, 310

Silber, Jeffrey H. 56, 124, 167, 173, 337

Simmons, Beth A. 58, 150, 189, 340

Simon, Julian L. 14, 340

Simons, Helen 30, 340

Singh, Prerna 110, 340

Sjoberg, Gideon 318

Skendaj, Elton 59, 140, 238, 340

Skinner, B.F. 28

Skocpol, Theda 30, 59, 81, 109, 111, 113, 125, 128, 132, 134, 142, 198-200, 226, 253, 266-269

Slater, Dan 121, 184

Small, Mario Louis 29, 340

Smelser, Neil J. 15, 22, 183, 332, 340

Smith, Alastair 143, 323

Smith, Richard A. 320

Smith, Rogers M. 319

Smith, T.V. 30, 340

Smoke, Richard 44, 131, 133, 172, 260, 267, 286, 289

Snidal, Duncan 15, 257, 285, 309

Snow, John 59, 123s., 219, 341

Snyder, Jack 52, 59, 147, 149s., 172, 175, 188, 331

Snyder, Richard 298, 333

Sociologia da ciência 27, 30

Sociologia 14s., 27, 29s., 32s., 35, 64, 104, 118, 132, 146

Soifer, Hillel David 22, 144, 181, 341

Sokoloff, Kenneth 32

Sombart, Werner 59, 120, 341

Somekh, Bridget 17, 341

Somers, Margaret 81, 125, 128, 142, 253, 266, 268

Sondagem 27, 65, 72, 76, 121, 139, 161, 175, 197, 211, 229, 247, 285, 288, 304

Spaniel, W. 148, 322

Sprinz, Detlef F. 30, 334, 341

Srinivasan, T.N. 32, 341

Stahl, Daniel 318

Stake, Robert E. 28, 171, 341

Stall-Meadows, Celia 274, 341

Starr, Harvey 203, 322

Steadman, Dawnie Wolfe 29, 341

Steele, D.J. 310

Stepan, Alfred 50, 111, 172, 330

Stephens, Evelyne Huber 338

Stephens, John D. 220, 286s., 338, 341

Stiglitz, Joseph E. 32, 341

Stimson, James A. 320

Stoecker, Randy 297, 341

Stoker, Laura 284, 341

Stokes, Susan C. 313, 321, 331

Stouffer, Samuel A. 194, 341

Strauss, Anselm L. 22, 29, 187, 283s., 322

Stuart, Elizabeth A. 341

Sullivan, William M. 284, 336

Swanborn, Peter 67, 341

Swank, Duane 287, 332

Symon, G. 324

Szatrowski, Alisa 94, 330

Tannenwald, Nina 60, 150, 182, 342

Tarrow, Sidney 121, 291

Taylor, Charles 284, 342

Taylor, Frederick Winslow 60, 101, 342

Teele, Dawn Langan 342

Teorell, Jan 60, 149, 156, 167, 173, 189, 342

Tetlock, Philip E. 30, 224, 342

Teune, Henry 22, 121, 125, 194, 261, 289, 336

Thelen, Kathleen 21, 30, 225, 329, 331, 342

Thies, Cameron G. 212, 253, 342

Thies, Michael F. 287, 342

Thomas, Craig 21, 321

Thomas, Gary 29, 82, 342

Thomas, Robert Paul 299, 334

Thomas, William 29

Thompson, Edward P. 60, 116, 265, 342

Thursby, Gerry G. 316

Tietje, Olaf 27, 30, 339

Tilly, Charles 30, 60, 111, 272, 291, 332, 342

Tingley, Dustin 326

Tocqueville, Alexis de 30, 343

Trachtenberg, Marc 212, 343

Trampusch, Christine 195, 343

Transparência 93, 234, 246-249

Trochim, W.M.K. 222, 343

Tsai, Lily 21, 133, 343

Tucídides 28

Unger, Danny 312

Uphoff, Norman 61, 137, 343

Useem, Bert 61, 140, 343

Validade externa 19, 35, 233, 242, 255, 271-276, 281, 304

Validade interna 19, 35, 87, 233, 235-242, 252-255, 275, 302, 304s.

Van der Windt, Peter 325

Van Evera, Stephen 206, 222, 343

Vandenbroucke, Jan P. 29, 299, 343

Vanderpoel, Rachel Sweet 206, 331

Variáveis, def. 73

Variável de resultado, def. 73

Variável dependente; cf. *Variável de resultado*

Variável instrumental 34, 241

Vaughan, Diane 61, 111s., 343
Veenendaal, Wouter 61, 111s., 343
Verba, Sidney 37, 99, 103, 298, 300, 310
Verschuren, Piet J.M. 305, 343
Vetor de fatores de fundo, def. 23, 106
Villegas, Celso M. 212, 331
Vinten-Johansen, Peter 123, 343
Vinuela, Lorena 318
Vittinghoff, E. 117, 313
Voils, Corrine I. 316
Vreeland, James Raymond 32, 343
Vulliamy, Graham 30, 316

Wachter, K.W. 273, 343
Wade, Robert 61, 159, 343
Wahlke, John C. 258, 343
Waldner, David 22, 195, 206, 211, 225s., 244, 343
Wallace, Robert W. 336
Waller, Willard 14, 344
Wallerstein, Immanuel 69, 344
Walter, Barbara 62, 159, 189, 238, 344
Ward, Michael D. 283, 344
Warner, Lloyd W. 62, 101, 197, 344
Waterman, R.H. 54, 109, 111s., 173, 335
Web of Science 27, 32-34, 65
Weber, Eugen 62, 71, 101, 344
Weber, Max 30, 69, 284, 344
Wedding, Danny 28, 344
Wegener, Duane T. 104, 318
Weingast, Barry R. 53, 116, 299, 334
Weinstein, Jeremy 62, 144, 344
Weinstein, Michael M. 341
Weller, Nicholas 22, 146, 344
Welsch, Roy E. 146, 311
White, L.D. 30, 340
Whyte, William Foote 30, 62, 98, 101, 344

Williamson, Oliver 31
Wilson, David B. 272, 330
Wilson, Elizabeth J. 62, 345
Wilson, Woodrow 103, 173, 345
Winks, Robin W. 211, 345
Winnicott, D.W. 28
Winship, Christopher 105, 244, 328, 333
Wirth, Louis 29
Wise, M. Norton 321
Wolf, Katherine M. 118, 327
Wolfson, N. 339
Wolin, Sheldon S. 293, 345
Wolinsky-Nahmias, Yael 30, 334, 341
Wolman, B.B. 313
Wood, Elisabeth Jean 62, 133, 266, 345
Woodruff, David M. 284, 309
Woodside, Arch G. 31, 345
Woodward, James 236, 345

X.; cf. Fator causal

Y.; cf. Variável de resultado
Yashar, Deborah J. 125, 345
Yin, Robert K. 17, 98, 345
Young, Oran R. 287, 345

Z.; cf. Vetor de fatores de fundo
Zeitlin, Jonathan 31, 326
Zeldin, Theodore 71, 345
Zelikow, Philip 37, 147, 239, 310
Ziblatt, Daniel 63, 121, 124, 184, 340, 345
Zimmer, Shanta M. 29, 345
Znaniecki, Florian 30, 194, 289, 345

CULTURAL

Administração
Antropologia
Biografias
Comunicação
Dinâmicas e Jogos
Ecologia e Meio Ambiente
Educação e Pedagogia
Filosofia
História
Letras e Literatura
Obras de referência
Política
Psicologia
Saúde e Nutrição
Serviço Social e Trabalho
Sociologia

CATEQUÉTICO PASTORAL

Catequese
 Geral
 Crisma
 Primeira Eucaristia

Pastoral
 Geral
 Sacramental
 Familiar
 Social
 Ensino Religioso Escolar

TEOLÓGICO ESPIRITUAL

Biografias
Devocionários
Espiritualidade e Mística
Espiritualidade Mariana
Franciscanismo
Autoconhecimento
Liturgia
Obras de referência
Sagrada Escritura e Livros Apócrifos

Teologia
 Bíblica
 Histórica
 Prática
 Sistemática

REVISTAS

Concilium
Estudos Bíblicos
Grande Sinal
REB (Revista Eclesiástica Brasileira)

VOZES NOBILIS

Uma linha editorial especial, com importantes autores, alto valor agregado e qualidade superior.

VOZES DE BOLSO

Obras clássicas de Ciências Human em formato de bolso.

PRODUTOS SAZONAIS

Folhinha do Sagrado Coração de Jesus
Calendário de mesa do Sagrado Coração de Jesus
Agenda do Sagrado Coração de Jesus
Almanaque Santo Antônio
Agendinha
Diário Vozes
Meditações para o dia a dia
Encontro diário com Deus
Guia Litúrgico

CADASTRE-SE
www.vozes.com.br

EDITORA VOZES LTDA.
Rua Frei Luís, 100 – Centro – Cep 25689-900 – Petrópolis, RJ
Tel.: (24) 2233-9000 – Fax: (24) 2231-4676 – E-mail: vendas@vozes.com.br

UNIDADES NO BRASIL: Belo Horizonte, MG – Brasília, DF – Campinas, SP – Cuiabá, MT
Curitiba, PR – Fortaleza, CE – Goiânia, GO – Juiz de Fora, MG
Manaus, AM – Petrópolis, RJ – Porto Alegre, RS – Recife, PE – Rio de Janeiro, RJ
Salvador, BA – São Paulo, SP